U0657947

十三五

"十三五"普通高等教育本科系列教材

数控编程及加工技术

（第二版）

主　编　蔡有杰

副主编　包　丽　王雪峰

编　写　胥焕岩　吴志东

　　　　孙曙光　曹玉乾

主　审　王世刚

中国电力出版社

CHINA ELECTRIC POWER PRESS

内 容 提 要

本书为"十三五"普通高等教育本科系列教材。

本书共 9 章，主要内容包括数控机床概论、数控加工工艺基础、数控加工编程基础知识、数控车床的编程、FANUC 系统数控车床基本操作、数控铣床及加工中心的编程、SIEMENS 系统数控铣床及加工中心的基本操作、CAXA 数控车自动编程、CAXA 数控铣床自动编程等。以典型的 FANUC 数控系统编程及操作方法为主线，同时也以实例的形式介绍了华中数控系统、SIEMENS 数控系统等典型数控系统的编程方法。本书内容全面、实用、可操作性强，在编写过程中力图体现典型及最新的机床特点。

本书可作为普通高等院校机械设计及制造、机械电子工程、数控加工等相关专业的教材，也可作为数控工艺员资格考试的培训教材，还可作为相关专业技术人员的参考书。

图书在版编目(CIP)数据

数控编程及加工技术/蔡有杰主编. —2 版 .—北京：中国电力出版社，2016.2（2021.11 重印）
"十三五"普通高等教育本科规划教材
ISBN 978-7-5123-8822-2

Ⅰ. ①数… Ⅱ. ①蔡… Ⅲ. ①数控机床-程序设计-高等学校-教材 ②数控机床-加工-高等学校-教材 Ⅳ. ①TG659

中国版本图书馆 CIP 数据核字(2016)第 014250 号

中国电力出版社出版、发行
（北京市东城区北京站西街 19 号 100005 http://www.cepp.sgcc.com.cn）
北京雁林吉兆印刷有限公司印刷
各地新华书店经售

*

2011 年 1 月第一版
2016 年 2 月第二版 2021 年 11 月北京第五次印刷
787 毫米×1092 毫米 16 开本 17.75 印张 430 千字
定价：**36.00** 元

版 权 专 有 侵 权 必 究
本书如有印装质量问题，我社营销中心负责退换

前　言

现代科学技术的发展，对机械制造工业提出了越来越高的要求。同时为机械制造领域提供了许多新观念和新技术，推动了机械制造业向以数控技术为核心的数字化方向迅猛发展。

数控机床以其通用性好、高柔性、高精度、高效率等特点，迅速得到普及，国家对数控技术人才要求也越来越高。本书是在《数控编程及加工技术》的基础上修订而成。

本书详细介绍了数控加工的工艺处理，数控车、数控铣床等手工编程和 CAXA 数控车、CAXA 数控铣的自动编程方法；以 FANUC 0i-Mate Tc 数控系统的编程方法及操作为重点，对 SIEMENS 802D 数控系统和华中世纪星 HNC-21M 数控系统也以实例的形式作了对比性介绍；在编写的过程中力求内容系统、完整、实用，同时强化对基础知识的掌握，注重理论和实际相结合及加工技术的科学性、先进性。

本书由蔡有杰（齐齐哈尔大学）担任主编，包丽（齐齐哈尔大学）、王雪峰（齐齐哈尔大学）担任副主编，胥焕岩（哈尔滨理工大学）、吴志东（齐齐哈尔大学）、孙曙光（黑龙江东方学院）、曹玉乾（中国通用技术集团齐二机床工学院）参编。具体分工如下：蔡有杰（齐齐哈尔大学）编写第 4 章、第 6 章第 1 节、第 2 节，包丽编写第 3 章、第 5 章、第 8 章第 3 节，王雪峰编写第 9 章及第 6 章第 3 节，胥焕岩编写第 7 章第 4 节、第 5 节，吴志东编写第 1 章、第 2 章，孙曙光编写第 7 章第 1 节～第 3 节，曹玉乾编写第 8 章第 1 节、第 2 节。

全书由齐齐哈尔大学王世刚教授担任主审。在教材编写过程中，齐齐哈尔大学机电工程学院、实习工厂、实训中心给予了大力的支持和帮助，同时得到许多同行的帮助，也引用、借鉴了相关专家的教材、著作，在此一并致谢。

限于作者水平，加之时间紧张，书中难免存在不妥和疏漏之处，恳请广大读者批评指正。

编　者

2015 年 10 月

目　　录

第1章 数控机床概论

本章要点

了解数控机床的产生和发展，数控机床的基本组成、特点和分类，以及机床坐标系等，明确数控机床各部分的作用及数控机床分类方法。

1.1 数控机床的产生及发展

数控机床（Numerical Control Machine Tools）是一种装有数控系统的机床，或者说是一种采用了数字控制（NC）技术的机床。它是用数字信号对机床的运动及加工过程进行控制，能较好地解决生产中的多品种、小批量、精度高及形状复杂的工件加工问题，并能获得很好的经济效益。

1.1.1 数控系统的产生与发展

数控系统（Numerical Control System）早期是与计算机并行发展演化的，用于控制自动化加工设备，能完成自动信息输入、译码和运算，从而控制机床的运动和加工过程的控制系统，一般包括数控装置、逻辑控制器、各类输入/输出接口、显示部分及操作键盘部分等。

计算机数控（Computerized Numerical Control，CNC）系统是用计算机控制加工功能，实现数值控制的系统。20世纪70年代以后，分立的硬件电子元件逐步由集成度更高的计算机处理器代替，从而产生了CNC系统。CNC系统一般包括数控程序存储装置、计算机控制主机、可编程逻辑控制器（PLC）、主轴驱动装置和进给驱动装置等。

随着通用计算机技术在数控系统中的应用，PLC已经代替了传统的机床电器逻辑控制装置，逐步向PC数控时代迈进。总体发展趋势如下：

1. 向开放式、基于PC的第六代数控机床方向发展

硬件方面，随着PC结构的计算机应用的普及推广，使得PC的硬件结构做得越来越小，制造成本大幅度降低，而主CPU的运行速度越来越快，存储器容量也越来越大，可靠性也越来越高。在PC数控系统迅猛发展的过程中，形成了"NC＋PC"过渡型的硬件结构，也形成了以数字信号处理器为核心的运动控制卡结构。软件方面，由于操作系统的不断发展，使得PC的操作更为简单、直观。CAD/CAM软件大量地出现，三维图显示及工艺数据库在PC上建立。PC操作系统的开放性，吸引了众多的工程师进行软件的开发，使得PC的软件资源极为丰富；PC操作系统的实时控制方式，使得系统能够更加准确、快速地完成规定的加工任务。因此，更好地利用PC的软、硬件资源，就成为各国数控生产厂发展CNC系统十分重要的一种方法。

各研发公司都以PC作为基板开发数控系统。其中，日本的FANUC、三菱公司，德国的SIEMENS公司等这些以生产专用CNC设备著称的公司，也都把采用PC资源，作为其

发展的一个重要方向。把采用 PC 的 CNC 系统称之为开放型 CNC 系统，使该系统能充分利用 PC 的资源，跟随 PC 的发展而升级，使数控系统的通用性、柔性与适应性越来越好。

　　2. 向智能化方向发展，控制性能大幅提高

　　传统 CNC 系统采用了固定的程序控制模式和封闭式体系结构，难以完成复杂环境及多变条件的产品加工。为了实现数控机床更加简单、快捷的操作，数控系统正向着电路集成化、设计模块化、通信网络化、控制智能化的方向发展。数控生产厂努力地改善人机接口，简化编程，尽量采用对话方式，使用户使用更加方便，采用交互式编辑程序指导系统，简化程序的编辑（用简要的表格编辑程序，用蓝图建立程序）。基于 PC 的数控系统，可以适应于复杂制造过程，具有闭环控制体系结构、智能化的伺服系统、故障诊断专家系统等，将多种控制技术融合在一起，形成了智能化、高效化的新数控系统，促进了数控机床向自动化加工水平不断提高。

1.1.2　数控机床的发展趋势

　　随着电子信息技术的发展，世界机床业已进入了以数字化制造技术为核心的机电一体化时代，数控机床取代了传统的普通机床，数控机械取代了普通机械。

　　中国汽车制造、航空航天、工程机械等行业的快速发展，对机床行业提出了巨大的需求，国内机床行业充满无限潜力。随着创新理念在各行各业的不断深入，社会对产品高质量、多品种的高要求，以及人工成本不断增高、能源消耗过多的问题愈加突出，数控机床必将不断变革。

　　数控机床有着其个性化的发展趋势：

　　（1）高速化、高精度化、高可靠性是现代数控机床的主要特征。进给速度不断提升，定位精度很快告别微米时代而进入亚微米时代。

　　（2）复合化使数控机床的功能更加丰富。同一台机床可以完成多种操作工序，提高了工作效率，提升了生产的多样性。

　　（3）智能化、人性化使数控机床操作更加简单、编程更加方便，智能化的机床具有良好的人机界面及自诊断功能。未来的数控机床完全可以通过零件图样数据的输入实现产品的加工。

　　（4）绿色生态化可以大大解决机床在设计、加工等环节中产生的污染问题。数控机床作为装备制造业的核心，能够符合环境的要求，实现绿色化发展是必然趋势。

1.2　数控加工过程及数控机床组成

1.2.1　数控加工过程

　　虽然数控加工与传统的机械加工相比，在加工的方法和内容上有许多相似之处，但由于采用了数字化的控制形式和数控机床，许多传统加工过程中的人工操作被计算机和数控系统的自动控制所取代。它是通过把数字化了的刀具移动轨迹信息（通常指 CNC 加工程序），传入数控机床的数控装置，经过译码、运算，指挥执行机构（伺服电动机带动的主轴和工作台）控制刀具与工件相对运动，从而加工出符合编程设计要求的零件。其主要过程如图 1-1 所示。

　　阅读零件：了解零件的尺寸及加工要求。

图 1-1　数控加工过程示意图

工艺分析：确定零件的加工要素和工艺可行性。

制定工艺：制定数控加工工艺，确定加工机床及装、夹、量具和工序的安排。

数控编程：用规定的程序代码和格式，手工编写或编程软件自动编写程序加工文件。

程序输入：将程序文件通过数控机床操作面板或通信接口传输到数控机床的数控单元。

显示模拟：将输入的加工程序通过显示部分观察试运行结果，模拟显示刀具在加工过程中的加工路径等。

加工零件：运行程序，对零件进行加工。

1.2.2　数控机床的组成

数控机床一般由控制介质、数控系统、包含伺服电动机和检测反馈装置的伺服系统、强电控制柜、机床本体和各类辅助装置组成，如图 1-2 所示。

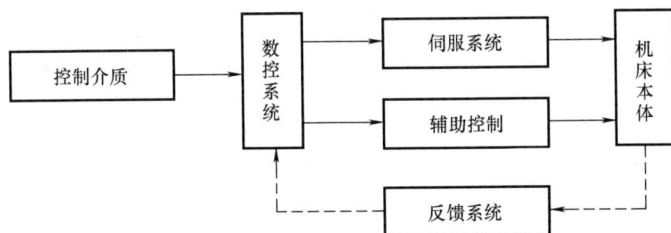

图 1-2　数控机床组成示意图

（1）控制介质：人与机床之间联系的媒体，其上保存全部加工信息。它可以是纸带、磁盘、计算机直接控制（DNC）等。

（2）数控系统：机床实现自动加工的核心。其作用是根据输入的零件加工命令进行相应的处理，然后为执行元件输出控制命令，完成要求的工作，一般具有多坐标控制、实现多种函数插补、信息转换、补偿等主要功能。数控系统主要由输入装置、监视器、主控系统、PLC 和各类接口组成，通过数据运算控制和时序控制两种方式控制对象的位置、角度和速度等机械量，使机床各部件按顺序工作。

（3）伺服系统：数控系统和机床本体之间的电传动联系环节，由伺服电动机、驱动控制系统和位置检测与反馈装置等组成。其作用是把来自数控装置的脉冲信号转换为机床移动部件的运动，使工作台严格按照规定的轨迹做相对运动。

（4）辅助装置：主要包括自动换刀装置 ATC、自动交换工作台机构、工件夹紧放松机构、回转工作台、液压控制系统、润滑装置等。

（5）机床本体：为机械结构实体，实现加工零件的执行部件。其和普通机床相比具有精度高、效率高、刚度大和抗振性强等特点。

1.3 数控机床的分类

目前，数控机床种类繁多，规格齐全。从不同的角度分类方法也不相同。一般可按以下几种方法进行分类。

1. 按工艺用途分类

（1）金属切削加工类数控机床。和传统的通用机床一样有数控车床、数控铣床、数控磨床、数控镗床、数控钻床及各种加工中心机床等，而且品种分得越来越细。例如，在数控磨床中不仅有数控外圆磨床，还有集外圆与内圆加工于一体的数控万能磨床、数控平面磨床、数控坐标磨床、数控工具磨床、数控无心磨床和数控齿轮磨床，还有专用或专门化的数控轴承磨床、数控外螺纹磨床、数控内螺纹磨床、数控双端面磨床、数控凸轮轴磨床、数控曲轴磨床、能自动换砂轮的数控导轨磨床（又称导轨磨削中心）等，还有工艺范围更宽的车削中心、柔性制造单元（FMC）等。

（2）金属成形加工类数控机床。指具有通过物理方法改变工件形状功能的数控机床，如数控折弯机、数控压力机、数控冲床、数控弯管机等。

（3）特种加工类。指具有特种加工功能的数控机床，如数控电火花加工机床、数控线切割机床、数控激光热处理机床等。

（4）其他类型。指一些其他数控设备，如数控装配机、数控测量机、数控绘图仪等。

2. 按控制运动方式的分类

（1）点位控制数控机床。这类数控机床仅能控制刀具或工作台，从一个位置准确地快速移动到下一个目标位置，而不管它运动的轨迹如何，并且在移动过程中不进行切削，如图1-3所示。在运行中一般先高速再慢速趋近定位点，具有较高的位置定位精度。点位控制的数控机床主要用于加工孔系，包括数控钻床、数控镗床、数控冲床、数控测量机等。

（2）直线控制数控机床。这类数控机床可使刀具或工作台以适当的速度从一个点到另一个点以一条直线轨迹移动，移动过程中能进行切削加工，切削条件和加工材料不同，进给速度也不同，如图1-4所示。直线控制的数控机床主要有数控车床、数控铣床、加工中心等。

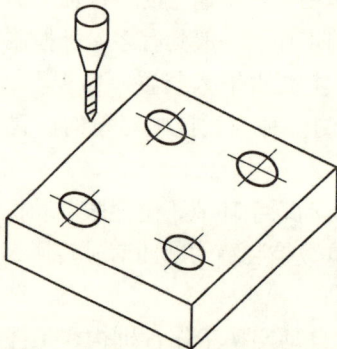

图1-3 点动控制数控机床示意图　　　图1-4 直线控制数控机床示意图

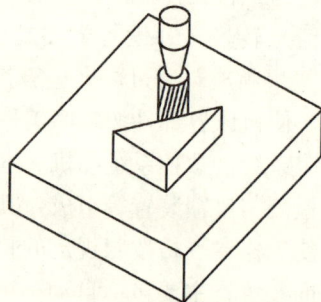

（3）连续控制数控机床。这类数控机床具有能同时控制几个坐标轴同时协调运动，即多

坐标轴联动的能力，使刀具相对于工件按程序指定的轨迹和速度运动，能在运动过程中进行连续切削加工，如图 1-5 所示。这类机床信息处理比较复杂，需要进行复杂的插补运算。可用于加工曲线和曲面形状零件或型腔零件。它包括加工曲面的数控车床、数控铣床、加工中心等。现代的数控机床基本上都是这种类型。若根据其联动轴数还可细分为 2 轴联动（X、Z 轴联动或 X、Y 轴联动）、2.5 轴联动（任意两轴联动，第三轴点位或直线控制）、3 轴联动（X、Y、Z 三轴联动）、4 轴联动（X、Y、Z 和 A 或 B 四轴联动）、5 轴联动（X、Y、Z 和 A、C 或 X、Y、Z 和 B、

图 1-5 连续控制数控机床示意图

C 或 X、Y、Z 和 A、B 五轴联动）的数控机床。联动坐标轴数越多，加工程序的编制越复杂。通常 3 轴以上联动的零件加工程序只能采用自动编程编制。

3. 按伺服系统控制方式分类

按数控系统的伺服系统位置测量装置的反馈情况可分为：开环数控机床、半闭环数控机床和闭环数控机床。

（1）开环数控机床。开环数控机床的控制系统结构简单，没有测量反馈装置，如图 1-6 所示。其一般是由环形分配器、步进电动机、功率放大器、齿轮箱和丝杠螺母传动副组成。控制装置发出的指令信号流是单向的，故系统稳定性好，但由于无位置反馈，和闭环系统相比，控制精度不高，其精度主要取决于伺服驱动系统和机械传动机构的性能和精度。这类数控系统一般以步进电动机作为伺服驱动元件，它具有机构简单、工作稳定、调试方便、维修简单、价格低廉等优点。一般适用于经济型数控机床和老机床数控化改造等方面。

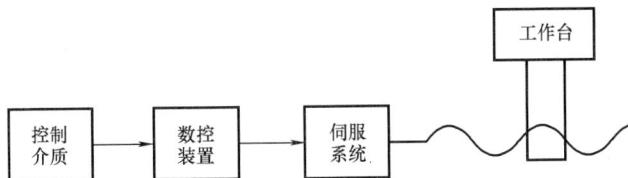

图 1-6 开环控制系统工作框图

（2）半闭环数控机床。如图 1-7 所示，半闭环数控机床的进给伺服系统的位置检测装置安装在电动机或丝杠轴端，通过检测电动机和丝杠旋转角度来间接得出机床工作台的实际位置，并与 CNC 装置的指令值进行比较，用差值法进行控制，而不是直接检测工作台的实际位置。由于在半闭环路内不包括机械传动环节，因此系统控制性能稳定，在位置环内机械环

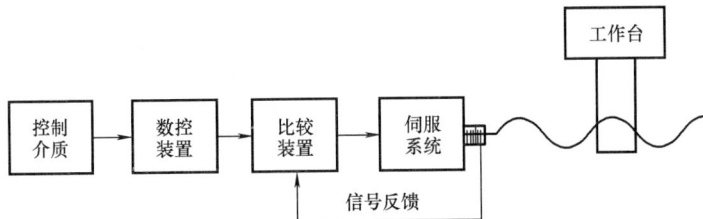

图 1-7 半开环控制系统工作框图

节的误差可通过误差补偿方法得到某种程度的纠正和消除,因此可获得比较满意的精度。

(3) 闭环数控机床。如图 1-8 所示,闭环进给伺服系统的位置检测装置安装在机床工作台上,直接对工作台的实际位置进行检测。数控装置中插补器发出的指令信号与工作台端所得的实际位置反馈信号进行比较,根据其差值不断控制运动,进行误差修正,直到消除误差。因此,可以矫正全部传动环节的误差、间隙和活动量,具有很高的位置控制精度。但由于位置环内的许多机械环节的摩擦特性、刚性和间隙都是非线性的,所以容易造成系统的不稳定和调试难度,对其组成环节的精度、刚性和动态特性等都有较高的要求,价格昂贵。这类系统主要用于精度要求很高的镗铣床、超精车床、超精磨床及较大型的数控机床等。

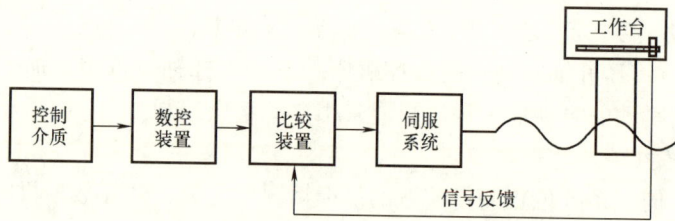

图 1-8　闭环控制系统工作框图

4. 按数控系统的功能水平分类

按数控系统的功能水平来分,数控机床可分为高、中、低(经济型)挡数控机床。这种分类方法在我国应用较普遍。但目前高、中、低挡的界限还没有一个确切的界定标准,它的级别高低由主要技术参数、功能指标和关键部件的功能水平来决定,故按照功能水平分类的指标限定仅供参考。

(1) 系统分辨率和显示功能。系统分辨率为 $10\mu m$,数码管显示的为低挡;分辨率为 $1\mu m$,有较强 CRT 显示并有图形和人机对话的为中挡;分辨率为 $0.1\mu m$,有三维动态图形显示的为高挡。

(2) 伺服类型和进给速度。开环及步进电动机,进给速度为 $3\sim10m/min$ 的为低挡;半闭环直交、流伺服,进给速度为 $10\sim24m/min$ 的为中挡;闭环直、交流伺服,进给速度为 $24\sim100m/min$ 的为高挡。

(3) 联动功能和结构。联动轴数为 $2\sim3$ 轴的为低挡;$2\sim4$ 轴的为中挡;$3\sim5$ 轴的为高挡。采用单片机或单板机的为低挡;单处理器或多处理器的为中挡;分布式多微处理器的为高挡。

(4) 通信功能。没有通信功能的为低挡;有 RS232 接口或有直接数字控制(DNC)功能的为中挡;有 RS232 接口、有直接数字控制(DNC)、有制造自动化协议(MAP)高性能通信接口并有联网功能的为高挡。

1.4　数控机床的主要性能指标

1. 定位精度、定位误差和重复定位精度

(1) 定位精度:是指数控机床工作台等移动部件在确定的移动终点与所达到的实际位置值的相符合程度。

（2）定位误差：是指移动部件实际位置与理想位置之间的误差。定位误差包括伺服系统、检测系统、进给系统等误差。定位误差直接影响零件加工的位置精度。

（3）重复定位精度：是指在同一台数控机床上，应用相同程序、相同代码加工一批零件，所得到的连续结果的一致程度。这是一项非常重要的性能指标，会影响批量加工零件的一致性。

2. 分辨率与脉冲当量

（1）分辨率：是指系统可以分辨的最小位移增量。

（2）脉冲当量：即数控装置每发出一个脉冲信号，反映到机床移动部件上的移动量。其数值的大小决定数控机床的加工精度和表面质量。目前，普通数控机床的脉冲当量一般采用 0.001mm，简易数控机床的脉冲当量一般采用 0.01mm，精密或超精密数控机床的脉冲当量采用 0.000 1mm。脉冲当量越小，数控机床的加工精度和表面质量越高。

本 章 小 结

一、数控机床的产生与发展

1. 数控系统的产生

2. 数控机床的发展趋势

二、数控加工过程及数控机床组成

（1）数控加工过程：阅读零件→工艺分析→制定工艺→数控编程→程序输入→显示模拟→加工零件。

（2）数控机床组成：控制介质、数控系统、伺服系统、辅助装置、机床本体。

三、数控机床的分类

1. 按工艺用途分类

2. 按控制运动方式的分类

3. 按伺服系统控制方式分类

4. 按数控系统的功能水平分类

四、数控机床的主要性能指标

1. 定位精度、定位误差和重复定位精度

2. 分辨率与脉冲当量

习 题 一

一、填空题

（1）数控机床是一种＿＿＿＿＿的机床，或者说是一种采用了＿＿＿＿＿的机床。

（2）世界上第一台数控机床于＿＿＿年在＿＿＿国研制成功。

（3）数控机床一般由 ＿＿＿、＿＿＿、＿＿＿、＿＿＿、＿＿＿ 和＿＿＿组成。

（4）数控机床精度主要包括＿＿＿ 和＿＿＿。

二、选择题

（1）下列不是按机床运动控制方式分类的是（　　　　）。

A. 点位控制数控机床　　　　　B. 连续控制数控机床

C. 特种加工数控机床　　　　　D. 直线控制数控机床

（2）按功能水平分属于高档机床的是（　　　）。

A. 系统分辨率为 $10\mu m$　　　　B. 联动轴数为 2～3 轴

C. 进给速度为 3～10m/min　　　D. 有三维动态图形显示

（3）下列属于点位控制数控机床的是（　　　）。

A. 数控冲床　　　　　　　　　B. 数控车床

C. 数控铣床　　　　　　　　　D. 加工中心

三、简答题

（1）数控加工过程是怎样的？

（2）数控机床按伺服系统控制方式分哪几类？

第2章 数控加工工艺基础

本章要点

了解数控加工工艺特点、数控机床夹具的组成和特点,掌握数控加工中切削用量及加工刀具的选择,明确数控加工工艺路线的拟定原则。

2.1 数控加工工艺特点和主要内容

使用数控机床加工零件,首先要对所加工的零件进行工艺分析,拟定加工方案,选择合适的刀具、夹具和量具,确定合理的切削用量,依据数控加工本身的特点和编程要求来设计工艺过程。

2.1.1 数控加工工艺特点

(1)用程序控制加工过程。在普通机床上加工工件时,工步的安排、机床各部件的移动、刀具参数及切削用量都是由操作者确定并控制的。而在数控机床上进行加工时,要把加工工件的全部工艺过程包括工艺参数、刀具参数、切削用量和位移参数编写成程序,记录在数控系统的存储器内,以此来控制机床进行加工。

(2)内容更具体。由于程序是自动进行的,所以数控加工的工序内容更详细,如加工部位、刀具的轨迹和加工顺序等都要仔细考虑写入数控程序中。这些本来由工人在加工中灵活掌握并可适当调整的工艺问题,在数控加工时都必须由编程人员事先具体设计、明确安排。

(3)工艺设计要求严密。数控机床虽然自动化程度很高,但是它的自我调整能力差,不能依据加工中出现的问题灵活地进行人工调整,所以编程时要注意加工中的每一个过程。例如,在进行深孔加工时,编程中就要写出退刀断屑过程,数控机床不能自行根据实际情况退刀清屑。所以在编程时要考虑周密,注意每一个加工细节,以免出现差错或失误造成不可挽回的损失。

2.1.2 数控加工工艺的主要内容

数控加工工艺的主要内容有以下几个方面:

(1)选择并确定所要进行数控加工的零件和具体加工的内容。

(2)数控加工的工艺分析。分析所要加工零件的图样,明确加工部位的形状、加工内容和加工技术要求,以此来确定加工方法、制定加工方案、划分工序等。

(3)零件图形的数学处理及编程尺寸设定值的确定。包括数控加工中刀具运行轨迹和节点计算,以及对刀点、换刀点位置等。

(4)制定数控加工工艺方案。确定工步和进给路线,选择数控机床的类型,选择和设计刀具、夹具与量具,确定切削参数等。

(5)合理分配数控加工余量。

（6）编写数控加工工艺文件。

2.2　数控加工工艺参数的确定

2.2.1　编程的一般步骤

（1）分析图样，确定加工工艺过程。分析零件图样和工艺要求的目的，是为了确定加工方法、制定加工计划，以及确认与生产组织有关的问题，此步骤的内容包括：确定该零件应安排在哪类或哪台机床上进行加工。采用何种装夹具或何种装卡方法；确定采用何种刀具或采用多少把刀进行加工；确定加工路线，即选择对刀点、程序起点（又称加工起点，加工起点常与对刀点重合）、走刀路线、程序终点（程序终点常与程序起点重合）；确定背吃刀量和宽度、进给速度、主轴转速等切削参数；确定加工过程中是否需要冷却液、是否需要换刀、何时换刀等。

（2）数值计算，计算刀具轨迹坐标值。根据零件图样几何尺寸计算零件轮廓数据，或根据零件图样和走刀路线，计算刀具中心（或刀尖）运行轨迹数据。数值计算的最终目的是为了获得数控机床编程所需要的所有相关位置坐标数据。

（3）编写数控加工程序。数控程序的编写有手工编程和自动编程两种方法。当被加工的零件形状不是很复杂或程序较短时可采用手工编程。它具有快捷、简便、灵活性强及编程费用少等优点。当零件形状比较复杂，不便于手工编程时，可采用自动编程软件进行编程。它是借助数控语言编程系统或图形编程系统由计算机自动生成零件的加工程序。

（4）制备控制介质，程序输入系统。把程序单上的内容记录在控制介质上，并通过介质输入数控系统。可通过机床操作面板直接输入或通过计算机 RS232 等接口传入到机床中。

（5）程序检验，检查刀具运动轨迹是否符合加工要求。编制的程序要经过检验才能正式使用，检验的方法可通过图形模拟显示刀具轨迹或通过机床空运行等。为了确定零件的加工精度，还必须要进行首件试切，发现问题可及时进行解决。

2.2.2　切削用量的确定

在切削加工中，切削速度、进给量和背吃刀量（切削深度）总称为切削用量。切削用量的合理选择，对加工质量、生产率及加工成本都有重要影响，应根据具体的条件和要求，正确地选择切削用量。合理切削用量是指使刀具的切削性能和机床的动力性能得到充分发挥，并在保证加工质量的前提下，获得高生产率和低加工成本的切削用量。

1. 选择切削用量的原则

首先选取尽可能大的背吃刀量；其次根据机床动力和刚性限制条件或加工表面粗糙度的要求，选取尽可能大的进给量；最后利用切削用量手册选取或者用公式计算确定切削速度。

（1）背吃刀量的选定

背吃刀量是工件已加工表面和待加工表面之间的垂直距离，用 a_p 表示，一般根据加工余量确定。

粗加工时，一次走刀尽可能切除全部余量；半精加工时，背吃刀量取为 0.5～2mm；精加工时，背吃刀量取为 0.1～0.4mm。

（2）进给量的选定。进给量是工件或刀具每转一周，刀具在进给方向上相对工件的位移量，用 f 表示，单位为 mm/r，也称为每转进给量。单位时间内刀具在进给方向上相对工件的位移量称为进给速度，用 v_f 表示，单位为 m/min。进给量和进给速度之间的关系为：$v_f = fn$。

粗加工时，进给量由机床进给机构强度、刀具强度与刚性、工件的装夹刚度决定。

精加工时，进给量由加工精度和表面粗糙度决定。

（3）切削速度的选定。切削速度是指刀具切削刃上选定点相对工件主运动的瞬时线速度，用 v_c 表示，单位为 m/min。

在 a_p、f 值选定后，根据合理的刀具耐用度或查表来选定车削速度。在生产中选择切削速度的一般原则是：粗车时，a_p、f 较大，故选择较低的切削速度；精车时，a_p、f 均较小，故选择较高的切削速度；工件材料强度、硬度高时，应选较低的切削速度；切削合金钢比切削中碳钢切削速度应降低 20%～30%；切削调质状态的钢比正火、退火状态钢要降低 20%～30%；切削有色金属比切削中碳钢的切削速度可提高 100%～300%。

2. 数控车床切削用量的选择

数控车削加工中的切削用量也同样包括背吃刀量、主轴转速（切削速度）、进给速度（进给量）。选择合理的切削用量，以形成最佳的切削参数，对于车削加工来说，应结合车削加工特点，具体分析。

（1）背吃刀量 a_p 的确定。车削加工的背吃刀量计算公式为

$$a_p = \frac{d_w - d_m}{2}$$

式中　d_w——待加工表面的外圆直径，mm；

　　　d_m——已加工表面的外圆直径，mm。

（2）主轴转速 n 的确定。在车削加工中，车削零件表面轮廓时，主轴转速可用下式计算：

$$n = \frac{1000v_c}{\pi d}$$

式中　n——主轴转速，r/min；

　　　v_c——切削速度，m/min；

　　　d——零件待加工表面的直径，mm。

主轴转速和切削速度、背吃刀量及进给量都有关，具体可参照表 2-1。

表 2-1　　　　　　　　　　　　　　　切削速度参考表

工件材料	车刀材料	背吃刀量 a_p （mm）			
		0.13～0.38	0.38～2.40	2.40～4.70	4.70～9.50
		进给量 f （mm/r）			
		0.05～0.13	0.13～0.38	0.38～0.76	0.76～1.30
		切削速度 v_c （m/min）			
低碳钢	高速钢	—	70～90	45～60	20～40
	硬质合金	215～365	165～215	120～165	90～120
中碳钢	高速钢	—	45～60	30～40	15～20
	硬质合金	130～165	100～130	75～100	55～75
灰铸铁	高速钢	—	35～45	25～35	20～25
	硬质合金	135～185	105～135	75～105	60～75

续表

工件材料	车刀材料	背吃刀量 a_p （mm）			
		0.13～0.38	0.38～0.2.40	2.40～4.70	4.70～9.50
		进给量 f（mm/r）			
		0.05～0.13	0.13～0.38	0.38～0.76	0.76～1.30
		切削速度 v_c（m/min）			
黄铜 青铜	高速钢	—	85～105	70～85	45～70
	硬质合金	215～245	185～215	150～185	120～150
铝合金	高速钢	105～150	70～105	45～70	30～45
	硬质合金	215～300	135～215	90～135	60～90

车削螺纹时，车床主轴的转速和被车螺纹的螺距（或导程）的大小、驱动电动机的升降频特性、螺纹插补运算速度等多种因素有关，多数数控系统推荐车削螺纹时主轴转速满足如下条件：

$$n \leqslant \frac{1200}{P} - K$$

式中　P——被加工螺纹的导程或螺距，mm；

　　　K——保险系数，一般取 80。

（3）进给速度 v_f 的确定。对于车削加工来说，当车削的工件质量能够保证的情况下，可选择较高的进给速度，以提高加工生产率。在切断、车削深孔或精车时，一般选择较低的进给速度；当刀具空行程较大时，可选择较高的进给速度。具体加工时，一般根据零件的表面粗糙度、刀具及工件的材料等因素，查找相关手册选取。表 2-2 和表 2-3 为硬质合金车刀车削外圆、端面的进给量和半精车、精车的进给量的参考值，供参考选用。

表 2-2　　　　　　　硬质合金粗车外圆、端面的进给量参考值

工件材料	刀杆尺寸 $B \times H$ （mm）	工件直径 d （mm）	背吃刀量 a_p （mm）				
			≤3	＞3～5	＞5～8	＞8～12	＞12
			进给量 f（mm/r）				
碳素结构 钢、合金钢 及耐热钢	16×25	20	0.3～0.4				
		40	0.4～0.5	0.3～0.4			
		60	0.5～0.7	0.4～0.6	0.3～0.5		
		100	0.6～0.9	0.5～0.7	0.5～0.6	0.4～0.5	
		400	0.8～1.2	0.7～1.0	0.6～0.8	0.5～0.6	0.4～0.6
	20×30 25×25	20	0.3～0.4				
		40	0.4～0.5	0.3～0.4			
		60	0.5～0.7	0.5～0.7	0.4～0.6		
		100	0.8～1.0	0.7～0.9	0.5～0.7	0.4～0.7	
		400	1.2～1.4	1.0～1.2	0.8～1.0	0.6～0.8	

续表

工件材料	刀杆尺寸 $B \times H$ (mm)	工件直径 d (mm)	背吃刀量 a_p (mm)				
			≤3	>3~5	>5~8	>8~12	>12
			进给量 f (mm/r)				
铸铁及铜合金	16×25	40	0.4~0.5				
		60	0.5~0.8	0.5~0.8	0.4~0.6		
		100	0.8~1.2	0.7~1.0	0.6~0.8	0.5~0.7	
		400	1.0~1.4	1.0~1.2	0.8~1.0	0.6~0.8	
	20×30 25×25	40	0.4~0.5				
		60	0.5~0.9	0.5~0.8	0.4~0.7		
		100	0.9~1.3	0.8~1.2	0.7~1.0	0.5~0.8	
		400	1.2~1.8	1.2~1.6	1.0~1.3	0.9~1.1	0.7~0.9

注　① 加工断续表面及有冲击的工件时，表内的进给量应乘以系数 $k=0.75\sim0.85$。

　　② 在无外皮加工时，表内进给量应乘以系数 $k=1.1$。

　　③ 加工耐热钢及其合金时，进给量不大于 1mm/r。

　　④ 加工淬硬钢时，进给量应减少。当钢的硬度为 44~56HRC 时，表中进给量乘以系数 $k=0.8$；当钢的硬度为 57~62HRC 时，乘以系数 $k=0.5$。

表 2-3　　　　　　　　　　　按表面粗糙度选择进给量参考值

工件材料	表面粗糙度 Ra (μm)	切削速度 v_c (m/min)	刀尖圆弧半径 r_ε (mm)		
			0.5	1.0	2.0
	进给量 f (mm/r)				
铸铁、青铜、铝合金	>5~10	不限	0.25~0.40	0.40~0.50	0.50~0.60
	>2.5~5		0.15~0.25	0.25~0.40	0.40~0.60
	>1.25~2.5		0.10~0.15	0.15~0.20	0.20~0.35
碳钢及合金钢	>5~10	<50	0.30~0.50	0.45~0.60	0.55~0.70
		>50	0.40~0.55	0.55~0.65	0.65~0.70
	>2.5~5	<50	0.18~0.25	0.25~0.30	0.30~0.40
		>50	0.25~0.30	0.30~0.35	0.30~0.35
	>1.25~2.5	<50	0.10	0.11~0.15	0.15~0.22
		50~100	0.11~0.16	0.16~0.25	0.25~0.35
		>100	0.16~0.20	0.20~0.25	0.25~0.35

　3. 数控铣床切削用量的选择

　　数控铣削加工的切削用量如图 2-1 所示，包括铣削速度 v_c、进给量 f、背吃刀量 a_p 和侧吃刀量 a_e。

　　（1）背吃刀量 a_p 与侧吃刀量 a_e。背吃刀量 a_p：平行于铣刀轴线测量的切削层尺寸，单位为 mm。圆周铣时，a_p 为被加工表面宽度；端面铣时，a_p 为切削层深度。

　　侧吃刀量 a_e：垂直于铣刀轴线测量的切削层尺寸，单位为 mm。圆周铣时，a_e 为切削层深度；端面铣时，a_e 为被加工表面宽度。

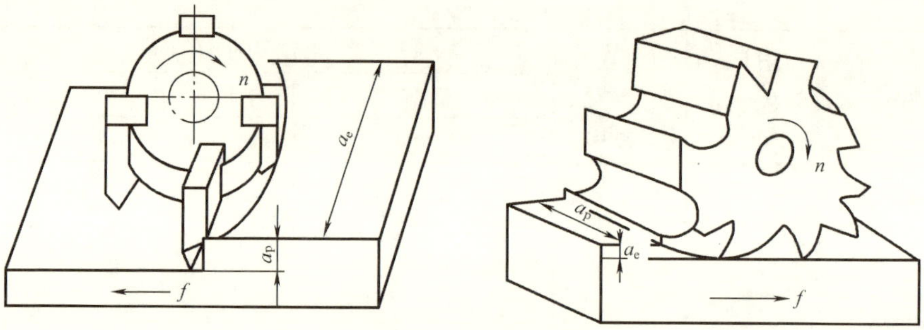

图 2-1　数控铣削切削用量

相邻两道工序之间切除的材料层的厚度称为加工余量。在机床工艺系统允许的条件下，应尽可能使背吃刀量等于工件的加工余量，可提高生产率。为保证加工表面质量，一般精加工余量应在 0.2～0.5mm，且和零件表面粗糙度有关，具体可参见表 2-4。

表 2-4　　　　　　　　　　表面的粗糙度 Ra 和背吃刀量的关系

表面粗糙（μm）	$Ra=12.5-25$	$Ra=32～12.5$		$Ra=0.8～3.2$		
加工余量（mm）	粗	粗	精	粗	半精	精
a_p	6	6	0.5～1.0	6	1.5～2.0	0.3～0.5
a_e	5	5	0.5～1.0	5	1.5～2.0	0.3～0.5

（2）切削速度 v_c。切削速度 v_c 和工件材料、刀具材料等都有关，表 2-5 列出了切削速度在相关工件材料、刀具材料情况下的选用值。

表 2-5　　　　　　　　　　　　切削速度选用值

工 件 材 料	材料硬度 HBS	v_c（mm/min）	
		高速钢铣刀	硬质合金铣刀
钢	<225	18～42	66～150
	225～325	12～36	54～120
	325～425	6～21	36～75
铸 铁	<190	21～36	66～150
	190～260	9～18	45～90
	260～320	4.5～10	21～30

主轴转速 n 可用下式计算：

$$n = \frac{1000v_c}{\pi d}$$

式中　n——主轴转速，r/min；

　　　v_c——切削速度，m/min；

　　　d——工件直径或刀具的直径，mm。

（3）进给量 f 及进给速度 v_f。铣削加工的进给速度是指工件每分钟在进给方向上移动的位移，单位为 mm/min。进给量是指刀具每转一转，工件在进给方向上移动的位移，单位

为 mm/r。刀具每转动一齿工件在进给方向上的位移叫做每齿进给量,单位为 mm/z。具体换算如下:

进给量: $f = f_z z$

进给速度: $F = fn = f_z z n$

主轴转速,r/min

铣刀齿数

铣刀每齿进给量,mm/z

进给量,mm/r

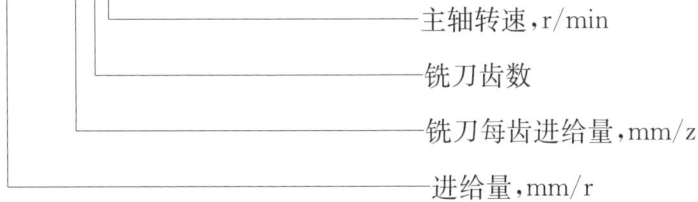

进给量的选择仍然根据零件的加工精度、表面粗糙度以及刀具和工件材料的性质来确定。表 2-6 表示当刀具直径在 $\phi16$ 时,每齿进给量与工件及刀具材料关系,可供参考。

表 2-6　　　　　　　　　　每齿进给量与工件及刀具材料关系

工件材料	粗　铣 (f_z)		精　铣 (f_z)	
	高速钢铣刀	硬质合金刀	高速钢刀	硬质合金刀
钢	0.1～0.15	0.1～0.25	0.02～0.05	0.1～0.15
铸　铁	0.12～0.2	0.15～0.3		

2.3　数控加工刀具的确定

2.3.1　刀具的材料

刀具的材料主要是指刀具切削部分的材料。切削部分材料性能的优劣是影响加工表面质量、切削效率、刀具寿命等的重要因素。随着数控机床的日益发展,对数控刀具的要求也越来越高。一般数控刀具必须具备较高的硬度和耐磨性、足够的强度和韧性、高的耐热性及好的导热性、好的工艺性和经济性以及一定的化学稳定性。

常见的刀具材料主要有工具钢、硬质合金、陶瓷和超硬材料。其主要性能见表 2-7。

表 2-7　　　　　　　　　　各类刀具材料的主要性能

材料种类		相对密度（g/cm³）	常温硬度 HRC（HRA）[HV]	抗弯强度 σ_{bb}（GPa）	冲击韧性 σ_k（MJ/m²）	热导率 κ（W/mK）	耐热性（℃）
工具钢	碳素工具钢	7.6～7.8	60～65（81.2～84）	2.16	—	41.87	200～250
	合金工具钢	7.7～7.9	60～65（81.2～84）	2.35	—	41.87	300～400
	高速钢	8.0～8.8	63～70（83～86.6）	1.96～4.41	0.098～0.588	16.7～25.1	600～700

续表

材料种类		相对密度 （g/cm³）	常温硬度 HRC（HRA） ［HV］	抗弯强度 σ_{bb} GPa	冲击韧性 σ_k （MJ/m²）	热导率 κ （W/mK）	耐热性 （℃）
硬质合金	钨钴类 YG	14.3～15.3	（89～91.5）	1.08～2.06	0.019～0.059	75.4～87.9	800
	钨钛钴类 YT	9.35～13.2	（89～92.5）	0.88～1.37	0.002 9～0.006 8	20.9～62.8	900
	含有碳化钽、铌类 YW	—	（92～）	1.47	—	—	1000～1100
	碳化钛基类 YN	5.56～6.3	（92～93.3）	0.78～1.08	—	—	1100
陶瓷	氧化铝陶瓷	3.6～4.3	（91～95）	0.44～0.69	0.004 9～0.011 7	4.19～20.9	1200
	氧化铝碳化物混合陶瓷	3.26	（5000）	0.76～0.83	—	37.68	1300
超硬材料	立方氮化硼	3.44～3.49	［8000～9000］	0.294	—	75.55	1400～1500
	人造金刚石	3.47～3.5G	［10 000］	0.21～0.48	—	146.54	700～800

2.3.2　数控车床刀具

1. 车刀类型

数控车削用的车刀一般分为 3 种类型，即尖形车刀、圆弧形车刀和成形车刀。

（1）尖形车刀。以直线形切削刃为特征的车刀一般称为尖形车刀。这类车刀的刀尖由直线形的主、副切削刃构成。如 90°内外圆车刀、左右端面车刀、切断（车槽）车刀及刀尖倒角很小的各种外圆和内孔车刀，用该类型车刀加工零件时，其零件的轮廓形状主要由一个独立的刀尖或一条直线形主切削刃位移后得到。

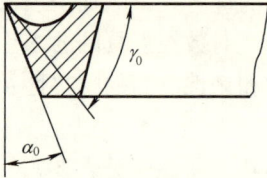

图 2-2　为圆弧形车刀

（2）圆弧形车刀。圆弧形车刀的特点是构成主切削刃的刀刃形状为一圆度误差或线轮廓误差很小的圆弧，该圆弧刃每一点都是圆弧形车刀的刀尖，因此，刀位点不在圆弧上，而在该圆弧的圆心上，编程时一般要进行刀具半径补偿。这种车刀可用于车削内外圆表面，特别适合车削精度要求较高的凹曲面或大外圆弧面等一些成形面。图 2-2 为圆弧形车刀。

（3）成形车刀。成形车刀俗称样板车刀，其加工零件的轮廓形状完全由车刀刀刃的形状和尺寸决定。数控车削加工中，常见的成形车刀有小半径圆弧车刀、非矩形槽车刀和螺纹车刀等。在数控加工中，应尽量少用或不用成形车刀。图 2-3 给出了常用车刀的种类、形状和用途。

2. 模块化数控车刀的选用

数控机床上大多使用系列化、标准化镶嵌式模块化刀具，对可转位车刀、端面车刀等的刀柄和刀头都制定了相应的国家标准和型号。

在使用刀具前，要对刀具的尺寸进行严格的测量，并将测量数据输入数控系统，经程序调用加工出符合零件精度要求的产品。

　　数控刀具常见的品种、规格有 2000 种以上，并要求有各种各样的硬质合金刀片、陶瓷刀片等其他材质刀片与之配套。数控车削加工时，应尽量采用机夹刀和机夹刀片。数控车床常用的机夹可转位式车刀结构形式如图 2-4 所示。

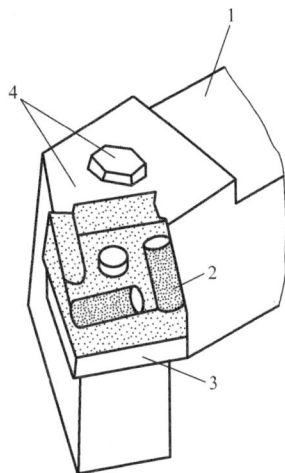

图 2-3　常用车刀的种类、形状和用途

1—切断刀；2—90°右偏刀；3—90°左偏刀；4—弯头车刀；5—直头车刀；
6—成形车刀；7—宽刀精车刀；8—外螺纹车刀；9—端面车刀；10—内
螺纹车刀；11—内槽车刀；12—通孔车刀；13—盲孔车刀

图 2-4　机夹可转位车刀结构形式

1—刀杆；2—刀片；3—刀垫；
4—夹紧元件

　　（1）刀片的选择。常见刀片材料有高速钢、硬质合金、涂层硬质合金、陶瓷、立方氮化硼和金刚石等，其中应用最多的是硬质合金和涂层硬质合金刀片。选择刀片材质主要依据被加工工件的材料、被加工表面的精度、表面质量要求、切削载荷的大小及切削过程有无冲击和振动等。

　　刀片尺寸的大小取决于必要的有效切削刃长度 L。切削刃的长度应根据加工余量来定，最多是刃长的 2/3 参加切削，与背吃刀量 a_p 和车刀的主偏角 K_r 有关，可查阅有关刀具手册选取。

　　（2）刀柄的选择及固定。数控车削刀具的夹持部分为方形的刀体或圆柱刀杆。方形刀体一般采用槽形刀架螺钉紧固方式固定。圆柱刀杆用套筒螺钉紧固方式固定。它们与机床刀盘之间是通过槽形刀架和套筒接杆来连接的。

　　（3）可转位硬质合金刀片的表示方法。我国硬质合金可转位刀片的国家标准采用的是 ISO 国际标准，产品型号的表示方法、品种规格、尺寸系列、制造公差以及 m 值尺寸的测量方法等，都与 ISO 标准相同。《切削刀具用可转位刀片型号表示规则》（GB/T 2076—2007）中规定，可转位刀片的型号由代表一给定意义的字母和数字代号按一定顺序排列组成，共有 10 个号位。其格式如下：

　　　　　　T N U M　16　07　08　E R　—A4

　　标准规定：任何一个型号刀片都必须用前 7 个号位，后 3 个号位在必要时才使用。不论有无第 8、9 两个号位，第 10 号位都必须用短横线"—"与前面号位隔开，并且其字母不得使用第 8、9 两个号位已使用过的 7 个字母（F、E、T、S、R、L、N），当第 8、9 号位为只使用其中一位时，则写在第 8 号位上，且中间不需空格。

刀片型号格式说明如下：

第一位：刀片形状，用一个字母表示，其字母的含义见表 2-8，如例中 T 表示正三角形刀片。

表 2-8　可转位刀片形状代号含义

代号	形状说明	刀尖角 ε_r	代号	形状说明	刀尖角 ε_r
H	正六边形	120°	W	等边不等角六边形	80°①
O	正八边形	135°			
P	正五边形	108°	L	矩形	90°
S	正方形	90°	A	平行四边形	85°①
T	正三角形	60°	B		82°①
C	菱形	80°①	K		55°①
D		55°①	R	圆形	
E		75°①	G	六角形	100°
M		86°①			
V		35°①			

①表示所示的角度是较小的角度。

第二位：表示刀片法后角的值，用一个字母表示，表示方法见表 2-9，如例中 N 表示法后角为 0°。

表 2-9　刀片法后角

A	B	C	D	E	F	G	N	P	O
3°	5°	7°	15°	20°	25°	30°	0°	11°	其余

第三位：表示刀片的尺寸极限偏差等级，用一个字母表示，主要尺寸（d、s、m）的极限偏差等级代号见表 2-10。如例中 U 表示刀尖位置尺寸 m 的允许偏差为±0.13mm～±0.38mm，刀片厚度 s 的允许偏差为±0.13mm，刀片内切圆公称直径 d 的允许偏差为±0.025mm。

表 2-10　极限偏差等级代号对应的允许偏差

代号	精密级（允许偏差/mm）			代号	普通级（允许偏差/mm）		
	M（刀尖位置尺寸）	s（刀片厚度）	d（内切圆公称直径）		M（刀尖位置尺寸）	s（刀片厚度）	d（内切圆公称直径）
A	±0.005	±0.025	±0.025	J	±0.005	±0.025	±0.05～±0.15
F	±0.005	±0.025	±0.013	K	±0.013	±0.025	±0.05～±0.15
C	±0.013	±0.025	±0.025	L	±0.025	±0.025	±0.05～±0.15
H	±0.013	±0.025	±0.013	M	±0.08～±0.20	±0.13	±0.05～±0.15
E	±0.025	±0.025	±0.025	N	±0.08～±0.20	±0.025	±0.05～±0.15
G	±0.025	±0.130	±0.025	U	±0.13～±0.38	±0.13	±0.08～±0.25

第四位：表示刀片有无断屑槽和中心固定孔，由于可转位刀片是用机械夹固的方法将刀

片夹紧在可转位刀具上的，因此，通常按刀片在刀杆或刀体上的安装方法不同，把可转位刀片分为无孔可转位刀片、圆孔可转位刀片、沉孔可转位刀片。用一个字母表示，表示情况如图 2-5 所示，如例中字母 M 表示一面有断屑槽，有中心固定孔。

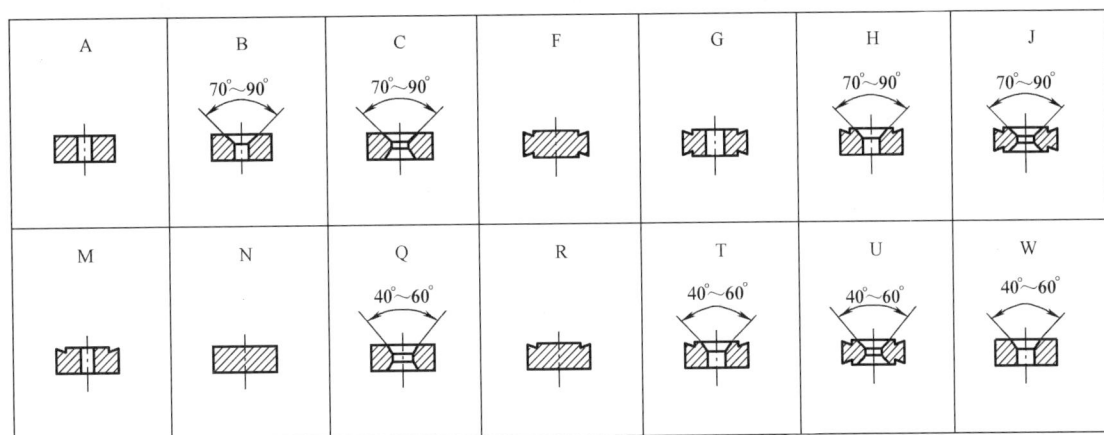

图 2-5　为可转位铣刀片有无断屑槽和中心固定孔各种情况

第五位：刀片主切削刃长度，用一个字母表示，取刀片理论边长的整数部分。例如，边长为 16.5mm 的刀片代号为 16；若舍去小数部分后只剩一位数字，则在该数字前加"0"，如边长为 9.525mm 的刀片代号为 09。

第六位：刀片厚度，即主切削刃到刀片定位底面的距离。取舍去小数值的刀片厚度作代号，若舍去小数部分后只剩一位数字，则在该数字前加"0"；当刀片厚度的整数值相同，小数部分值不同时，将小数部分值大的刀片代号用"T"代替"0"，如刀片厚度分别为 3.18mm 和 3.97mm 时，则前者代号为"03"，后者代号为"T3"。如例中 07 表示刀片厚度为 7mm。

第七位：表示刀尖转角形状或刀尖圆角半径。用两位数字或一位英文字母表示。刀片刀尖转角为圆角时，用放大 10 倍的刀尖圆弧半径作代号，如刀尖圆角半径为 1.2，则用 12 来表示，若刀片为尖角或圆形刀片，则代号为 0。如例中 08 表示刀尖圆角半径为 0.8mm。

第八位：表示刀片切削刃截面形状，用一个英文字母表示。F 表示尖锐切削刃，E 表示倒圆切削刃，T 表示倒棱切削刃，S 表示倒棱又倒圆切削刃。

第九位：表示刀片切削方向，用一个英文字母表示，R 表示右切刀，L 表示左切刀，N 表示左右切刀。

第十位：表示断屑槽形式及槽宽，在 ISO 编码中是留给刀片生产厂家的备用号位。用一个字母和一个数字表示刀片断屑槽形式及槽宽。如例中 A3 表示 A 型断屑槽，槽宽为 3.2 ～3.5mm。

2.3.3　数控铣床及加工中心的刀具

数控铣刀一般由刀具和刀柄两部分组成，由于要完成自动换刀功能，要求刀柄能满足主轴的自动松开、夹紧的功能，以及满足自动换刀机构的机械抓取、移动定位等功能。

加工中心的刀柄已标准化、系列化，刀柄模块采用 7∶24 锥柄。加工中心刀柄有 ISO（国际标准）、GB（中国标准）、JIS（日本标准）、ANSI（美国标准）、DIN（德国标准）等多种标准和 25、30、40、45、50、60 等规格。

1. 铣刀的类型

（1）立铣刀。立铣刀是数控机床上用得最多的一种铣刀。其结构如图 2-6 所示，可分为高速钢立铣刀和硬质合金立铣刀，主要用于加工沟槽、台阶面、平面和二维曲面。它的圆柱表面和端面上都有切削刃，可同时进行切削也可单独进行切削。

图 2-6　立铣刀
(a) 硬质合金立铣刀；(b) 高速钢立铣刀

立铣刀圆柱表面的切削刃为主切削刃，端面上的切削刃为副切削刃。主切削刃一般为螺旋齿，可以增加切削的平稳性，提高加工精度。为了能加工较深沟槽，并保证有足够的备磨量，立铣刀的轴向长度较长。为改善切屑情况，增大容屑空间的刀齿比较少，具体可参看表2-11。

表 2-11　　　　　　　　　　　　　　　　立铣刀直径与齿数关系

直径 齿形	直径/mm					
	2～8	9～15	16～28	32～50	56～70	80
细齿	—	5	6	8	10	12
中齿	4			6	8	10
粗齿	3			4	6	8

（2）面铣刀。面铣刀的形状如图 2-7 所示，面铣刀的圆周表面和端面都有切削刃，它的主切削刃分布在外圆柱面或外圆锥面上，而副切削刃分布在其端面上。面铣刀适用于加工平面，尤其适合加工大面积平面。主偏角为 90° 的面铣刀还能同时加工出与平面垂直的直角面，这个直角面的高度受到刀片长度的限制。

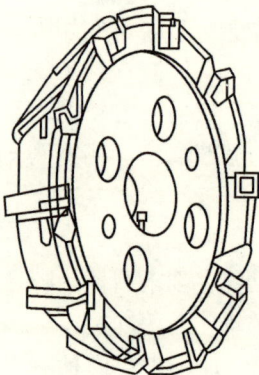

图 2-7　面铣刀

面铣刀一般多制成套式镶齿结构，刀齿材料为高速钢或硬质合金，刀体为 40Cr。硬质合金面铣刀与高速钢铣刀相比，铣削速度较高、加工效率高、加工表面质量也较好，并可加工带有硬皮和淬硬层的工件，故得到了广泛应用。硬质合金面铣刀按刀片和刀齿安装方式的不同，可分为整体焊接式、机夹-焊接式和可转位式 3 种。

面铣刀可以用于粗加工，也可以用于精加工。粗加工要求有较大的生产率，即要求有较大的铣削用量，为使粗加工时能取得较大的背吃刀量，切除较大的余量，粗加工宜选较小的铣刀直径；精加工应能够保证加工精度，要求加工表面粗糙度值要低，应该避免在精加工面上的接刀痕迹，所以精加工的铣刀直径要选大些，最好能包容加工面的整个宽度。

面铣刀齿数对铣削生产率和加工质量有直接影响，齿数越多，同时工作齿数也多，生产率高，铣削过程平稳，加工质量好。表 2-12 为面铣刀直径和齿数关系。

表 2-12   面铣刀直径和齿数关系

	50	63	80	100	125	160	200	250	315	400	500
粗齿		4			6	8	10	12	16	20	26
细齿				6	8	10	12	16	20	26	34
密齿					12	18	24	32	40	52	64

（3）键槽铣刀。键槽铣刀如图 2-8 所示，它有两个刀齿，圆柱面和端面上都有切削刃，端面刃延至圆中心，它既有钻头的功能又有立铣刀的功能。在加工过程中既可使键槽铣刀可以沿其轴向进刀，切出键槽深，又可以像立铣刀那样，用圆柱面上刀刃沿工件轴线铣出键槽全长。

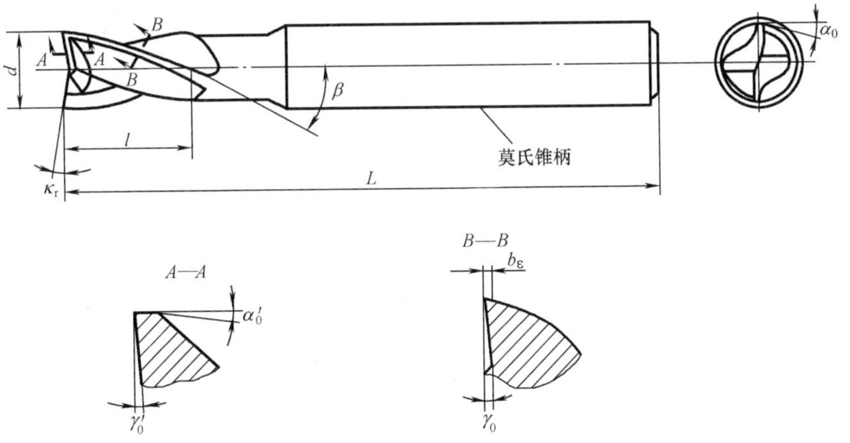

图 2-8　键槽铣刀

（4）模具铣刀。模具铣刀由立铣刀发展而成，按刀头形状不同可以分为圆锥形立铣刀、圆柱形球头立铣刀和圆锥形球头立铣刀 3 种。模具铣刀的结构特点是球头和端面上都有切削刃，可以做轴向进给切削，也可以做径向进给切削。其工作部分用高速钢或硬质合金制造，国家标准规定直径在 4～63mm。图 2-9 为高速钢模具铣刀，图 2-10 为硬质合金模具铣刀。尺寸小的硬质合金模具铣刀一般制成整体结构，直径在 $\phi16$ 以上的可制成焊接式或面夹可转位刀片式的结构。

（5）鼓形铣刀。鼓形铣刀如图 2-11 所示，它的切削刃分布在半径为 R 的中凸的鼓形外廓上，其端面无切削刃。加工时控制刀具上下位置，就能改变刀刃的切削部位，就可以在工件上加工出由负到正的不同斜角表面，R 值越小，鼓形铣刀所能加工的斜角范围就越广，同时加工后的表面粗糙度值也越高，使工件表面质量较差。这种刀具的缺点是：刃磨困难，切削条件差，而且不能加工有底的轮廓。

图 2-9　高速钢模具铣刀

(a) 圆锥形立铣刀；(b) 圆柱形球头立铣刀；(c) 圆锥形球头立铣刀

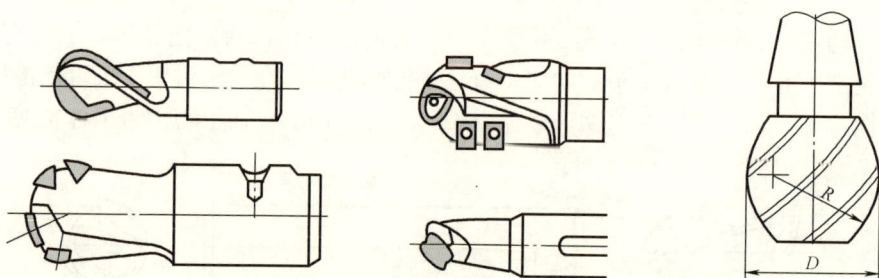

图 2-10　为硬质合金模具铣刀

图 2-11　鼓形铣刀

（6）成形铣刀。如图 2-12 所示为几种常见的成形铣刀，一般是为特定的工件或加工内容专门设计制造的，属于专用刀具，如加工特形面或特形孔、特殊凹槽和特殊凸台等。

图 2-12　几种常见的成形铣刀

2. 铣床和加工中心的刀柄

数控铣削加工精度高、速度高、效率高。这就要求装夹刀具的刀柄要具备高的强度、刚度、精度及动平衡性。

（1）刀柄的结构。数控铣与加工中心刀柄的作用都是夹持刀具并连接主轴，加工中心因为要自动换刀，所以刀柄要有用于换刀机构机械夹持的环形槽。刀柄包括与主轴锥孔配合的 7∶24 的锥面及供机械手夹持的轴颈和键槽。固定在主轴尾部与主轴内拉紧机构相配的拉钉也已标准化，分为 A 型和 B 型，拉钉拧入刀柄中，供主轴内拉紧机构拉紧刀柄，如图 2-13

所示。

（2）刀柄的标准。数控铣床常用的刀柄有两种：在不带刀库的普通数控铣床上使用的刀柄和在带刀库的铣削加工中心上使用的刀柄。它们在 TSG82 工具系统上规定的代号分别为 ST 和 JT。标准刀柄的表示方法如图 2-14 所示。

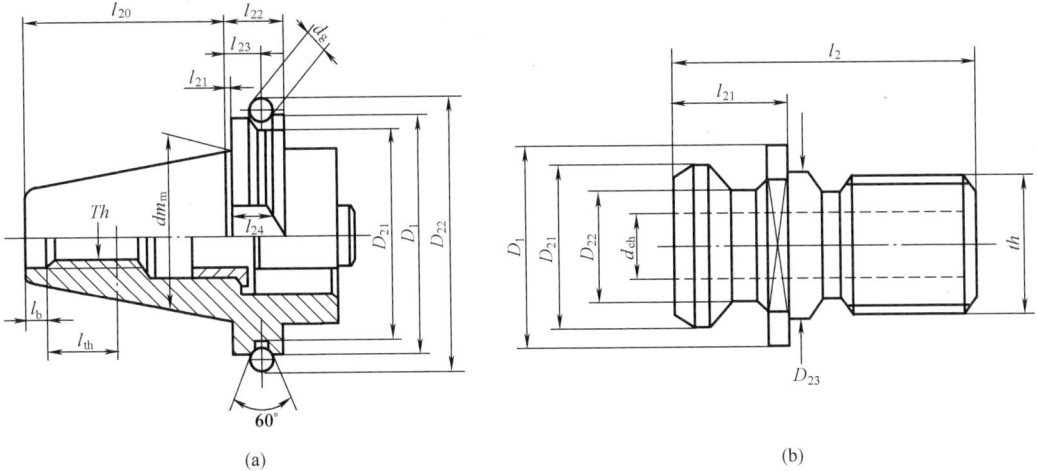

(a)　　　　　　　　　　　　　　　　　(b)

图 2-13　刀柄及拉钉

（a）刀柄；（b）拉钉

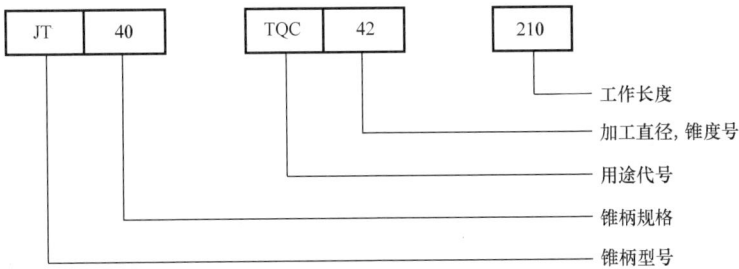

图 2-14　标准刀柄的表示方法

标准 GB 10944—2013 中规定的 TSG82 工具系统柄部形式见表 2-13。

表 2-13　　　　　　　　　　　　　　　　TSG82 工具系统柄部形式

柄　部　形　式		柄　部　尺　寸	
代号	代号的意义	代号意义	举例
JT	加工中心机床用锥柄柄部，带机械手夹持槽	ISO 锥度号	45
ST	普通数控铣床用锥柄柄部，不带机械手夹持槽	ISO 锥度号	40
MTW	无扁尾莫氏锥柄	莫氏锥度号	3
MT	有扁尾莫氏锥柄	莫氏锥度号	1
ZB	直柄接杆	直径尺寸	32
KH	7：24 锥度的锥柄接杆	锥柄锥度号	50

常用锥度号与锥柄大端直径对照如下：锥度号 30—大端直径 31.75mm；锥度号 40—大

端直径 44.45mm；锥度号 45—大端直径 57.15mm；锥度号 50—大端直径 69.85mm。

3. 铣刀及刀柄的选择

铣刀的类型和尺寸选择应与被加工工件的表面形状及工件尺寸相适应。加工较大的平面应选择面铣刀；加工凹槽、平面轮廓、台阶面应选择立铣刀；加工空间曲面、型腔或成形面应选用模具铣刀；加工键槽要用键槽铣刀；加工变斜角面应用鼓形铣刀等。

刀柄的选择主要考虑以下内容：刀柄结构形式选择以经济、高效、利用率高和便于维护为出发点；刀柄数量应根据加工零件的规格、数量、复杂程度及加工中心的负荷等配置，并且刀柄应与加工中心主轴孔等的规格相符合。图 2-15～图 2-17 为直径铣刀的装夹、弹簧夹头的结构及大直径锥柄铣刀装夹示意图。

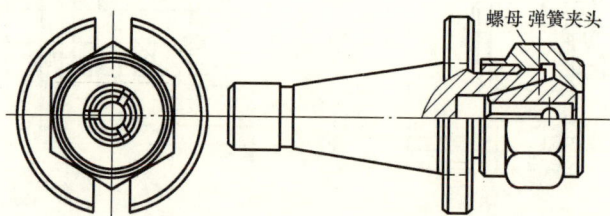

图 2-15   直径铣刀的装夹

图 2-16   弹簧夹头的结构示意图   图 2-17   大直径锥柄铣刀装夹示意图

2.4   数控车削加工工艺分析

数控车削加工工艺分析是制订车削工艺规程的重要内容，主要包括确定数控车削加工的内容、零件图的工艺分析、选择表面的加工方法、安排数控加工的顺序及确定加工路线等。

2.4.1   数控车削工艺分析的方法和步骤

1. 确定数控车削加工内容

在对零件进行加工时，并不是把整个零件的所有加工内容都使用数控机床进行加工。要对零件进行仔细的工艺分析，结合工厂的实际生产条件、生产批量和生产周期等，选取其中的一部分适合进行数控加工，能提高生产效率，并能充分发挥数控加工优势的内容和工序进行数控加工。一般以下几个方面考虑选用数控加工：通用机床无法加工的内容；通用机床加工困难的内容；在通用机床上加工质量不易保证的加工内容；在通用机床上加工劳动强度大或在通用机床上加工效率低的加工内容。

2. 零件图的工艺分析

零件结构工艺性是指所设计的零件在满足使用要求的前提下，对制造的可能性和经济性的分析。根据数控加工的特点、数控车床的功能和实际加工经验，对零件结构进行工艺性分析，使设计的零件结构要便于加工成形而且成本低、效率高。其主要内容包括以下几点：

（1）分析零件设计图样中的尺寸标注方法是否符合数控加工特点。在保证设计基准、定位基准、测量基准和工序基准统一的前提下，尽可能使编程原点和其一致，这样便于编程，同时也便于尺寸之间的相互协调。

（2）分析在数控机床上加工时零件结构的工艺合理性。如图 2-18 所示，阶梯轴上不同轴段的键槽尺寸和方向应尽可能相同，以便在一次装夹中全部加工出来，提高生产效率，所以（a）不合理，（b）合理；退刀槽尺寸相同，可减少刀具种类，减少换刀时间，（c）不合理，（d）合理。

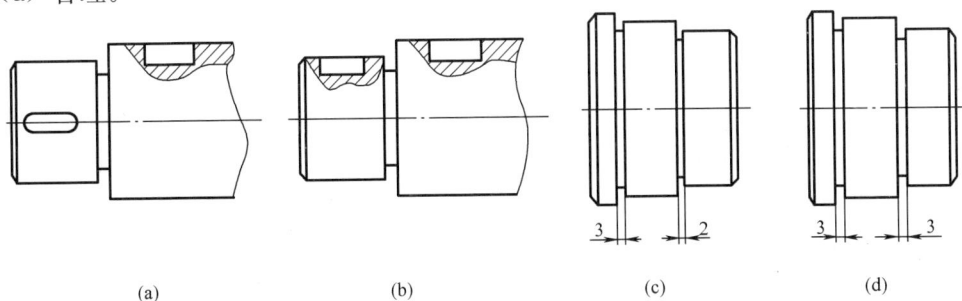

图 2-18　结构工艺性举例

3. 数控车削工艺路线的拟订

（1）零件表面加工方法的选择。数控车削零件是多种多样的，但它们基本都是以回转体零件为主，表面由平面、内圆表面、外圆表面、曲面和螺纹等组成。各种表面的加工方法应根据零件的加工精度和表面粗糙度的要求、零件材料的性质、零件的热处理、零件的结构形状、尺寸、生产率和经济性及生产类型等因素综合考虑，以确定采用不同的加工方法来进行粗加工、半精加工、精加工和精密加工。

（2）零件加工工序的划分。工序是一个（或一组）工人，在一个工作地对一个（或同时对几个）工件进行加工所连续完成的那一部分工艺过程。划分工序的主要依据是工作地（设备）、加工对象（工件）是否变动及加工是否连续完成。对于数控车削加工来说，划分工序一般考虑以下方面：以一个完整的数控程序能够进行连续加工的内容为一道工序；以一次安装能够进行的加工为一道工序；以使用一把刀进行加工的相同结构加工为一道工序。

（3）加工顺序的安排。在进行数控车削加工时，加工顺序的划分主要需注意以下几点：

1）基面先行：在零件加工的各阶段，应先把基准面优先加工出来，以便后续工序以它定位来加工其他表面，以减少加工误差。例如，加工轴类零件总是先加工中心孔，再以此基准定位来加工外圆表面和端面等。

2）先粗后精：为提高金属切削率，逐步提高零件的加工精度，一般先进行粗加工，在较短的时间内切除零件的大部分加工余量，且为精加工留下均匀的余量，然后再进行精加工，沿着零件的轮廓一次走刀完成，以保证零件的加工精度。如图 2-19 所示，先切除点画线包围的大部分余量，然后再进行一刀精加工，完成零件加工。

3) 先近后远：远与近是指工件加工部位相对于换刀点的距离。一般情况下，应该先加工距换刀点较近的部位，再加工较远的部位，以减小刀具移动距离，缩短刀具空行程时间，提高加工效率。如图 2-20 所示零件，在刀具背吃刀量允许的情况下，应按 $\phi20$—$\phi30$—$\phi36$—$\phi40$ 的顺序进行加工。

图 2-19　先粗后精示例

图 2-20　先近后远示例

4) 内外交叉：对于同时具有内、外加工表面的零件，一般应先对零件的内、外表面进行粗加工，再对零件内、外表面进行精加工。加工内外表面顺序是先加工内表面，再加工外表面。

2.4.2　数控车削加工路线的确定

刀具的加工路线是指刀具从起刀点开始移动，直到返回并结束加工程序所经过的所有路径。它包括刀具切削加工的路径和刀具切入、切出等非切削空行程路径。它是编写加工程序的依据。确定进给路线的工作重点是确定粗加工及空行程的进给路线，因为精加工的进给路线基本上都是沿其零件轮廓顺序进行的。

在数控车床加工中，加工路线的确定一般要遵循以下几方面原则：

(1) 所确定的加工路线，应能保证被加工工件的精度和表面粗糙度。

(2) 为提高加工效率，应使加工路线最短，减少空行程时间。

(3) 应尽量简化编程时数值计算工作量，以简化加工程序。对于某些重复使用的程序，应使用子程序。

(4) 要选择工件在加工时变形小的路线。必要时可采用分多次走刀。

在确定加工路线时，使加工程序所走的进给路线最短，一方面可以节省整个加工过程的刀具加工时间，有效提高生产效率；另一方面还能减少一些不必要的刀具消耗和机床进给机构滑动部件的磨损等。所以确定最短的加工路线是必要的。

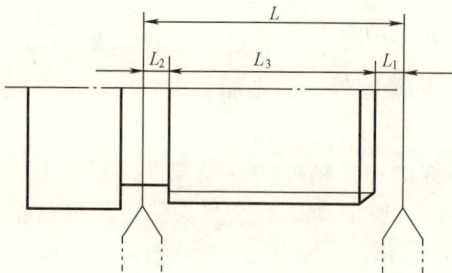

图 2-21　螺纹切削切入、切出段示例

1. 刀具的引入、切出路线

在进行数控车削时，要仔细地考虑刀具的引入、切出路线，最好应使刀具沿工件轮廓的延长线或切线方向引入、切出，这样可以避免因切削力的变化而造成工件的弹性变形，使连接轮廓上产生表面划伤、形状突变或留下刀痕等缺陷。在车削螺纹时，如图 2-21 所示，螺纹进给整个路径长度 L，应为螺纹长度 L_3 再加上刀具引入时的加速段 L_1 和切出时的降速段 L_2，从而可以避免因刀具速度的变化而影响螺距的恒定。

2. 最短的切削进给路线

切削进给路线短可有效提高生产效率，降低刀具损耗。安排最短切削进给路线的同时，还要保证工件的刚性和加工工艺性等要求。图 2-22 为粗加工进给路线示意图，给出了 3 种不同的粗车切削进给路线，其中图 2-22（a）表示刀具沿着工件轮廓进行循环走刀的路线，图 2-22（b）为三角形循环走刀路线，图 2-22（c）为矩形循环进给路线。

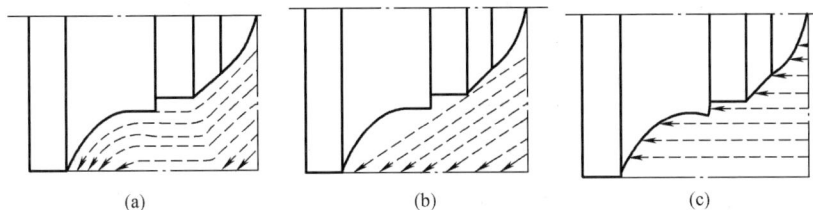

图 2-22　粗加工进给路线示意图

以上 3 种走刀路线经分析可知，矩形循环切削刀具走刀路线的长度总和最短。所以在同等切削条件下，这种加工切削走刀路线所需时间最短，刀具磨损最小，同时这种加工路线的程序段也较简单，所以，在制定加工方案时可优先选择。

3. 最短的空行程路线

确定最短的走刀路线，除了要考虑刀具在切削时的路线最短外，还要考虑刀具在起刀点及换刀点到接近工件加工表面时或加工完毕返回换刀点时的空行程路线。

（1）巧用起刀点。采用如图 2-23（a）所示的矩形循环方式进行粗车。其对刀点 A 的设定是考虑到加工过程中换刀的方便与安全，所以设置在离工件较远的位置处，同时将起刀点与对刀点重合在一起，按三刀粗车加工，其加工的进给路线安排如下：

第一刀为 A—B—C—D—A；

第二刀为 A—E—F—G—A；

第三刀为 A—H—I—J—A。

图 2-23（b）是将起刀点 B 与对刀点 A 设置在不同位置，使起刀点和对刀点分离，设于图示 B 点位置，仍按相同的切削用量进行加工，三刀粗车加工，其进给路线安排如下：

起刀点与对刀点分离的空运行行程为 A—B；

第一刀为 B—C—D—E—B；

第二刀为 B—F—G—H—B；

第三刀为 B—I—J—K—A。

很显然，图 2-23（b）所示的进给路线要比图 2-23（a）短。这种方案的设计较好，该方法也可用在其他循环的加工中。

（2）巧设换刀点。为了考虑切削过程中换刀的方便和安全，有时将换刀点也设置在离毛坯件较远的位置处（见图 2-23 中的 A 点），在加工时，当换第二把刀进行精车时的空行程路线必然也较长；如果将第二把刀的换刀点设置在图 2-23（b）中的 B 点位置上，则可缩短加工中空行程距离，但一定要注意不能使刀具与工件发生碰撞。

图 2-23 巧用起刀点

（3）合理安排"回零"路线。在手工编制比较复杂的零件轮廓的加工程序时，为了使计算过程简化、差错率小，又便于校核，在程序编制的过程中，可以将每一刀加工完成后的刀具终点通过执行"回零"操作指令，使其返回到对刀点位置，检测后再执行后续加工程序。这样会方便编程，提高加工精度，但同时也增加了进给路线的行程，降低了生产效率。因此，在合理安排"回零"路线时，还要考虑进给路线最短的要求。在选择返回对刀点指令时，在刀具和工件不发生干涉的前提下，尽可能采用 X、Z 轴双向同时"回零"指令，因为该功能"回零"路线是最短的。

4. 特殊的进给路线

在数控车削加工过程中，一般情况下，刀具的纵向进给是沿着 Z 轴的负方向进给的，但有时按这样的规律来安排进给路线并不合理，可能影响零件的加工精度，甚至可能造成加工零件的损坏。

例如，图 2-24 所示为用尖形车刀加工大圆弧内表面的两种不同进给路线，它们的加工结果相差很大。图 2-24（a）中刀具沿着 Z 轴的负方向进给，吃刀抗力 F_P 沿 X 轴的正方向，当刀尖运动到圆弧轨迹的象限点时（见图 2-25），其分力 F_r 方向与横拖板传动力方向一致，若丝杠副有机械传动间隙，就可能使刀尖嵌入零件表面形成扎刀现象，从而影响零件的表面质量；图 2-24（b）中刀具沿着 Z 轴的正方向进给，当刀尖运动到象限点处时（见图 2-26），吃刀抗力 F_r 方向与横拖板传动力方向相反，这样不会因丝杠副有机械传动间隙而产生扎刀现象，因此这样的设计方案是合理的。

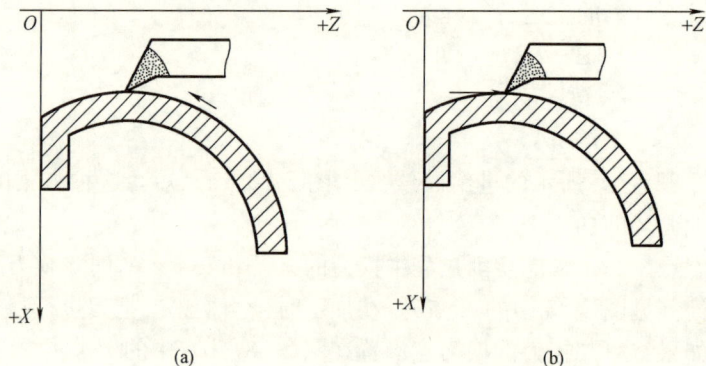

图 2-24 两种不同的进给方法

图 2-25 扎刀现象

图 2-26 合理进给路线

5. 零件轮廓精加工的进给路线

对于零件轮廓的精加工,可以安排一刀或几刀精加工工序,完工轮廓应由最后一次走刀连续加工而成。这时的刀具切入、切出位置要选择合适,不要在连续的轮廓中安排切入和切出或换刀及停顿,以免因切削力突然变化而破坏工艺系统的平衡状态,致使零件轮廓上产生划伤、形状突变或滞留刀痕等等问题,影响工件轮廓的加工精度。

2.4.3 典型数控车削零件加工工艺分析

下面以如图 2-27 所示的轴类零件为例,介绍数控车削加工工艺分析过程。

1. 零件图的工艺分析

由图 2-27 可知,该零件由内外圆柱面、内外圆锥面、外圆弧面、台阶及外螺纹面等组成,尺寸精度要求不高,都有表面粗糙度加工要求。零件材料为 45 钢,无热处理及硬度要求。

2. 确定装夹方案

该零件的内孔加工以外圆定位,用自定心卡盘夹紧。加工外轮廓时,为保证一次安装加工出全部外轮廓,需要设计一心轴装置,简图如图 2-28 所示,用自定心夹盘夹持专用心轴左端,心轴右端留有中心孔并用尾座顶尖顶紧,以提高工艺系统的刚性,保证加工精度。

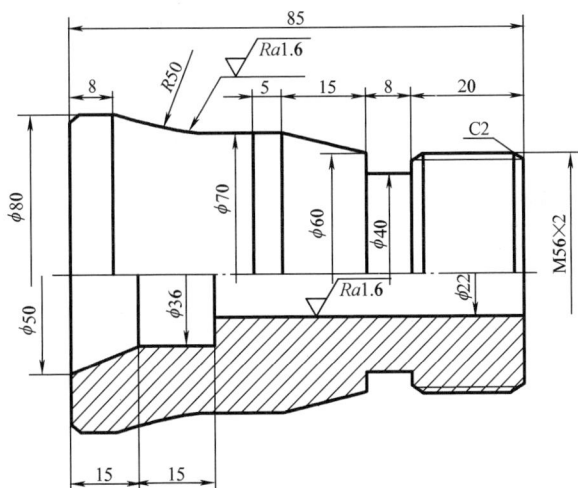

图 2-27 轴套类零件

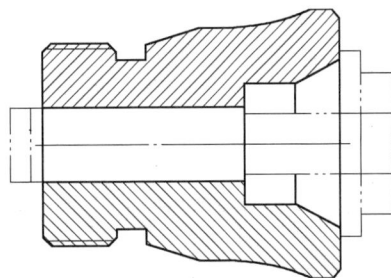

图 2-28 装夹示意图

3. 确定加工顺序及加工路线

加工顺序的确定按由内到外、由粗到精、由近到远的原则来确定，在一次装夹中尽可能加工出较多的工件表面。结合本零件的结构特点，可先加工出内孔各表面，然后加工外轮廓表面，最后加工螺纹。确定加工路线如下：

（1）平端面。

（2）钻中心孔。

（3）粗车 $\phi22$、$\phi36$ 内孔及锥孔。

（4）精镗内孔。

（5）心轴装夹粗车外轮廓。

（6）精车外轮廓。

（7）切槽。

（8）车 M56×2 的螺纹。

4. 刀具的选择

根据加工的具体要求可将选择的刀具参数填入表 2-14 所示的刀具卡片中。

表 2-14　　　　　　　　　　　　　　轴套零件加工刀具卡

产品名称或编号		××××	零件名称	轴套	零件图号	××××
序号	刀具号	刀具规格名称	数量	加工表面	刀具半径（mm）	备注
1	T01	45°硬质合金端面车刀	1	车端面	0.5	25×25
2	T02	$\phi5$ 中心钻	1	钻中心孔		
3	T03	$\phi20$ 麻花钻	1	钻 $\phi22$ 底孔		
4	T04	内孔车刀	1	车内孔各表面	0.4	25×25
5	T05	93°右偏外圆车刀	1	粗、精车外圆各表面	0.2	25×25
6	T06	4mm 切断刀	1	切槽		
7	T07	60°外螺纹车刀	1	车 M56 螺纹	0.1	25×25
编制	×××	审核	×××	批准	×××	年月日	共　页	第　页

5. 切削用量的选择

由被加工零件的加工精度要求、加工表面质量要求及加工零件材料、刀具的材料等，参考切削用量手册选取切削速度及进给量，填入数控加工工艺卡片，见表 2-15。

表 2-15　　　　　　　　　　　　　轴套零件数控加工卡片

单位	××××	产品名称	零件名称	零件图号	
程序编号	××××	×××	轴套	×××	
序号	工　序	切削用量选择			
		刀　具	主轴转速（r/min）	进给量（mm/r）	
1	车端面	45°硬质合金端面车刀	300	0.1	
2	钻中心孔	$\phi5$ 中心钻	800	0.1	
3	粗车 $\phi22$、$\phi36$ 内孔及锥孔	$\phi20$ 麻花钻	240	0.1	
4	精镗内孔	内孔车刀	300	0.15	

序号	工　序	切削用量选择		
		刀　具	主轴转速（r/min）	进给量（mm/r）
5	粗车外轮廓	93°右偏外圆车刀	400	0.2
6	精车外轮廓	93°右偏外圆车刀	800	0.1
7	切槽	4mm 切断刀	400	0.1
8	车 M56×2 的螺纹	60°外螺纹车刀	300	2
编制	×××	审核 ×××	批准 ×××	年月日　共　页　第　页

2.5　数控铣削加工工艺分析

2.5.1　数控铣床的加工特点

数控铣削是机械加工中最常用的数控加工方法，除了能铣削普通铣床所能铣削加工的各种零件表面之外，也能铣削普通铣床不能铣削的各种复杂曲面轮廓。根据数控铣床的特点，从铣削加工的角度来考虑，数控铣床主要加工如下类型的零件。

1. 平面类零件

加工表面平行、垂直于水平面或加工表面与水平面的夹角成定角的零件。如图 2-29 所示的 2D 曲线板类零件和如图 2-30 所示的 2D 槽类零件，均属于平面类零件。

图 2-29　2D 曲线板类零件

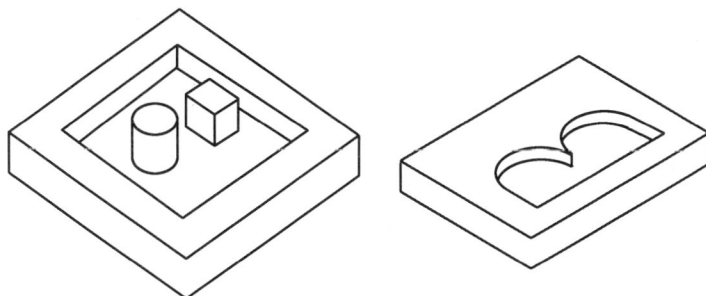

图 2-30　2D 槽类零件

2. 变斜角类零件

加工表面与水平面的夹角呈连续变化的零件。如图 2-31 所示的支架类零件表面，均属于变斜角类零件。

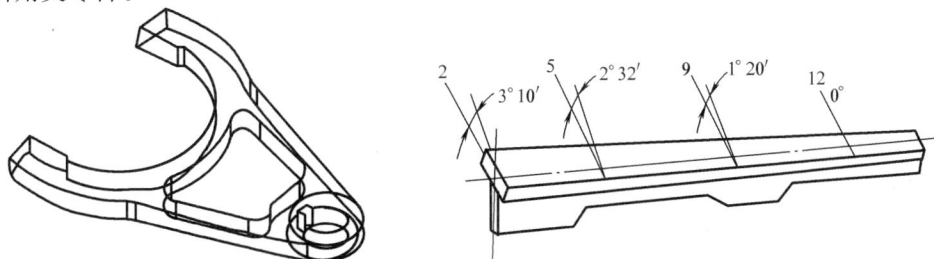

图 2-31　支架类零件

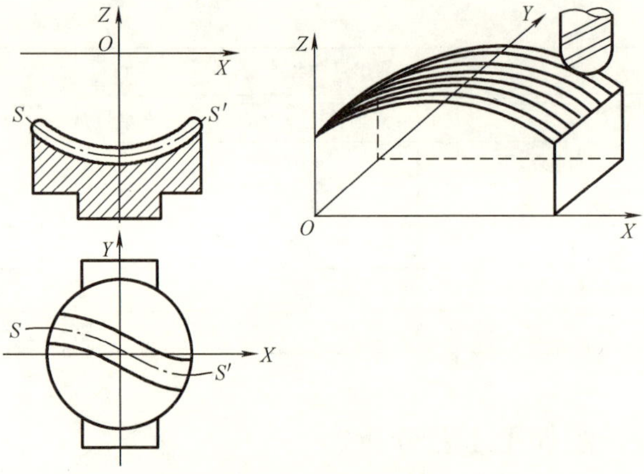

图 2-32　曲面类零件

3. 曲面类零件

加工表面为空间曲面的零件。其特点是加工表面不能展开为平面，加工表面与铣刀始终为点接触，如图 2-32 所示的模具类零件。

2.5.2　加工中心的加工对象的主要特点

加工中心适于加工零件比较复杂、工序较多、表面质量要求较高、需要多个刀具的加工才能完成的零件。主要有以下几种类型：

1. 箱体类零件

一般具有多个孔系，内部有型腔，要经多工位加工，如图 2-33 所示。

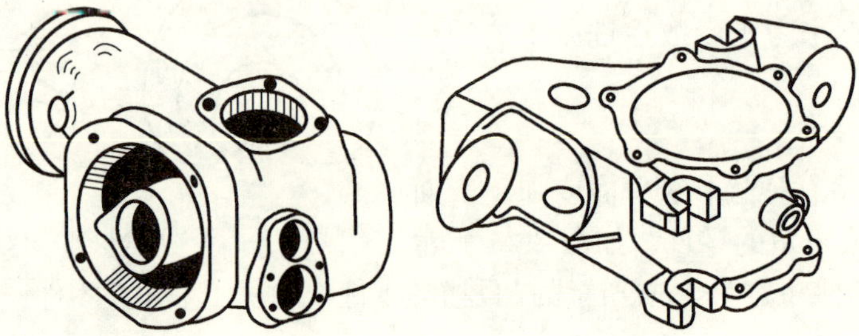

图 2-33　箱体类零件

2. 复杂曲面零件

一般指精度要求较高，在普通机床上无法加工的叶轮、模具等，如图 2-34 所示。

3. 异形体类零件

外形不规则，需要点、线、面多工位混合加工的零件，如图 2-35 所示。

2.5.3　数控铣削加工路线的确定

1. 加工方法的选择

表面加工方法的选择实际上就是为有加工质量要求的零件表面选择合理的加工方法。数控铣床或加工中心加工零件的表面一般是平面、曲面、孔或螺纹等，所以主要考虑所选

图 2-34　叶轮类复杂曲面类零件

择的加工方法要与零件的表面特征、所要求达到的精度及表面粗糙度相适应。

经数控铣床或加工中心粗铣的平面，尺寸精度可达 IT14 级（指两平面之间的尺寸），表面粗糙度 Ra 值可达 $25\,\mu m$。经精铣的平面，尺寸精度可达 IT9 级，表面粗糙度 Ra 值可达 $3.2\,\mu m$。

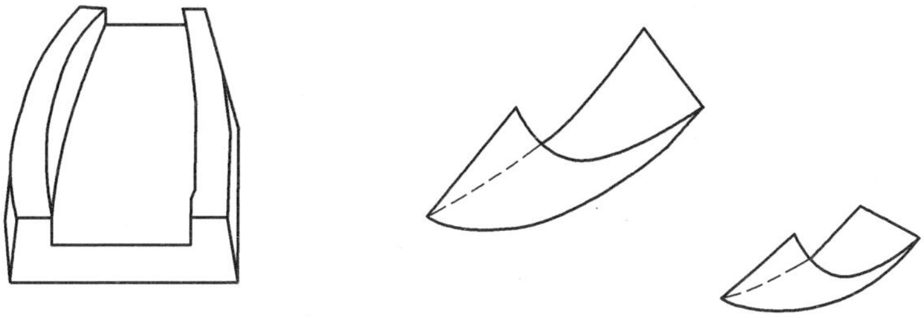

图 2-35 异形体类零件

对于直径大于 $\phi 30$ 的已经铸出或锻出毛坯孔的加工，通常采用"粗镗—半精镗—孔倒角—精镗"的加工方案；孔径较大的可采用"立铣刀粗铣—精铣"的加工方案。有空刀槽时可用锯片铣刀在半精镗之后、精镗之前铣削完成，也可用镗刀进行单刀镗削，但单刀镗削效率较低。

对于直径小于 $\phi 30$ 的无毛坯孔的加工，通常采用"锪平端面—打中心孔—钻孔—扩孔—孔口倒角—铰孔"的加工方案；对有同轴度要求的小孔，需采用"锪平端面—打中心孔—钻孔—半精镗—孔倒角—精镗（或铰）孔"的加工方案。为提高孔的位置精度，在钻孔工步前需安排锪平端面和打中心孔工步。孔倒角安排在半精加工之后、精加工之前，以防止孔内产生飞边。

螺纹的加工方法根据孔径的大小来确定，一般情况下，在 M6～M20 的螺纹，通常采用攻螺纹的方法加工。直径在 M6 以下的螺纹，完成基孔加工后再通过其他方法攻螺纹。因为加工中心上攻螺纹不能随机控制加工状态，小直径丝锥容易折断。直径在 M20 以上的螺纹，可采用镗刀镗削加工。

2. 加工路线的确定

刀具的加工路线是指刀具从起刀点开始移动，直到返回并结束加工程序所经过的所有路径。它包括刀具切削加工的路径和刀具切入、切出等非切削空行程路径。它是编写加工程序的依据。确定进给路线的工作重点是确定粗加工及空行程的进给路线。加工路线的确定首先必须保证被加工零件的尺寸精度和表面质量，其次考虑数值计算简单，走刀路线尽量短、生产效率较高等因素，最终轮廓一次走刀完成等。

下面为数控铣床、加工中心加工零件时常用的加工路线。

（1）孔系加工的路线。在加工位置精度要求较高的孔系时，应该特别注意安排孔的加工顺序，如果安排不适当有可能将坐标轴的反向间隙带入，从而影响孔之间的位置精度，如加工如图 2-36（a）所示零件上的 6 个尺寸相同的孔，可有两种加工路线。当按图 2-36（b）所示路线加工时，由于 5、6 孔与 1、2、3 孔定位方向相反，Y 方向的反向运动间隙会使定位误差增加，从而影响 5、6 孔与其他孔的位置精度。如按 2-36（c）图所示路线进行加工，加工完 4 孔后向上多移动一段距离到 P 点，然后再折回来加工 5、6 孔，这样 5、6 孔的定位方向与 1、2、3 孔的方向一致，可以避免 Y 方向反向间隙的引入，从而提高了 5、6 孔与其他孔的位置精度。

在加工孔系过程中，在考虑加工精度的前提下也要考虑加工路线最短，以提高加工效率。如图 2-37 所示为在加工中心上镗孔的实例，一般习惯上是按图 2-37（a）先加工在同一圆周上的孔，然后再加工另一圆周上的孔，但这种走刀路线较长。还可按图 2-37（b）走刀，

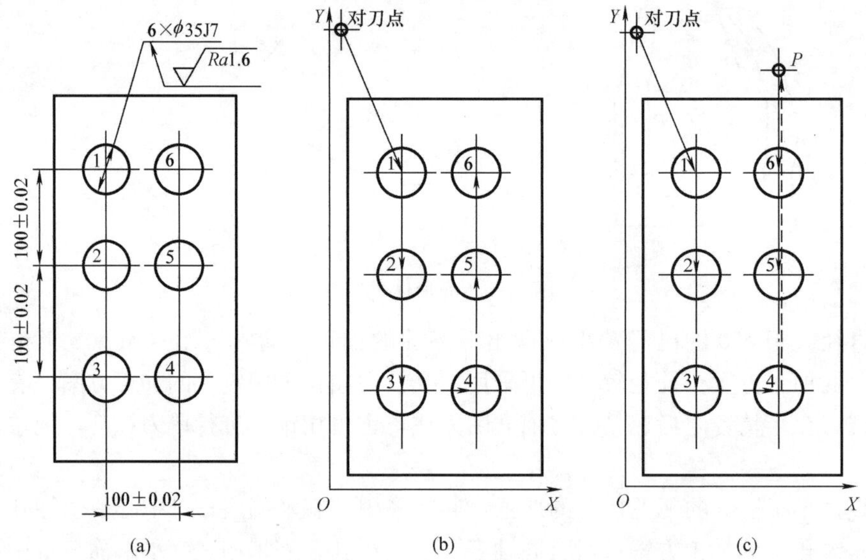

图 2 36　镗孔加工走刀路线示意图

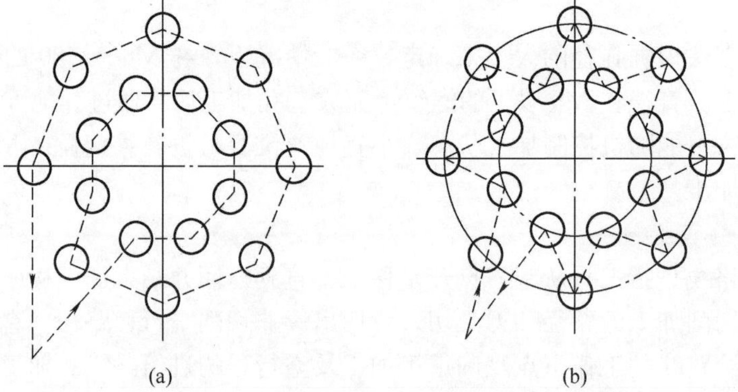

图 2-37　钻孔最短加工路线示意图

以缩短走刀路线,节省时间,提高生产率。

(2) 平面轮廓铣削的加工路线。铣削平面零件轮廓时,一般采用立铣刀侧刃进行切削。刀具的切入、切出应避免沿零件外廓的法向切入、切出,以减少接刀痕迹,保证零件表面质量。如图 2-38 所示为铣削外表面轮廓时刀具走刀路线图,铣刀的切入和切出点应沿零件轮廓曲线的延长线上切入和切出零件表面,以避免加工表面产生划痕,保证零件轮廓光滑。铣削内轮廓表面时,如果内轮廓曲线允许外延时,就应按切线方向切入、切出。如果内轮廓曲线不允许或无法外延,如图 2-39 所示刀具只能沿内轮廓曲线的法线方向切入、切出,此时切入、切出点应选择在轮廓曲线交点处。

用圆弧插补方式加工整圆外轮廓或加工整圆内轮廓时,仍要遵守从切向切入、切向切出的原则,不在切点处直接进刀或退刀。外轮廓切削一般如图 2-40 所示安排走刀路线,刀具从工件坐标原点出发,在下刀点处垂直下刀,沿 2—3—4—5 加工路线加工,在抬刀点处抬刀后返回原点。内轮廓整圆切削如图 2-41 所示,要安排切入、切出过渡圆弧,刀具从工件

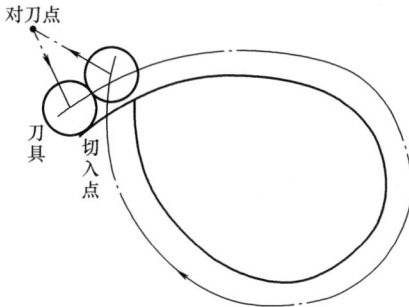

图 2-38　铣削外轮廓走刀路线　　　　　图 2-39　铣削内轮廓走刀路线

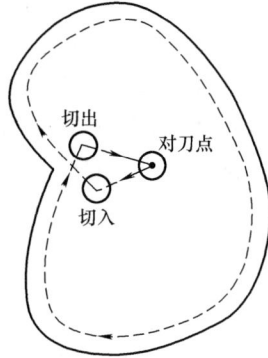

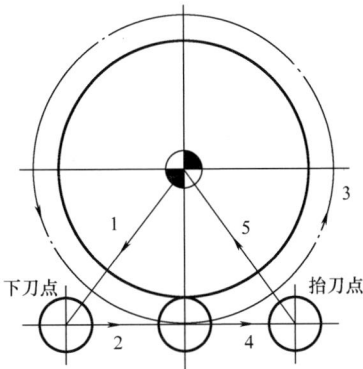

图 2-40　铣削外圆弧的刀具路径　　　　图 2-41　铣削内圆弧的刀具路径

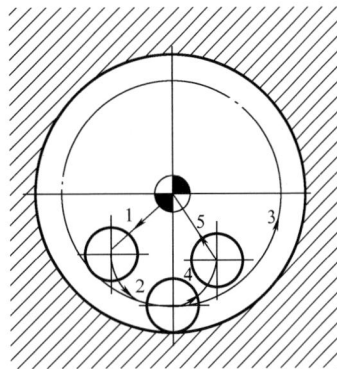

坐标原点出发，其加工路线为 1—2—3—4—5，这样可提高内孔表面的加工精度和加工质量。

如图 2-42(a) 所示为采用行切法加工凹槽的走刀路线，其中行切法又可分为横切法（轨迹为水平线）与纵切法（轨迹为竖直线），这种加工方法加工时不留死角，走刀路线短，但因加工表面切削不连续，接刀太多，影响表面粗糙度。图 2-42(b) 所示为环切法加工凹槽的走刀路线，环切法中刀具轨迹计算比较复杂，若轮廓由直线圆弧组成，则稍简单一些；若轮廓由曲线组合，则比较复杂，能满足加工表面连续切削，可以获得较低的表面粗糙度值，但走刀路线长，生产率低。图 2-42(c) 所示为先用行切法加工去除大部分材料，最后沿轮廓环切光整轮廓一周，方案较好。

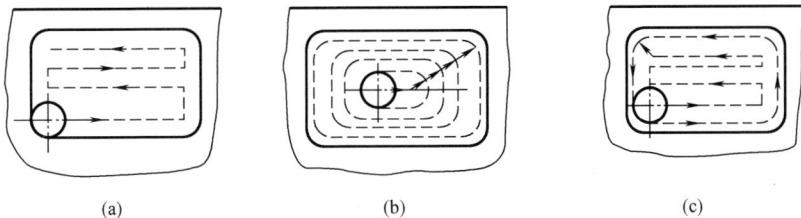

(a)　　　　　　　　　(b)　　　　　　　　　(c)

图 2-42　凹槽加工走刀路线

（3）曲面铣削的加工路线。在零件加工过程中，常会遇到各种曲面轮廓零件，如凸轮、模具、叶片螺旋桨等。由于这类零件型面复杂，对于边界敞开的曲面，加工时常用球头刀，采用行切法进行加工。所谓行切法，是指刀具与零件轮廓的切削轨迹是一行一行的。而行间距要按零件加工精度要求而确定，如图 2-43 所示的发动机大叶片，可采用两种走刀路线。采用如图 2-43（a）所示的加工方案时，每次沿直线走刀加工，刀位点计算比较简单，程序较小，加工过程符合直纹面的形成，可以准确保证母线的直线度。当采用图 2-43（b）所示的加工方案时，符合这类零件数据的给出情况，便于加工后检验，叶形的准确度高，但程序较大。

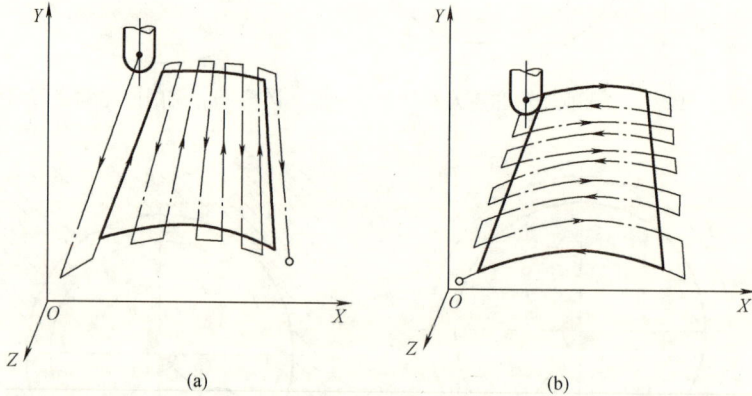

(a)   (b)

图 2-43　曲面表面的两种进给路线

2.5.4　数控铣削典型零件加工工艺分析

如图 2-44 所示零件加工实例，分析加工中心加工工艺的制定过程。零件材料为 45 钢，调质处理，上下平面和圆形外轮廓已加工完毕，编制凸台及槽的数控加工程序。

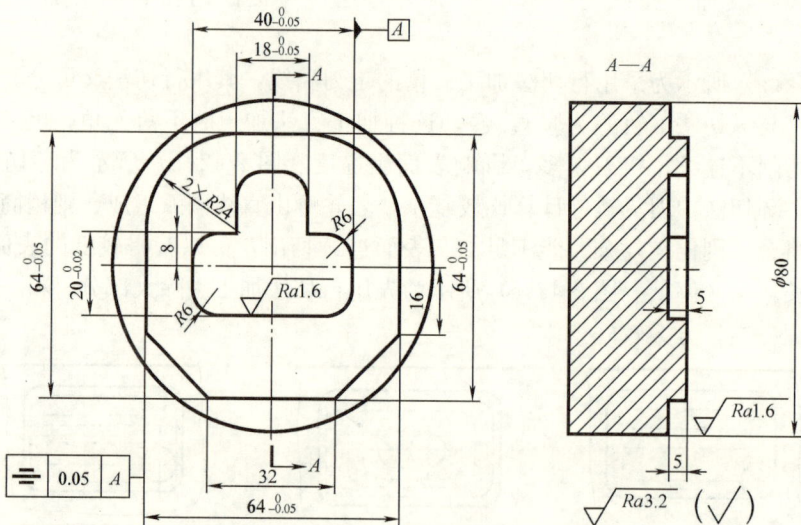

图 2-44　数控铣削加工工艺分析实例

（1）零件图分析。零件图分析主要包括零件轮廓形状、尺寸精度和技术要求、定位基准等的分析。该零件由多边形凸台和多边形槽组成，其内外轮廓表面粗糙度都在 1.6～

$3.2\mu m$。精度在 IT9 左右，需采用粗铣、精铣加工完成。

（2）定位基准的选择。工件坐标系原点：由零件的图样要求和零件的实际形状，选择工件的上表面的圆心为工件原点。

确定定位基准：该零件的设计基准为上平面和圆的对称中心线，根据定位基准原则和图样分析，首先以上面为基准加工底面，然后，以底面定位，一次装卡，将所有表面和轮廓全部加工完成，这样就可以保证图样要求的尺寸精度和位置精度。

（3）装夹及刀具选择。该零件的毛坯外形比较规则，可选用平口虎钳装夹工件，用找正的方法找平工件。应根据零件材料、形状和尺寸来选择刀具。粗加工时，铣削外轮廓应尽可能地选择直径大一些的刀具，这样可以提高效率，可以用 $\phi20$ 的三刃立铣刀；铣削内轮廓时要注意内轮廓的圆弧的大小，也就是说，刀具的半径要小于或等于内圆弧的半径，此处选用 $\phi12$ 键槽铣刀；精加工时，应更换精加工刀具。刀具材料可根据具体零件材料选择，如果是铸铁材料可以选择 YG 类硬质合金，如果是钢件应选择 YT 类硬质合金。也可以选择高速钢或其他材料的刀具，这里外廓仍选择 $\phi20$ 的三刃立铣刀加工，内廓可选 $\phi12$ 的三刃立铣刀加工。

（4）工艺参数的确定。工艺参数的选择直接影响加工的效率和经济性。它要根据工件的材料及性质、刀具的材料及形状、刀柄的刚性、背吃刀量及余量、加工位置、工件的刚性、工件安装及夹具的刚性、刀具寿命的估计、加工精度、表面质量、冷却等条件来确定。本例工艺参数见表 2-16。

表 2-16　　　　　　　　　　　　　数控加工工艺卡片

单位名称	××××	产品名称或代号		零件名称		夹具名称	
		××××		××××		平口虎钳	
工步号	工步内容	刀具号	刀具规格	主轴转速 (r/min)	进给速度 (mm/min)	背吃刀量 (mm)	备注
1	粗铣外轮廓留 0.5mm 余量	T01	$\phi20$ 的三刃立铣刀	400	150	3	
2	精铣外轮廓	T02	$\phi20$ 的三刃立铣刀	500	100	0.5	
3	粗铣内轮廓留 0.5mm 余量	T03	$\phi12$ 键槽铣刀	300	150	2	
4	精铣内轮廓	T04	$\phi12$ 的三刃立铣刀	400	100	0.5	
编制	×××	审核	×××	批准	×××	共　页	第　页

（5）数值计算。根据零件图样，按已确定的加工路线和允许的程序，保证公差要求，计算出数控系统所需数值，数值计算的内容有两个方面：基点和节点的计算，刀位点轨迹的计算。对于比较复杂的零件，可使用相关的 CAD 软件来查询各值。本例数据相对规范，可直

接按加工路线给出。

（6）编写加工程序。可使用手工或自动编程软件来编写。本例零件规范，程序相对简单，可手工编程。

（7）零件加工。首件试切合格后按生产批量进行加工。

（8）检验。

本 章 小 结

一、数控加工工艺特点及主要内容

1. 数控加工工艺特点

2. 数控加工主要内容

二、数控加工过程的主要参数

（1）主要参数：切削用量（切削速度、进给量和背吃刀量）的选择。

（2）切削刀具的选择。

三、数控加工进给路线的确定

（1）车削进给路线以遵循加工路线最短原则为主，包括最短切削路线和最短空行程路线。

（2）铣削加工路线的确定，包括孔系加工路线、平面轮廓铣削加工路线和曲面铣削加工路线。

四、数控加工工艺分析实例

习 题 二

一、填空题

1. 切削用量包括_____、_____和_____。

2. 进行数控车削加工时，加工顺序主要有_____、_____、_____和_____。

3. 刀具的材料主要有_____、_____、_____和_____ 4 种类型。

4. 数控车削用的车刀一般分为 3 种类型，即_____、_____和_____。

二、选择题

1. 下列不是加工路线的确定应遵循的原则的是（　　）。

A. 保证加工精度　　　　　　　　　B. 切削路线最短

C. 空行程最短　　　　　　　　　　D. 背吃刀量最大

2. 下列不是铣削凹槽时走刀路线的是（　　）。

A. 行切法　　　　　　　　　　　　B. 环切法

C. 斜切法　　　　　　　　　　　　D. 先行切后环切

3. 下列切削进给路线最短的是（　　）。

A. 沿着工件轮廓进行循环走刀的路线　　B. 三角形循环走刀路线

C. 矩形循环进给路线

三、简答题

1. 数控车切削用量如何选择?
2. 数控铣床常用刀具有哪些?
3. 数控铣削有哪些加工方法?
4. 数控铣床加工中心加工哪几类零件?
5. 确定数控机床加工的走刀路线要考虑哪些问题?

第3章 数控加工编程基础知识

本章要点

了解数控编程的内容和步骤，理解数控编程的方法，掌握程序的结构和格式，明确机床坐标系和运动方向的确定。

3.1 数控编程概述

3.1.1 数控编程的基本概念

所谓数控加工，是指在数控机床上根据事先输入到数控装置的指令代码来加工零件的一种工艺方法。所以对于数控加工来说，首先就要进行程序的编制，就是数控编程。数控编程过程中根据零件的图样要求，按规定的代码及程序格式将零件加工的全部工艺过程，包括零件的加工顺序、工艺参数、刀具的运动轨迹、位移量、切削用量（切削速度、进给量和背吃刀量）等加工信息以数字信息的形式记录在介质上或直接输入到数控机床的数控装置中，从而指导数控机床加工。这种从零件图样到制成控制机床运动的信息的过程就是编程。它应该保证加工出来的零件符合图样要求，使加工机床能够最大限度地发挥其应有功能。所以程序编制是一项重要的工作，是数控加工过程中的一个重要环节。

3.1.2 数控编程的方法

数控编程有手工编程和自动编程两种方法。

1. 手工编程

由人工完成程序编制的全部过程称为手工编程。对于形状比较简单，数值计算简便，程序段较短的，采用手工编程就可以完成。手工编程的意义在于编程快捷、经济、及时，以及有较大的灵活性等。对直线及圆弧组成的轮廓等简单零件的手工编制是数控技术人员必须掌握的，这是自动编程的基础，其不断推动自动编程的完善和发展。其缺点是当零件形状较复杂时，数值计算量较大，编程时间较长，而且在编制过程中可能出现计算或书写错误。

2. 自动编程

自动编程是指程序的编制大部分或全部由计算机来完成。编写人员只需根据加工对象及工艺要求，借助数控语言编程系统规定的数控编程语言或图形编程系统提供的图形菜单功能，对加工过程与要求进行较简便的描述，而由编程系统自动计算出加工运动轨迹，并输出零件数控加工程序清单。它适合于零件形状特别复杂、不便于手工编写的数控程序。由于在计算机上可自动绘出所编程序的图形及进给轨迹，所以能及时地检查程序是否有错并进行修改，得到正确程序。最后，通过网络或 RS232 接口输入数控系统。对于数据量过大的数控程序，可利用传输软件实现对程序 DNC 传送，进行在线加工。自动编程方法减轻了编程人员的劳动强度，缩短了编程时间，提高了编程质量，解决了许多复杂零件无法进行手工编程的问题。自动编程的方法很多，可分为语言数控编程和图形交互自动编程等。我国主要是采用 Master CAM、Pro/E、UG 和 CAXA 等软件。

3.2　程序的结构与格式

3.2.1　数控机床编程程序段结构

1. 数控编程中有关的标准和代码

不同的数控系统，所适用的程序代码、编程格式有所不同，所以同一零件的加工程序在不同的系统机床上是不能通用的。为了统一标准，国际上已经推出了两种标准，即国际标准化组织标准（ISO 代码）和美国电子工业协会标准（EIA 代码）。两者表示的符号相同，但编码孔的数目和排列位置不同。我国原机械工业部根据 ISO 标准也制定了相关的 JB/T 3208—1999 标准，它与国际上使用的 ISO 1056—1975E 标准基本一致，但具体执行时数控机床的指令格式在国际上并不完全一致。随着数控机床的不断发展、改进和创新，其系统功能更加强大，使用更加方便。在不同数控系统之间，程序格式上存在一定的差异。因此，在具体进行某一数控机床编程时，要仔细了解其数控系统的编程格式，参考该数控机床编程手册。

2. 数控程序结构

每种数控系统，根据系统本身的特点及编程需要，都有一定的程序格式。但基本结构是相同的。一个完整的数控程序由程序编号、程序内容和程序结束 3 部分组成，例如：

```
O 0029 % ;                               程序编号
N10 G00 Z100.0;
N20 G17 T02;
N30 G00 X70.0 Y65.0 Z2.0 S800;
N40 G01Z-3.0 F50;                        程序内容
N50 G03 X20.0 Y15.0 I-10.0 J-40.0;
N60 G00 Z100.0;
N70 M30;
%                                        程序结束
```

（1）程序编号。程序编号为程序的开始部分。采用程序编号地址码区分存储器中的程序，不同数控系统程序编号地址码不同，如 FANUC 数控系统一般采用英文字母 O 作为程序的编号地址，而其他数控则采用 "L"、"P"、"%" 及 ":" 等不同形式。

（2）程序内容。程序内容是整个程序的核心部分，由若干个程序段组成，每个程序段由一个或多个指令字构成，每个指令字由地址符和数字组成，它代表机床的一个位置或一个动作，每一程序段用 ";" 号结束。

（3）程序结束段。以程序结束指令 M02（程序结束，指针不返回程序开始）或 M30（程序结束，指针返回程序开始）作为整个程序结束的符号。

3.2.2　数控机床编程程序段格式

现代数控机床广泛采用字-地址程序段格式。字-地址程序段格式由语句号字、数据字和程序段结束符组成。各字前有地址，各字的排列顺序要求不严格，数据的位数可多可少，不需要的字以及和上一程序段相同的续效字可以不写。该程序简短、直观，便于检验和修改。字-地址程序段格式如下：

N_ G_ X_ Y_ Z_ F_ (…)S_ T_ M_;

例如：

N30 G01 X55.0 Y120.0 Z-10.0 F50 S800 T04 M03;

程序段内各字的含义见表 3-1。

表 3-1　　　　　　　　　　　　　**地址码中字母的含义**

地址	功能	含义	地址	功能	含义
A	坐标字	关于 X 轴角度尺寸	N	顺序号	程序段号
B	坐标字	关于 Y 轴角度尺寸	O	程序号	程序编号
C	坐标字	关于 Z 轴角度尺寸	P	其他功能	固定循环参数或暂停时间
D	补偿号	刀具半径偏置号	Q	其他功能	固定循环参数或循环定距离
E	进给功能	第二进给功能	R	坐标字	圆弧半径或循环定距离
F	进给功能	第一进给功能	S	主轴功能	主轴转速命令
G	准备功能	准备功能	T	刀具功能	刀具编号
H	补偿号	刀具长度偏置号	U	坐标字	平行 X 轴的增量坐标
I	坐标字	圆弧中心 X 轴坐标或螺纹导程	V	坐标字	平行 Y 轴的增量坐标
J	坐标字	圆弧中心 Y 轴坐标或螺纹导程	W	坐标字	平行 Z 轴的增量坐标
K	坐标字	圆弧中心 Z 轴坐标或螺纹导程	X	坐标字	X 轴的坐标
L	重复次数	固定循环或子程序重复次数	Y	坐标字	Y 轴的坐标
M	辅助功能	机床开/关命令	Z	坐标字	Z 轴的坐标

(1) 顺序号字 N：用以识别程序段的编号。N 后面加若干数字组成，如 N50、N0050 等表示该语句的语句号为 50。现代 CNC 系统中很多都不要求写程序段号，则程序段号可不写。程序段号 N 值可以通过系统参数设定自动生成。

(2) 准备功能代码 G 指令：用于建立机床或控制系统工作方式的一种指令。它是由字母 G 后跟两位数字组成。从 G00~G99 共 100 种代码，又分为模态代码和非模态代码，如 G00、G01、G41 等。我国 JB 3208—1999 标准规定的准备功能 G 代码，见表 3-2。

表 3-2　　　　　　　　**准备功能 G 代码 (JB/T 3208—1999)**

代码 (1)	功能保持到被取消或被同样字母表示的程序指令所代替 (2)	功能仅在所出现的程序段内有作用 (3)	代码 (4)	代码 (1)	功能保持到被取消或被同样字母表示的程序指令所代替 (2)	功能仅在所出现的程序段内有作用 (3)	代码 (4)
G00	a		点定位	G07	#	#	不指定
G01	a		直线插补	G08		*	加速
G02	a		顺时针圆弧插补	G09		*	减速
G03	a		逆时针圆弧插补	G10~G16	#	#	不指定
G04		*	暂停	G17	c		XY 平面选择
G05	#	#	不指定	G18	c		ZX 平面选择
G06	a		抛物线插补	G19	c		YZ 平面选择

续表

代码 (1)	功能保持到被取消或被同样字母表示的程序指令所代替 (2)	功能仅在所出现的程序段内有作用 (3)	代码 (4)	代码 (1)	功能保持到被取消或被同样字母表示的程序指令所代替 (2)	功能仅在所出现的程序段内有作用 (3)	代码 (4)
G20～G32	#	#	不指定	G57	f		直线偏移 XY
G33	a		螺纹切削等螺距	G58	f		直线偏移 XZ
G34	a		螺纹切削加螺距	G59	f		直线偏移 YZ
G35	a		螺纹切削减螺距	G60	h		准确定位1（精）
G36～G39	#	#	永不指定	G61	h		准确定位2（中）
G40	d		刀具补偿/刀具偏置注销	G62	h		快速定位（粗）
G41	d		刀具补偿—左	G63		*	攻螺纹
G42	d		刀具补偿—右	G64～G67	#（d）	#	不指定
G43	#（d）	#	刀具偏置—正	G68	#（d）	#	刀具偏移，内角
G44	#（d）	#	刀具偏置—负	G69	#	#	刀具偏移，外角
G45	#（d）	#	刀具偏置＋/＋	G70～G79	e	#	不指定
G46	#（d）	#	刀具偏置＋/－	G80	e		固定循环注销
G47	#（d）	#	刀具偏置－/－	G81～G89	j		固定循环
G48	#（d）	#	刀具偏置－/＋	G90	j		绝对尺寸
G49	#（d）	#	刀具偏置0/－	G91			增量尺寸
G50	#（d）	#	刀具偏0/－	G92	k	*	预置寄存
G51	#（d）	#	刀具偏＋/0	G93	k		时间倒进给率
G52	#（d）	#	刀具偏/0	G94	k		每分钟进给
G53	f		直线偏移，注销	G95	l		主轴每转进给
G54	f		直线偏移 X	G96	l		恒线速度
G55	f		直线偏移 Y	G97	l		每分钟转数
G56	f		直线偏移 Z	G98～G99	#	#	不指定

　注　① ♯号如选作特殊用途，必须在程序格式说明中说明。
　　② 如在直线切削控制中没有刀具补偿，则 G43～G52 可指定作为其他用途。
　　③ 在表括号中的字母（d）表示：既可以被同栏没有括号的字母 d 所注销或代替。也可被有括号的字母（d）所注销或代替。
　　④ G45～G52 的功能可用于机床上任意两个预定的坐标。
　　⑤ 数控系统没有 G53～G59、G63 功能时，可以指定其他用途。

　（3）辅助功能代码 M 指令：用于指定数控机床辅助装置的开关动作。由字母 M 后跟两位数字组成。从 M00～M99 共 100 种代码，如 M07、M30。也分为模态代码和非模态代码。我国 JB 3208—1999 标准规定的辅助功能 M 代码见表 3-3。

表 3-3 辅助功能 M 代码

代 码 (1)	功能开始时间		功能保持到被注销或被适当程序指令代替 (4)	功能仅在所出现的程序段内有作用 (5)	功 能 (6)
	与程序段指令运动同时开始 (2)	在程序段指令运动完成后开始 (3)			
M00		*		*	程序停止
M01		*		*	计划停止
M02		*		*	程序结束
M03	*		*		主轴顺时针方向
M04	*		*		主轴逆时针方向
M05		*	*		主轴停止
M06	#	#		*	换刀
M07	*		*		2号冷却液开
M08	*		*		1号冷却液开
M09		*	*		冷却液关
M10	#	#	x		夹紧
M11	#	#			松开
M12	#	#	#	#	不指定
M13	*		*		主轴顺时针方向冷却液开
M14	*		*		主轴逆时针方向冷却液开
M15	*			*	正运动
M16	*			*	负运动
M17~M18	#	#	#	#	不指定
M19		*	*		主轴定向停止
M20~M29	#	#	#	#	永不指定
M30		*		*	纸带结束
M31	#	#			互锁旁路
M32~M35	#	#	#	#	不指定
M36	*		*		进给范围1
M37	*		*		进给范围2
M38	*		*		主轴速度范围1
M39	*		*		主轴速度范围2
M40~M45	#	#	#	#	如有需要作为齿轮换挡,此外不指定
M46~M47	#	#	#	#	不指定
M48		*	*		注销 M49
M49	*		*		进给率修正旁路
M50	*		*		3号冷却液开
M51	*		*		4号冷却液开
M52~M54	#	#	#	#	不指定

续表

代码 (1)	功能开始时间		功能保持到被 注销或被适当 程序指令代替 (4)	功能仅在所出现 的程序段内 有作用 (5)	功能 (6)
	与程序段指令 运动同时开始 (2)	在程序段指令 运动完成后开始 (3)			
M55	*		*		刀具直线位移，位置1
M56	*		*		刀具直线位移，位置2
M57~M59	#	#	#	#	不指定
M60		*		*	更换工件
M61	*		*		工件直线位移，位置1
M62	*		*		工件直线位移，位置2
M63~M70	#	#	#	#	不指定
M71	*		*		工件角度位移，位置1
M72	*		*		工件角度位移，位置2
M73~M89	#	#	#	#	不指定
M90~M99	#	#	#	#	永不指定

注　①　#号表示如选作特殊用途，必须在程序说明中说明。
　　②　M90~M99 为特定的特殊用途。

（4）进给功能 F 指令：F 指令指定刀架中心的运动时的进给速度。由 F 和其后面的若干数字组成。数字的单位取决于每个系统所采用的进给速度指定方法。

不同的系统 F 后面的数值表示含义不同，通常有两种表示方法。

代码法：F 后面的两位数不表示进给速度的大小，只表示进给速度的序号，其对应的实际进给速度可查相关手册确定。

直接表示法：F 后面的数值就是进给速度的大小。

F 的单位有两种，每分钟进给量 mm/min 与每转进给量 mm/r。一般系统多用 G98 和 G99 代码区别：G99，每转进给指令，单位为 mm/r；G98，每分钟进给量，单位为 mm/min。G98、G99 为同组 G 指令，互相取消。这种方法比较直观，多数数控系统采用这种方法。例如，F200 表示进给速度为 200mm/min。

（5）刀具功能 T 指令：T 指令用来选择刀具或调用刀具补偿的功能。对于采用 T 指令的系统指令格式为

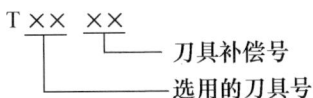

T×× ××────刀具补偿号
　└──────选用的刀具号

如：T0101　　　1号刀具，用1号补偿
　　T0202　　　2号刀具，用2号补偿
　　T0303　　　3号刀具，用3号补偿
　　T0404　　　4号刀具，用4号补偿

在编程时，一般刀具号与补偿号要尽量一致（如单台 NC），以免混乱。但也可以不一致，如 T0105，这时，系统按 05 号刀补内容处理 01 号刀具补偿运算。

$$T\times\times00$$
└── 取消补偿

也有用 T、D、H 指令来调有刀具号和补偿号的系统。如 T2、D3、H4 采用 2 号刀具、刀具偏置 3 号半径补偿、刀具长度偏置 4 号补偿。

（6）主轴转速功能 S 指令：S 指令表示主轴的转速，由 S 和其后的若干数字组成，单位为 r/min。例如，S800 表示主轴转速为 800r/min。在恒线速度状态下，S 后面的数字表示切削点的线速度，单位为 m/min。例如，S50 表示切削点的线速度恒定为 50m/min。有时 S 后面的数字只表示一种编号。例如机床用 S00～S99 表示 100 种转速，S00 表示转速为 0，S99 转速最高。

3.3　数控机床的坐标系统

3.3.1　标准坐标系的确定

为了准确描述机床运动，简化程序的编制方法，使所编写的程序有互换性，国际标准 ISO 8041—1990 和国家标准 GB/T 19660—2005 对机床各轴的命名方法、机床各轴的运动方向做了明确规定。

在数控机床上加工零件，机床的动作是由数控系统发出的指令来控制的。为了确定机床的运动方向、移动的距离，就要在机床上建立一个坐标系，这个坐标系就称为标准坐标系，也称为机床坐标系。在编制程序的过程中以该坐标系来规定运动方向和距离。标准同时规定了坐标和运动方向的命名原则。

1. 工件静止原则

无论机床结构如何，永远假定刀具相对于静止的工件坐标系做相对切削运动。

2. 右手定则

数控机床上的坐标系采用的是右手笛卡儿坐标系，如图 3-1 所示，在图中大拇指的方向为 X 轴的正方向，食指的方向为 Y 轴的正方向，中指的方向为 Z 轴的正方向。图 3-2 表示了常见机床的坐标系。

3.3.2　运动方向的确定

按笛卡儿坐标系的关系确定 X、Y、Z、A、B、C 轴，以增大工件和刀具之间的距离方向为机床运动的正方向。

（1）Z 轴：平行于机床主轴，传动切削力的主运动轴。Z 轴垂直于工件装卡平面。右手定则规定，中指平行于 Z 轴，中指指向刀具离开工

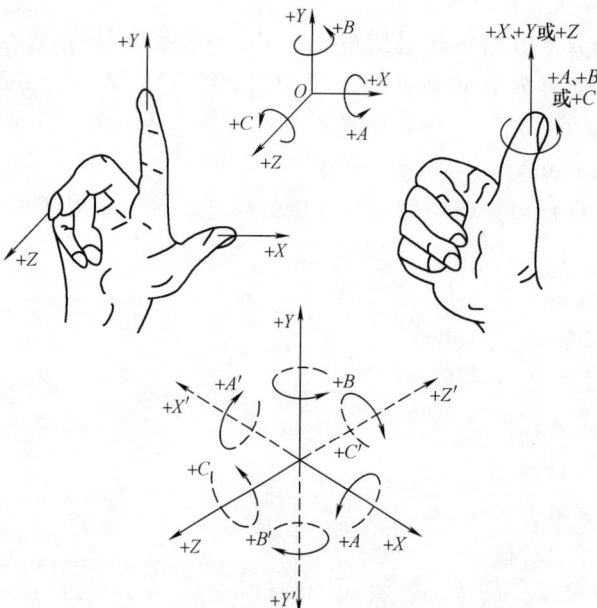

图 3-1　右手定则命名机床各轴的方向

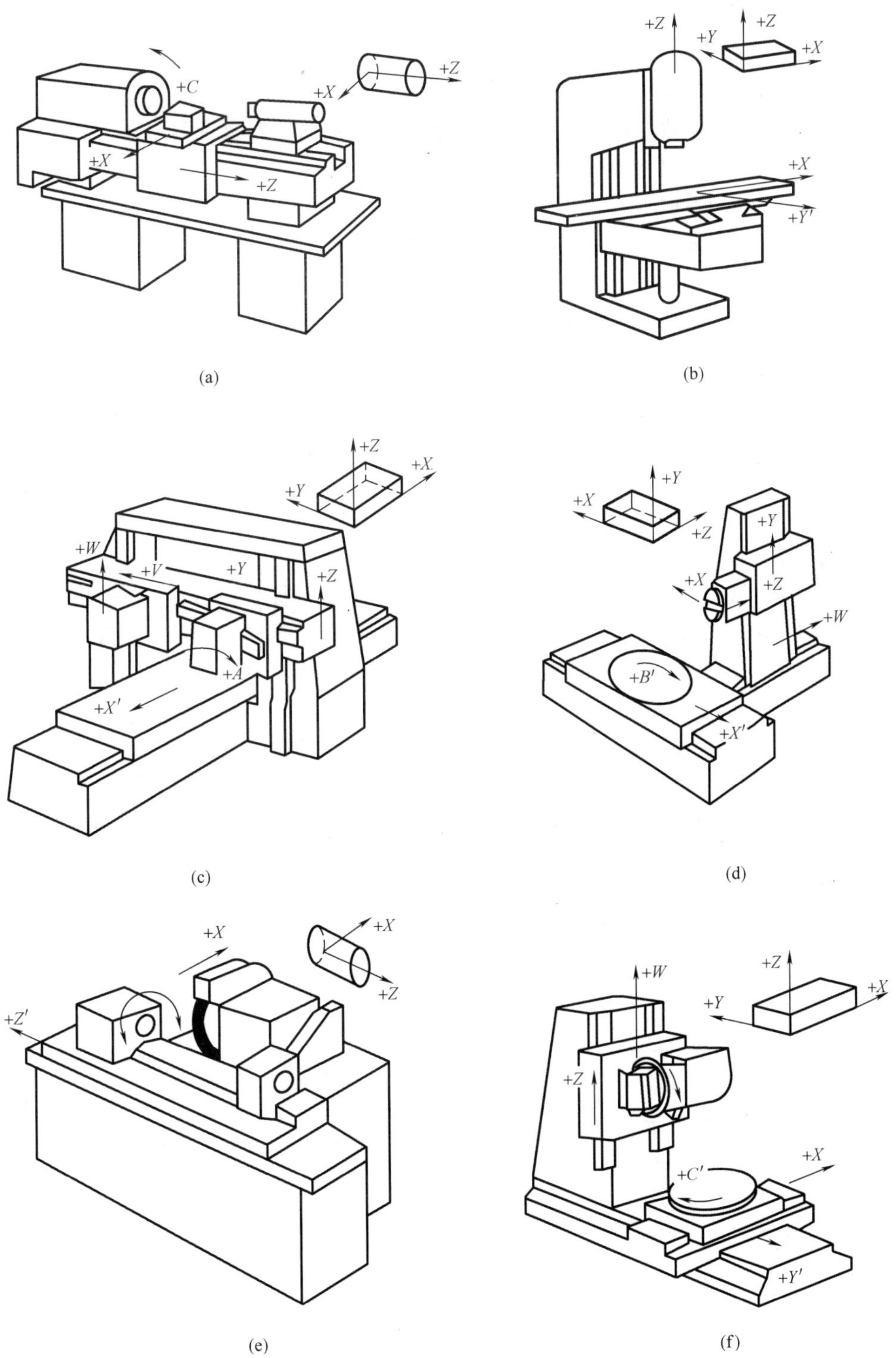

图 3-2　常见机床坐标系统

（a）卧式数控车床；（b）立式升降台数控铣床；（c）数控龙门铣床；（d）卧式数控镗铣床；

（e）数控外圆磨床；（f）五轴摆动铣头数控铣床

件的方向，定为$+Z$方向。

（2）X轴：平行于机床的主要切削方向，平行于工件装卡平面，并与Z轴垂直，食指指向$+X$方向，$+X$方向为离开工件旋转中心的方向。

（3）Y轴：Y坐标轴同时垂直于X、Z坐标轴。Y轴运动的正方向由X坐标和Z坐标正方向按右手直角笛卡儿坐标系来判断。

（4）C轴：绕Z轴而旋转的轴为C轴。拇指指向$+Z$轴，四指指向为C轴的旋转方向。

（5）A轴：绕X轴而旋转的轴为A轴。拇指指向$+X$轴，四指指向为A轴的旋转方向。

（6）B轴：绕Y轴而旋转的轴为B轴。拇指指向$+Y$轴，四指指向为B轴的旋转方向。

（7）附加坐标系：X、Y、Z为机床主坐标系或称第一坐标系。若除了第一坐标系以外还有平行于主坐标系的其他坐标系，则称为附加坐标系。附加的第二坐标系命名为U、V、W。第三坐标系命名为P、Q、R。除了A、B、C第一回转坐标系以外，若还有其他回转坐标，则命名为D、E、F等。

3.3.3 常用的坐标系及坐标原点

1. 机床坐标系与工件坐标系

机床坐标系是机床上固有的坐标系，并设有固定的坐标原点，其坐标和运动方向视机床的种类和结构而定。一般情况下，坐标系是利用机床机械结构的基准线来确定的。机床坐标系中的原点也称为机械原点或机床原点。它是机床固有的点，是由机床设计和制造时设定的，通常不能随意更改。

工件坐标系是编程过程中编程者使用的，以工件图样上的某一点为原点所建立的坐标系。编程尺寸数值一般都按工件坐标系中的尺寸确定，所以工件坐标系也称为编程坐标系。为保证数控编程与机床加工的一致性，工件坐标系也采用右手直角笛卡儿坐标系。工件坐标系的原点也称为工件原点或编程原点。它是可以用程序中的指令来设置或改变的。工件原点的选择一般遵循：选择在工件的设计基准上，以便于编程；尽量选择在尺寸精度高、粗糙度值低的表面上；最好选择在工件的对称中心上。

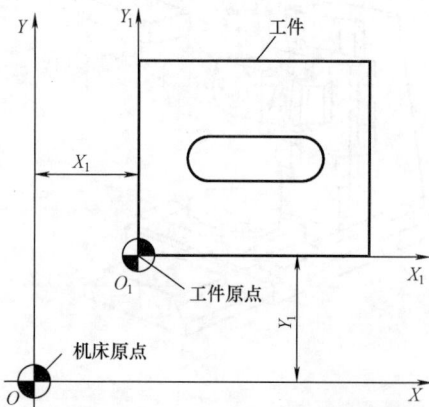

图 3-3　机床坐标系和工件坐标系的关系

机床坐标系和工件坐标系的关系如图 3-3 所示。工件坐标系的坐标轴一般平行于机床坐标系的坐标轴，且方向相同，但原点不同。在进行加工过程中，工件在机床上被安装后，测得的工件原点和机床原点之间的距离称为工件原点偏置。把这个偏置值输入到数控系统中，以建立工件坐标系和机床坐标系的联系。

2. 绝对坐标系和相对坐标系

在坐标系中，所有刀具或机床运动的坐标点均以固定的坐标原点O为起点确定坐标值，这种坐标系就被称为绝对坐标系。如图 3-4（a）所示A、B两点的坐标均是以固定坐标原点O开始计算的，其坐标值为A（$X_A=10$，$Y_A=20$），B（$X_B=30$，$Y_B=50$）。

在坐标系中，刀具或机床运动的坐标点坐标是相对于前一点而计算的坐标，这种坐标系称为相对坐标系。相对坐标一般用 U、V、W 字母来表示，其于 X、Y、Z 坐标轴平行。如图 3-4（b）所示，则 A、B 的相对坐标为 A（$U_A=0$，$V_A=0$），B（$U_B=20$，$V_B=30$）。

　　在编程时可从加工精度要求或从编程方便考虑采用绝对坐标编程还是相对坐标编程。二者也可经混合使用。

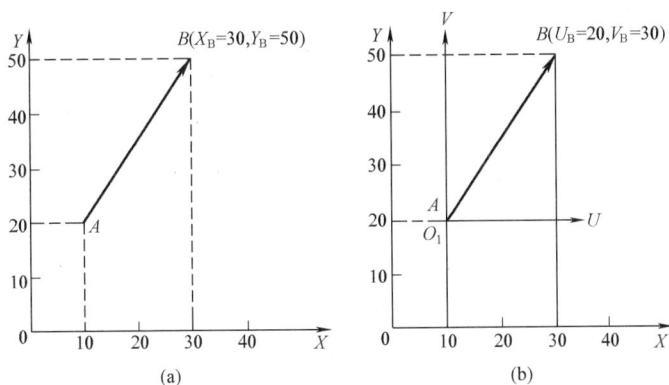

图 3-4　绝对坐标和相对坐标

3.4　数控编程中的数学处理

3.4.1　数学处理的内容

1. 标注尺寸的换算

　　图样上的尺寸基准与编程所需要的尺寸基准不一致时，应首先将图样尺寸换算成为编程坐标系中的尺寸。一般要通过直接计算或间接计算的方法来获得。

　　（1）直接计算：直接通过图样上的标注尺寸，经过简单的加、减运算后就可算出编程尺寸中值的方法。如图 3-5（b）所示尺寸除 22.2mm 外，其余都为图 3-5（a）中的标注尺寸经直接计算而得到的。

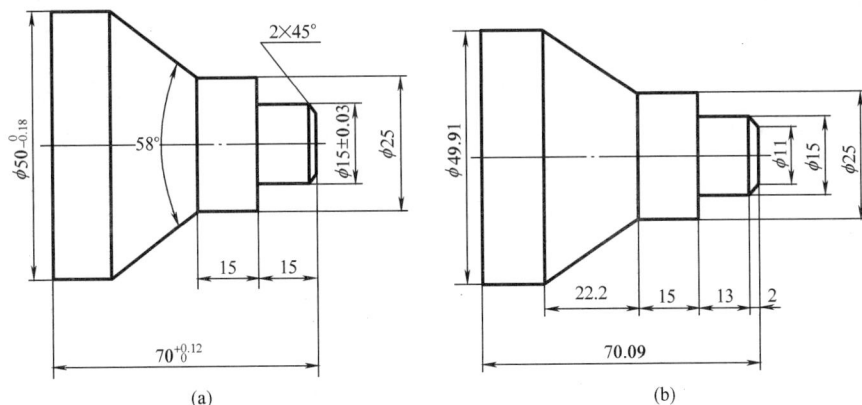

图 3-5　标注尺寸换算

　　在取极限尺寸中值时，如果有第三位小数值，基准孔按"四舍五入"的方法进位，基准轴则将第三位向上圆整。例如，当孔的尺寸为 $\phi30_0^{0.025}$ 时，其中值尺寸取 $\phi30.01$；当轴的尺

寸为 $\phi 20_{-0.07}^{\ 0}$ 时，其中值尺寸取 $\phi 19.97$；当轴的尺寸为 $\phi 20_{0}^{0.07}$ 时，其中值尺寸取 $\phi 20.04$。

（2）间接换算：通过平面几何、三角函数或 CAD 绘图等方法计算后得到数值的方法。如图 3-5（b）所示尺寸 22.2mm 就是通过间接计算得到的编程尺寸。

2. 尺寸链的计算

在数控编程中，除了要得到准确的编程尺寸外，还要掌握控制某些重要尺寸的允许变动量，这就需要通过数控加工工艺尺寸链的计算才能得到，所以尺寸链的计算也是编程中数学处理的一个重要内容。

3.4.2　坐标值的计算

在进行编制程序时，要进行的坐标值计算主要有基点的直接计算、节点的拟合运算及刀具中心轨迹的计算等。

1. 基点直接计算

构成零件轮廓的不同几何素线的交点或切点称为基点。它可以直接作为运动轨迹的起点或终点。如图 3-6 中所示的 A、B、C、D、E、F、G、H 等点都是该零件轮廓上的基点，主要包括运动轨迹的起点、终点坐标值及圆弧半径值或圆心坐标值。

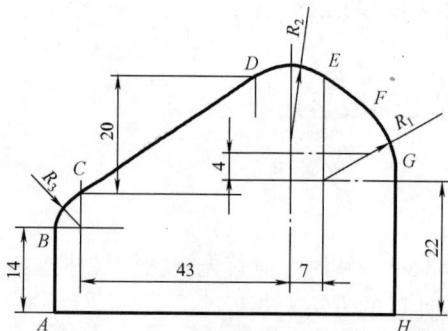

图 3-6　零件轮廓的基点

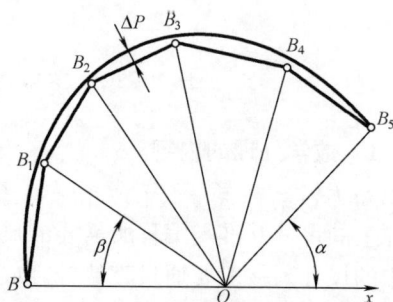

图 3-7　零件轮廓的节点

2. 节点计算

当采用不具备非圆曲线插补功能的数控机床加工非圆曲线零件轮廓时，在加工程序的编制过程中，常常需要用直线或圆弧去近似地代替非圆曲线，称为拟合处理。拟合线段的交点或切点就称为节点。如图 3-7 中的 B_1、B_2 等点就为直线拟合非圆曲线时的节点。一般节点的计算要通过 CAD 软件画出图形，然后在计算机上求得。

本 章 小 结

一、数控编程的基本概念

1. 数控加工概念

2. 数控编程的概念

3. 数控编程的方法

数控编程有手工编程和自动编程两种方法。

二、数控程序的结构与格式

1. 数控机床编程程序段结构

2. 数控编程中有关的标准和代码

3. 程序段内各字的含义

三、数控机床的坐标系统

1. 标准坐标系的确定

2. 工件静止原则

3. 右手定则

四、机床运动方向的确定

五、绝对坐标和相对坐标

习 题 三

一、填空题

1. 数控编程有_____和_____两种方法。

2. 一个完整的数控程序由_____、_____和_____3 部分组成。

3. 准备功能代码 G 指令由_____后跟两位数字组成。从_____共 100 种代码，又分为模态代码和非模态代码。

4. 无论机床结构如何，永远假定_____做相对切削运动。

5. 在编程时可采用_____，也可采用_____，二者也可经混合使用。

二、选择题

1. FANUC 数控系统一般采用英文字母（   ）作为程序的编号地址。

A. 英文字母 O   B. 英文字母 L

C. 英文字母 P   D. 英文字母％

2. 用于指定数控机床辅助装置的开关动作的为（   ）。

A. 准备功能 G 指令   B. 辅助功能 M 指令

C. 进给功能 F 指令   D. 刀具功能 T 指令

3. 数控机床上的坐标系是采用（   ）坐标系。

A. 左手笛卡儿   B. 极坐标系

C. 右手笛卡儿   D. 球面坐标系

4. 进给率的单位有（   ）和（   ）两种。

A. mm/min，mm/r   B. mm/h，m/r

C. m/min，mm/min   D. mm/min，m/min

三、简答题

1. 数控机床坐标系有哪几种？都是如何建立的？

2. 数控程序格式如何？各字代表什么含义？

3. 绝对坐标和相对坐标有何相同与不同之处？

4. 数控机床的运动方向如何确定？

5. 确定数控机床编程方法要考虑哪些问题？

6. 数控编程中的数学处理内容主要有哪些？

第4章 数控车床的编程

本章要点

重点掌握FANUC数控系统的数控车床的手工编程方法与指令用法。其他数控系统（如德国西门子、国产华中数控等）的应用，主要介绍其与FANUC系统的不同之处，并以实例的形式加以巩固。

4.1 数控车床编程基础

4.1.1 数控车床的编程特点

1. 车削加工过程中应考虑的问题

（1）由零件的技术要求及加工的实际情况，如几何形状、尺寸等，确定数控加工的范围，选用适合的数控机床。

（2）确定工件装夹方法，并选择加工所必要的刀具、夹具及量具。

（3）确定加工顺序、刀具切削的路径。

（4）确定切削条件，如主轴回转速度（S）、切削进给速度（F）、背吃刀量和切削液等。

零件程序是根据生产的加工计划，由排列的指令群来确定刀具路径，编写成程序清单。程序清单上的加工程序，可使用系统面板上的按键、穿孔纸带、磁盘或通过控制系统的RS232接口把数据读入到系统中的存储器内。

2. 数控车床的编程特点

与数控铣床相比，数控车床编程具有以下特点：

（1）一般先用准备功能G指令完成工件坐标系的设定。

（2）在同一个程序段中，根据图样上标注的尺寸，可以采用绝对值编程（X，Z）、增量值编程（U，W）或两者混合编程。一般情况下利用自动编程时，采用绝对值编程。

（3）由于被加工零件的径向尺寸在图样上和测量时，都是以直径值表示的，所以，直径方向用绝对值编程时，X 以直径值表示。用增量值编程时，以径向实际位移量的 2 倍值表示，并带上方向符号。正向用"+"（可以省略），负向用"−"。

（4）为了提高工件的径向尺寸精度，X 向的脉冲当量取 Z 向的一半。

（5）由于车削加工常用棒料或锻料作为毛坯，加工余量较大，为简化编程，数控装置常具有多次重复循环切削功能，以进行多次重复加工。

（6）编程时常认为车刀刀尖是一个点，为提高工件的加工精度，当编制圆头刀程序时，需要对刀具半径进行补偿。大多数数控车床都具备刀具半径自动补偿功能（G41，G42），这类数控车床可以直接按工件轮廓尺寸编程。对不具备刀具半径自动补偿功能的数控车床，编程时需要先计算补偿量值。

4.1.2　常用车床数控系统指令

数控系统是数控机床的核心。数控机床根据功能和性能要求，配置不同的数控系统。系统不同，其指令代码也有差别，因此，编程时应按所使用的数控系统代码的编程规则进行编程。各种系统功能指令均有准备功能 G 指令、辅助功能 M 指令、刀具功能 T 指令、主轴转速功能 S 指令和进给功能 F 指令等。表 4-1～表 4-3 为常用典型数控车系统的 G 指令。

1. 准备功能代码 G 指令

FANUC 数控系统，根据用户选用系统不同分为 A、B、C 三类。和国际代码比较，FANUC 对 G10～G16、G20～G32、G64～G67、G70～G79 设定了新功能。对 G50～G59，FANUC 将其定为工件坐标系设定指令。G 代码有两种模态：模态代码和非模态代码。00 组的 G 代码属于非模态代码，只限定在被指定的程序段中有效，其余组的 G 代码属于模态代码，具有续效性，在后续程序段中，只要同组其他 G 代码未出现之前一直有效。G 代码按其功能的不同分为若干组。不同组的 G 代码在同一程序段中可以指令多个，但如果在同一程序段中指令了两个或两个以上属于同一组的 G 代码时，只有最后的 G 代码有效。如果在程序段中指令了 G 代码表中没有列出的 G 代码，则显示报警。

表 4-1　　　　　　　　　　　　　　　FANUC 0i 系统 G 代码列表

G 代码			组	功　能
A	B	C		
G00	G00	G00	1	定位（快速）
G01	G01	G01		直线插补（切削进给）
G02	G02	G02		顺时针圆弧插补
G03	G03	G03		逆时针圆弧插补
G04	G04	G04	4	暂停
G07.1 (G107)	G07.1 (G107)	G07.1 (G107)		圆柱插补
G10	G10	G10		可编程数据输入
G11	G11	G11		可编程数据输入方式取消
G12.1 (G112)	G12.1 (G112)	G12.1 (G112)	21	极坐标插补方式
G13.1 (G113)	G13.1 (G113)	G13.1 (G113)		极坐标插补取消方式
G18	G18	G18	16	$Z_p X_p$ 平面选择
G20	G20	G20	6	英寸输入
G21	G21	G21		毫米输入
G22	G22	G22	9	存储行程检测功能有效
G23	G23	G23		存储行程检测功能无效
G27	G27	G27	0	返回参考点检测
G28	G28	G28		返回参考点
G30	G30	G30		返回第 2、3、4 参考点
G31	G31	G31		跳转功能
G33	G33	G33	1	螺纹切削

G代码			组	功　能
A	B	C		
G40	G40	G40	2	刀尖半径补偿取消
G41	G41	G41		刀尖半径补偿左
G42	G42	G42		刀尖半径补偿右
G50	G92	G92	0	坐标系设定或最大主轴转速嵌制
G503	G921	G921		工件坐标系预设
G52	G52	G52		局部坐标系设定
G53	G53	G53		机床坐标系选择
G54	G54	G54	14	选择工件坐标系1
G55	G55	G55		选择工件坐标系2
G56	G56	G56		选择工件坐标系3
G57	G57	G57		选择工件坐标系4
G58	G58	G58		选择工件坐标系5
G59	G59	G59		选择工件坐标系6
G65	G65	G65	0	宏程序调用
G66	G66	G66		宏程序模态调用
G67	G67	G67		宏程序模态调用取消
G70	G70	G72		精加工循环
G71	G71	G73		粗车循环
G72	G72	G74		平端面粗车循环
G73	G73	G75		固定形状粗车循环
G74	G74	G76		端面深孔钻削
G75	G75	G77		外径/内径钻孔
G76	G76	G78		螺纹切削复循环
G80	G80	G80		固定循环取消
G83	G83	G83	12	平面循环钻
G84	G84	G84		平面攻螺纹循环
G85	G85	G85		正面镗循环
G87	G87	G87		侧钻循环
G88	G88	G88		侧攻螺纹循环
G89	G89	G89		侧镗循环
G90	G77	G20		外径/内径切削循环
G92	G78	G21		螺纹切削循环
G94	G79	G24		端面车循环
G96	G96	G96		恒表面速度控制
G97	G97	G97		恒表面速度控制取消

G 代码			组	功　能
A	B	C		
G98	G94	G94		每分钟进给
G99	G95	G95		每转进给
—	G90	G90	12	绝对值编程
—	G91	G91		增量值编程
—	G98	G98		返回到初始点
—	G99	G99		返回到 R 点

表 4-2　　　　　　　　　　　**SIEMENS 802D 系统数控车床 G 指令**

地　址	组别	功能及说明	指令格式
G0		快速点定位	G0 X __ Z __
G1①		直线插补	G1 X __ Z __ F __
G2		顺时针方向圆弧插补	G2/G3 X __ Z __ CR= __ F __
			G2/G3 X __ Z __ I __ K __ F __
G3		逆时针方向圆弧插补	G2/G3 X __ Z __ AR= __ F __
CIP		通过中间点的圆弧插补	CIP X __ Z __ I1 __ K1 __ F __
CT		带切线过渡的圆弧插补	CT X __ Z __ F __
G33	1	恒螺距的螺纹切削	G33 Z __ K __ （圆柱螺纹）
			G33 Z __ X __ K __ （锥螺纹，锥角小于 45°）
			G33 Z __ X __ I __ （锥螺纹，锥角大于 45°）
			G33 X __ I __ （端面螺纹）
G34		螺纹切削，螺距不断增加	G34 Z __ K __ F __
G35		螺纹切削，螺距不断减小	G35 Z __ K __ F __ （螺距减小的圆柱螺纹）
			G35 X __ I __ F __ （螺距减小的端面螺纹）
			G35 Z __ X __ K __ F __ （螺距减小锥螺纹）
G4②		暂停指令	G04 F __
	2		G04 S __
G74②		返回参考点	G74 X1=0 Z1=0
G75②		返回固定点	G75 X1= 0 Z1=0
G25②	3	主轴转速下限	G25 S __
G26②		主轴转速上限	G26 S __
G17		选择 XY 平面	G17
G18①	6	选择 ZY 平面	G18
G19		选择 YZ 平面	G19
G40		取消刀尖半径补偿	G40
G41	7	刀尖半径左补偿	G41 Gl X __ Z __
G42		刀尖半径右补偿	G42 G1 X __ Z __
G500①	8	取消零点偏置	G500
G54-G59		设定零点偏置	G54 或 G55 等

地　址	组别	功能及说明	指令格式
G53[②]	9	取消零点偏置	G53
G153[②]		取消零点偏置	G153
G70	13	英制尺寸数据输入	G70
G700		英制尺寸数据输入，也用于进给率 F	G700
G71[①]		公制尺寸数据输入	G71
G710		公制输入，也用于进给率	G710
G90[①]	14	绝对尺寸数据输入	G90 G01 X __ Z __ F __
AC		绝对数据输入	G90 G01 X __ Z=AC (__) F __
G91		增量尺寸数据输入	G91 G01 X __ Z __ F __
IC		增量数据输入	G90 G01 X __ Z=IC (__) F __
G94	15	每分钟进给	G94 （单位：mm/min）
G95[①]		每转进给	G95 （单位：mm/r）
G96		恒线速度切削	G96 S __ LIMS= __ F __ （F单位：mm/r, S单位：m/min）
G97		取消恒线速度切削	G97 S __ （S单位：r/min）
DIAMOF	29	半径量方式	DIAMOF
DIAMON[①]		直径量方式	DIAMON
CYCLE81	孔加工固定循环	钻孔循环	CYCLE81 (RTP, RFP, SDIS, DP, DPR)
CYCLE82		钻孔、锪平面循环	CYCLE82 (RTP, RFP, SDIS, DP, DPR, DTB)
CYCLE83		深度钻孔循环	CYCLE83 (RTP, RFP, SDIS, DP, DPR, FDEP, FDPR, DAM, DTB, DTS, FRF, VARI)
CYCLE84		刚性攻螺纹循环	CYCLE84 (RTP, RFP, SDIS, DP, DPR, DTB, SDAC, MPIT, PIT, POSS, SST, SSTI)
CYCLE840		带补偿夹具攻螺纹循环	CYCLE840 (RTP, RFP, SDIS, DP, DPR, DTB, SDR, SDAC, ENC, MPIT, PIT)
CYCLE85		镗孔（铰孔）循环	CYCLE85 (RTP, RFP, SDIS, DP, DPR, DTB, FFR, RFF)
CYCLE86		精镗孔循环	CYCLE86 (RTP, RFP, SDIS, DP, DPR, DTB, SDIR, RPA, RPO, RPAP, POSS)
CYCLE87		镗孔循环	CYCLE87 (RTP, RFP, SDIS, DP, DPR, DTB, SDIR)
CYCLE88		镗孔循环	CYCLE88 (RTP, RFP, SDIS, DP, DPR, DTB, SDIR)
CYCLE89		镗孔循环	CYCLE89 (RTP,, RFP, SDIS, DP, DPR, DTB)

续表

地　址	组别	功能及说明	指令格式
CYCLE93	切槽循环	切槽循环	CYCLE93 (SPD, SPL, WIDG, DIAG, STAI, ANG1, ANG2, RCOI, RC02, RCII, RCI2, FALL, FAL2, IDEP, DTB, VARI)
CYCLE94		E 型和 F 型退刀槽切削循环	CYCLE94 (SPD, SPL, FORM)
CYCLE96		螺纹退刀槽切削循环	CYCLE96 (DIATH, SPL, FORM)
CYCLE95	车削循环	毛坯切削循环	CYCLE95 (NPP, MID, FALX, FALZ, FAL, FF1, FF2, FF3, VARI, DT, DAM, VRT)
CYCLE97		螺纹切削循环	CYCLE97 (PIT, MPIT, SPL, FPL, DM1, DM2, APP, ROP, TDEP, FAL, IANG, NSP, NRC, NID, VARI, NUMT)

① 开机默认指令。

② 非模态指令，其余为模态指令。

表 4-3　　　　　　　华中世纪星-21T 系统数控车床指令 G 指令

代码	组别	功　能	格　式
G00	01	快速定位	G00X__ Z__
G01		直线插补	G01X__ Z__
G02		顺圆插补	$\begin{Bmatrix} G02 \\ G03 \end{Bmatrix} \begin{Bmatrix} X\_\ Z\_ \\ U\_\ W\_ \end{Bmatrix} \begin{Bmatrix} P\_ \\ I\_\ K\_ \end{Bmatrix}$
G03		逆圆插补	
G04	00	暂停	G04 [X|U|P] X、U 单位：s；P 单位：ms(整数)
G20	08	英寸输入	G20 X__ Z__
G21		毫米输入	G21 X__ Z__
G28	00	返回到参考点	G28 X__ Z__
G29		由参考点返回	G29 X__ Z__
G32	01	螺纹切削（由参数指定绝对和增量）	G32 X(U)__ Z(W)__ R__ E__ P__ F__ F 指螺纹导程，R 表示螺纹 Z 向退尾量，E 为 X 向退尾量，P 为主轴基准脉冲处距离螺纹切削起始点的主轴转角
G40	09	刀尖半径补偿取消	G40 X(U)__ Z(W)__ I__ K__
G41		刀具半径左补偿	$\begin{Bmatrix} G 41 \\ G 42 \end{Bmatrix} X\_\ Z\_$
G42		刀具半径左补偿	
G54	11	坐标系选择	
G55		坐标系选择	
G56		坐标系选择	
G57		坐标系选择	
G58		坐标系选择	
G59		坐标系选择	
G65		宏指令简单调用	P，A～Z

代码	组别	功　能	格　式
G71	06	外径/内径车削复合循环	无凹槽 G71 U＿ R＿ P＿ Q＿ X＿ Z＿ F＿ S＿ T＿ 有凹槽 G71 U＿ R＿ P＿ Q＿ E＿ F＿ S＿ T＿
G72		端面车削复合循环	G72 W＿ R＿ P＿ Q＿ X＿ Z＿ F＿ S＿ T＿
G73		闭环车削复合循环	G73 U＿ W＿ R＿ P＿ Q＿ X＿ Z＿ F＿ S＿ T＿
G76		螺纹切削复合循环	G76 C＿ R＿ E＿ A＿ X＿ Z＿ I＿ K＿ U＿ V＿ Q＿ P＿ F＿
G80		外径/内径车削固定循环	G80 X＿ Z＿ F＿
G81		端面车削固定循环	G80 X＿ Z＿ F＿
G82		螺纹切削固定循环	G82 X＿ Z＿ R＿ E＿ C＿ P＿ F＿
G90	13	绝对编程	
G91		相对编程	
G92	00	工件坐标系设定	G92 X＿ Z＿
G94	14	每分钟进给	G94(F)
G95		每转进给	G95(F)
G96		恒线速度切削	G96 S＿
G97			G97 S＿

2. 辅助功能代码 M 指令

辅助功能是用地址 M 及两位数字表示的。它主要用于机床加工操作时的辅助性动作的指令,如主轴的正反转、切削液的开关等。其特点是靠继电器的通断来实现其控制过程,见表 4-4。多数数控系统每一个程序段中只能有一个 M 指令,对于出现多个 M 时,最后一个有效。

表 4-4　　　　　　　　　　　辅助功能常用代码及功能

代码	意　义	代码	意　义
M00	程序停止	M07	2 号冷却液开
M01	选择停止	M08	1 号冷却液开
M02	程序结束	M09	冷却液关
M03	主轴正向转动开始	M30	结束程序运行且返回程序开头
M04	主轴反向转动开始	M98	子程序调用
M05	主轴停止转动	M99	子程序结束返回主程序
M06	刀架转位		

对主要的 M 指令功能说明如下:

M00——程序停止指令。完成编有 M00 指令的程序段中的其他指令后主轴停止,进给停止,冷却液关闭,程序执行停止。此时可执行手动操作,如换刀、手动变速等。全部现存的模态信息保持不变,手动操作完成之后,重新按"循环启动"按键,机床将继续执行下一程序段。

M01——计划停止（选择停止）。与 M00 相似，不同处在于需要操作者必须在操作面板上预先（程序启动前）按下"任选停止"键；否则，M01 指令将不起作用，程序继续执行下一语句段。该指令常用于当零件加工时间较长，或在加工过程中需要停机检查、测量关键部位等情况，常和"跳步"指令配合使用。

M02——程序结束。执行该指令后，程序内所有指令均已完成，切断机床所有动作，机床复位。该指令一般用在程序的最后一个语句段中，但程序结束后，程序指针不返回到程序起始的位置。

M03——主轴顺时针（正）转。主轴按右螺旋线切入工件的旋转方向为主轴正转。

M04——主轴逆时针（反）转。主轴按左螺旋线切入工件的旋转方向为主轴反转。

M05——主轴停止。一般用于其他指令运行结束后。

M06——刀塔转位，换刀指令。手动或自动换刀，必须与相应的刀号结合，才构成完整的换刀指令，如 M06 T03。表示使用 3 号刀作为当前刀具进行加工。

M07——2 号冷却液开。一般指雾状冷却液。

M08——1 号冷却液开。一般指液状冷却液。

M09——冷却液关。

M30——结束程序运行且指针返回到程序开头位置。在完成程序段的所有指令后，使主轴进给停止，冷却液关断，机床复位。与 M02 相似，不同之处在于该指令还使程序回到起始位置。

M98——子程序调用。格式为

M98 P××nnnn

调用程序号为 O nnnn 的程序××次。

M99——子程序结束。子程序格式为

O nnnn

…

M99

3. N、F、S、T 的功能

（1）程序段号 N 功能指令。程序段号是用地址 N 和后面的数字来表示的。一般是按顺序在每个程序段前加上顺序号，但也可以只在需要编号的地方加上程序段号。

（2）进给速度功能 F 指令。指定进给速度，由地址 F 和其后面的数字组成。每转进给用准备功能 G99 指令。在一条含有 G99 指令的程序段后面，再遇到 F 指令时，则认为 F 所指定的进给速度单位为 mm/r。每分钟进给指令为 G98。在一条含有 G98 的程序段后面，再遇到 F 指令时，则认为 F 所指定的进给速度单位为 mm/min。G98 被执行一次后，系统将保持 G98 状态，直到被 G99 取消为止。不同系统开机默认状态不同，在编程前要详细查看系统使用说明，以免造成不必要的损失。

（3）刀具功能 T 指令。指令数控系统进行选刀或换刀。用地址 T 和后面的数字来指定刀具号和刀具补偿，数控车床上一般采用 T 2+2 的形式，即 T xxXX，xx 为刀具号，XX 为一刀具补偿号。

例如：

N10 G50 X100.0 Z100.0;

N20 G00 X50.0 Z50.0 S600 M03;

N30 T0202；（2 号刀具、2 号补偿）

N40 G01 Z60.0 F100;

N50 T0000；（刀补取消）

（4）主轴转速功能 S 指令。S 指令用于控制主轴转速，单位为 r/min。例如，S800 表示主轴转速为 800r/min。

主轴最高速度限定准备功能 G50 指令。在 FANUC 数控系统中，G50 除具有工件坐标系设定功能以外，还有主轴最高速度设定的功能，即用 S 指定的数值来设定主轴每分钟最高的转速。例如，G50 S1500 表示把主轴最高速度限定为 1500r/min。

恒线速度控制指令 G96。系统执行 G96 指令后，便认为用 S 指定的数值为切削线速度 v，单位为 m/min。例如，G96 S300 表示控制主轴转速，使切削点的线速度始终保持在 300m/min。

在实际加工过程中，在用恒线速度控制加工端面、锥度和圆弧时，由于 X 坐标不断变化，当刀具逐渐接近工件的旋转中心时，主轴转数将越来越高，工件有从卡盘飞出的危险，所以为防止事故的发生，有时必须限定主轴的最高转数。

主轴转速控制指令 G97。G97 是取消恒线速度控制的指令。此时，S 指定的数值表示主轴每分钟的转数。例如，G97 S1500 表示主轴转速为 1500r/min。

4.1.3　数控车床的坐标系统

数控车床的坐标系统分为机床坐标系和工件坐标系。无论哪种坐标系都规定：与车床主轴轴线平行的坐标轴为 Z 轴，从卡盘中心指向尾座顶尖中心的方向为 Z 轴的正方向；在水平面内与车床主轴轴线垂直的坐标轴为 X 轴，且规定刀具远离主轴轴线的方向为 X 轴的正方向。数控车床按刀架位置不同分为前置刀架车床和后置刀架车床。刀架和操作者位于工件同一侧的为前置刀架车床，反之为后置刀架车床。

1. 数控车床坐标系

数控车床坐标系是由机床坐标原点与机床的 X、Z 轴组成的坐标系。机床坐标系是机床固有的坐标系，在出厂前已经由生产厂家设计好，一般情况下，不允许用户随意改动。机床通电后，不论刀架位于什么位置，此时面板显示器上显示的 X 与 Z 的坐标值均为零。当完成回参考点操作后，面板显示器上显示的是刀位点（刀架中心）在机床坐标系中的坐标值（空间位置），相当于数控系统内部建立了一个以机床原点为坐标原点的机床坐标系。

机床原点是机床的一个固定点，不能改变。车床的机床原点定义为主轴端面与主轴旋转中心线的交点，如图 4-1 所示的 O 点。机床参考点也是机床的一个固定点，其固定位置由 Z 向与 X 向的机械挡块来确定，该点与机床原点的相对位置如图 4-1 所示的 O' 点，它是 X、Z 轴最远离工件的那

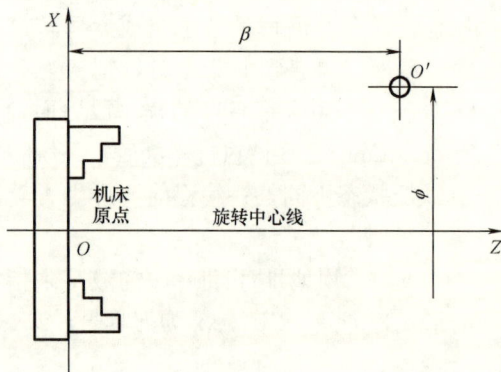

图 4-1　机床坐标系

个点。当发出回参考点的指令时，装在纵向和横向滑板上的行程开关碰到相应的挡块后，由数控系统控制滑板停止运动，完成回参考点的操作。

2. 工件坐标系

工件坐标系是编程人员在编程时设定的坐标系。为了简化编程，数控编程时，应该首先确定工件坐标系和工件原点。工件坐标系是编程过程中编程者使用的、以工件图样上的某一点为原点所建立的坐标系。编程尺寸数值一般都按工件坐标系中的尺寸确定，所以工件坐标系也称为编程坐标系。工件坐标系的原点也称为工件原点或编程原点。它是可以用程序中的指令来设置或改变的。工件原点一般选择在工件的设计基准上，以便于编程。零件图给出后，首先应找出图样上的设计基准点，如在加工过程中有工艺基准，一般要尽量保证工艺基准和设计基准统一。

工件原点也称为设计基准点（编程原点），是人为设定的，它的设定依据标注习惯，以便于编程。一般车削件的工件原点设在工件的左、右端面或卡盘端面与主轴的交点处，如图 4-2 所示为以工件右端面 O' 为工件原点的工件坐标系。

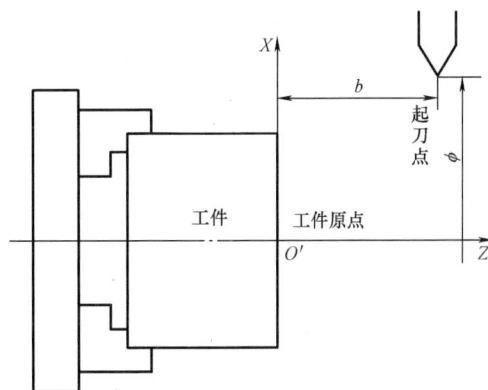

图 4-2 工件坐标系

工件坐标系是由工件原点与 X、Z 轴组成的，当建立起工件坐标系后，显示器上显示的是刀位点（刀尖点）在工件坐标系中的位置。

4.2 FANUC 0i Mate-TB 系统数控车床编程

4.2.1 数控车床的基本指令

在数控加工过程中，不同的数控车床，采用不同的数控系统，其编程方法也有不同之处。所以，在编程之前，一定要了解数控机床系统的功能及有关参数。本节以 FANUC 0i Mate-TB 系统数控车床为例介绍数控车床的编程方法。其准备功能代码见表 4-5。

表 4-5   **FANUC 0i Mate-TB 系统数控车床**

代码	组别	功　能	格　式
G00		定位（快速）	G00X __ Z __
G01	01	直线插补（切削进给）	G01X __ Z __
G02		顺时针圆弧插补 CW	$\left\{\begin{matrix}G02\\G03\end{matrix}\right\}$ X __ Z __ $\left\{\begin{matrix}R\ \_\_\\I\ \_\_\ K\ \_\_\end{matrix}\right\}$
G03		逆时针圆弧插补 CCW	
G04	00	暂停	G04［X｜U｜P］X，U 单位：s；P 单位：ms(整数)
G20	06	英寸输入	G22 存储功能检测程序有效
G21		毫米输入	G30 返回到第 2、3、4 参考点
G28	0	返回参考位置	G28X __ Z __

代码	组别	功　能	格　式
G32	01	螺纹切削(由参数指定绝对和增量)	G32 X/U __ Z/W __ F/E __ F指定单位为 0.01mm/r 的螺距,E 指定单位为 0.0001mm/r 的螺旋
G40	07	刀具补偿取消	G40
G41		刀尖半径补偿左	$\left\{\begin{matrix} G41 \\ G42 \end{matrix}\right\}$ Dnn
G42		刀尖半径补偿右	
G50	00	设定坐标系,设定主轴最高转速	G50 X __ Z __
G53		机械坐标系设定	G53 X __ Z __
G54	12	选择工作坐标系 1	GXX
G55		选择工作坐标系 2	
G56		选择工作坐标系 3	
G57		选择工作坐标系 4	
G58		选择工作坐标系 5	
G59		选择工作坐标系 6	
G71	00	外圆粗车循环	G71 U△d Re G71 Pns Qnf U△u W△w Ff
G72		端面粗切削循环	G72 W(△d) R(e) G72 P(ns) Q(nf) U(△u) W(△w) F(f) S(s) T(t) △d:切深量 e:退刀量 ns:精加工形状的程序段组的第一个程序段的顺序号 nf:精加工形状的程序段组的最后程序段的顺序号 △u:X 方向精加工余量的距离及方向 △w:Z 方向精加工余量的距离及方向
G73		多重车削循环	G73 Ui W△k Rd G73 Pns Qnf U△u W△w Ff
G90	01	外径/内径切削固定循环	G90 X(U)__ Z(W)__ $\left\{\begin{matrix} F\ \_\_ \\ R\_\_\ F\_\_ \end{matrix}\right\}$
G92		螺纹切削循环	G92 X(U)__ Z __ (W) $\left\{\begin{matrix} F\ \_\_ \\ R\_\_\ F\_\_ \end{matrix}\right\}$
G94		端面车削循环	G94 X(U)__ Z(W)__ F __
G98	05	定义每分钟进给	G98
G99		定义每转进给	G99

1. 系统设定指令

(1) 工件坐标系设定指令 G50。

指令格式:G50 X __ Z __

该指令是规定刀具起刀点距工件原点在 X 方向和 Z 方向的距离尺寸。坐标值 X、Z 为刀位点在工件坐标系中的起始点（即起刀点）位置。当刀具的起刀点空间位置一定时，工件原点选择不同，刀具在工件坐标系中的坐标 X、Z 也不同。如图 4-3 所示，假设刀尖的起始点距工件原点的 Z 向尺寸和 X 向尺寸分别为 β 和 α（直径值），则执行程序段"G50 Xα Zβ"后，系统内部即对 α、β 进行记忆，并显示在面板显示器上，就相当于系统内部建立了一个以工件坐标系为坐标原点的工件坐标系。

说明：

1）G50 指令只建立工件坐标系，刀具并不产生运动，并且刀具必须预先放在程序要求的位置。

2）由 G50 建立的坐标系重新开机时就消失，所以只是临时坐标系。

3）X、Z 的值和所选坐标原点有关。如图 4-3 所示，以工件左端面为工件原点时可用"G50 Xα Zβ"；当选用工件右端面为工件原点时可用"G50 Xα Zγ"。

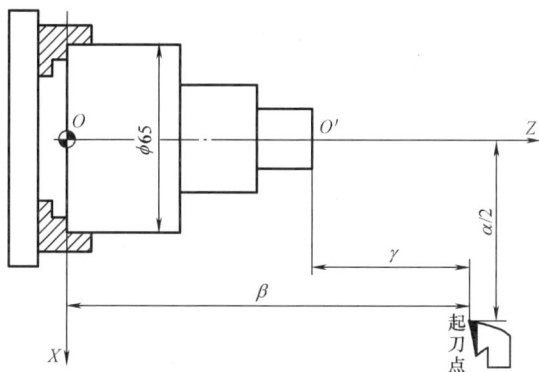

图 4-3　工件坐标系的设定

由上可知，当 α、β 不同或改变了刀位点在工件坐标系中的确定位置后，所设定的工件坐标系的工件原点也不同。因此在执行程序段"G50 Xα Zβ"前，刀具就应安装在一确定位置。操作者操作时，将刀具准确地安放在这一确定位置的过程就是对刀过程。常用的对刀方法为试切对刀法，对刀的原理如图 4-4 所示。其操作步骤如下：

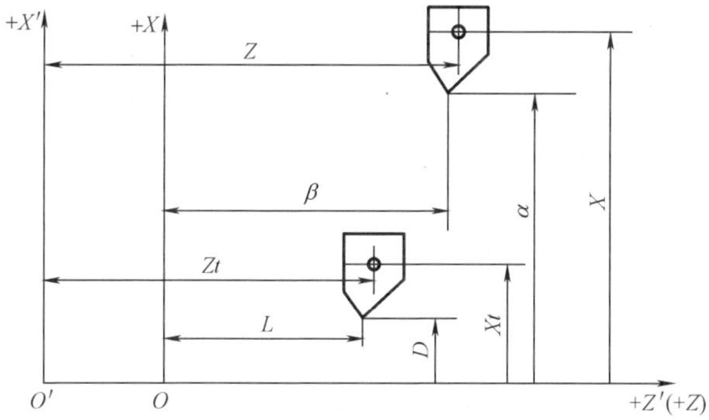

图 4-4　对刀的原理图

① 编程坐标："G50 Xα Zβ"。

② 回参考点操作。用面板回参考点方式进行回参考点的操作，建立机床坐标系。此时显示器上显示刀架中心在机床坐标系中的当前位置坐标值。

③ 试切测量。用手动方式操作机床，对工件外圆表面试切一刀，然后 X 方向不动，沿 Z 方向退刀，测量工件试切后的直径 D，并记录此时显示器上坐标值 Xt，用同样的方法在工件右端面试切一刀，保持 Z 向不动 X 方向退刀，测量切面距原点距离 L，并记录显示器的 Z 值 Zt。

④ 计算坐标增量。由测出的 D、L 和起刀点位置 α、β，算出将刀尖移到起刀点所需的增量 α-D 和 β-L。

⑤对刀。根据算出的增量值，移动刀具，使刀具到 $(Xt + \alpha - D, Zt + \beta - L)$ 位置。

对刀实例如图 4-5 所示，设以卡爪前端面为工件原点（G50 X200.0 Z253.0），若完成回参考点操作后，经试切，测量工件直径为 $\phi67$，试切端面至卡爪端面的距离尺寸为 131mm，而显示器上显示的位置坐标值为（X265.763，Z297.421）。为了将刀尖调整到起刀点的位置（X200.0，Z253.0），只要将显示的位置 X 坐标增加 $200-67=133$（mm），Z 坐标增加 253

－131＝122（mm），即将刀具移到使显示器上显示的位置为（X398.763，Z419.421）即可；然后执行加工程序段"G50 X200.0 Z253.0"，即可建立工件坐标系，并显示刀尖在工件坐标系中的当前位置（X200.0，Z253.0）。

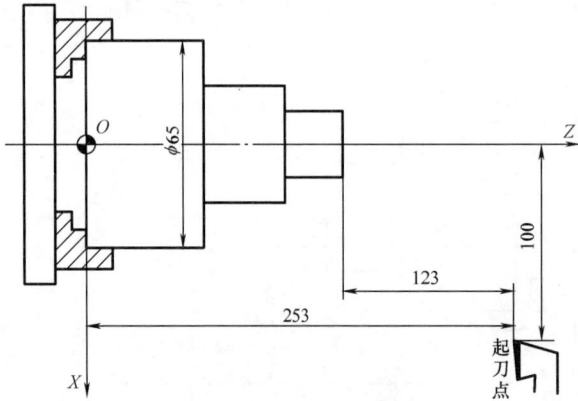

图 4-5　对刀的实例图

采用 G50 设定的坐标系不具有记忆的功能，当机床关机后设定的坐标系消失，而且在执行之前要先将刀位点移动到新坐标系指定位置，所以操作比较麻烦，实际加工中很少采用，一般采用 G54～G59 等指令来设定工件坐标系。

（2）坐标系平移指令 G50。

指令格式：G50 U＿　W＿

该指令把已建立起来的某个坐标系进行平移，其中 U 和 W 分别代表坐标原点在 X 轴和 Z 轴方向上的位移量。

如图 4-6 所示，在执行 G50 $U\alpha$ $W\beta$ 之前系统所显示的坐标值为 $X＝a$、$Z＝b$，在执行该指令后，系统所显示的坐标值将变成 $X＝\alpha＋a$、$Z＝\beta＋b$，即坐标原点从 O 点平移到了 O'点。

（3）绝对坐标与增量坐标的设定。FANUC 数控车床系统不采用 G90/G91 指令来指定绝对坐标与相对坐标，而直接以地址符 X、Z 坐标功能字来表示绝对坐标，以 U、W 坐标功能字来表示增量坐标。绝对坐标表示工件原点到该点间在两坐标轴上投影的矢量值，相对坐标表示前一点至该点间坐标在两坐标轴上的矢量值。如图 4-7 所示，B 点的绝对坐标为（70，80），而从 A 点到 B 点的增量坐标为（25，50）。

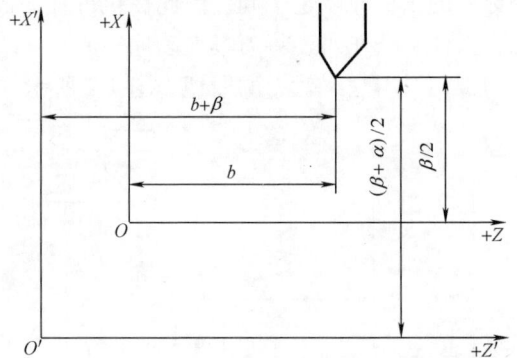

图 4-6　坐标系平移

（4）公英制设定指令（G20/G21）。工程图样上尺寸标注有公制和英制两种形式。数控系统根据所设定的状态，把所有几何值转换为公制或英制。如果一个程序段开始用 G20 指令，则表示程序中相关的一些数据为英制（in）；如果一个程序段开始用 G21 指令，则表示程序中相关的一些数据为公制（mm）。机床出厂时一般设为 G21 状态，机床刀具各参数以公制单位设定。两者不能同时使用，停机断电前后 G20、G21 仍起作用，除非再重新设定。

（5）自动返回参考点指令 G28。

指令格式：G28 X（U）Z（W）＿

其中，X、Z 为刀具经过中间点的绝对坐标；U、W 为刀具经过的中间点相对于起点的增量坐标。

执行该指令时，刀具先快速移动到指令中所指的 X（U）、Z（W）中间点的坐标位置，然后自动回参考点。到达参考点后，相应的坐标指示灯亮，如图 4-8 所示。

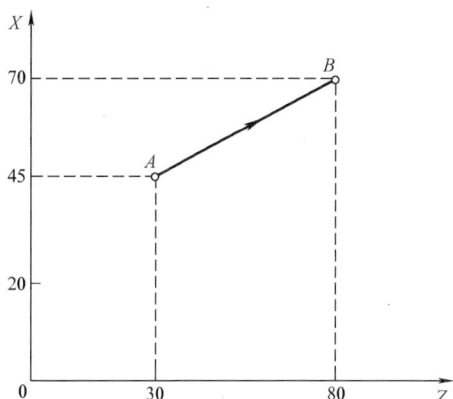

图 4-7　绝对坐标和增量坐标

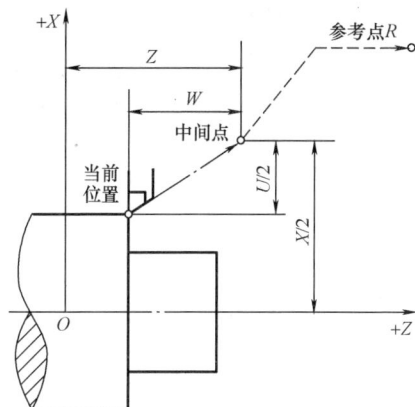

图 4-8　自动返回参考点 G28

注意执行 G28 指令时，必须预先取消补偿量值（T0000），否则会发生不正确的动作，图 4-9 其编程可以写为：G28 U40.0 W40.0。

（6）回参考点检测指令 G27。

指令格式：G27 X（U）＿ Z（W）＿ T0000

其中，X、Z 为机床参考点在工件坐标系中的绝对坐标；U、W 为机床参考点相对于刀具目前所在位置的增量坐标。

该指令用于检查刀具是否能够正确返回到参考点。执行 G27 指令的前提是机床在通电后刀具返回过一次参考点（手动返回或 G28 指令返回）。

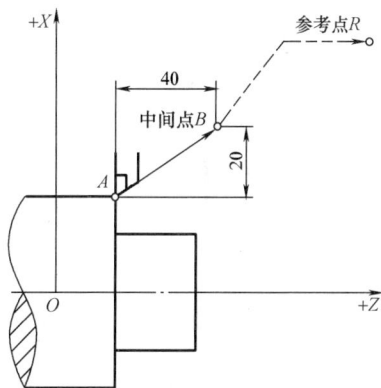

图 4-9　自动返回参考点 G28 实例

执行该指令时，各轴按指令中给定的坐标值快速移动，且系统内部检测参考点的行程开关信号。如定位结束后检测开关信号正确，参考点的指示灯亮，说明刀具正确回到了参考点位置；如果检测到的信号不正确，系统报警，说明程序中指令的参考点坐标值不对或机床定位误差过大。

执行该指令之后，如欲使机床停止，必须加入一辅助指令 M00。否则，机床将继续执行下一个程序段。

使用该指令前，如果先前用 G41 或 G42 指令建立了刀具半径补偿，则必须用 G40 指令将刀具半径补偿取消，方可使用 G27 指令。编程中可采用下列结构：

```
…
T0202；
…
G40；                          取消刀具半径补偿
G27 X200.345 Z100.536；        返回参考点检查
```

（7）从参考点返回 G29。

指令格式：G29 X（U）＿ Z（W）＿

其中，X、Z 为刀具目标点的绝对坐标；U、W 为刀具相对于中间点的增量坐标。

执行该指令时，刀具由中间点到指令指定的目标位置，如图 4-10 所示。其增量编程结构如下：

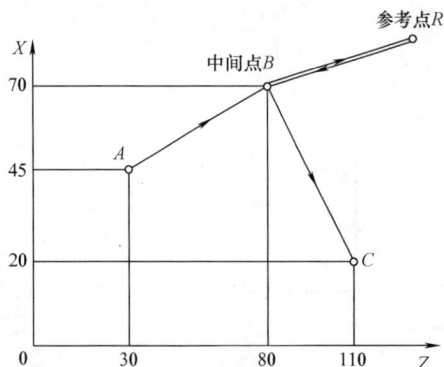

图 4-10　从参考点返回

```
…
G28 U50.0 W50.0;        (A—B—R)
T0202;                  (换刀)
G29 U－50.0 W30.0;      (R—B—C)
…
```
其绝对编程结构如下：
```
…
G28 X140.0 Z80.0;       (A—B—R)
T0202;                  (换刀)
G29 X40.0 Z110.0;       (R—B—C)
…
```

（8）进给速度单位的设定指令 G98/G99。

指令格式：G98/G99 G01 X（U）__ Z（W）__ F __

F 指令是刀具切削进给的速度，它由地址符 F 及其后的数字组成。用 G98、G99 指令来设定进给速度单位。G98 表示每分钟进给，F 后的单位为 mm/min；G99 表示每转进给，F 后的单位为 mm/r。

2．基本编程指令

（1）快速点定位指令 G00。

指令格式：G00 X（U）__ Z（W）__

G00 指令使刀具以点定位方式从刀具所在点快速运动到指定的目标位置。它只是快速定位，而无运动轨迹要求。

当采用绝对值编程时，刀具分别以各轴的快速进给速度运动到工件坐标系 X、Z 指定点。当采用增量值编程时，刀具以各轴的快速运动速度运动到距离前一点增量位置为 U、W 的指定点。在使用时需要注意的事项有：

1）G00 为模态指令，下一程序段有 G00 可以不写。下一程序不运动的坐标可以省略。X、Z、U、W 的坐标小数点前最多允许 4 位数，小数点后最多允许 3 位数。

2）移动速度不能用程序指令设定，而应由厂家预调，可用机床控制面板上的快速倍率按钮进行调整。

3）G00 的执行过程是：刀具由起始点加速到最大速度，然后快速移动，最后减速到目标点，实现快速点定位。

4）刀具的实际运动路线不一定是直线，可能是折线。使用时注意刀具不要和工件发生干涉，避免撞刀。

如图 4-11 所示为从起点 A 快速运动到 B 点。

绝对值编程为

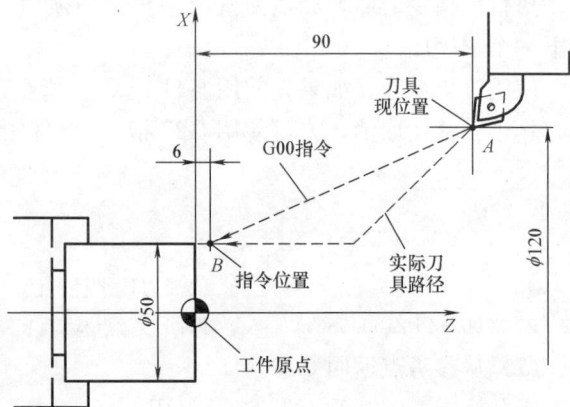

图 4-11　快速点定位

G00 X50.0 Z6.0;

　增量值编程为

G00 U-70.0 W-84.0;

（2）直线插补指令 G01。

指令格式：G01 X（U）＿ Z（W）＿ F＿

G01 指令是直线运动的命令，规定刀具在两坐标间以插补联动方式按指定的 F 进给速度，从当前点直线运动到目标位置点。

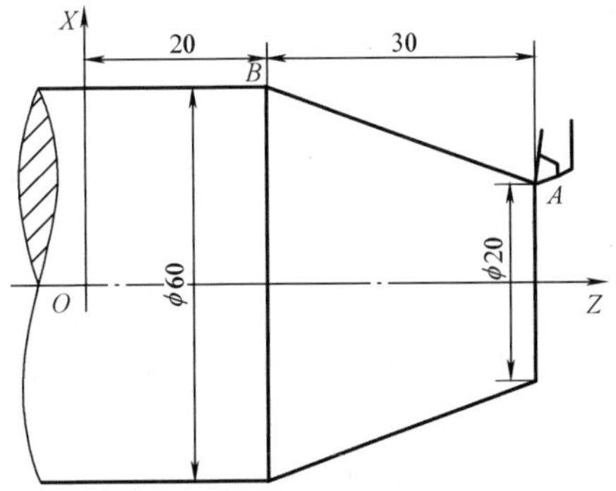

图 4-12　直线插补实例

当采用绝对值编程时，刀具以 F 指令的进给速度运动到工件坐标系 X、Z 点。当采用增量值编程时，刀具以 F 进给速度运动到距离现有位置增量为 U、W 的点上。其中 F 进给速度在没有新的 F 指令以前一直有效，可由 G00 指令取消。如果在 G01 程序段之前的程序段没有 F 指令，而现在的 G01 程序段中也没有 F 指令，则机床不运动。因此，G01 程序中必须含有 F 指令。并且不必在每个程序段中都写入 F 指令。G01 指令也是模态代码。直线插补实例如图 4-12 所示。

使用绝对值编程（O 点为工件原点），从 A 到 B，切削速度为 150mm/min：

G01 X60.0 Z20.0 F150;

使用增量值编程：从 A 到 B，切削速度为 150mm/min：

G01 U40.0 W-30.0 F150;

（3）圆弧插补指令 G02 和 G03。

指令格式：G02 X（U）＿ Z（W）＿ I＿K＿F＿
　　　　　　G03 X（U）＿ Z（W）＿ I＿K＿F＿

或

　　　　　　G02 X（U）＿ Z（W）＿ R＿F＿
　　　　　　G03 X（U）＿ Z（W）＿ R＿F＿

圆弧插补指令使刀具在指定平面内按给定的进给速度 F 做圆弧运动，从而切削出圆弧轮廓。

1）圆弧顺时针或逆时针的判断。圆弧插补指令分为顺时针圆弧插补指令 G02 和逆时针圆弧插补指令 G03。数控车床是只有 X 轴和 Z 轴的两坐标机床，因此，按右手定则的方法将第三轴（Y 轴）考虑进去，然后观察者从 Y 轴的正方向向 Y 轴的负方向看去，即可正确判断出圆弧的顺逆了，如图 4-13 所示。

2）指令的编程方式。在数控车床上加工圆弧时，不仅需要用 G02 或 G03 指出圆弧的顺逆方向，用 X（U）、Z（W）指定圆弧的终点坐标，而且还要指定圆弧的中心位置。指定圆心位置的方法有指定圆心和指定半径两种：

用 I、K 指定圆心位置，其格式为：G02/G03 X（U）＿Z（W）＿I＿K＿F＿

用圆弧半径 R 指定圆心位置，其格式为：G02/G03 X（U）＿Z（W）＿R＿F＿

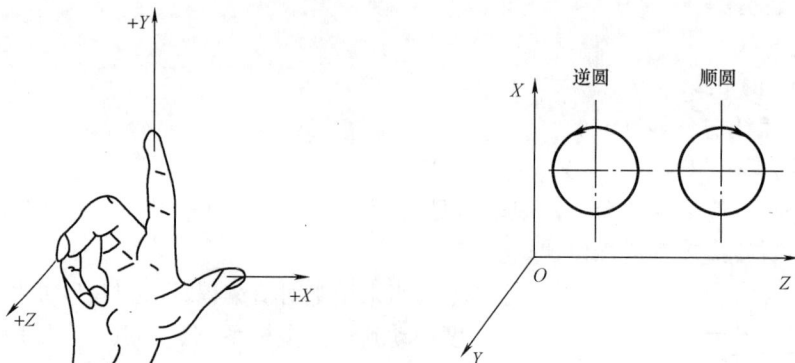

图 4-13　圆弧顺逆的判断

使用 G02、G03 指令需要注意以下事项:

① 以上格式中 G02 为顺圆插补,G03 为逆圆插补。正对第三轴根据右手定则来判断。

② 采用绝对值编程时,用 X、Z 表示圆弧终点在工件坐标系中的坐标值;采用增量值编程时,用 U、W 表示圆弧终点相对于圆弧起点的增量值。

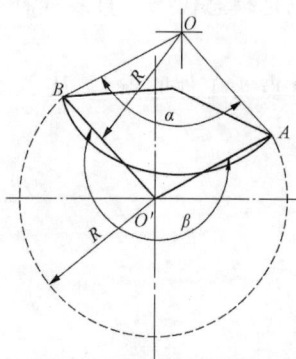

③ 圆心坐标 I、K 为圆弧起点到圆弧中心所作矢量分别在 X、Z 轴方向上的分矢量(矢量方向指向圆心)。I、K 为增量坐标,当分矢量方向与坐标轴的方向一致时为"+"号,反之为"-"号。

④ 用半径 R 指定圆心位置时,在同一半径 R 的情况下,当圆弧所对圆心角在 0°～180°时,R 取正值;当圆弧所对圆心角为 180°～360°时,R 取负值,如图 4-14 所示。当以 O 为圆心加工 AB 弧时,α 小于 180°,R 为正;当以 O′ 为圆心加工 AB 弧时,β 大于 180°,R 为负。

⑤ 当程序段中同时给出 I、K 和 R 的值时,以 R 值优先,I、K 值无效。

图 4-14　优劣弧加工

⑥ G02、G03 用半径指定圆心位置时,不能描述整圆。当要描述整圆时要使用 I、K 形式编程。

3) 编程举例。

【例 4-1】顺时针圆弧插补,如图 4-15 所示。

方法一:用 I、K 表示圆心位置编程。

① 绝对值编程。

...

N05 G00 X30.0　Z2.0;

N10 G01 Z-15.0 F100;

N15 G02 X60.0　Z-30.0 I15.0 K0 F80;

...

② 增量值编程。

...

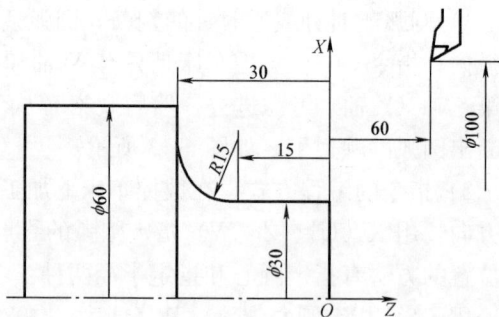

图 4-15　顺时针圆弧插补

N05 G00 U−70.0 W−58.0；

N10 G01 U0　　　　W−17.0 F100；

N15 G02 U30.0　　W−15.0 I15.0 K0 F80；

···

方法二：用 R 表示圆心位置编程。

① 绝对值编程。

···

N05 G00 X30.0　　Z2.0；

N10 G01 Z−15.0　F100；

N15 G02 X60.0　　Z−30.0　R15.0 F80；

···

② 增量值编程。

···

N05 G00 U−70.0　　W−58.0；

N10 G01 U0　　　　W−17.0　F100；

N15 G02 U30.0　　　W−15.0　R15.0 F80 ；

···

【例 4-2】逆时针圆弧插补，如图 4-16 所示。

方法一：用 I、K 表示圆心位置编程。

① 绝对值编程。

···

N05 G00 X36.0　　Z2.0；

N10 G01 Z−15.0 F100；

N15 G03 X56.0　　Z−25.0　I0　K−10.0 F80：

···

② 增量值编程。

···

N05 G00 U−54.0　　W−58.0；

N10 G01 W−17.0　F100；

N15 G03 U20.0　　　W−10.0　I0　K−10.0　F80；

···

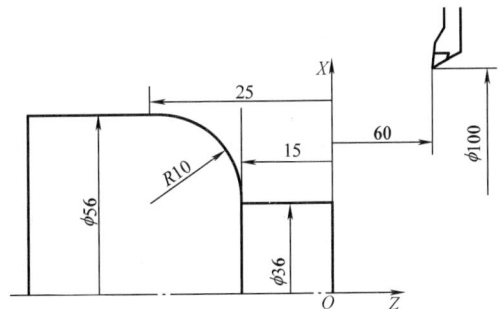

图 4-16　逆时针圆弧插补

方法二：用 R 表示圆心位置编程。

① 绝对值编程。

···

N05 G00 X36.0　　Z2.0；

N10 G01 Z−15.0 F100；

N15 G03 X56.0　　Z−25.0　R10.0　F80；

···

② 增量值编程。

···

N05 G00 U−54.0　　W−58.0；

N10 G01 W−17.0　F100；

```
N15 G03 U20.0    W-10.0  R10.0  F80;
...
```

（4）程序延时指令 G04。

程序格式：G04 P __（ms）或 G04 X（U）__（s）

指令可使刀具做暂短的无进给光整加工。X、U、P 的指令时间是暂停时间，其中 P 后面的数值为整数，单位为 ms，X(U) 后面为带小数点的数值，单位为 s。

该指令除用于切削或钻、镗孔外，还用于拐角轨迹控制。由于数控系统自动加、减速运行，刀具在拐角处的轨迹不是直角。如果拐角处的精度要求很高，其轨迹必须是直角时，就应在拐角处使用暂停指令。此功能也用在车削加工螺纹时，指令暂停一段时间，使主轴转速稳定后再执行车削螺纹，以保证螺距的加工精度。

此指令为非模态指令，只在本程序段中有效。例如，欲停留 1.5s 的时间，则程序段为 G04 X1.5 或 G04 U1.5 或 G04 P1500

4.2.2 数控车床的螺纹加工

FANUC 数控系统提供的螺纹加工指令包括单行程螺纹加工、简单螺纹加工和复合螺纹切削循环加工。螺纹加工类型包括内、外圆柱螺纹和圆锥螺纹，单头螺纹和多头螺纹，恒螺距和变螺距螺纹。

1. 单行程螺纹切削 G32

指令格式：G32 X（U）__ Z（W）__ F __ Q __

螺纹导程用 F（单位 0.01mm/min）指定。Q 为螺纹起始角，单位为 0.001°。例如，180° 应该写成 Q180000。

对于锥螺纹切削，如图 4-17 所示，其斜角 $\alpha \leqslant 45°$ 时，螺纹导程以 Z 轴方向的准备坐标值指定；斜角 α 在 45°～90° 时，螺纹导程以 X 轴方向的坐标值指定。

圆柱螺纹切削时，格式为"G32 Z（W）__ F（E）__"。

端面螺纹切削时，格式为"G32 X（U）__ F（E）__"。

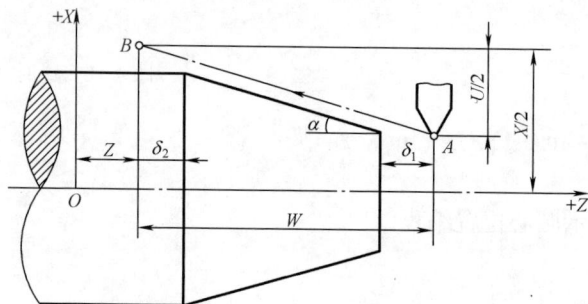

图 4-17 螺纹切削 G32

螺纹切削应注意在螺纹两端设置切入时的足够升速进刀段 δ_1 和切出时的降速退刀段 δ_2，以避免电动机升降速过程对螺纹加工质量造成影响。

当螺纹牙型深度较深、螺距较大时，可分多次进给，每次进给的背吃刀量用螺纹深度减去精加工背吃刀量所得的差按递减规律分配，常用螺纹切削的进给次数与背吃刀量如表 4-6 所示。

表 4-6		常用螺纹切削的进给次数与背吃刀量						（单位：mm）
米 制 螺 纹								
螺距		1.0	1.5	2.0	2.5	3.0	3.5	4.0
牙深		0.649	0.974	1.299	1.624	1.949	2.273	2.598
背吃刀量 切削次数	1 次	0.7	0.8	0.9	1.0	1.2	1.5	1.5
	2 次	0.4	0.6	0.6	0.7	0.7	0.7	0.8
	3 次	0.2	0.4	0.6	0.6	0.6	0.6	0.6
	4 次		0.16	0.4	0.4	0.4	0.6	0.6
	5 次			0.1	0.4	0.4	0.4	0.4
	6 次				0.15	0.4	0.4	0.4
	7 次					0.2	0.2	0.4
	8 次						0.15	0.3
	9 次							0.2
英 制 螺 纹								
螺纹参数 n（牙/in）		24	18	16	14	12	10	8
牙深		0.678	0.904	1.016	1.162	1.355	1.626	2.033
背吃刀量 切削次数	1 次	0.8	0.8	0.8	0.8	0.9	1.0	1.2
	2 次	0.4	0.6	0.6	0.6	0.6	0.7	0.7
	3 次	0.16	0.3	0.5	0.5	0.6	0.6	0.6
	4 次		0.11	0.14	0.3	0.4	0.4	0.5
	5 次				0.13	0.21	0.4	0.5
	6 次						0.16	0.4
	7 次							0.17

【例 4-3】如图 4-18 所示，加工直径为 $\phi 60$ 的圆柱螺纹，导程为 3mm，$\delta_1 = 3$mm，$\delta_2 = 1.5$mm，若第一刀切削的深度为 1mm，第二刀为 0.5mm。则前两刀的程序如下：

```
...
N05 G00    U－62.0；
N10 G32    W－74.5    F3.0；
N15 G00    U62.0；
N20        W74.5；
N25        U－63.0；
N30 G32    W－74.5    F3.0
N35 G00    U63.0；
N40        W74.5；
...
```

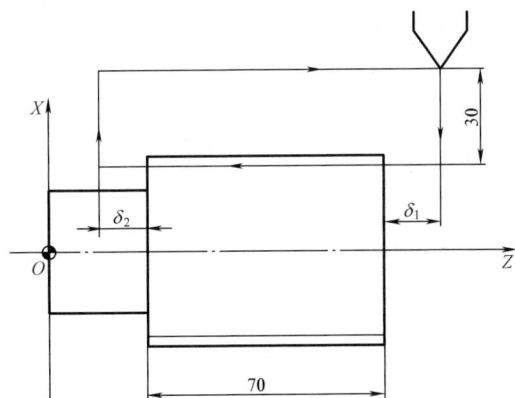

图 4-18　圆柱螺纹切削加工实例

【例 4-4】如图 4-19 所示圆锥螺纹，导程为 3.5mm，$\delta_1 = 2$mm，$\delta_2 = 1$mm，每次背吃刀量为 1mm，则程序如下：

```
N05   G00   X12.0;
N10   G32   X41.0   W－43.0   F3.5;
N15   G00   X50.0;
N20         W43.0;
N25         X10.0;
N30   G32   X39.0   W－43.0   F3.5;
N35   G00   X50.0;
N40         W43.0;
      …
```

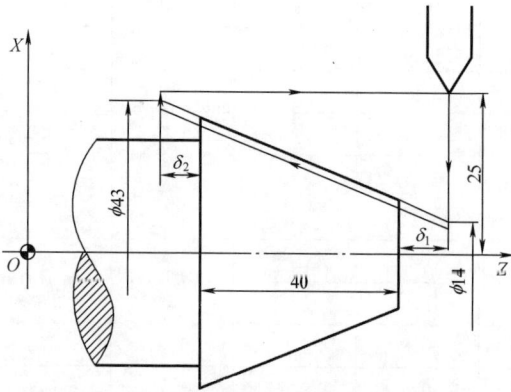

图 4-19　圆锥螺纹切削加工实例

2. 螺纹切削循环 G92

指令格式：G92 X（U）__Z（W）__R __ F __

螺纹切削循环 G92 为简单螺纹循环，该指令可以切削锥螺纹和圆柱螺纹，其刀具从循环点开始按梯形或矩形循环，最后又回到循环起点。实现按 F 螺距指定的工件进给速度移动，如图 4-20 所示。刀具从循环开始，按 A、B、C、D 进行自动循环，最后又回到循环起点 A。图中虚线表示按 R 快速移动，实线表示按 F 指定的工作进给速度移动。X、Z 为螺纹终点（C 点）的坐标值；U、W 为螺纹终点坐标相对于螺纹起点的增量坐标；I 为圆锥螺纹起点和终点的半径差，有正、负之分。当 X 向切削始点坐标小于切削终点坐标时，I 为负值；反之取正。加工圆柱螺纹时 I 为零，可省略。

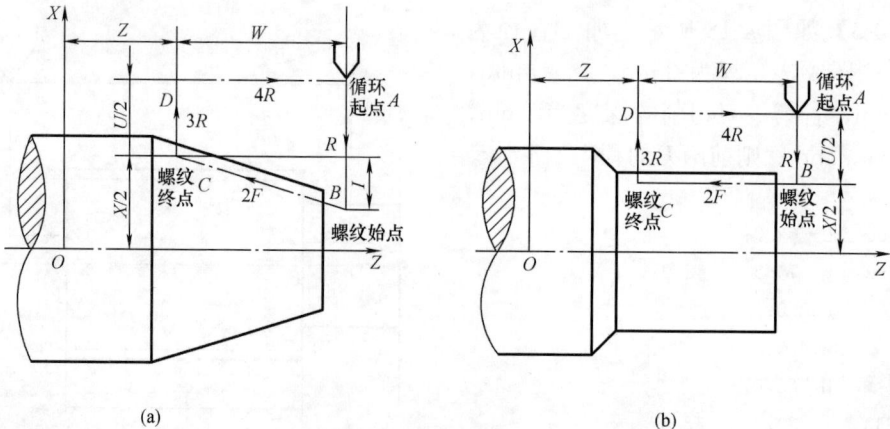

图 4-20　螺纹切削循环 G92

(a) 圆锥螺纹循环；(b) 圆柱螺纹循环

【例 4-5】如图 4-21 所示为圆柱螺纹加工，螺纹的螺距为 1.5mm，车削螺纹前工件直径为 $\phi30$，第一次切削量为 0.4mm，第二次切削量为 0.3mm，第三次切削量为 0.2mm，第四次切削量为 0.08mm，采用绝对值编程，加工程序如下：

N10 G50	X270.0	Z260.0；	坐标系设定
N20 S400	T0101	M03；	1 号刀具 1 号刀补，主轴正转
N30 G00	X35.0	Z104.0；	循环起点
N40 G92	X29.2	Z54.0 F1.50；	螺纹切削循环 1
N50	X28.6；		螺纹切削循环 2
N60	X28.2；		螺纹切削循环 3
N70	X28.04；		螺纹切削循环 4
N80 G00	X270.0	Z260.0；	回到起刀点，主轴停
N90	M30；		

【例 4-6】如图 4-22 所示为圆锥螺纹加工，螺纹的螺距为 2mm，车削螺纹前工件直径为 $\phi50$，第一次切削量为 0.4mm，第二次切削量为 0.3mm，第三次切削量为 0.3mm，第四次切削量为 0.2mm，第五次切削量为 0.1mm，采用绝对值编程，加工程序如下：

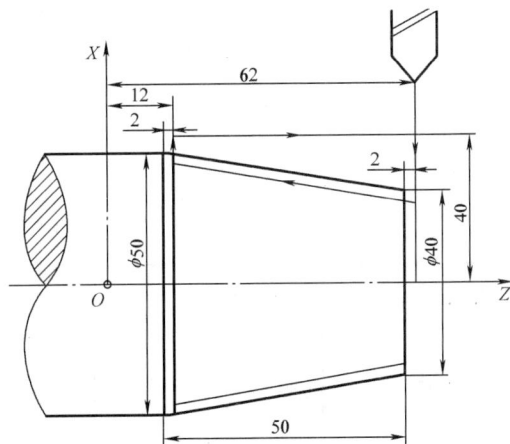

图 4-21 圆柱螺纹切削循环 G92 的加工实例

图 4-22 圆锥螺纹切削循环 G92 的加工实例

N10	G50	X270.0	Z260.0；	坐标系设定
N20	T0101	S400	M03；	主轴正转
N30	G00	X80.0	Z62.0；	循环起点
N40	G92	X49.2	Z12.0 R－5.0 F2.0；	螺纹切削循环 1
N50		X48.6；		螺纹切削循环 2
N60		X48.0；		螺纹切削循环 3
N70		X47.6；		螺纹切削循环 4
N80		X47.4；		螺纹切削循环 5
N90	G00	X270.0	Z260.0；	回到起刀点，主轴停
N100		M30；		

3. 螺纹切削复合循环 G76

指令格式：G76 X (U) ＿Z (W) ＿I＿K＿D＿F＿A＿

其中，I 为螺纹部分的半径差，加工圆柱螺纹时，I＝0；加工圆锥螺纹时，当 X 向切削始点坐标小于切削终点坐标时，I 为负值；反之取正。K 为螺牙的高度（半径值）；D 为第一次切入量（X 轴方向的半径值）；F 为螺纹导程。A 为牙型角。

复合螺纹切削循环指令可以完成一段螺纹的全部切削工作。它的进刀方法有利于改善刀具的切削条件，在编程中应该优先考虑应用此程序，如图 4-23 所示。

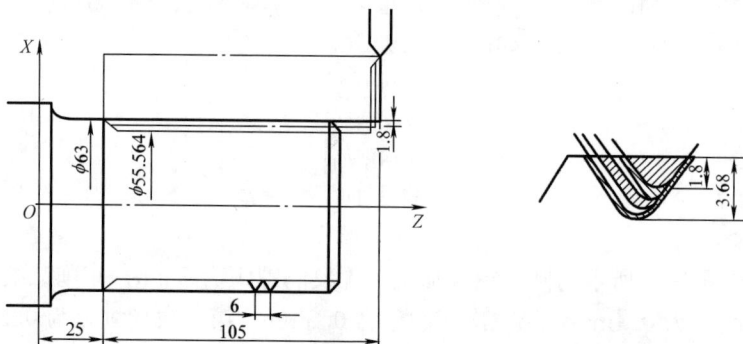

图 4-23   螺纹切削复合循环 G76

例如，加工如图 4-24 所示的圆柱螺纹（螺距为 6mm），其加工程序如下：

G76 X60.64 Z23.0 F6.0 K3.68 D1.8 A60

图 4-24   圆柱螺纹切削复合循环

4. 螺纹切削时的有关问题

（1）螺纹牙型高度。螺纹牙型高度是指在螺纹牙型上牙顶到牙底之间垂直于螺纹轴线的距离。根据 GB/T 197—2003 普通螺纹国家标准规定，普通螺纹的牙型理论高度 H 为 $0.866P$；但在实际加工中，由于螺纹车刀半径的影响，螺纹实际牙型高度可按下式计算：

$$h = H - 2(H/8) = 0.6495P$$

式中 P——螺距，mm。

（2）螺纹起点与螺纹终点径向尺寸的确定。螺纹加工中，径向起点（即编程大径）的确定取决于螺纹大径。例如，欲加工 M30×2—6g 的外螺纹，由 GB 197—2003 可知，螺纹大径的基本偏差为 $ES = -0.038mm$，公差为 $T_d = 0.28mm$，则螺纹大径尺寸为 $\phi29.682 \sim \phi29.962$。所以，编程大径应在此范围内选取。径向终点（编程小径）的确定取决于螺纹小径。因为螺纹大径确定后，螺纹的总背吃刀量在加工中是由螺纹小径来控制的。可按下式计算：

$$d' = d - 2(7/8 - R - ES/2 + 1/2 \times T_{d2}/2) = d - 7/4H + 2R - ES - T_{d2}/2$$

式中 d——螺纹公称直径，mm；

       H——螺纹原始三角形高度，mm；

       R——牙底圆弧半径，mm，一般取 $R = (1/8 - 1/6)H$；

       ES——螺纹中径基本偏差，mm；

T_{d2}——螺纹中径公差，mm。

（3）螺纹起点与终点轴向尺寸的确定。螺纹切削应注意在两端设置足够的升速进刀段 δ_1 和降速退刀段 δ_2。

（4）分层背吃刀量。螺纹的吃刀次数及背吃刀量可参见表 4-5。

4.2.3　数控车床的固定循环

对于数控车床来说，被加工工件的毛坯往往是非一刀加工即可完成的棒料或铸、锻件，其加工余量大，一般需要多次重复循环加工，才能达到零件图样的设计要求。为了减少程序段数量，缩短编程时间，数控系统提供了固定循环功能，以减少程序所占内存。固定循环指令可分为单一形状固定循环和复合形状固定循环，它们都具有模态功能。

1. 单一形状固定循环

通常是用一个含 G 代码的程序段完成用多个程序指令的加工操作，使程序得以简化。

（1）内径/外径切削循环 G90。

指令格式：G90 X（U）＿ Z（W）＿ F ＿　　　　（圆柱切削循环）
　　　　　　G90 X（U）＿ Z（W）＿ R ＿ F ＿　　（圆锥切削循环）

使用该指令时应正确选择循环起点 A 的位置，它既是循环起点，又是循环终点。如图 4-25 和图 4-26 所示，刀具从循环起点开始按矩形或梯形循环，最后又回到循环起点。其加工顺序按 1→2→3→4 进行，图中 1、4 表示快速运动，2、3 表示按 F 指定的工作进给速度运动。X、Z 为圆柱面切削终点坐标值，U、W 为圆柱面切削终点相对循环起点的增量值。R 为锥体大小端的半径差。编程时，应注意 R 的符号，锥面起点坐标大于终点坐标时为正，反之为负。

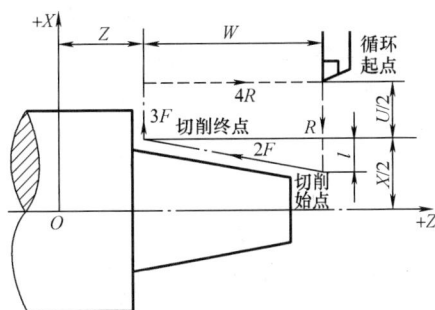

图 4-25　外圆切削循环　　　　　　　　　图 4-26　锥面切削循环

【例 4-7】加工如图 4-27 所示的工件，其加工程序如下：

...

```
N10    G90 X50.0  Z30.0  F100.0;      （A—B—C—D—A）
N20        X40.0;                     （A—E—F—D—A）
N30        X30.0;                     （A—G—H—D—A）
```

...

【例 4-8】加工如图 4-28 所示的工件，其加工有关程序如下：

...

```
N10    G90  X50.0  Z30.0  R-5.0 F100.0;   （A—B—C—D—A）
```

N20   X40.0;   (A—E—F—D—A)

N30   X30.0;   (A—G—H—D—A)

...

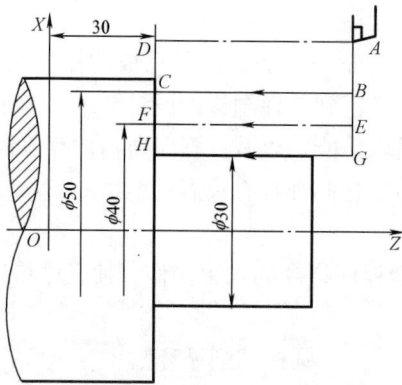

图 4-27 外圆切削循环加工实例

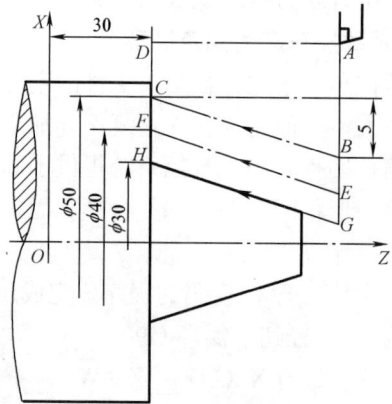

图 4-28 锥面切削循环加工实例

（2）端面切削循环 G94。

指令格式：G94 X（U）＿ Z（W）＿ F ＿（垂直端面切削循环）

G94 X（U）＿ Z（W）＿ R ＿ F ＿（带锥面的端面切削循环）

如图 4-29 和图 4-30 所示，其加工顺序按 1→2→3→4 进行，图中 1、4 表示快速运动，2、3 表示按 F 指定的工作进给速度运动。X、Z 为端平面切削终点的坐标值；U、W 为端面切削终点相对循环起点的坐标分量；R 为端面切削始点到终点位移在 Z 轴方向的坐标增量值。注意一般在固定循环切削过程中，M、S、T 等功能都不能变更；但如有必要变更时，必须在 G00 和 G01 指令下变更，然后再指定固定循环。

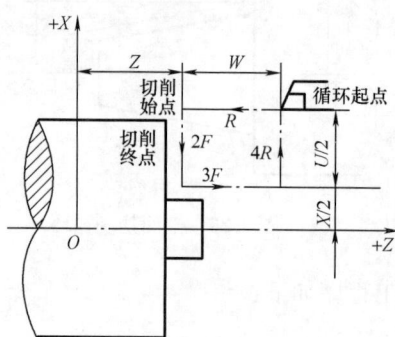

图 4-29 端面切削循环

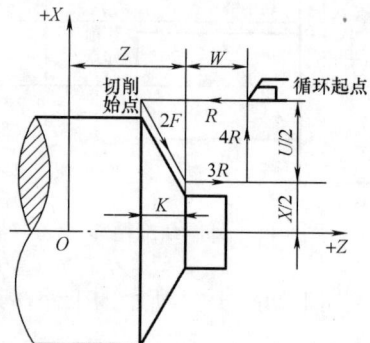

图 4-30 锥面端面切削循环

【例 4-9】加工如图 4-31 所示的工件，其加工程序如下：

...

N10 G94 X20.0 Z34.0 F100.0;   (A—B—C—D—A)

N20   Z30.0;   (A—E—F—D—A)

N30   Z27.0;   (A—G—H —D—A)

...

【例 4-10】 加工如图 4-32 所示的工件，其加工程序如下：

...

N10　G94 X20.0　Z31.0 R − 3.0 F100.0;　　　　（A—B—C—D—A）

N20　　Z28.0;　　　　　　　　　　　　　　　（A—E—F—D—A）

N30　　Z25.0;　　　　　　　　　　　　　　　（A—G—H—D—A）

...

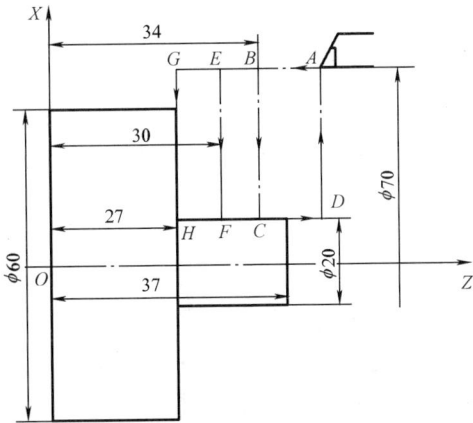

图 4-31　外圆端面切削循环加工实例　　　　　图 4-32　锥面端面切削循环加工实例

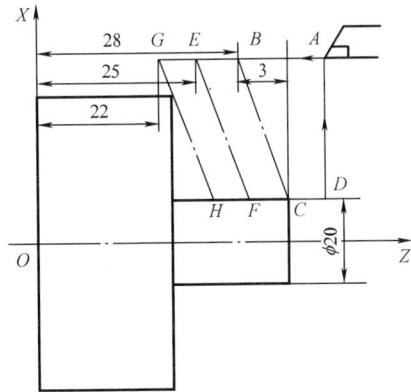

2. 复合形状多重固定循环

复合形状多重固定循环指令应用于非一次走刀即能完成加工的场合，只要编写出最终精加工路线，给出每次切除余量或循环次数，系统即可自动计算粗加工路径并完成重复切削直至加工完毕。它主要有以下几种方式。

（1）内径/外径粗车复合循环 G71。

指令格式：G71 U（Δd）R（e）

　　　　　　G71 P（ns）Q（nf）U（Δu）W（Δw）F＿ S＿ T＿

其中，Δd 为每次径向背吃刀量（半径量指定）；e 为退刀量；ns 为精加工形状的程序段组的第一个程序段的顺序号；nf 为精加工形状的程序段组的最后程序段的顺序号；Δu 为 X方向精加工余量及方向；Δw 为 Z方向精加工余量及方向。

如图 4-33 所示为本指令的走刀轨迹，刀具起始点为 A，在加工程序中指定由 A→A'→B 的精加工路线，应用此指令，就可以实现背吃刀量为 Δd，精加工余量为 Δu/2 和 Δw 的粗加工循环。

说明：

1）G71 指令必须有 P、Q 地址，否则不能进行循环加工。

2）在 ns 程序段中应包含 G00 或 G01 指令，进行由 A 到 A' 的动作，且该程序段中不应有 Z 向移动指令。

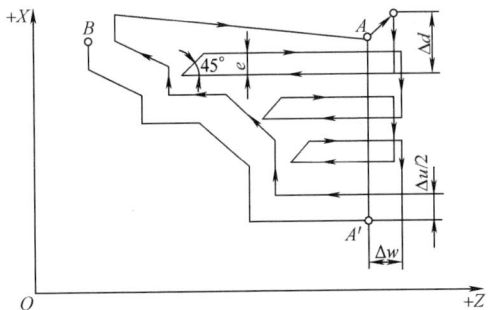

图 4-33　外圆粗车循环 G71

3）在顺序号 ns 到顺序号 nf 中，可以有 G02 或 G03 指令，但不能有子程序存在。

4）当上述程序指令指的是工件内径轮廓时，G71 就自动成为内径粗车循环，此时径向精车余量 Δu 应指定为负值。

（2）精车循环指令 G70。

指令格式：G70 P（ns）Q（nf）

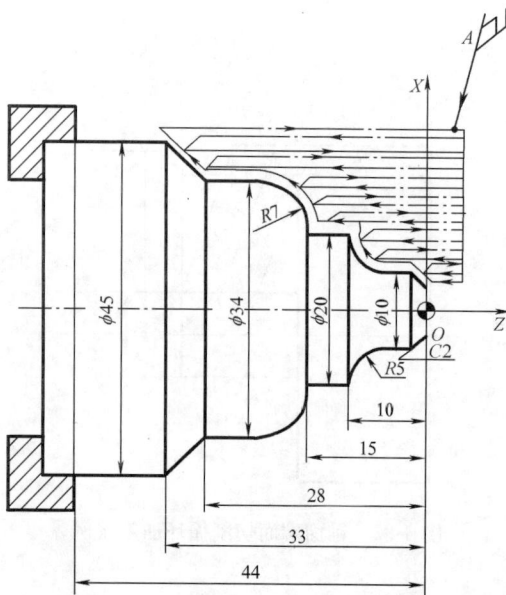

当应用粗加工循环指令 G71、G72、G73 粗车工件后，用 G70 来指定精车循环，切除粗加工的余量，它不能单独使用，ns 为精车第一程序段，nf 为精车最后程序段。ns 至 nf 程序段中指定的 F、S、T 在精车时才生效，如不指定，粗车时的 F、S、T 仍然有效。当 G70 循环加工结束时，刀具要返回到循环起点并开始读取下一程序段，所以在使用时要注意快速退刀路线，以防止刀具和工件发生碰撞。

【例 4-11】 用外圆切削循环加工如图 4-34 所示零件。要求循环起点在 A（50，3）点，粗加工背吃刀量为 2mm，进给量为 100mm/min，主轴转速为 500r/min；精加工余量 X 向为 0.5 mm（直径值），Z 向 0.2 mm，进给量为 60mm/min，主轴转速为 800r/min。加工程序如下：

图 4-34　外圆粗车循环 G71 实例

```
O0011;
N0010  G50   X100.0  Z50.0   T0101;
N0020  S500     M03;
N0030  G00   X50.0  Z3.0   M08;
N0035  G71   U2.0 R1.0
N0040  G71   P50   Q140   U0.5  W0.2  F100.0;
N0050  G00   X0.0 S800;
N0060  G01   X10.0   Z-2.0  F60.0;
N0070        Z-5.0；
N0080  G02   U10.0   W-5.0  R5.0;
N0090  G01   W-5.0；
N0100  G03   U14.0 W-7.0 R7.0;
N0110  G01   Z-28.0;
N0120        X45.0  Z33.0；
N0130        Z44.0;
N0140        X60.0;
N0145  G70   P50  Q140;
N0150  G00 X100.0 Z50.0;
N0160  M30;
```

（3）端面粗车循环 G72。

指令格式：G72　W(△d)　R(e)

　　　　　G72　P(ns)Q(nf)　U(△u)　W(△w)　F(f)　S(s)　T(t)

其中，△d 为轴向背吃力量；e 为退刀量；ns 为精加工形状的程序段组的第一个程序段的顺序号；nf 为精加工形状的程序段组的最后程序段的顺序号；△u 为 X 方向精加工余量及方向；△w 为 Z 方向精加工余量及方向。

如图 4-35 所示，它适用于圆柱棒料毛坯端面方向粗车，G72 程序段中的地址含义与 G71 相同，区别在于切削方向平行于 X 轴。从外径方向往轴心方向车削端面的粗加工和精加工。G72 指令也必须有 P、Q 地址，否则不能进行循环加工。在 ns 程序段中应包含 G00 或 G01 指令，进行由 A 到 A′ 的动作，且该程序段中不应有 X 向移动指令。在顺序号 ns 到顺序号 nf 中，可以有 G02 或 G03 指令，但不能有子程序存在。

【例 4-12】如图 4-36 所示，端面粗车循环要求，循环起点在 A（100，100）点，粗加工背吃刀量为 2mm，进给量为 100mm/min，主轴转速为 500r/min；精加工余量 X 向为 0.5 mm（直径值），Z 向为 0.2mm，进给量为 60mm/min，主轴转速为 800r/min。加工程序如下：

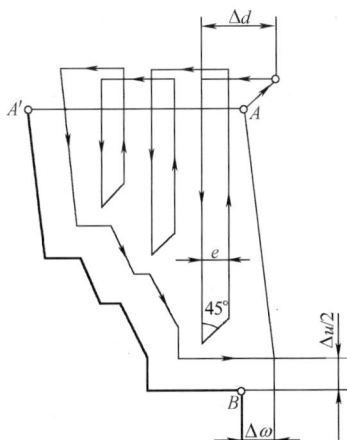

图 4-35　端面粗车循环 G72

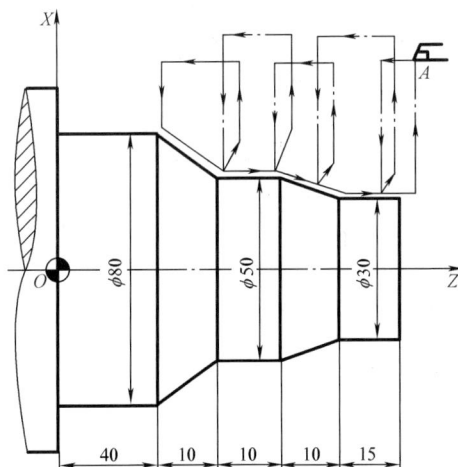

图 4-36　端面粗车循环 G72 实例

```
O0012;
N0010   G50   X100.0   Z100.0 T0101;
N0020   M03      S500;
N0030   G00 X86.0   Z90.0   M08;
N0040   G72 W2.0   R1.0;
N0060   G72   P070   Q110   U0.5   W0.2   F100.0;
N0070   G00 Z38.0      S800;
N0080   G01   X50.0   Z50.0   F60;
N0090         Z60.0;
N0100         X30.0   Z70.0;
N0110         Z86.0;
```

```
N0120    G70 P70  Q110;
N0130    G00 X100.0   Z100.0;
N0140    M30;
```

（4）固定形状粗车循环 G73。

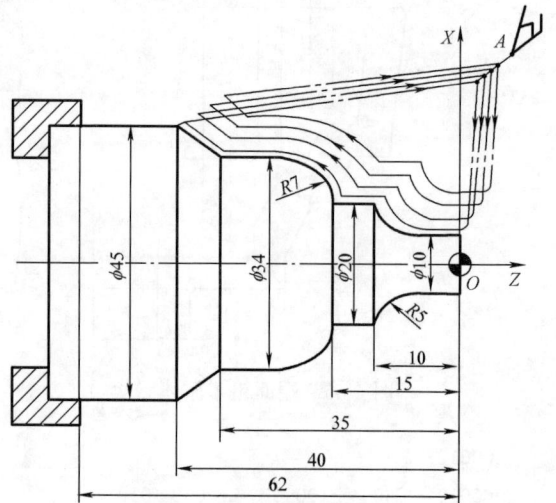

　　指令格式：G73 U（Δi）W（Δk）R（Δd）

　　　　　　　 G73 P（ns）Q（nf）U（Δu）W（Δw）F＿S＿T＿

　　其中，Δi 为 X 轴方向粗加工总余量（半径值）；Δk 为 Z 轴方向粗加工总余量；Δd 为循环次数；ns 为精加工路径的第一程序段；nf 为精加工路径的最后程序段；Δu 为 X 方向的精加工余量；Δw 为 Z 方向的精加工余量。

　　如图 4-37 所示，它适用于毛坯轮廓形状与零件轮廓形状基本接近的铸、锻类毛坯件。走刀路线为如图所示的封闭回路。执行 G73 功能时，每一刀的切削路线的轨迹形状是相同的，只是位置不同。每走完一刀，就把封闭回路轨迹向工件靠近一个位置，这样就可以将锻件待加工表面分布较均匀的切削余量分层切去，粗加工时 G73 程序段中的 F、S、T 有效，而精加工时处于 ns 到 nf 程序段之间的 F、S、T 有效。

　　【例 4-13】编制如图 4-38 所示零件的加工程序，设切削起始点 A（60，5）；粗加工分四刀进行，第一刀后余量 X 方向为 12mm，Z 方向为 2mm；四刀过后，留给精加工的余量 X 方向（直径上）为 0.6 mm，Z 方向为 0.1mm；粗加工进给量为 0.3mm/r，主轴转数为 400r/min；精加工进给量为 0.15mm/r，主轴转数为 800r/min。其加工程序如下：

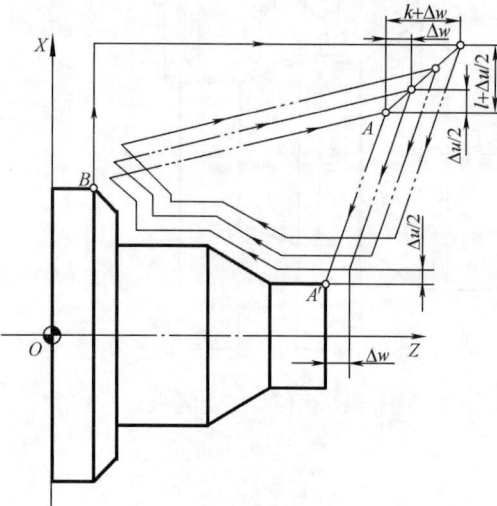

图 4-37　固定形状粗车循环 G73　　　　　　　图 4-38　固定形状粗车循环实例

```
O0013;
N0010    G99 G50   X100.0   Z100.0;
N0020    T0101   M03 S400;
N0030    G00 X60.0 Z5.0;
N0035    G73 U12.0 W2.0 R4.0;
N0040    G73 P50 Q110   U0.6 W0.1 F0.3;
N0050    G00   X0  Z3.0;
```

N0060	G01　X10.0 Z－5.0 F0.15 S800；
N0070	G02　U10.0 W－5.0 R5.0；
N0080	G01　Z－15.0；
N0090	G03 U14.0 W－7.0 R7.0；
N0100	G01 Z－35.0；
N0110	X45.0 Z－40.0；
N0120	G70 P50 Q110；
N0130	G00 X100.0 Z100.0；
N0140	M30；

4.2.4　数控车床的刀具补偿功能

数控编程时，一般以其中一把刀具为基准，并以该刀刀位点建立工件坐标系，当其他刀具转至加工位置时，就要产生偏差。数控车床根据加工刀具的尺寸不同，自动更改刀具刀位点的位置，使加工出来的工件实际轮廓与编程轨迹完全一致的功能，称为刀具补偿功能。它分为刀具位置补偿和刀具半径补偿两种。补偿功能在程序中用 T 代码来指定。T 代码由字母 T 后面跟 4 位数字组成，其中数字的前两位为刀具号，后两位为刀具补偿号。刀具补偿号实际上是刀具补偿寄存器的地址号，该寄存器中放有刀具的几何偏差量和磨损偏差量。刀具补偿号可以是 00～32 中的任意一数，刀具补偿号为 00 时，表示不进行补偿或取消刀具补偿。

1. 刀具的偏置补偿

在进行编程时，由于刀具的几何形状及安装位置的不同，各刀尖的位置是有差别的，其相对于工件原点的距离也是不一样的。所以要对各把刀具的位置值进行设定，这就是刀具的偏置补偿。偏置补偿的目的就是使加工程序不随不同刀具的刀尖位置不同而改变。它一般有绝对补偿和相对补偿两种。如图 4-39 所示为刀具偏置的补偿形式。

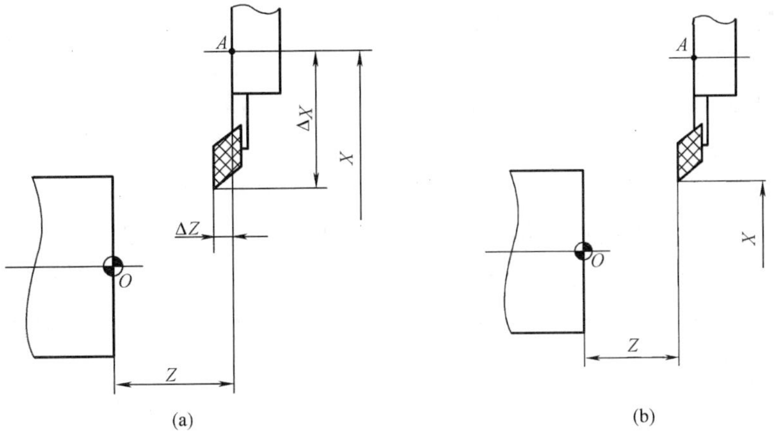

(a)　　　　　　　　　　　　　　(b)

图 4-39　刀具偏移

编制工件加工程序时，是按照刀架的中心位置编程，图 4-39（a）所示即以刀架中心 A 作为程序的起点，但安装后，刀尖相对于 A 点一定要有偏差，其偏移值为 ΔX、ΔZ。在对刀过程中把这两个偏移值输入到相应的存储器，当程序执行刀具的补偿时，如图 4-39（b）所示的刀架中心就被刀具刀尖点所代替了。

另外，刀具在加工中不可避免地要产生磨损，由此也要产生偏移量，如图 4-40 所示的

ΔX、ΔZ。只要修改每把刀具相应存储器的数值，就可使刀尖 B 移到位置 A。

【例 4-14】 如图 4-41 所示，建立刀具偏置补偿，然后取消刀具偏置被偿，程序如下：

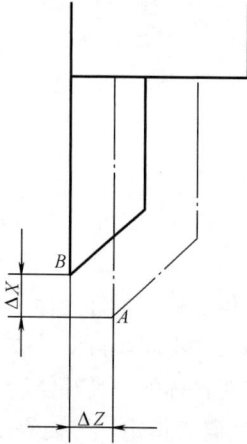

图 4-40　刀具磨损

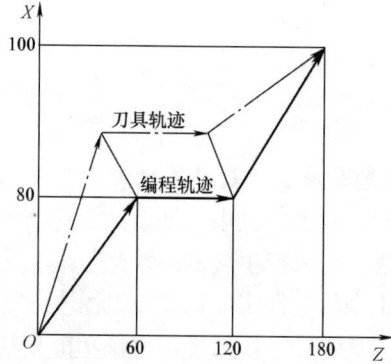

图 4-41　刀具偏置磨损补偿编程

...

```
T0202;                         建立刀补
G01 X80.0 Z60.0 F200;
        Z120.0;
    X100.0 Z180.0 T0200;       取消刀补
M30
```

2. 刀具的半径补偿 G41/G42/G40

指令格式：G41/G42/G40 G01/G00 X＿ Z＿

在实际加工过程中，为提高工件的加工精度和表面质量，有时要将刀具磨成圆弧状，编程时往往以刀具圆弧中心进行编程，但实际切削是刀具的切削刃的圆弧轮廓上的切削点。为消除由此产生的误差，就要对刀具进行半径补偿。

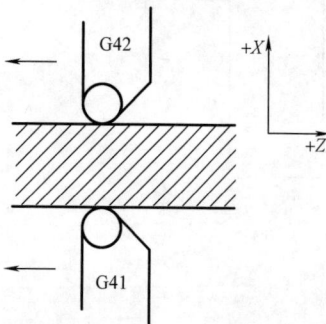

图 4-42　刀具半径补偿

G41：刀具半径左补偿。如图 4-42 所示，假设工件不动，沿刀具前进方向看，刀具位于工件左侧时的补偿。

G42：刀具半径右补偿。如图 4-42 所示，假设工件不动，沿刀具前进方向看，刀具位于工件右侧时的补偿。

G40：取消刀具半径补偿。

刀具半径补偿的建立与取消，只能使用 G01、G00 指令，不能使用 G02、G03 等其他指令。

G41、G42 的补偿值是通过设置在刀补存储器中的补偿号来调用的。

在没有使用 G40 取消刀补的情况下，G41 和 G42 不能重复使用。

在刀具补偿存储器中，一般要预先定义车刀半径补偿值和刀尖的方向号。其刀尖的方向定义了刀具刀位点与刀尖圆弧中心的位置关系，从 0～9 共有 10 个方向。如图 4-43 所示。

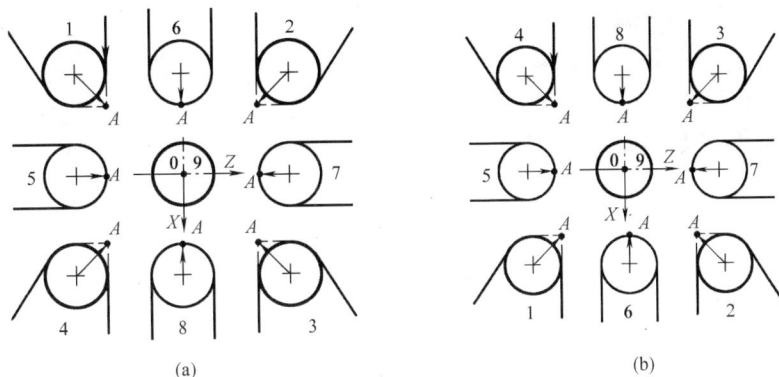

图 4-43　车刀形状与位置关系

(a) 前置刀架；(b) 后置刀架

图中 "·" 代表刀具刀位点。"+" 代表刀尖圆弧圆心。

3. 设定和显示刀具补偿值

在 FANUC 机床面板上按编辑键，进入编辑运行方式。按偏置/设置键，显示 "工具补正/形状" 界面。按软键 [补正]，再按软键 [形状]，然后再按软键 [操作]，再在软键中按下 [NO 检索]，屏幕上出现刀具形状列表，如图 4-44 所示。输入一个值，并按下软键 [输入]，就完成了刀具补偿值的设定。

4.2.5　数控车床的子程序功能

在一个加工程序中，若有几个一连串的程序段完全相同，为了简化程序，可把重复的程序段单独列出并命名，编成子程序，供主程序反复调用。

1. 子程序的结构

0×××× 　　　　　　　　子程序名

… 　　　　　　　　　　子程序内容

M99 　　　　　　　　　子程序结束

(1) 子程序一般不作为独立的加工程序使用，只能通过主程序调用它来加工局部位置。子程序执行后能返回调用它的主程序中。

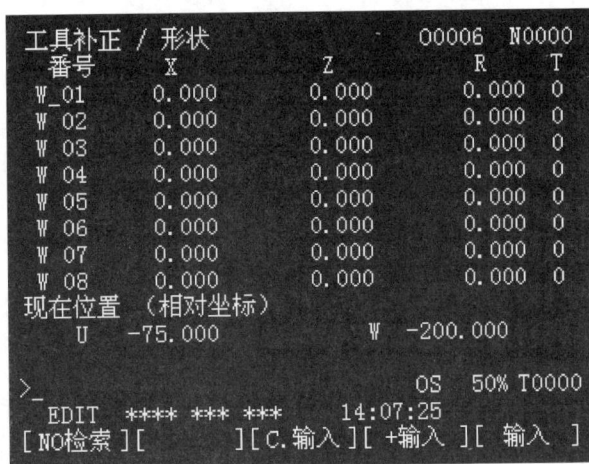

图 4-44　刀具补偿值的设定

(2) 子程序可以调用下一级子程序，FANUC 系统一般子程序可四级嵌套。

(3) 子程序末尾必须用 M99 返回主程序。

2. 子程序的调用

指令格式：M98 P △△△××××

指令中 P 后的数字，前 3 位为子程序的重复调用次数，不指定时为一次；后 4 位为子程序号。例如，M98 P46688 表示调用子程序名为 6688 的子程序 4 次，M98 P1122 为调用程序号为 1122 的子程序一次。

3. 主程序与子程序关系

主程序和子程序都是独立的程序，它们的运行是又一种加工循环。主程序在执行过程中可以用 M98 调用子程序，开始运行子程序，子程序运行结束，用 M99 指令又可返回主程序，继续向下运行，如图 4-45 所示。

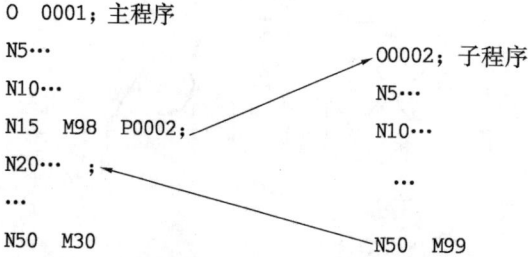

```
O  0001；主程序
N5···                              00002；子程序
N10···                             N5···
N15  M98  P0002；                  N10···
N20··· ；                             ···
···
N50  M30                           N50  M99
```

4. 子程序调用方式

子程序调用方法是一项重要的编程技巧，掌握这种技巧是解决重复图形，重复编程的捷径之一。

（1）多次调用一个子程序：

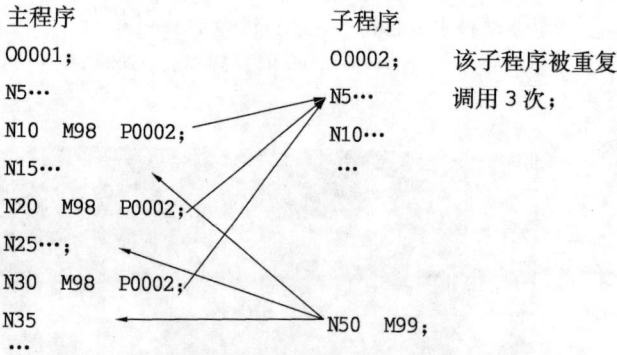

```
主程序                子程序
00001；               00002；          该子程序被重复
N5···                 N5···            调用 3 次；
N10  M98  P0002；      N10···
N15···                  ···
N20  M98  P0002；
N25···；
N30  M98  P0002；
N35                  N50  M99；
···
```

（2）多条程序嵌套调用：如图 4-45 所示。

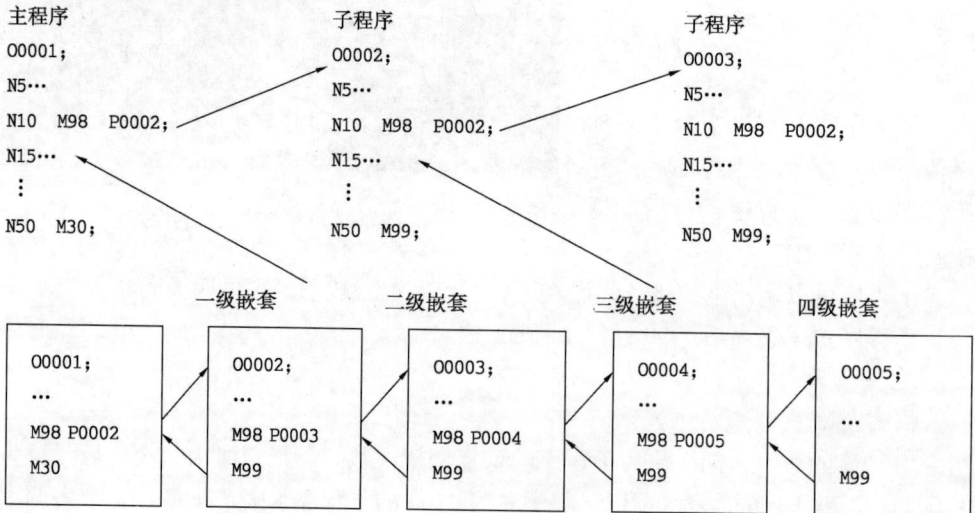

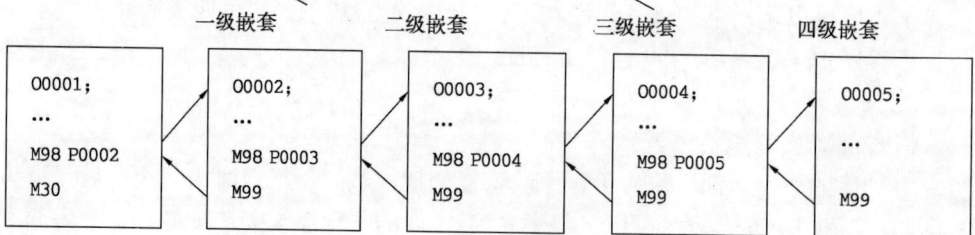

```
主程序                子程序                  子程序
00001；               00002；                00003；
N5···                 N5···                  N5···
N10  M98  P0002；      N10  M98  P0002；       N10  M98  P0002；
N15···                N15···                 N15···
 ⋮                     ⋮                      ⋮
N50  M30；             N50  M99；              N50  M99
```

一级嵌套	二级嵌套	三级嵌套	四级嵌套

```
┌──────────┐   ┌──────────┐   ┌──────────┐   ┌──────────┐   ┌──────────┐
│ 00001；   │   │ 00002；   │   │ 00003；   │   │ 00004；   │   │ 00005；   │
│  ···      │   │  ···      │   │  ···      │   │  ···      │   │  ···      │
│ M98 P0002 │   │ M98 P0003 │   │ M98 P0004 │   │ M98 P0005 │   │ M99       │
│ M30       │   │ M99       │   │ M99       │   │ M99       │   │           │
└──────────┘   └──────────┘   └──────────┘   └──────────┘   └──────────┘
```

图 4-45　子程序嵌套

【例4-15】子程序加工应用举例。如图4-46所示为加工轴类零件外圆及槽。加工程序如下：

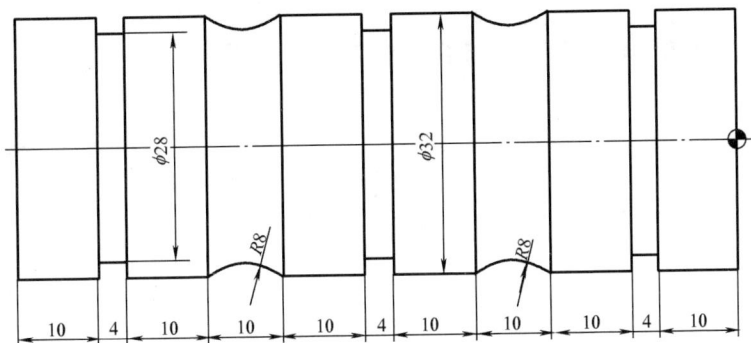

图4-46 子程序实例

```
O0015；                   程序名称
N5    T0101  G98；
N10   G00  X50.0  Z100.0；
N15         X0  Z0；
N20   G01  X32.0  F800；
N25         Z－14.0；
N30   M98  P20002；         调圆弧子程序两次；
N35   G01  W－10.0；
N40   G00  X40.0；
N45         Z20.0；
N50   T0202；
N55   G00  Z20.0；          切第一槽子程序起点
N60   G01  X33.0；          接近槽面
N65   M98  P030003；        调切槽子程序三次
N70   G00  X50.0  Z100.0；
N75   M30；
```

子程序：

```
O0002；                   加工圆弧子程序；
N5    G01  W－10.0  F800；
N10   G02  U0  W－10.0  R8.0；
N15   G01  W－14.0；
N20   M99；
```

子程序：

```
O0003；                   切槽子程序
N5    G00  W－34.0；
N10   G01  X28.0  F600；
N15   G04  X2.0；
N20   G01  X33.0；
N25   M99；
```

4.3 数控车床综合编程实例

4.3.1 FANUC 0i Mate-TB 系统综合编程实例

1. 轴类零件的数控车削加工

轴类零件的数控车削加工顺序安排与普通车床基本相似，同样要遵循"先粗后精，先大后小"的原则。一般还是从零件的右端开始连续不断地完成切削。

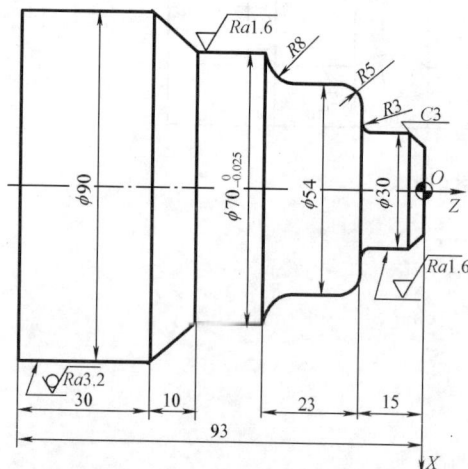

图 4-47 轴类零件加工实例

【例 4-16】加工如图 4-47 所示轴类零件。

（1）零件图分析。这是一个由外圆柱面、外圆锥面构成的轴类零件，其中 $\phi90$ 外圆处不加工。$\phi70$ 外圆处加工精度较高，材料为 45 钢，选择毛坯尺寸为 $\phi90\times110mm$ 棒料。

（2）加工方案及加工路线的确定。设零件右端中心 O 为原点，建立如图 4-47 所示的工件坐标系。对刀点选在（100，50）处，根据零件精度要求，先车右端面。外轮廓采用粗、精分开加工，采用 G71 粗加工循环，为精加工在 X、Z 方向分别留余量 0.5、0.2mm，最后切断。

（3）确定装夹方案。因为工件为实心轴且长度不长，采用左端面及 $\phi90$ 外圆定位，采用车床本身标准的自定心盘找正夹紧，毛坯外伸 100mm。

（4）刀具及切削用量的选择。选择 1 号刀为 90°硬质合金机夹车刀，用于粗、精车外轮廓。选择 2 号刀为 3mm 硬质合金切槽刀，用于切断工件。粗车时切削深度为 3mm，主轴转速选择 600r/min，进给量 $F=400mm/min$；精车时主轴转速选择 800mm/min，进给量为 $F=150mm/min$。

（5）参考程序：

程序	说明
O0015;	程序名
N10 G50 X100.0 Z50.0;	工件坐标系的设定
N20 S600 M03 T0101 G98;	G98 编程，主轴转速 600mm/min，调 1 号刀具 1 号刀补
N30 G00 X95.0 Z0;	快速定位到点（95，0）
N40 G01 X0.0 F200;	车削右端面
N50 Z2.0;	Z 向退刀到（0，2）
N60 G00 X95.0;	快速定位到粗车循环起点（95，2）
N70 G71 U3.0 R1.0;	粗车循环
N80 G71 P90 Q190 U0.5 W0.3 F400;	
N90 G00 X20.0 S800;	精加工定位到（20，2）
N100 G01 X30.0 Z-3.0 F150;	精车倒角 $C3$
N110 Z-12.0;	精车 $\phi30$ 外圆
N130 G02 X36.0 Z-15.0 R3.0;	精车 $R3$ 顺弧

N140 G01 X44.0;	精车台阶
N150 G03 X54.0 Z－20.0 R5.0;	精车 R5 逆弧
N160 G01 Z－30.0;	精车 ϕ54 外圆
N170 G02 X70.0 Z－38.0 R8.0;	精车 R8 顺弧
N180 G01 Z－53.0;	精车 ϕ70 外圆
N190　　X90.0 Z－63.0;	精车圆锥面
N200 G70 P90 Q190;	精加工循环
N210 G00 X100.0 Z50.0;	返回换刀点
N220 M06 T0202;	调用 2 号刀 2 号刀补
N230 G00 X95.0 Z－96.0;	快速定位（95，－96）
N240 G01 X0.0 F150;	切断
N250 M05;	主轴停止
N260 M30;	程序停止

2. 套类零件的数控车削加工

套类零件的数控车削加工顺序安排与普通车床基本相似，同样要遵循"同一轴线各孔先大后小"的原则。一般要粗车（镗）—半精车（镗）—精车（镗）来完成切削加工。

【**例 4-17**】加工如图 4-48 所示的套类零件。

（1）零件图分析。这是一个由外圆柱面、内圆锥面、内圆柱面构成的套类零件，内、外圆加工精度都较高。材料为 45 钢，选择毛坯尺寸为 ϕ95×90mm（预留 ϕ16 的内孔）。

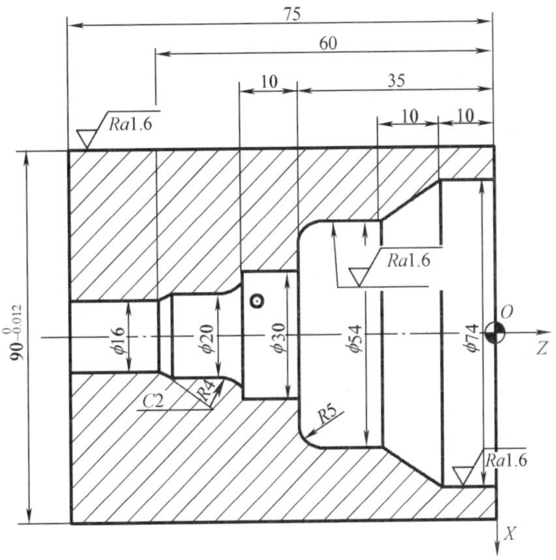

（2）加工方案及加工路线的确定。设零件右端中心 O 为原点，建立如图 4-48 所示的工件坐标系。对刀点选在

图 4-48　套类零件加工实例

（100，100）处，根据零件精度要求，先车右端面。外轮廓采用粗、精分开加工，各走一刀，采用 G71 粗加工循环加工内轮廓，为精加工在 X、Z 方向留余量 0.2mm，最后切断。

（3）确定装夹方案。因为工件厚度较大，采用左端面及外圆定位，采用车床本身标准的自定心卡盘找正夹紧，毛坯外伸 80mm。

（4）刀具及切削用量的选择。选择 1 号刀为 90°硬质合金机夹车刀，用于粗、精车外轮廓及端面；选择 2 号刀为 90°硬质合金机夹镗刀粗精加工内轮廓；选择 3 号刀为 4mm 硬质合金切槽刀，用于切断工件。粗车时切削深度为 2mm，主轴转速选择 630r/min，进给量 $F=$ 0.2mm/r；精车时主轴转速选择 800mm/min，进给量为 $F=$0.1mm/r。

（5）参考程序如下：

| O0016; | 程序名 |
| N10 G50 X100.0 Z100.0; | 工件坐标系的设定 |

N20 S630 M03 T0101 G99;	进给为 G99 编程, 主轴转速为 600mm/min, 1 号刀
N30 G00 X96.0 Z0;	快速定位到点 (95, 0)
N40 G01 X10.0 F0.2;	车削右端面
N50 　　Z2.0;	Z 向退刀到 (10, 2)
N60 G00 X95.0;	快速定位到粗车循环起点 (95, 2)
N70 G01 Z−75.0;	粗车外圆
N80 　　X96.0;	
N90 G00 Z2.0;	
N100 G01 X90.0 F0.1;	精车外圆
N110 　　Z−75.0;	
N120 　　X96.0;	
N130 G00 X100.0 Z100.0;	回换刀点
N140 T0202;	调 2 号刀 2 号刀补
N150 G00 X8.0 Z2.0;	快速定位到循环起点
N160 G71 U2.0 R1.0;	粗车循环
N170 G71 P180 Q280 U−0.2 W0.2 F0.2;	
N180 G00 X74.0 S800;	精加工定位到 (74, 2)
N190 G01 Z−10.0 F0.1;	精车 ϕ74 内孔
N200 　　X54.0 Z−20.0;	精车锥孔
N210 　　Z−30.0;	精车 ϕ54 内孔
N220 G03 X44.0 Z−35.0 R5.0;	精车 R5 逆弧
N230 G01 X30.0;	精车内台阶
N240 　　Z−45.0;	精车 ϕ30 内圆
N250 　　X28.0;	精车台阶
N260 G02 X20.0 Z−49.0 R4.0;	精车 R4 顺弧
N270 　　Z−58.0;	精车 ϕ20 内圆
N280 　　X16.0 Z−60.0	精车内倒角
N290 G70 P90 Q190;	精加工循环
N300 G00 X100.0 Z100.0;	返回换刀点
N310 M06 T0303;	换 3 号刀调 3 号刀补
N320 G00 X96.0 Z−79.0;	快速定位到 (96, −79)
N330 G01 X10.0 F0.2;	切断
N340 M05;	主轴停止
N350 M30;	程序停止

　3. 盘类零件的数控车削加工

　　盘类零件一般轴向尺寸较小，径向尺寸较大，多处内轮廓加工且刚性较差，一般需要调头加工。

　　【例 4-18】 加工如图 4-49 所示的盘类零件。

　　(1) 零件图分析。如图 4-49 所示为端盖零件，主要加工表面为外圆柱面、外槽、内圆柱面、内倒角等，内、外圆加工精度都较高。材料为铝合金铸件 (ZL201)，选择毛坯尺寸为 ϕ150×45mm (预留 ϕ30 的内孔)。

　　(2) 加工方案及加工路线的确定。根据零件特点，安排其工艺路线如下：

设零件右端中心为原点，建立如图 4-49 所示的工件坐标系。对刀点选在（180，100）处，根据零件精度要求，先车右端面、φ110 外圆轮廓、台阶及右端内孔 φ40 轮廓，分别采用 G71、G70 固定循环指定进行粗、精加工，然后按工件长度切断。

掉头装夹于 φ100 处，加工左端外轮廓、内轮廓及切槽。采用 G71、G70 粗、精加工循环加工内、外轮廓，为精加工在 X、Z 方向留余量 0.4mm。

（3）确定装夹方案。采用车床本身标准的自定心卡盘找正夹紧，因为掉头加工，所以要进行二次装夹，装夹过程中要注意防止工件变形及夹伤。首先采用左端面及左外圆定位，加工右端；掉头后采用右端面及 φ100 外圆定位加工左端。

（4）刀具及切削用量的选择。共选择 4 把刀具，选择 1 号刀为外圆机夹粗车刀，用于粗外轮廓及端面；选择 2 号刀为外圆精车刀，用于精车外轮廓及端面；选择 3 号刀为机夹镗刀粗精加工内轮廓；选择 4 号刀为刀宽 4mm 切槽刀，用于切槽及切断工件。具体参数见表 4-7。

切削用量的确定可参见表 4-8。

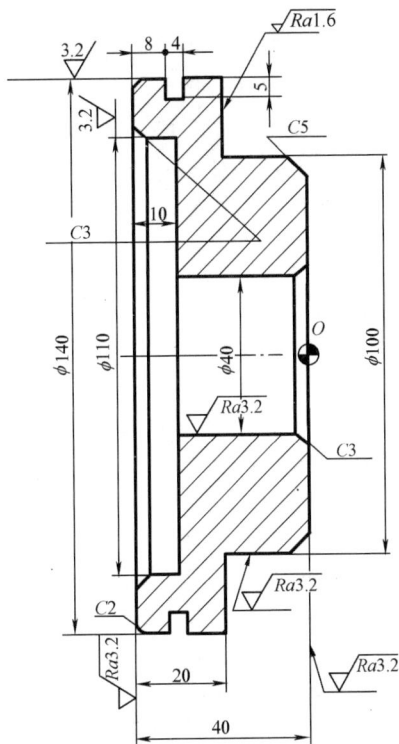

图 4-49 盘类零件加工实例

表 4-7 刀 具 的 选 择

序号	刀具号及刀补号	刀具名称	加工表面	刀尖半径
1	T0101	机夹外圆粗车刀	粗车外轮廓	0.8
2	T0202	机夹外圆精车刀	精车外轮廓	0.2
3	T0303	机夹镗刀	粗、精内轮廓	0.2
4	T0404	切槽刀	切槽及切断	0.2

表 4-8 刀具切削用量的选择

序号	刀具号	刀具名称	加工表面	主轴转速（r/min）	进给量（mm/min）	背吃刀量（mm）
1	T0101	机夹外圆粗车刀	粗车外轮廓	630	200	2.0
2	T0202	机夹外圆精车刀	精车外轮廓	1000	100	0.4
3	T0303	机夹镗刀	粗、精内轮廓	800	150	1.0
4	T0404	切槽刀	切槽及切断	500	100	

（5）参考程序如下：

右端加工程序：

O0171；	程序名
N10 G98 G54；	工件坐标系的设定，G98 编程
N20 G00 X180.0 Z100.0；	回对刀点

N30 S630 M03 T0101；	主轴转速为 630mm/min，主轴正转 1 号刀
N40 G00 X155.0 Z0；	快速定位到点（155，0）
N50 G01 X20.0 F200；	车削右端面
N60　　Z2.0；	Z 向退刀到（20，2）
N70 G00 X155.0；	快速定位到粗车循环起点（155，2）
N80 G71 U2.0 R1.0；	粗车外圆循环
N90 G71 P100 Q130 U0.4 W0.2；	
N100 G00 X86.0 S1000；	精加工起刀点
N110 G01 X100.0 Z-5.0 F100；	车右倒角
N120　　Z-20.0；	车 φ100 外圆
N130　　X145.0；	车右端台阶
N140 G00 X180.0　Z100.0；	回换刀点
N150 T0202；	调 2 号刀，2 号刀补
N160 G00 X155.0 Z2.0；	快速定位到循环起点
N170 G70 P100 Q130；	精车处轮廓循环
N180 G00 X180.0 Z100.0；	回换刀点
N190 T0303；	换 3 号刀，调 3 号刀补
N200 G00 X20.0 Z2.0；	定位到内轮廓循环起点
N210 G71 U1.0 R0.5；	内轮廓粗加工循环
N220 G71 P230 Q250 U-0.2 W0.1；	
N230 G00 X50.0 S800；	精加工内轮廓起刀点
N240 G01 X40.0 Z-3.0 F150；	车内轮廓右倒角
N250　　Z-40.0	车 φ40 内孔
N260 G70 P230 Q250；	精车内轮廓循环
N270 G00 X180.0 Z100.0；	回换刀点
N280 T0404 S500；	调用 4 号刀，4 号刀补，主轴转速为 500r/min
N290 G00 X155.0 Z-45.0；	定位到切断点
N300 G01 X20.0 F100；	切断
N310 G00 X155.0；	退刀
N320　　X180.0 Z100.0；	回换刀点
N330 M05；	主轴停
N340 M30；	程序停止

　　掉头加工件左端，还以 O 为坐标系原点。对刀点选择在（180，100）处，工件左端的加工程序如下：

O0172；	程序名
N10 G98 G55；	工件坐标系的设定，G98 编程
N20 G00 X180.0 Z100.0；	回换刀点
N30 S630 M03 T0101；	主轴转速为 630mm/min，主轴正转 1 号刀
N40 G00 X155.0 Z40；	快速定位到点（155，40）
N50 G01 X20.0 F200；	车削左端面
N60　　Z42.0；	Z 向退刀到（20，42）
N70 G00 X155.0；	快速定位到粗车循环起点（155，42）
N80 G71 U2.0 R1.0；	粗车外圆循环

N90 G71 P100 Q130 U0.4 W0.2;

N100 G00 X136.0 S1000;　　　　　　　精车起点

N110 G01 X140.0 Z38.0 F100;　　　　　车左倒角

N120　　Z20.0;　　　　　　　　　　　车 φ100 外圆

N130　　X155.0;　　　　　　　　　　车左端台阶

N140 G00 X180.0　Z100.0;　　　　　　回换刀点

N150 T0202;　　　　　　　　　　　　调 2 号刀，2 号刀补

N160 G00 X155.0 Z42.0;　　　　　　　快速定位到循环起点

N170 G70 P100 Q130;　　　　　　　　精车外轮廓循环

N180 G00 X180.0 Z100.0;　　　　　　回换刀点

N190 T0303;　　　　　　　　　　　　换 3 号刀，调 3 号刀补

N200 G00 X20.0 Z42.0;　　　　　　　定位到内轮廓循环起点

N210 G71 U1.0 R0.5;　　　　　　　　内轮廓粗加工循环

N220 G71 P230 Q250 U－0.2 W0.1;

N230 G00 X120.0 S800;　　　　　　　精车内轮廓起点

N240 G01 X110.0 Z37.0 F150;　　　　车内轮廓左倒角

N250　　Z30.0;　　　　　　　　　　车 φ110 内孔

N255　　X20.0;　　　　　　　　　　车内孔台阶

N260 G70 P230 Q250;　　　　　　　　精车内轮廓循环

N270 G00 X180.0 Z100.0;　　　　　　回换刀点

N280 T0404 S500;　　　　　　　　　　调用 4 号刀，4 号刀补

N290 G00 X155.0 Z32.0;　　　　　　　定位到切槽点

N300 G01 X130.0 F100;　　　　　　　切 4mm 槽

N310 G00 X155.0;　　　　　　　　　退刀

N320　　　X180.0 Z100.0;　　　　　回换刀点

N330 M05;　　　　　　　　　　　　主轴停

N340 M30;　　　　　　　　　　　　程序停止

4. 螺纹类零件的数控车削加工

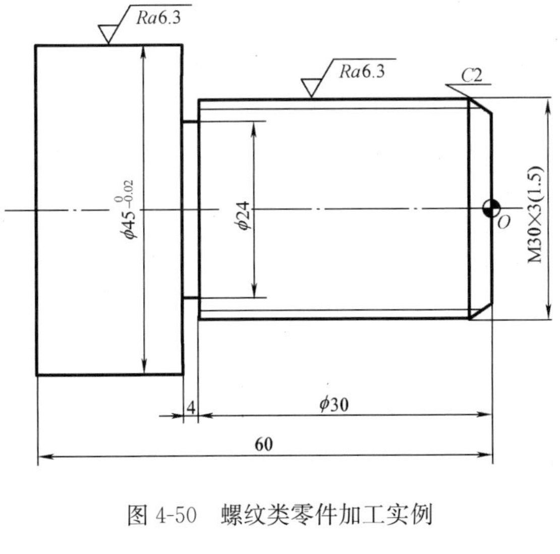

图 4-50　螺纹类零件加工实例

数控车床加工的螺纹一般为米制三角螺纹。在加工过程中，车床主轴每转一转，刀具必须移动一个螺距（或导程）。

【例 4-19】加工如图 4-50 所示螺纹类零件。

（1）零件图分析。如图 4-50 所示为螺纹类零件，其中 φ45 外圆处加工精度较高。同时需要加工 M30×3（1.5）的多头螺纹。材料为 45 钢，选择毛坯尺寸为 φ50×100mm 棒料。

（2）加工方案及加工路线的确定。设零件右端中心 O 为原点，建立如图 4-50 所示的工件坐标系。对刀点选在（100，

100）处，根据零件精度要求，将粗、精加工分开，工艺路线为：先车右端面、粗车外圆柱面 $\phi45.5$；粗车螺纹处圆柱面为 $\phi30.5$，车削 C2 倒角，精车螺纹大径 $\phi29.85$，精车台阶，精车 $\phi45$ 外圆柱面，切槽，车削多头螺纹 M30×3。最后按工件长度切断。

（3）确定装夹方案。采用外圆及左端面定位，车床本身标准的自定心卡盘找正夹紧，毛坯伸出 70mm。

（4）刀具及切削用量的选择。共选择 3 把刀具，选择 1 号刀为 90°硬质合金机夹车刀，用于粗、精车外圆及端面；选择 2 号刀为刀宽 4mm 切槽刀，用于切槽及切断工件；选择 3 号刀为硬质合金机夹螺纹刀，用于加工螺纹。具体参数见表 4-9。切削用量的确定可参见表 4-10。

表 4-9　　　　　　　　　　　　　刀具的选择

序号	刀具号及刀补号	刀具名称	加工表面
1	T0101	硬质合金机夹车刀	粗、精车外圆
2	T0202	切槽刀	切槽及切断
3	T0303	硬质合金机夹螺纹刀	加工螺纹

表 4-10　　　　　　　　　　　　刀具切削用量的选择

序号	刀具号	刀具名称	加工表面	主轴转速（r/min）	进给量（mm/r）	背吃刀量（mm）
1	T0101	硬质合金机夹车刀	粗车外轮廓	630	0.2	2.0
2	T0101	硬质合金机夹车刀	精车外轮廓	800	0.1	0.4
3	T0202	切槽刀	切槽及切断	500	0.1	
4	T0303	硬质合金机夹螺纹刀	切槽及切断	400	3.0	分层

（5）螺纹相关参数计算：

螺纹牙型深度计算：$t=0.65P=0.65×1.5=0.975$（mm）

螺纹大径：$D_大=D_{公称}-0.1P=30-0.1×1.5=29.85$（mm）；

螺纹小径：$D_小=D_{公称}-1.3P=30-1.3×1.5=28.05$（mm）。

螺纹加工分四刀切削：第一刀 $\phi29.0$，第二刀 $\phi28.40$，第三刀 $\phi28.10$，第四刀为 $\phi28.05$。

（6）参考程序如下：

O 0018；	程序名
N10 G99 G54；	工件坐标系 G54 设定，G98 编程
N20 G00 X100.0 Z100.0；	回对刀点
N30 S630 M03 T0101；	主轴正转，转速为 630mm/min，1 号刀 1 号刀补
N40 G00 X55.0 Z0；	快速定位到点（55，0）
N50 G01 X 0.0 F0.1；	车削右端面
N60　　 Z2.0；	Z 向退刀到（0，2）
N70 G00 X55.0；	快速定位到粗车循环起点（55，2）
N80 G71 U2.0 R1.0；	粗车外圆循环
N90 G71 P100 Q140 U0.2 W0.2；	

N100 G00 X21.85 S800；	精加工起刀点
N110 G01 X29.85 Z-2.0 F0.1；	车右倒角
N120　　 Z-34.0；	车螺纹大径外圆
N130　　 X45.0；	车台阶
N140　　 Z-60.0	精车 $\phi45$ 外圆
N150 G70 P100 Q140；	精车外轮廓循环
N160 G00 X100.0 Z100.0；	回换刀点
N170 T0202 S500；	换 2 号刀，调 2 号刀补，主轴转速 500r/min
N180 G00 X55.0 Z-34.0；	定位到切槽点
N190 G01 X24.0 F0.1；	切槽
N200 G00 X55.0；	退刀
N210 G00 X100.0 Z100.0；	回换刀点
N220 T0303 S400；	调用 4 号刀，4 号刀补，主轴转速 400r/min
N230 G00 X36.0 Z6.0；	定位到螺纹循环起点，加工一头螺纹
N240　M98　P0181；	调用 O0181 子程序
N250　G00 X36.0 Z7.5；	加工二头螺纹，起点右移 1.5mm
N260　M98　P0181；	调用 O0181 子程序
N270　G00 X100.0 Z100.0；	回换刀点
N280 T0202 S500；	调用 2 号刀，2 号刀补，主轴转速为 500r/min
N290 G00 X55.0　Z-64.0；	定位到切断点
N300 G01 X0　F0.1；	切断
N310 G00 X55.0；	退刀
N320　X100.0　Z100.0；	回换刀点
N330 M05；	主轴停
N340 M30；	程序停止
O 0181；	子程序
N5　G92　X29.0 Z-33.0 F3.0；	螺纹加工循环，第一刀
N10　　 X28.4；	螺纹加工循环，第二刀
N15　　 X28.1；	螺纹加工循环，第三刀
N20　　 X28.05；	螺纹加工循环，第四刀
N25　G00 X36.0；	退刀
N30　M99	返回主程序

4.3.2　西门子数控系统编程与综合实例

SIEMENS 系统的编程与 FANUC 系统编程的指令基本相同，本节主要以 SIEMENS 802D 系统为例，其准备功能代码见表 4-2，简要介绍了西门子数控系统与 FANUC 数控系统 G 指令用法主要不同之处。

1. 基本编程指令

（1）系统设定指令。

1）零点偏置的设定 G54～G59。用于零点偏置的设置指令为 G54～G59，取削零点偏置用 G500 指令，也可用 G53、G153 指令取削零点偏置，该指令也可取削编程零点偏置。

2）绝对编程 G90 与相对编程 G91。

指令格式：G90 G01/G00 X＿Z＿F＿或 G90 G01/G00 X＿Z＝IC（ ）F＿

G91 G01/G00 X＿Z＿F＿或 G91 G01/G00 X＿Z＝AC（ ）F＿

G90 为绝对尺寸数据输入，G91 为相对尺寸数据输入；Z＝AC/IC（ ）可以在程序段中直接进行绝对坐标编程/相对坐标编程设定。

如图 4-51 所示刀具从 A 点以 100mm/min 速度直线插补到 B 点可有以下编程方法：

绝对编程：G90 G01 X50.0 Z30.0 F100；

增量编程：G91 G01 X30.0 Z20.0 F100；

AC/IC 编程：G90 G01 X50.0 Z＝IC（20）F100；

AC/IC 编程：G91 G01 X30.0 Z＝AC（30）F100；

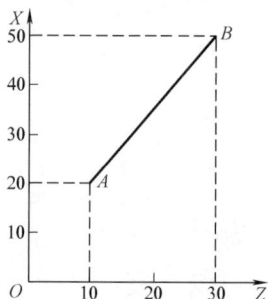

图 4-51 绝对与增量坐标输入

3）公制尺寸 G70（G700）与英制尺寸 G71（G710）。工程图样上尺寸标注有公制和英制两种形式。SIEMENS 数控系统根据所设定的状态，把所有几何值转换为公制或英制。若一个程序段开始用 G70 指令，则表示程序中相关的 些数据为英制（in）；若一个程序段开始用 G71 指令，则表示程序中相关的一些数据为公制（mm）。G700 为进给率 F 的英制尺寸输入，G710 为进给率 F 的公制尺寸输入。

G91 G70 G01 X50.0；刀具向 X 正向移动 50in

G91 G71 G01 Z30.0；刀具向 Z 轴正方向移动 30mm

4）每分钟进给 G94 与每转进给 G95。

SIEMENS 数控系统用 G94、G95 指令来设定进给速度单位。G94 表示每分钟进给，F 后的单位为 mm/min；G95 表示每转进给，F 后的单位为 mm/r。系统默认 G95。

5）直径编程指令 DIAMON 与半径编程指令 DIAMOF。

DIAMON 表示 X 方向的尺寸以直径方式编程，DIAMOF 表示 X 方向的尺寸以半径方式进行编程。

6）返回参考点指令 G74 与返回固定点指令 G75。

指令格式：G74 X0 Z0；

G75 X0 Z0；

G74 用于实现数控程序中回参考点功能，G75 为实现回某一固定点（如换刀点）功能，固定点位置存储在机床的存储器中。它们都需要一个独立的程序段，并按程序段的方式有效。使用之后原先的插补 G 指令仍有效。X0、Z0 为固定格式，编程中用其他数值不识别。

7）主轴转速极限指令 G25/G26。

指令格式：G25 S＿

G26 S＿

G25 为主轴转速下限设置，G26 为主轴转速上限设置。通过该指令可以限定主轴转速范围。要求每一指令要使用一单独的程序段。例如：

N20 G25 S20；主轴转速下限为 20r/min

N30 G26 S800；主轴转速上限为 800r/min

8）刀具功能 T 与 D 指令。

指令格式：T×× 　D××

用 T 指令选择刀具，用 D 指令确定刀补。D0 为取削刀补。

（2）基本编程指令。

1）圆弧插补 G2、G3、CIP、CT 指令。

指令格式 1：G2/G3 X __ Z __ I __ K __；

终点圆心编程与 FANUC 编程方式相同。

指令格式 2：G2/G3 X __ Z __ CR＝__；

在 SIEMENS 系统中 G02/03 半径编程方式中的半径用"＝"赋值。

如图 4-52 所示，刀具从 A 点插补到 B 点：

G02 X60.0 Z55.0 CR = 14.14 F0.2;

指令格式 3：G2/g3 X __ Z __ AR __；

此为张角终点编程，AR 为所经圆弧的张角。

如图 4-52 所示，刀具从 A 点插补到 B 点：

G02 X60.0 Z55.0 AR = 100.0 F0.2;

指令格式 4：G2/G3 I __ K __ AR __；

此为圆心张角编程，I、K 仍为圆心相对起点的增量。

如图 4-52 所示，刀具从 A 点插补到 B 点：

G02 I - 10.0 K15.0 AR = 100.0 F0.2;

指令格式 5：CIP　X __ Z __ I1＝__ K1＝__；（CIP指令格式）

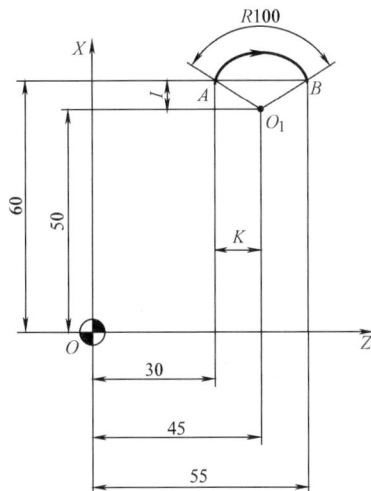

图 4-52　G2/G3 插补

通过中间点进行圆弧插补指令。CIP 表示圆弧方向由中间点坐标决定，中间点位于圆弧起点与终点之间。

格式中 X、Z 为圆弧终点坐标值，I1、K1 为中间点的坐标值。如图 4-52 所示，用 CIP 编程可写为：

CIP X60.0 Z55.0 I1 = 65.0 K1 = 45.0

指令格式 6：CT X　Z；（CT 指令格式）

切线过渡圆弧指令 CT 表示根据终点生成一段圆弧，且于前一段轮廓切线相连。X、Z 仍为终点坐标。例如：

CT X30.0 Z20.0;

2）螺纹切削指令 G33、G34、G35。

① G33 用来加工各种恒螺距的圆柱螺纹、圆锥螺纹，内螺纹、外螺纹，单头螺纹和多头螺纹等，为模态指令，要求主轴上有位移测量系统。

指令格式：

圆柱螺纹 G33 Z __ K __ SF __；

其中，Z 为螺纹终点坐标值，K 为螺纹导程；SF 为螺纹起始偏移值。

圆锥螺纹 G33 X __ Z __ K __；（锥角小于 $45°$）

　　　　　 G33 Z __ X __ I __；（锥角大于 $45°$）

其中，X、Z 为螺纹终点坐标值，I、K 为螺距。

端面螺纹：G33 X __ I __；

其中，X 为螺纹终点坐标值，I 为螺距。

② G34、G35 变螺距螺纹切削指令。G34 用于加工螺距不断增加的螺纹，G35 用于加工螺距不断减小的螺纹。

指令格式：G34/G35 Z __ K __ F __；

　　　　　　G34/G35 X __ I __ F __；

　　　　　　G34/G35 X __ Z __ K __ F __；

其中，X、Z 为螺纹终点坐标值，I、K 为起点处螺距。

例如，加工圆柱双头螺纹，起始点偏移 180°，螺纹长度（含 δ_1、δ_2）为 100mm，螺纹导程为 4mm。左旋螺纹。

...

N10 G54 G0 G90 X50.0 Z0 S400 M4;

N20 G33 Z-100.0 K4.0 SF=0;

N30 G0 X54.0;

N40 Z0;

N50 X50.0 ;

N60 G33 Z-100.0 K4.0 SF=180;

N70 G0 X54.0;

...

（3）标准循环。SIEMENS 802D 提供车削加工中用到的几个标准循环，使用时只要改变参数就可以用于各种具体加工过程。主要有以下几种：

切槽固定循环：CYCLE93/ CYCLE94/ CYCLE96；

毛坯切削循环：CYCLE95；

螺纹切削循环：CYCLE97；

孔加工循环：CYCLE（81~89）。

1）切槽固定循环 CYCLE93/ CYCLE94/ CYCLE96。

CYCLE93 可加工各种槽，CYCLE94 和 CYCLE96 根据不同标准加工退刀槽。其指令格式

CYCLE93（SPD，SPL，WIDG，DIAG，STA1，ANG1，ANG2，RCO1，RCO2，RCI1，RCI2，FAL1，FAL2，IDEP，DTB，VARI）

CYCLE94（SPD，SPL，FORM）

CYCLE96（DIATH，SPL，FORM）

指令中的各参数含义见表 4-11。

表 4-11　　　　　　　　　　切槽固定循环指令参数

参数符号	参 数 含 义 及 取 值 范 围	
SPD	横向坐标轴起始点，一般为直径值	定义槽的起始点
SPL	纵向坐标轴起始点	
WIDG	切槽宽度	定义槽的形状
DIAG	切槽深度，X 向为半径值	

参数符号	参 数 含 义 及 取 值 范 围	
STA1	轮廓与纵向轴之间的角度，取值范围：0°～180°	定义槽的斜线角
ANG1	侧面角 1，在切槽一边，由起始点决定，取值范围：0°～89.999°	不对称槽定义侧面角
ANG2	侧面角 1，在切槽另一边，取值范围：0°～89.999°	
RCO1	槽边半径/倒角 1，外部位于由起始点决定的一边	定义槽的形状
RCO2	槽边半径/倒角 2，外部位于由起始点决定的另一边	
RCI1	槽边半径/倒角 1，内部位于由起始点决定的一边	
RCI2	槽边半径/倒角 2，内部位于由起始点决定的另一边	
FAL1	槽底精加工余量	槽底精加工余量
FAL2	槽侧面精加工余量	侧面精加工余量
IDEP	进给深度，X 向为半径值	定义分层切削
DTB	槽底停留时间	
VARI	加工类型，取值范围为 1～8 和 11～18 的整数	
FORM	槽形状定义	

各参数可参照图 4-53。表中加工类型 VARI 可参考表 4-12 取值。

表 4-12　　　　　　　　　　切槽固定循环加工类型

数 值	方 向	部 位	起始点位置
1	纵向	外部	左边
2	横向	外部	左边
3	纵向	内部	左边
4	横向	内部	左边
5	纵向	外部	右边
6	横向	外部	右边
7	纵向	内部	右边
8	横向	内部	右边

切槽编程示例：

如图 4-54 所示，将沿着一个斜角沿纵向在外部完成一个切槽。起始点位于 X35.0，Z60.0 右侧。循环使用刀具 T5 的刀具补偿值 D1 和 D2。切槽刀应进行相应设定。

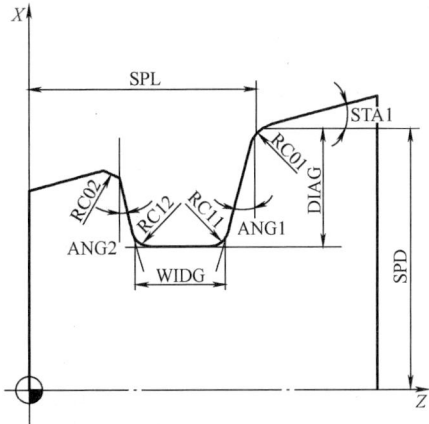

图 4-53　切槽循环参数图　　　　　　　　　图 4-54　切槽循环实例

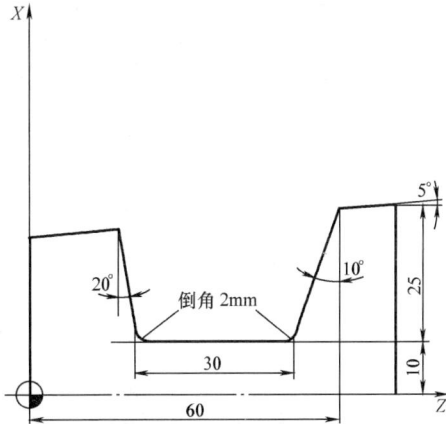

N10 G0 G90 Z65.0 X50.0 T5 D1 S400 M3;　　　　　　　　　循环开始前的起始点

N20 G95 F0.2;　　　　　　　　　　　　　　　　　　　　工艺值的规定

N30 CYCLE93 (35, 60, 30, 25, 5, 10, 20, 0, 0, −2, −2, 1, 1, 10, 1, 5, 0.2);　循环调用

N40 G0 G90 X50.0 Z65.0;　　　　　　　　　　　　　　　下一个位置

N50 M02;　　　　　　　　　　　　　　　　　　　　　　程序结束

2）毛坯切削循环指令 CYCLE95。

粗车循环指令格式：

CYCLE95（NPP，MID，FALZ，FALX，FAL，FF1，FF2，FF3，VARI，DT，DAM，VRT）

指令中参数的含义见表 4-13。

表 4-13　　　　　　　　　　　　　　CYCLE95 指令参数

参数符号	参 数 含 义 及 取 值 范 围
NPP	轮廓子程序名称
MID	进给深度
FALZ	在纵向轴方向的精加工余量
FALX	在横向轴方向的精加工余量，半径值
FAL	沿轮廓方向上的精加工余量
FF1	非退刀槽加工的进给速度
FF2	进入凹凸切削时的进给速度
FF3	精加工的进给速度
VARI	加工类型，取值 1～12
DT	粗加工时用于断屑的停顿时间
DAM	粗加工因断屑而中断时所经过的路径长度
VRT	粗加工时从轮廓退刀的距离，X 向为半径值

表 4-13 中加工类型 VARI 可参见表 4-14 取值。

表 4-14　　　　　　　　　　　　　　CYCLE95 加工类型

数 值	方 向	部 位	加工方式
1	纵向	外部	粗加工
2	横向	外部	粗加工
3	纵向	内部	粗加工
4	横向	内部	粗加工
5	纵向	外部	精加工
6	横向	外部	精加工
7	纵向	内部	精加工
8	横向	内部	精加工
9	纵向	外部	综合加工
10	横向	外部	综合加工
11	纵向	内部	综合加工
12	横向	内部	综合加工

毛坯切削循环编程示例 1：

如图 4-55 所示，用于对赋值参数进行说明的轮廓应进行完整的纵向外部加工。各根轴分别规定了精加工余量。粗加工时将没有切削中断。最大的进刀位移为 5mm。轮廓将保存在一个单独的程序中。

```
N10 T1 D1 G0 G95 S500 M3 Z125 X81;          调用前的返回位置
N20 CYCLE95 （"KONTUR"，5，1.2，0.6，，0.2，0.1，0.2，9，，0.5，0.2)；循环调用
N30 G0 G90 X81;                             重新返回起始位置
N40 Z125;                                   逐轴运行
N50 M2                                      程序结束
% _ N _ KONTUR _ SPF                        开始轮廓子程序
N100 Z120 X37;
N110 Z117 X40;                              逐轴运行
N120 Z112 RND = 5;                          倒圆半径 5mm
N130 Z95 X65;
N140 Z87;
N150 Z77 X29;
N160 Z62;
N170 Z58 X44;
N180 Z52;
N190 Z41 X37;
N200 Z35;
N210 X76;                                   逐轴运行
N220 M17;                                   子程序结束
```

毛坯切削循环编程示例 2：

如图 4-56 所示的毛坯切削轮廓在所调用的程序中设定，并在精加工循环调用后直接加工轮廓。

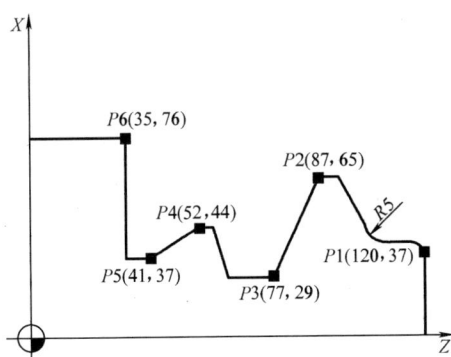

图 4-55　毛坯切削循环编程示例 1

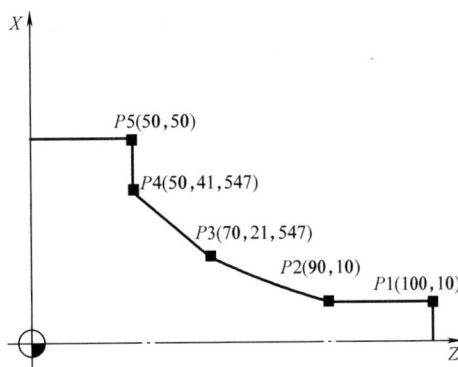

图 4-56　毛坯切削循环编程示例 2

```
N110 G18 DIAMOF G90 G96 F0.8;
N120 S500 M3;
N130 T1 D1;
N140 G0 X70;
```

N150 Z160；

N160 CYCLE95（"ANFANG：ENDE"，2.5，0.8，0.8，0，0.8，0.75，0.6，1，，，）

N170 G0 X70 Z160；

N175 M02；

ANFANG：

N180 G1 X10 Z100 F0.6；

N190 Z90；

N200 Z70 ANG=150；

N210 Z50 ANG=135；

N220 Z50 X50；

ENDE：

N230 M02；

3）螺纹加工循环 CYCLE97。

指令格式：CYCLE97（PIT，MPIT，SPL，FPL，DM1，DM2，APP，ROP，TDEP，FAL，IANG，NSP，NRC，NID，VARI，NUMT，_VRT）

指令中参数的含义见表 4-15。

表 4-15　　　　　　　　　　　　　　CYCLE97 的参数

参数符号	参　数　意　义
PIT	螺距作为数值（输入时不带正负号）
MPIT	螺距作为螺纹尺寸值：范围为 3～60，3（表示 M3)...60（表示 M60）
SPL	螺纹在纵向轴上的起始点
FPL	螺纹在纵向轴上的终点
DM1	螺纹在起始点处的直径
DM2	螺纹在终点处的直径
APP	导入行程（输入时不带正负号）
ROP	导出行程（输入时不带正负号）
TDEP	螺纹深度（输入时不带正负号）
FAL	精加工余量（输入时不带正负号）
IANG	进给角度值域："+"（表示侧面进给），"－"（表示交互进给）
NSP	第一个螺纹导程的起始点偏移（输入时不带正负号）
NRC	粗加工段数（输入时不带正负号）
NID	空进刀数（输入时不带正负号）
VARI	确定螺纹的加工方式值域：1～4
NUMT	螺纹头数（输入时不带正负号）
_VRT	通过起始直径的可变返回路径，增量（输入时不带正负号）

表 4-15 中加工方式 VARI 可参见表 4-16 取值。

表 4-16 **CYCLE97 加工方式**

取值	内部/外部	进刀方式
1	外部	恒定进刀位移
2	内部	恒定进刀位移
3	外部	恒定切削断面
4	内部	恒定切削断面

攻螺纹编程示例：

如图 4-57 所示，以侧面进给加工出公制外螺纹 M42×2。进刀位移以恒定切削断面进行。执行 5 个螺纹深度为 1.23mm 的粗加工段，没有精加工余量。结束后，设定了两次空进刀。

N10 G0 G90 Z100 X60；　　　选择起始位置

N20 G95 D1 T1 S1000 M4；　工艺值的规定

N30 CYCLE97（ ，42，0， － 35，42，42，10，3，1.23，0，30，0，5，2，3，1)；循环调用

N40 G90 G0 X100 Z100；　　移到下一个位置

N50 M2；　　　　　　　　程序结束

4）子程序。SIEMENS 数控系统规定程序名由文件名和扩展名两部分组成。文件名开始的两个符号必须是字母，其后的符号可以是字母、数字、下划线，最多为 16 个字符。系统规定扩展名有两种，主程序扩展名为 ".MPF"，如 ADSFG5F. MPF；子程序的扩展名为 ".SPF"，如 AE7H. SPF。为了

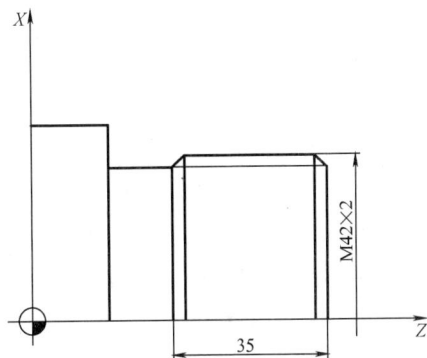

图 4-57　螺纹加工循环编程示例

方便地选择某一子程序，必须给子程序取一个程序名。在创建程序时，程序名称可以在遵循命名规则的前提下自由选取，其命名规则和主程序名的命名规则相同，如 RECHSE7。

另外，在子程序中还可以使用地址字 L×××××××，其后的值可以有 7 位（只能为整数）。

注意：地址字 L 之后的每个零均有意义，不可省略。

例如，L126 并非 L0126 或 L00126，它们表示 3 个不同的子程序。子程序名 LL6 专门用于刀具更换。

a）子程序调用：在一个程序中（主程序或子程序）可以直接用程序名调用子程序。子程序调用要求占用一个独立的程序段。例如：

N10 L786；　　调用子程序 L786

N20ASDE7；　　调用子程序 ASDE7

程序重复调用次数用 "P××××" 表示如果要求多次连续地执行某一子程序，则在编程时必须在所调用子程序的程序名后地址 P 下写入调用次数。最大次数可以为 9999（P1～P9999）。例如：

N10 L786 P3；调用子程序 L786，运行 3 次

b）嵌套深度：子程序不仅可以从主程序中调用，也可以从其他子程序中调用，这个过程称为子程序的嵌套。子程序的嵌套深度可以为 8 层，也就是四级程序界面（包括主程序界面）。

　2. 西门子数控系统编程综合实例

【例 4-20】加工如图 4-58 所示的轴类零件。

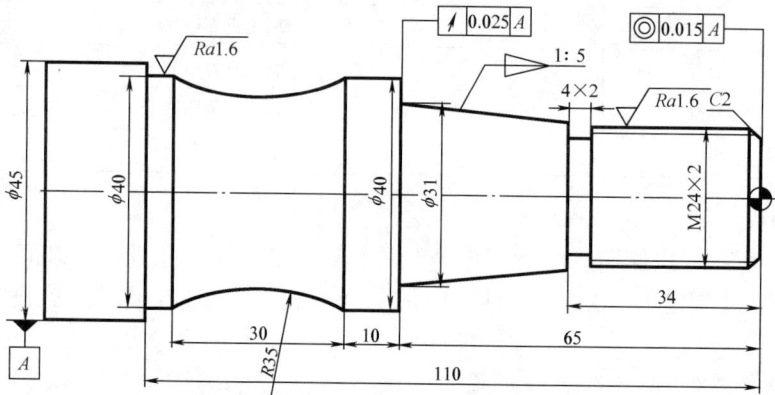

图 4-58　SIEMENS 轴类零件加工实例

　(1) 零件图分析。该零件由外圆柱面、外圆锥面、圆弧面及螺纹构成，所以选取毛坯为 $\phi 45 \times 140$ mm 的圆棒料，材料为 45 钢。

　(2) 加工方案及加工路线的确定。设零件右端中心为原点，建立工件坐标系。对刀点选在 (100, 100) 处，根据零件精度要求，将粗、精加工分开，工艺路线为：先车右端面、粗车外圆轮廓，精车外圆轮廓，切槽，车螺纹 M24×2。最后按工件长度切断。

　(3) 确定装夹方案。采用外圆及左端面定位，车床本身标准的自定心卡盘找正夹紧，毛坯伸出 120mm。

　(4) 刀具及切削用量的选择。共选择 3 把刀具，选择 1 号刀为 90°硬质合金机夹车刀，用于粗、精车外圆及端面；选择 2 号刀为刀宽 4mm 切槽刀，用于切槽及切断工件；选择 3 号刀为硬质合金机夹螺纹刀，用于加工螺纹。具体参数见表 4-17。

表 4-17　　　　　　　　　　　　　刀具的选择

序号	刀具号及刀补号	刀具名称	加工表面
1	T1　D1	90°硬质合金机夹车刀	粗、精车外圆
2	T2　D2	4mm 切槽刀	切槽及切断
3	T3　D3	60°硬质合金机夹螺纹刀	加工螺纹

切削用量的确定可参见表 4-18。

表 4-18　　　　　　　　　　　　刀具切削用量的选择

序号	刀具号	刀具名称	加工表面	主轴转速 (r/min)	进给量 (mm/r)	背吃刀量 (mm)
1	T01	硬质合金机夹车刀	粗车外轮廓	630	300	2.0
2	T01	硬质合金机夹车刀	精车外轮廓	800	100	0.2
3	T02	切槽刀	切槽及切断	400	100	
4	T03	硬质合金机夹螺纹刀	切槽及切断	300	100	分层

（5）参考程序如下：

% LT19；	主程序名
N10 G90 G94 G40 G71 G54；	系统设定
N20 T1 D1；	调用 1 号刀，1 号刀补
N30 S630 M3；	主轴正转，转速为 630mm/min
N40 G0 X47.0 Z0；	快速定位到点（47，0）
N50 G1 X0.0 F200；	车削右端面
N60　　Z2.0；	Z 向退刀到（0，2）
N70 G0 X47.0；	快速定位到粗车循环起点（47，2）
N80 CYCLE95（"CK71"，2.0，0.2，0.5，300，100，100，9，1，0.5）；车外圆循环	
N90 G0 X100.0；	
N100　　Z100.0；	回换刀点
N110 T2 D2；	调用 2 号刀，2 号刀补
N120 M3 S400；	主轴正转，转速为 400mm/min
N130 G0 X45.0 Z－34.0；	定位到（45，－34）
N140 G1 X20.0 F100；	切槽
N150 G4 F2.0；	孔底停顿 2s
N160 G0 X47.0；	退刀
N170　　X100.0 Z100.0；	回换刀点
N180 T3 D3；	调用 3 号刀，3 号刀补
N190 G0 X24.0 Z3.0；	定位到螺纹循环起始点
N200 CYCLE97（2，，0，－36，24，24，3，2，1.299，0.05，30，0，6，1，3，1）；　螺纹切削循环	
N210 G0 X100.0 Z100.0；	回换刀点
N220 G74 X0 Z0；	回参考点
N230 M30；	程序停止
％CK71；	子程序名
N05　G0 X20；	定位到（20，2）
N10　G1 X24.0 Z0 F100；	车倒角
N15　　　Z－30.0；	车螺纹外径
N20　　　X31.0 Z－65.0；	车锥面
N25　　　X40.0；	车台阶
N30　　　Z－75.0；	车圆柱面
N35　G2 X40.0 Z－105.0 R35.0；	车 R35 圆弧
N40　G01 Z－110.0；	车圆柱面
N45　　　X45.0；	车左端台阶
RET；	返回主程序

4.3.3　华中数控系统编程与综合实例

华中数控系统是我国武汉华中数控公司研发生产的国产数控系统，其应用较为普遍。其主要编程方法和 SIEMENS 系统及 FANUC 系统基本相同。本节主要以华中世纪星－21T 数控车床指令为例，其准备功能代码见表 4-3，简要了介绍华中数控系统的编程方法。

1. 基本编程指令

（1）系统设定指令。

1) 尺寸单位选择与进给速度设定。

尺寸单位选择格式：G20；　　　　英制输入，单位为 in

　　　　　　　　　G21；　　　　公制输入，单位为 mm

进给速度单位设定格式：G94 F __；　每分钟进给，单位为 mm/min，默认状态

　　　　　　　　　　　G95 F __；每转进给，单位为 mm/r

2) 直径与半径方式设定 G36/G37。

指令格式：G36；　　　直径编程，默认状态

　　　　　G37；　　　半径编程

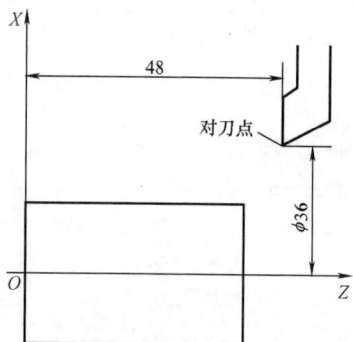

图 4-59　G92 建立工件坐标系

3) 绝对编程与相对编程。

指令格式：G90；绝对值编程，默认状态。在该状态下还可用 U、W 表示 X 轴、Z 轴的增量值

　　　　　G91；　　　相对值编程

4) 坐标系设定 G92。

指令格式：G92 X __ Z __；

通过设定对刀点与工件坐标系原点的相对位置建立工件坐标系。其中，X、Z 为设定的坐标系原点到对刀点的有向距离，如图 4-59 所示。程序如下：

G92 X72.0 Z48.0；

5) 坐标系选择 G53～G59。

指令格式：G53/G54/G55/G56/G57/G58/G59

G53 为直接使用机床坐标系编程；G54～G59 为系统预定的 6 个坐标系，可选择其一。其坐标系的原点在机床坐标系中的值，可通过 MDI 方式输入到机床存储器中。

(2) 进给控制指令。

1) 倒角加工。

①直线后倒直角。

指令格式：G01 X（U）__ Z（W）__ C __；

其中，X、Z 为倒角前两相邻程序段轨迹的交点 G 的坐标值；U、W 为 G 点相对于起始直线段起始点 A 的移动距离；C 为倒角终点 C 相对于相邻两直线交点 G 的距离。

该指令用于直线后倒直角，指令刀具从当前直线段起点 A 经该直线上中间点 B，倒直角到下一段的 C 点，如图 4-60 所示。

②直线后倒圆角。

指令格式：G01 X（U）__ Z（W）__ R __；

其中，X、Z 为倒角前两相邻程序段轨迹的交点 G 的坐标值；U、W 为 G 点相对于起始直线段起始点 A 的移动距离；R 为倒圆角圆弧的半径值。

该指令用于直线后倒圆角，指令刀具从当前直线段起点 A 经该直线上中间点 B，倒圆角到下一段的 C 点，如图 4-61 所示。

③圆弧后倒直角。指令格式：G02/G03 X（U）__ Z（W）__ R __ RL=__；

其中，X、Z 为倒角前圆弧终点 G 的坐标值；U、W 为 G 点相对于起始圆弧段起始点 A 的移动距离；R 为圆弧的半径值；RL 为倒角终点 C 相对于倒角前圆弧终点 G 的距离。

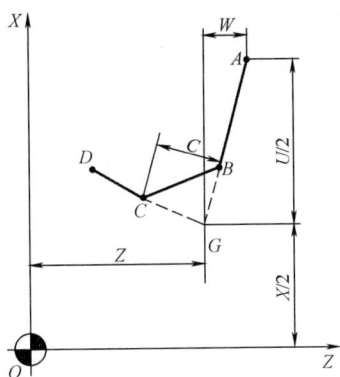

图 4-60 直线后倒直角参数

图 4-61 直线后倒圆角参数

该指令用于圆弧后倒直角,指令刀具从当前圆弧段起点 A 经该圆弧上中间点 B,倒直角到下一段的 C 点,如图 4-62 所示。

④圆弧后倒圆角。

指令格式:G02/G03 X(U)__ Z(W)__ R __ RC=__;

其中,X、Z 为倒角前圆弧终点 G 的坐标值;U、W 为 G 点相对于起始圆弧段起始点 A 的移动距离;R 为圆弧的半径值;RC 为倒角圆弧的半径值。

该指令用于圆弧后倒圆角,指令刀具从当前圆弧段起点 A 经该圆弧上中间点 B,倒圆角到下一段的 C 点,如图 4-63 所示。

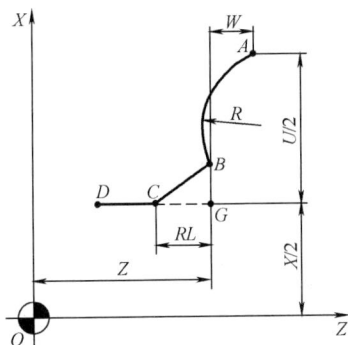

图 4-62 圆弧后倒直角参数

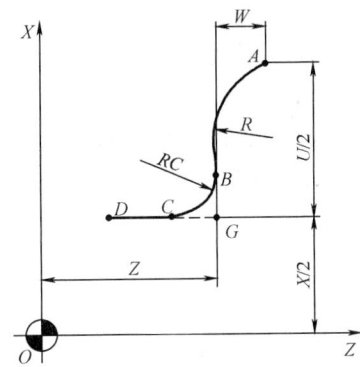

图 4-63 圆弧后倒圆角参数

2)循环加工。类似于 FANUC 数控系统,用一个含 G 代码的程序段完成多个程序段指令的加工操作,使程序能更加简化。

① 简单循环。

内、外径切削循环 G80。

指令格式:G80 X __ Z __ I __ F __;

圆柱及圆锥内、外径切削循环,使用方法同 FANUC 系统的 G90 指令。

端面切削循环 G81。

指令格式:G80X __ Z __ K __ F __;

端面切削循环使用方法同 FANUC 系统的 G94 指令。

螺纹切削循环 G82。

指令格式：G82 X ＿ Z ＿ I ＿ R ＿ E ＿ C ＿ P ＿ F ＿；

其参数如图 4-64 所示。

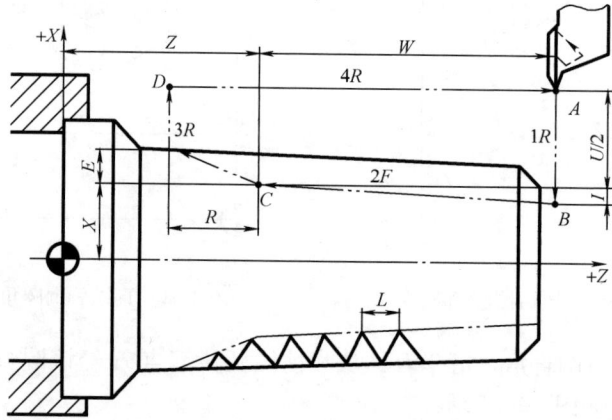

图 4-64　G82 螺纹切削参数

其中，X、Z 为绝对值编程时，为螺纹终点 C 在工件坐标系下的坐标；增量值编程时，为螺纹终点 C 相对于循环起点 A 的有向距离，图中用 U、W 表示。

I 为螺纹起点 B 与螺纹终点 C 的半径差，其符号为差的符号（无论是绝对值编程还是增量值编程），当差为 0 时为圆柱螺纹，此时可省略 I 不写。

R、E 为螺纹切削的退尾量，R、E 均为向量，R 为 Z 向退刀量，E 为 X 向退刀量，R、E 可以省略，表示不用回退功能。

C 为螺纹头数，为 0 或 1 时切削单头螺纹。

P 为单头螺纹切削时，为主轴基准脉冲处距离切削起始点的主轴转角（默认值为 0）；多头螺纹切削时，为相邻螺纹头的切削起始点之间对应的主轴转角。

F 为螺纹导程。

②复合循环。

HNC－21 T 系统有 4 类复合循环，分别如下：

G71：内（外）径粗车复合循环；

G72：端面粗车复合循环；

G73：封闭轮廓复合循环；

G76：螺纹切削复合循环。

运用这组复合循环指令，只需指定精加工路线和粗加工的背吃刀量，系统便会自动计算粗加工路线和进给次数。其用法与 FANUC 0i Mate-TB 系统用法基本一致。以 G71 为例介绍它们简单区别。

内（外）径粗车复合循环 G71。

指令格式：G71　U（Δd）　R（r）　P（ns）　Q（nf）X（Δx）　Z（Δz）　F（f）S（s）　T（t）

其中，Δd 为背吃刀量，指定时不加符号；r 为每次退刀量；ns 为精加工路径第一程序段的顺序号；nf 为精加工路径最后程序段的顺序号；Δx 为 X 方向的精加工余量，有正负之分；Δz 为 Z 方向的精加工余量，有正负之分。

2. 华中数控系统综合编程实例

【例 4-21】加工如图 4-65 所示的轴类零件。

（1）零件图分析。该零件由外圆柱面、外圆锥面、圆弧面构成，选取毛坯为 $\phi65 \times 100$mm 的圆棒料，材料为 45 钢。

（2）加工方案及加工路线的确定。设零件右端中心为原点，建立工件坐标系。对刀点选在（100，100）处，根据零件精度要求，将粗、精加工分开，工艺路线为：先车右端面、粗车外圆轮廓、精车外圆轮廓，最后按工件长度切断。

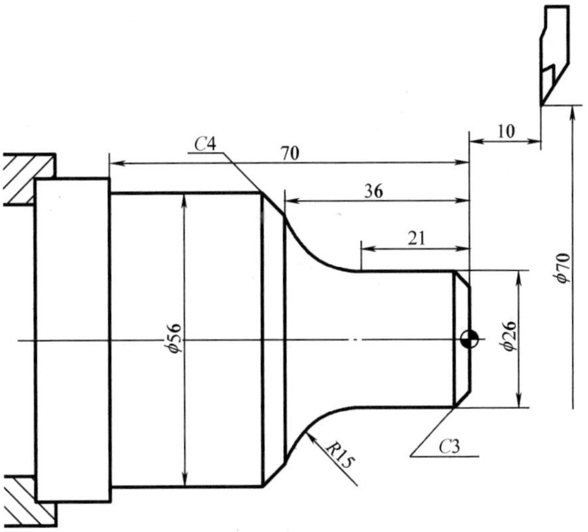

（3）确定装夹方案。采用外圆及左端面定位，车床本身标准的三爪自定心盘找正夹紧，毛坯伸出 80mm。

图 4-65　华中系统轴类零件加工实例

（4）刀具及切削用量的选择。共选择 2 把刀具，选择 1 号刀为 90°硬质合金机夹车刀，用于粗、精车外圆及端面；选择 2 号刀为刀宽 3mm 切槽刀，用于切断工件。

切削用量的确定：粗加工切削速度为 600r/min，进给量为 200mm/min，背吃刀量为 2mm；精加工切削速度为 800r/min，进给量为 100mm/min，背吃刀量为 0.2mm。

（5）参考程序如下：

% 0020;	程序名
N10 G90 G94 G36 G21 G54;	系统设定
N20 T0101;	调用 1 号刀，1 号刀补
N25 G00 X100.0 Z100.0;	定位到换刀点
N30 S600 M03 ;	主轴正转，转速为 600mm/min
N40 G00 X70.0 Z0;	快速定位到点（70，0）
N50 G01 X0.0 F100;	车削右端面
N60　　 Z2.0;	Z 向退刀到（0，2）
N70 G00 X70.0;	快速定位到粗车循环起点（70，2）
N80 G71 U2.0 R1.0 P90 Q150 X0.2 Z0.1 F200;	车外圆循环
N90 G00 X0.0 S800;	到工件中心
N100 G01 W－2.0 F100;	接触工件
N110　　 X26.0 C3.0;	倒 C3 倒角
N120　　 Z－21.0;	加工 $\phi26$ 外圆
N130 G02 U30.0 W－15.0 R15.0 RL＝4.0;	加工 R15 圆弧并倒边长为 4mm 的直角
N140 G01 Z－70.0;	加工 $\phi56$ 外圆
N150　　 X70.0;	退刀
N160 G70 P90 Q150;	精加工循环
N170 G00 X100.0 Z100.0;	回换刀点
N180 T0202;	调用 2 号刀，2 号刀补

N190 S500;	主轴正转，转速为500mm/min
N200 G00 X70.0 Z－73.0;	定位到（70，－73）
N210 G01 X0.0 F100;	切断
N220　　　X68.0;	退刀
N230 G00 X100.0 Z100.0;	回换刀点
N240 M05;	主轴停
N250 M30;	程序停止

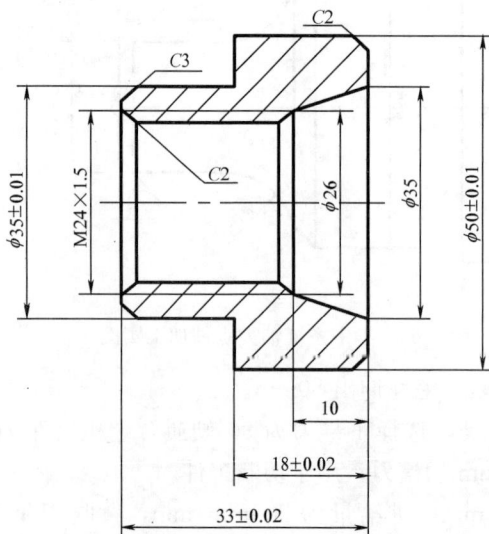

图 4-66　华中系统套类零件加工实例

【例 4-22】 加工如图 4-66 所示的带螺纹的套类零件。

（1）零件图分析。该零件由外圆柱面、内圆柱面、内圆锥面、内螺纹及倒角构成，选取毛坯为 55mm×36mm 的圆棒料，材料为45 钢。

（2）加工方案及加工路线的确定。此零件将进行掉头二次装夹加工，分别以零件左、右端面中心为原点，建立工件坐标系。对刀点选在（100，100）处，根据零件精度要求，将粗、精加工分开，工艺路线为：先加工右端，车右端面、钻孔、粗车 $\phi50$ 外圆并倒角、粗、精镗内轮廓，车内螺纹；掉头车左端面，保证全长，粗、精车 $\phi35$ 外圆并倒角。

（3）确定装夹方案。分两次装夹，均采用外圆及端面定位，第一次夹 $\phi55$ 毛坯外圆表面，工件伸出长度为 25mm，加工右端面。工件掉头，垫铜皮装夹 $\phi50$ 外圆，加工零件左端。

（4）刀具及切削用量的选择。

共选择 5 把刀具，选择 1 号刀为 90°硬质合金机夹外圆车刀，用于粗车外圆及端面；选择 2 号刀为 93°外圆精车刀，用于精车外圆；选择 3 号刀为内孔镗刀，用于粗、精加工内轮廓；选择 4 号刀为硬质合金机夹内螺纹刀，用于加工内螺纹；选择 5 号刀为 $\phi18$ 的钻头。具体参数见表 4-19。

表 4-19　　　　　　　　　　　　　　刀具的选择

序号	刀具号及刀补号	刀具名称	加工表面
1	T0101	90°硬质合金机夹外圆车刀	粗车外轮廓
2	T0202	93°外圆精车刀	精车外轮廓
3	T0303	内孔镗刀	粗、精车内轮廓
4	T0404	硬质合金机夹内螺纹刀	加工内螺纹
5	T0505	$\phi18$ 的钻头	钻孔

切削用量的确定可参见表 4-20。

表 4-20 刀具切削用量的选择

序号	刀具号	刀具名称	加工表面	主轴转速 (r/min)	进给量 (mm/r)	背吃刀量 (mm)
1	T0101	90°硬质合金机夹外圆车刀	粗车外轮廓	800	0.2	2.0
2	T0101	93°外圆精车刀	精车外轮廓	1200	0.1	0.4
3	T0202	内孔镗刀	粗、精车内轮廓	800/1000	0.15/0.1	1/0.3
4	T0303	硬质合金机夹内螺纹刀	加工内螺纹	500	1.5	分层
5	T0505	$\phi 18$ 的钻头	钻孔	500	手动	手动

（5）螺纹参数计算。

螺纹牙深：$t = 0.65P = 0.65 \times 1.5 = 0.975$（mm）；

螺纹大小径：$D_小 = D_{公称} - 2h = 24 - 2 \times 0.975 = 22.05$（mm）；

进刀段：$\delta_1 = 3$mm，$\delta_2 = 2$mm。

（6）参考程序如下：

钻 $\phi 18$ 底孔后零件右端加工程序：

% 0211；	程序名
N10 G90 G95 G36 G21 G54；	系统设定
N20 T0101；	调用 1 号刀，1 号刀补
N25 G00 X100.0 Z100.0；	定位到换刀点
N30 S800 M03 ；	主轴正转，转速为 800mm/min
N40 G00 X60.0 Z0；	快速定位到点（60，0）
N50 G01 X10.0 F0.1；	车削右端面
N60　　 Z2.0；	Z 向退刀到（0，2）
N70 G00 X60.0；	快速定位到粗车循环起点（60，2）
N80 G71 U2.0 R1.0 P90 Q130 X0.4 Z0.1 F0.2；	车外圆循环
N90 G00 X18.0 S1200；	到工件中心
N100 G01 W−2.0 F0.1；	接触工件
N110　　 X50.0 C2.0；	车外轮廓右端 C2 倒角
N120　　 Z−18.0；	加工 $\phi 50$ 外圆
N130；　　 X55.0；	抬刀
N140 G00 X100.0 Z100.0；	回换刀点
N150 T0202；	调 2 号刀，2 号刀补
N155 G00 X60.0 Z2.0；	定位到（60，2）
N160 G70 P90 Q130；	精加工循环
N170 G00 X100.0 Z100.0；	回换刀点
N180 T0303 S800；	调用 3 号刀，3 号刀补，主轴转速为 800mm/min
N190 G00 X15.0 Z2.0；	定位到（15，2）
N200 G71 U1.0 R0.5 P210 Q260 X−0.6 Z0.1 F0.15；	内轮廓廓循环
N210 G00 X35.0 S1000；	定位到（35，2）
N220 G01 W−2.0 F0.1；	接近工件
N230　　 X26.0.0 Z−10.0；	车内锥
N240　　 X22.05 C2.0；	车内倒角

N250	Z - 35.0;	车螺纹底孔
N260	X15.0;	退刀
N270 G70 P210 Q260;		内轮廓精加工循环
N280 G00 X100.0 Z100.0;		回换刀点
N290 M05;		主轴停
N300 M30;		程序停止

零件左端加工程序:

% 0212;		程序名
N10 G90 G95 G36 G21 G54;		系统设定
N20 T0101;		调用 1 号刀, 1 号刀补
N25 G00 X100.0 Z100.0;		定位到换刀点
N30 S800 M03 ;		主轴正转, 转速为 800mm/min
N40 G00 X60.0 Z0;		快速定位到点 (60, 0)
N50 G01 X10.0 F0.1;		车削左端面
N60	Z2.0;	Z 向退刀到 (0, 2)
N70 G00 X60.0;		快速定位到粗车循环起点 (60, 2)
N80 G71 U2.0 R1.0 P90 Q130 X0.4 Z0.1 F0.2;		车外圆循环
N90 G00 X18.0 S1200;		到工件中心
N100 G01 W - 2.0 F0.1;		接触工件
N110	X35.0 C3.0;	车外轮廓左端 C3 倒角
N120	Z - 15.0;	加工 $\phi 35$ 外圆
N130;	X55.0;	车台阶面
N140 G00 X100.0 Z100.0;		回换刀点
N150 T0202;		调 2 号刀, 2 号刀补
N155 G00 X60.0 Z2.0;		定位到 (60, 2)
N160 G70 P90 Q130;		精加工循环
N170 G00 X100.0 Z100.0;		回换刀点
N180 T0303 S800;		调用 3 号刀, 3 号刀补, 主轴转速为 800mm/min
N190 G00 X40.0 Z2.0;		定位到 (40, 2)
N200 G01 Z0 F0.15;		接近工件
N210	X26.05;	工进到 (26.05, 0)
N220	X22.05 Z - 2.0;	车左端倒角
N230	X15.0;	退刀
N240	Z2.0;	
N250 G00 X100.0 Z100.0;		调用 4 号刀, 4 号刀补, 主轴转速为 500mm/min
N260 T0404 S500;		退刀
N270 G00 X19.0 Z3.0;		定位到 (19-3) 螺纹加工循环起点
N280 G82 X22.85 Z - 35.0 F1.5;		螺纹加工循环, 第一刀
N290	X23.45;	螺纹加工循环, 第二刀
N300	X23.85;	螺纹加工循环, 第三刀
N310	X24.0;	螺纹加工循环, 第四刀
N320 G00 X100.0 Z100.0;		回换刀点
N330 M05;		主轴停

N340 M30；　　　　　　　　　　　　　　程序停止

本 章 小 结

一、数控车床编程基础

1. 数控车床编程特点

2. 数控车床编程指令

3. 数控车床坐标系特点

二、FANUC 数控系统编程

1. FANUC 0i Mate-TB 系统数控车床编程指令

（1）系统设定编程指令。

（2）基本编程指令：进给指令、螺纹加工指令、简单循环、复杂循环。

2. SIEMENS 802D 系统数控车床编程指令

（1）系统设定编程指令。

（2）基本编程指令。

3. 华中世纪星-21T 数控车床编程指令

习 题 四

一、填空题：

1. 数控车床坐标系分为_____ 和_____ 两种。

2. 对于圆弧插补指令 G02/G03，程序段中同时给出 I、K 值和 R 值时，以____ 优先____ 无效。

3. 对于圆弧插补指令 G02/G03，指令中的圆心坐标 I、K 为_____ 所作矢量分别在 X、Z 轴上的分矢量，I、K 为____ 坐标。

4. 一般数控系统中刀具半径左补偿用_____指令，右补偿用____指令，取消补偿用____ 指令。

5. SIEMENS 数控系统一般用_____和____ 来定义公制或英制编程。

6. 华中数控系统的倒角加工有_____ 、_____ 、_____ 和_____ 4 种格式。

7. 子程序可以调用____ 子程序，FANUC 系统一般子程序可____ 嵌套。

二、选择题

1. 数控系统可用 G50，也有用 G92 来建立（　　　）。

A. 程序文件　　　　　　　　　　B. 工件坐标系

C. 机床坐标系　　　　　　　　　D. 确定工件编程尺寸

2. FANUC 系统用 G96 指令设定（　　　）。

A. 恒线速度切削　　　　　　　　B. 主轴转速

C. 进给功能　　　　　　　　　　D. 刀具功能

3. 程序结束并且光标返回到程序开头的代码是（　　　）。

A. M00　　　　　　　　　　　　B. M30

C. M02 　　　　　　　　　　　D. M04

4. 下列代码属于非模态代码的是 (　　)。

A. M03 　　　　　　　　　　　B. F200

C. S600 　　　　　　　　　　　D. G04

5. 数控编程时应首先设定 (　　)。

A. 机床坐标系 　　　　　　　　B. 固定坐标系

C. 工件坐标系 　　　　　　　　D. 机床原点

三、简答题

1. FANUC 数控系统如何建立与调用子程序?

2. FANUC、华中数控系统简单螺纹切削循环指令如何?

3. 螺纹切削时为什么要有引入量和超越量?

4. 为什么要进行刀具轨迹补偿?

5. 举例说明什么是模态代码与非模态代码。

6. SIEMENS 802D 常见的加工循环有哪些?

四、完成如图 4-67 所示各零件的加工程序。

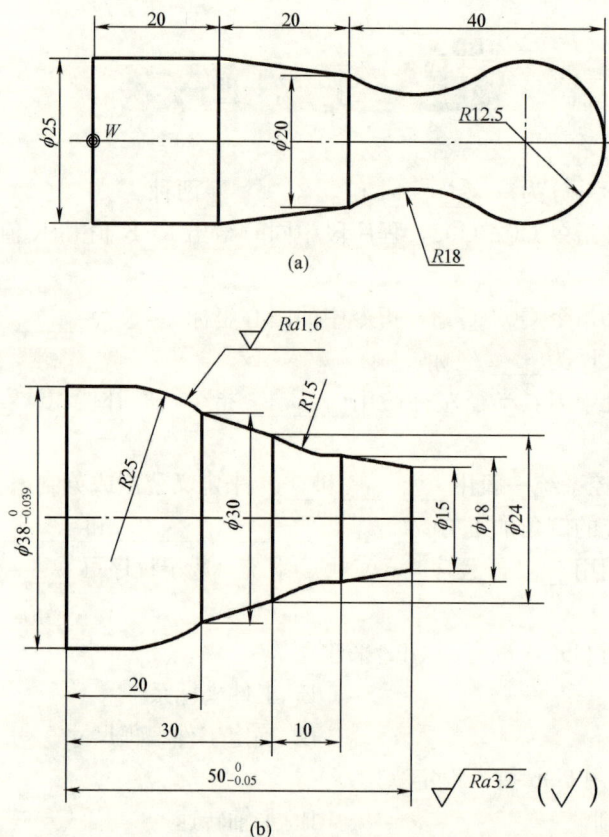

(a)

(b)

图 4-67　各零件的加工顺序 (一)

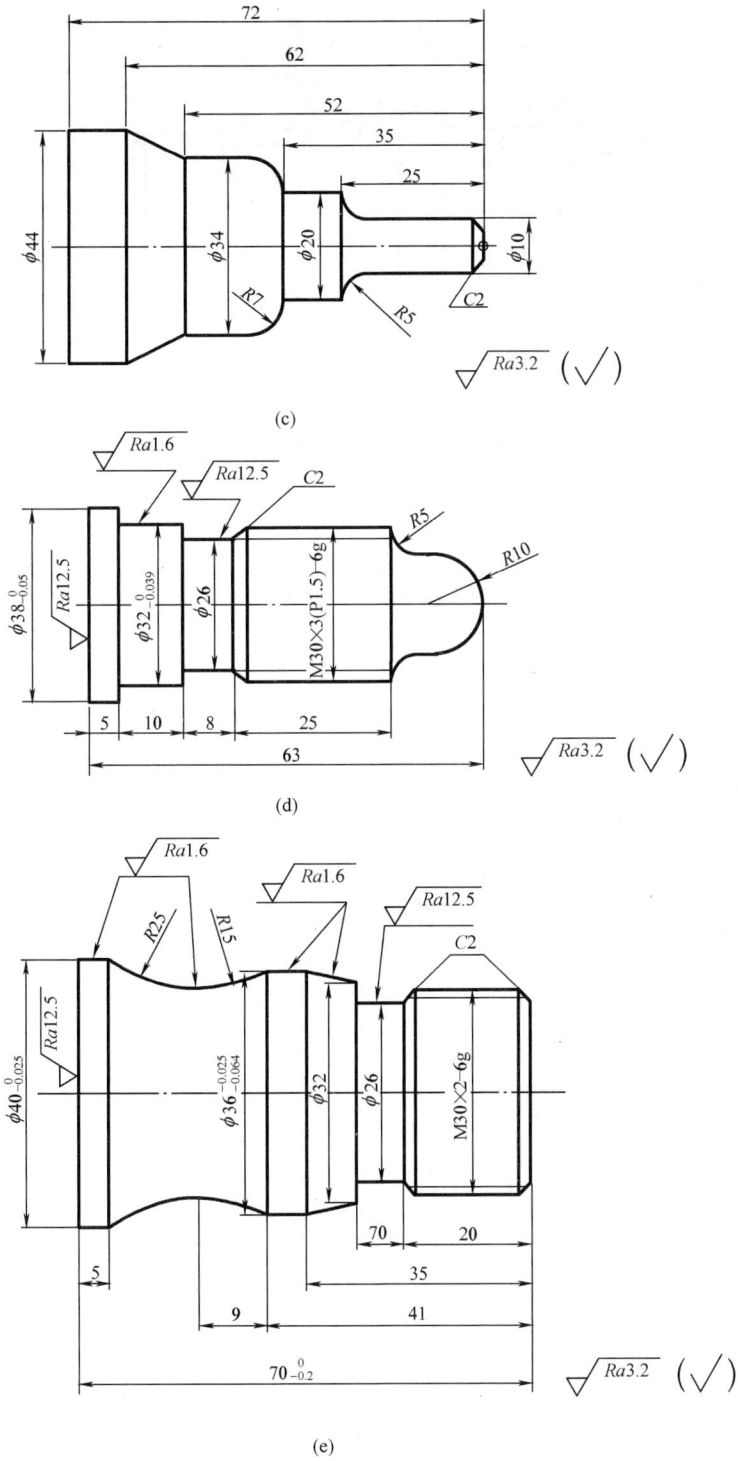

(c)

(d)

(e)

图 4-67 各零件的加工顺序（二）

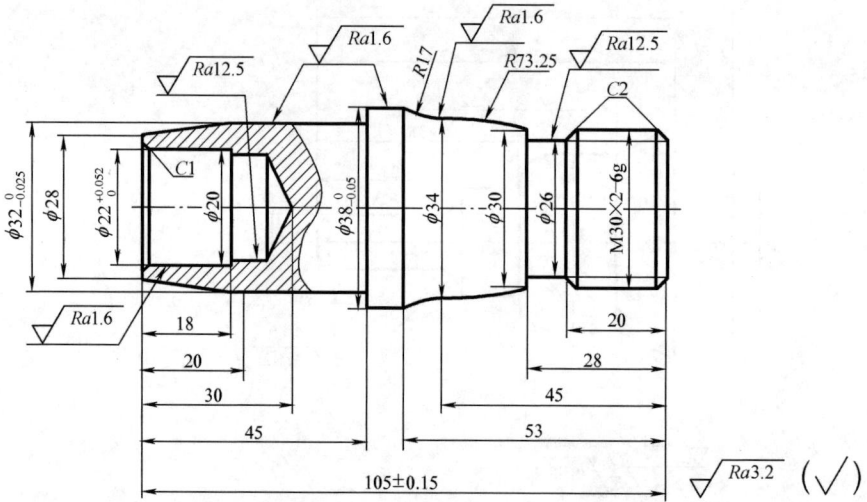

(f)

图 4-67　各零件的加工顺序（三）

第5章 FANUC 系统数控车床基本操作

本章要点

本章以 FANUC-0i-Mate-TB 数控系统为例，重点介绍 FANUC 数控系统数控车床的用户界面及其操作方法。FANUC-0i-Mate-TB 系统是一种普及率较高的系统，其他数控系统和其基本相似，掌握该系统的操作，学习其他系统操作也就很容易了。

5.1 数控系统操作面板

5.1.1 数控系统面板

如图 5-1 所示为配有 FANUC-0i-Mate-TB 的数控车床系统面板。

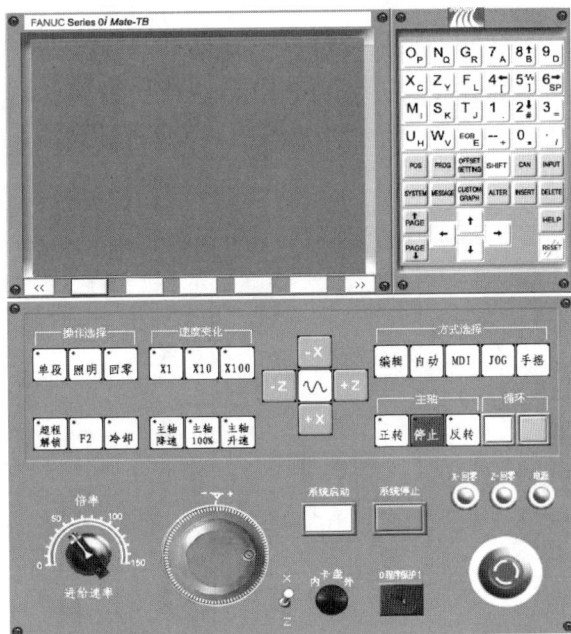

图 5-1 FANUC-0i-Mate-TB 的数控车床系统面板

系统面板上的各功能键的作用可参见表 5-1 所示说明。

表 5-1 系统面板上的各功能键作用

按　键	名　称	功能说明
RESET	复位键	按下这个键可以使 CNC 复位或者取消报警等

按　键	名　称	功能说明
HELP	帮助键	当对 MDI 键的操作不明白时，按下这个键可以获得帮助
软键	软键	根据不同的画面，软键有不同的功能。软键功能显示在屏幕的底端。最左侧带有向左箭头的软键为菜单返回键，最右侧带有向右箭头的软键为菜单继续键
O_P	地址和数字键	按下这些键可以输入字母、数字或其他字符
SHIFT	切换键	在键盘上的某些键具有两个功能。按下此键可以在这两个功能之间进行切换
INPUT	输入键	当按下一个字母键或数字键时，再按该键，数据被输入到缓冲区，并且显示在屏幕上。要将输入缓冲区的数据复制到偏置寄存器中，请按下该键。此键与软键中的［INPUT］键是等效的
CAN	取消键	取消键，用于删除最后一个进入输入缓存区的字符或符号
ALTER 、 INSERT 、 DELETE	程序功能键	ALTER：替换键 INSERT：插入键 DELETE：删除键
POS PROG OFFSET SETTING MESSAGE CUSTOM GRAPH SYSTEM	屏幕功能键	用来选择将要显示的屏幕画面。按下功能键之后再按下与屏幕文字相对的软键，就可以选择与所选功能相关的屏幕。 POS：显示位置屏幕 PROG：显示程序屏幕 OFFSET SETTING：显示偏置/设置（SETTING）屏幕 SYSTEM：系统屏幕 MESSAGE：信息屏幕 CUSTOM GRAPH：用户宏屏幕
←↑→↓	光标移动键	有 4 种不同的光标移动键，用于将光标向左、右、上、下移动或者向前、后移动
PAGE↑ PAGE↓	翻页键	PAGE↓键用于将屏幕显示的页面往前翻页，PAGE↑键用于将屏幕显示的页面往后翻页

5.1.2　机床操作面板

如图 5-2 所示为配有 FANUC-0i-Mate-TB 的数控车床控制面板。

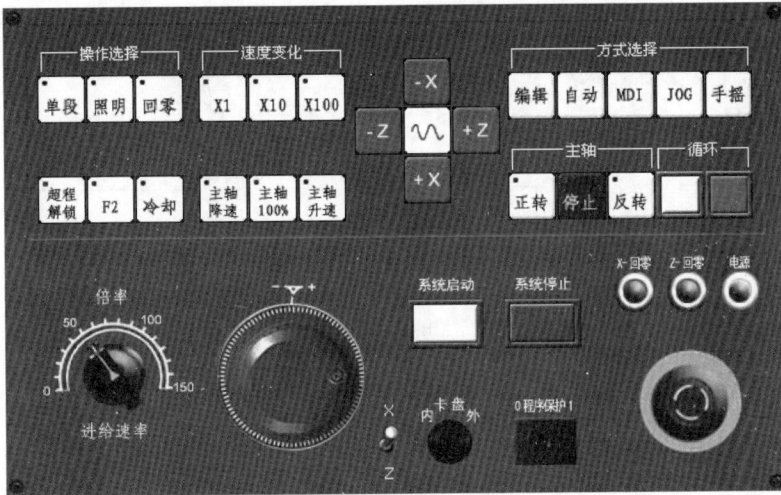

图 5-2　FANUC-0i-Mate-TB 的数控车床控制面板

控制面板上的各功能键的作用可参见表 5-2 说明。

表 5-2　　　　　　　　　　控制面板上的各功能键作用

按　键	名　称	功能说明
编辑　自动　MDI　JOG　手摇	方式选择键	用来选择系统的运行方式。 编辑：按下该键，进入编辑运行方式 自动：按下该键，进入自动运行方式 MDI：按下该键，进入 MDI 运行方式 JOG：按下该键，进入 JOG 运行方式 手摇：按下该键，进入手轮运行方式
单段　照明　回零	操作选择键	用来开启单段、回零操作。 单段：按下该键，进入单段运行方式 回零：按下该键，可以进行返回机床参考点操作（即机床回零）
正转　停止　反转	主轴旋转键	用来开启和关闭主轴。 正转：按下该键，主轴正转 停止：按下该键，主轴停转 反转：按下该键，主轴反转
□　■	循环启动/停止键	用来开启和关闭，在自动加工运行和 MDI 运行时都会用到它们

按　键	名　称	功能说明
主轴降速　主轴100%　主轴升速	主轴倍率键	在自动或 MDI 方式下，当 S 代码的主轴速度偏高或偏低时，可用来修调程序中编制的主轴速度。按主轴100%（指示灯亮），主轴修调倍率被置为 100%，按一下主轴升速，主轴修调倍率递增 5%；按一下主轴降速，主轴修调倍率递减 5%
超程解锁	超程解除	用来解除超程警报
-X　-Z　～　+Z　+X	进给轴和方向选择开关	用来选择机床欲移动的轴和方向。其中的～为快进开关。当按下该键后，该键变为红色，表明快进功能开启。再按一下该键，该键的颜色恢复成白色，表明快进功能关闭
倍率　进给速率	JOG 进给倍率刻度盘	用来调节 JOG 进给的倍率。倍率值从 0～150%，每格为 10%。单击旋钮，旋钮逆时针旋转一格；右击旋钮，旋钮顺时针旋转一格
系统启动　系统停止	系统启动/停止	用来开启和关闭数控系统。在通电开机和关机的时候用到
X-回零　Z-回零　电源	电源/回零指示灯	用来表明系统是否开机和回零的情况。当系统开机后，电源灯始终亮着。当进行机床回零操作时，某轴返回零点后，该轴的指示灯亮，离开参考点则熄灭
急停键图	急停键	用于锁住机床。按下急停键时，机床立即停止运动。急停键抬起后，该键下方有阴影，见图（a）；急停键按下时，该键下方没有阴影，见图（b）　　(a)　　(b)

手轮面板上的各功能键的作用可参见表 5-3。

表 5-3　　　　　　　　　　手轮面板上的各功能键作用

按　键	名　称	功能说明
X1　X10　X100	手轮进给倍率键	用于选择手轮移动倍率。按下所选的倍率键后，该键左上方的红灯亮。X1 为 0.001，X10 为 0.010，X100 为 0.100
手轮图	手轮	手轮模式下用来使机床移动。单击手轮旋钮，手轮逆时针旋转，机床向负方向移动；右击手轮旋钮，手轮顺时针旋转，机床向正方向移动。鼠标单击一下手轮旋钮即松手，手轮旋转刻度盘上的一格，机床根据所选择的移动倍率移动一个挡位。如果鼠标按下后不松开，则 3s 后手轮开始连续旋转，同时机床根据所选择的移动倍率进行连续移动，松开鼠标后，机床停止移动

按　　键	名　　称	功能说明
 X ○ Z	手轮进给轴 选择开关	手轮模式下用来选择机床要移动的轴。 单击开关，开关扳手向上指向 X，表明选择的是 X 轴； 开关扳手向下指向 Z，表明选择的是 Z 轴

5.2　数控车床的操作

5.2.1　通电开机

进入系统后，首先要接通系统电源。其操作步骤如下：

按下机床面板上的系统启动键 [系统启动]，接通电源，显示屏由原来的黑屏变为有文字显示，电源指示灯亮 [电源]。按急停键，使急停键抬起 [⬤]。这时系统进行自检，自检通过后，完成上电复位，进入待机状态。

5.2.2　手动移动操作

手动移动主要包括手动返回机床参考点和手动移动刀具。电源接通后，第一件事就是将刀具移回到参考点位置。然后可以使用按钮或开关，使刀具沿各轴运动。手动移动刀具包括 JOG 进给、增量进给、手轮进给 3 种方式。

1. 回参考点

回参考点就是用机床操作面板上的按钮或开关，手动将刀具移动到机床的参考点。操作步骤如下：

在方式选择键中按 [JOG] 键，这时数控系统显示屏幕左下方显示状态为 JOG。在操作选择键中按 [回零] 键。这时该键左上方的小红灯亮。在坐标轴选择键中按 [+X] 键，X 轴返回参考点，同时 X 回零指示灯 [X·回零] 亮；依上述方法，按 [+Z] 键，Z 轴返回参考点，同时 Z 回零指示灯 [Z·回零] 亮。一般在操作过程中车床先 X 轴回参考点，再 Z 轴回参考点。

2. 连续移动进给

连续移动进给也称 JOG 进给，就是手动连续进给。在 JOG 方式下，按机床操作面板上的进给轴和方向选择开关，机床沿选定轴的选定方向移动。手动连续进给速度可用 JOG 进给倍率刻度盘调节。操作步骤如下：

按 [JOG] 键，系统处于 JOG 运行方式。按进给轴和方向选择开关 [⊕]，机床沿选定轴的选定方向移动。可在机床运行前或运行中使用 JOG 进给倍率刻度盘 [⊙]，根据实际需要调节进给速度。如果在按下进给轴和方向选择开关前按快速移动开关 [⋀]，则机床按快速移动速度运行。

3. 手轮进给

在手轮方式下，可使用手轮使机床发生移动，使用手轮可以使操作者更容易调整机床工作位置。操作步骤如下：

按⬚键，进入手轮方式。按手轮进给轴选择开关⬚，选择机床要移动的轴。按手轮进给倍率键⬚⬚⬚，选择移动倍率。根据需要移动的方向，按下手轮旋钮⬚，手轮旋转，同时机床发生移动。单击一下手轮旋钮即松手，则手轮旋转刻度盘上的一格，机床根据所选择的移动倍率移动一个挡位。如果鼠标按下后不松开，则 3s 后手轮开始连续旋转，同时机床根据所选择的移动倍率进行连续移动，松开鼠标后，机床停止移动。

5.2.3　自动运行

自动运行就是机床根据编制的零件加工程序来运行。自动运行包括存储器运行和 MDI 运行。

1. 存储器运行

存储器运行就是指将编制好的零件加工程序存储在数控系统的存储器中，调出要执行的程序来使机床运行。具体操作方法如下：

按⬚键，进入编辑运行方式。按数控系统面板上的⬚键，再按数控屏幕下方的 DIR 软键，屏幕上显示已经存储在存储器里的加工程序列表。按地址键 O，再按数字键输入程序号。按数控屏幕下方的〔O 检索〕软键，这时被选择的程序就被打开显示在屏幕上。

按⬚键，进入自动运行方式。按机床操作面板上的循环键中的白色启动键⬚，开始自动运行。运行中按下循环键中的红色暂停键⬚，机床将减速停止运行。再按下白色启动键，机床恢复运行。如果按下数控系统面板上的⬚键，自动运行结束并进入复位状态。

2. MDI 运行

MDI 运行是指用键盘输入一组加工命令后，机床根据这个命令执行操作。按⬚键，进入 MDI 运行方式。按数控系统面板上的⬚键，屏幕上显示如图 5-3 所示的画面。程序号 O0000 是自动生成的。

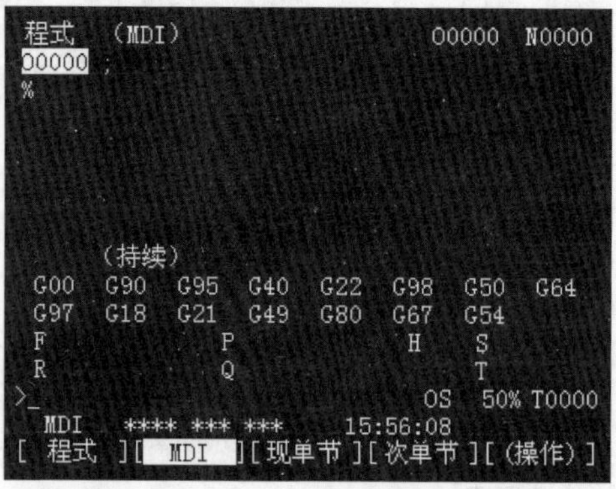

```
程式    (MDI)                    O0000  N0000
O0000
%




    (持续)
G00  G90  G95  G40  G22  G98  G50  G64
G97  G18  G21  G49  G80  G67  G54
F                    P            H     S
R                    Q            T
>_                              OS  50% T0000
 MDI   **** *** ***        15:56:08
[ 程式 ][  MDI ][现单节][次单节][(操作)]
```

图 5-3　程序编辑界面

编制一段程序。按〔REWIND〕软健，使光标返回程序头。按机床操作面板上的循环键中的白色启动键⬚，开始运行。当执行到结束代码（M02，M30）或%时，运行结束并且程序自动删除。

运行中按下循环键中的红色暂停键⬚，机床将减速停止运行。再按下白色启动键，机床恢复运行。如果按下数控系统面板上的⬚键，自动运行结束并进入复位状态。

3. 程序再启动

该功能指定程序段的顺序号即程序段号，以便下次从指定的程序段开始重新启动加工。该功能有两种再启动方法：P 型和 Q 型。

P 型操作可在程序的任何地方开始重新启动。程序再启动的程序段不必是被中断的程序段，可在任何程序段再启动。当执行 P 型再启动时，再启动程序段必须使用与被中断时相同的坐标系。Q 型操作在重新启动前，机床必须移动到程序起点。

4. 单段

单段方式通过一个语句段执行程序的方法来检查程序。操作步骤如下：

按操作选择键中的 [单段] 键，进入单段运行方式。按下循环启动按钮，程序执行一个程序段，然后机床停止。再按下循环启动按钮，程序再执行下一个程序段，机床停止。如此反复，直到执行完所有程序段。

5.2.4　创建和编辑程序

在创建或编辑程序时都是在编辑状态下、程序被打开的情况下进行的。

1. 创建程序

在机床操作面板的方式选择键中按 [编辑] 键，进入编辑运行方式。按系统面板上的 [PROG] 键，数控屏幕上显示程式画面。使用字母和数字键，输入程序号。按插入键 [INSERT]。这时程序屏幕上显示新建立的程序名和结束符 ％，接下来可以输入程序内容。

输入时当按下一个地址或数字键时，与该键相应的字符就立即被送入输入缓冲区。输入缓冲区的内容显示在 CRT 屏幕的底部，如图 5-3 所示。为了表明这是键盘输入的数据，在该字符前面会立即显示一个符号 "＞"，在输入数据的末尾显示一个符号 "＿" 表明下一个输入字符的位置。为了输入同一个键上右下方的字符，首先按 [SHIFT] 键，然后按下需要输入的键。例如，要输入字母 P，首先按 [SHIFT] 键，这时 SHIFT 键变为红色 ▇，然后按 [Oᴘ] 键，缓冲区内就可显示字母 P。再按一下 [SHIFT] 键，SHIFT 键恢复成原来颜色，表明此时不能输入右下方字符。按 [CAN] 键可取消缓冲区最后输入的字符或者符号。

2. 字的检索

按 [操作] 软键，按最右侧带有向右箭头的菜单继续键，直到软键中出现 [检索] 软键 [检索↓][检索↑]，输入需要检索的字。例如，要检索 M03，则输入 M03，按检索键。带向下箭头的检索键为从光标所在位置开始向程序后面检索，带向上箭头的检索键为从光标所在位置开始向程序前面进行检索。可以根据需要选择一个检索键，光标找到目标字后，定位在该字上。

3. 跳到程序头

当光标处于程序中间，而需要将其快速返回到程序头时，可使用下列两种方法。按复位键 [RESET]，光标即可返回到程序头；或连续按软键最右侧带向右箭头的菜单继续键，直到软键中出现 [REWIND] 软键。按下该键，光标即可返回到程序头。

4. 字的插入

如果要在某一行的最后插入字符，如插入 "X50"。可使用光标移动键，将光标移到需要插入的后一位字符上。一般将光标移到 "；" 上，键入要插入的字和数据，按插入键 [INSERT]；"X50." 被插入。

5. 字的替换

使用光标移动键，将光标移到需要替换的字符上，输入要替换的字和数据，按替换键 ，光标所在位置的字符被替换，同时光标移动到下一个字符上。

6. 字的删除

使用光标移动键，将光标移到需要删除的字符上，按删除键 ，光标所在的字符被删除，同时光标移到被删除字符的下一个字符上。

7. 输入过程中的删除

在输入过程中，即字母或数字还在输入缓存区、没有按插入键 时，可以使用取消键 来进行删除。每按一下，则删除一个字母或数字。

8. 程序号检索

在机床操作面板的方式选择键中按 键，进入编辑运行方式。按 键，数控屏幕上显示程式画面，屏幕下方出现［程式］、［DIR］软键。默认进入的是程式画面，也可以按［DIR］软键进入 DIR 画面即加工程序列表页。输入地址键 O；按数控系统面板上的数字键，输入要检索的程序号；按［O 检索］软键。被检索到的程序被打开显示在程式画面里。如果第二步中按［DIR］软键进入 DIR 画面，那么这时屏幕画面会自动切换到程式画面，并显示所检索的程序内容。

9. 删除程序

在机床操作面板的方式选择键中按 键，进入编辑运行方式。按 键，数控屏幕上显示程式画面；按［DIR］软键进入 DIR 画面即加工程序列表页；输入地址键 O。按数控系统面板上的数字键，输入要检索的程序号；按数控系统面板上的 键，输入程序号的程序被删除。需要注意的是，如果删除的是从计算机中导入的程序，那么这种删除只是将其从当前的程序列表中删除，并没有将其从计算机中删除，以后仍然可以通过从外部导入程序的方法再次将其打开和加入列表。

10. 输入加工程序

单击菜单栏上的"文件"→"加载 NC 代码文件"命令，弹出 Windows 打开文件对话框。从计算机中选择代码存放的文件夹，选中代码，单击"打开"按钮。按程序键 ，显示屏上显示该程序。同时该程序文件被放进程序列表里。在编辑状态下，按 键，再按 DIR 软键，就可以在程序列表中看到该程序的程序名。

11. 保存代码程序

单击菜单栏上面"文件"→"保存 NC 代码文件"命令。弹出 Windows 另存为文件对话框。从计算机中选择存放代码的文件夹，单击"保存"按钮。这样该加工程序就可被保存在计算机中。

5.2.5　设定和显示数据

1. 设定和显示刀具补偿值

(1) 按编辑键，进入编辑运行方式。

(2) 按偏置/设置键 ，显示工具补正/形状界面。

(3) 按［补正］软键，再按［形状］软键，然后再按［操作］软键，再在软键中按下

［NO 检索］，屏幕上出现刀具形状列表，如图 5-4 所示。

（4）光标移动到需要输入的位置，输入一个值并按下［输入］软键，就完成了刀具补偿值的设定。

例如，要设定 W02 号的 X 值为 5。先用光标键中的 ⬇ 键，将光标移到 W02。输入数值 X꜀ 5ᵂ₁。按［输入］软键。这时该值显示为新输入的数值，如图 5-5 所示。

2. 设定和显示工件原点偏移值

按编辑键，进入编辑运行方式。按偏置/设置键 OFFSET SETTING。按［坐标系］软键 ◼◼◼，屏幕上显示工件坐标系设定界面。该屏幕包含两页，可使用翻页键翻到所需要的页面。使用光标键将光标移动到想要改变的工件原点偏移值上。例如，要设定 G54 X50.0 Z80.0，首先将光标移到 G54 的 X 值上，使用数字键输入数值"50.0"，然后按输入键 INPUT 或按［输入］软键；

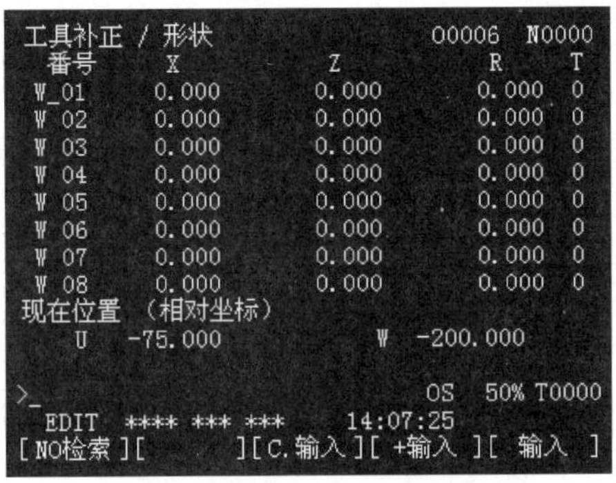

图 5-4　刀具补偿表

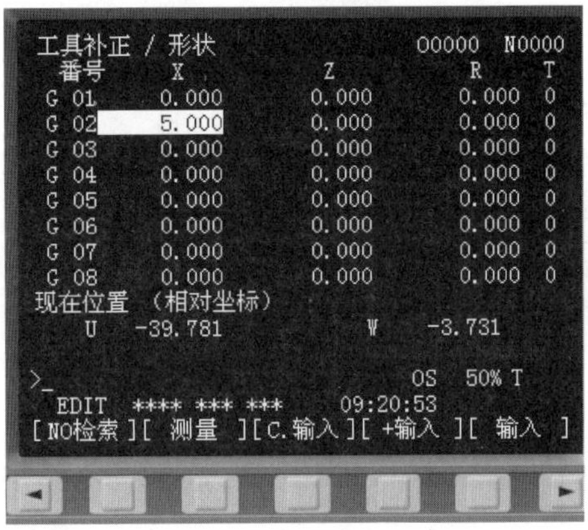

图 5-5　刀具补偿输入实例

然后将光标移到 Z 值上，输入数值"80.0"，然后按输入键 INPUT 或按［输入］软键。如果要修改输入的值，可以直接输入新值，然后按输入键 INPUT 或按［输入］软键。如果输入一个数值后按［＋输入］软键，那么当光标在 X 值上时，系统会将输入的值除 2 然后和当前值相加，而当光标在 Z 值上时，系统直接将输入的值和当前值相加，如图 5-6（a）、（b）所示。

5.3　建立工件坐标系与对刀

5.3.1　机床零点与机床参考点

机床零点是机床上的一个固定点，如图 5-7 所示的 M 点是机床坐标系中的原点。M 点由机床厂家设定，对卧式数控车床而言，M 点一般都设在主轴端面中心点上。

在增量位置编码系统中，机床零点 M 由机床参考点 R 来设定，M 与 R 的距离由厂家设定，如设 $X_R = 450$、$Z_R = 500$。机床通电后，自动建立一个工件坐标 G54，G54 既是加工坐标系，也是对刀时使用的坐标系。当我们执行"G28 U0 W0"或"G28 X0 Z0"操作时，刀架自动回到参考点 R 位置，这时 CRT 显示：

机床坐标 X450.00

　　　　　Z500.00

图 5-6　坐标偏置实例

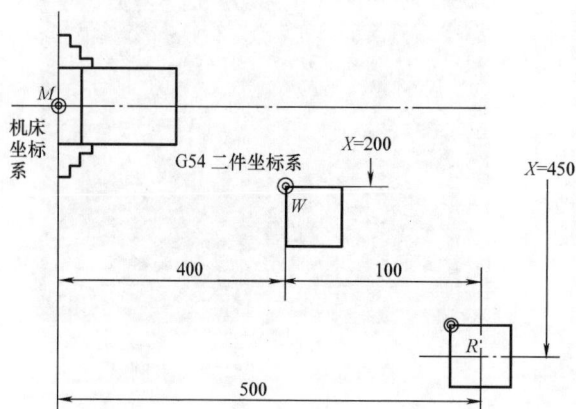

图 5-7　M、R、W 三点关系图

绝对位置：X250.00

　　　　　　Z100.00

以上显示说明，R 点在工件坐标系 G54 中的位置是"X250 Z100"，R 点在机床坐标系中的位置是"X450 Z500"。G54 坐标系的设定参数是"X200 Z400"。R 参考点的设定参数是"X450 Z500"。

5.3.2　对刀原理

所谓"对刀"就是将刀尖对准工件坐标系的零点 W 点。工件坐标系可以用 G54～G59 来设定，对于单台使用的数控车床而言，仅使用 G54 一个坐标系就足够了，G54 的位置参数可以事先设定，如设定 X=200.0，Z=400.0，这时，G54 的 W 点与机床的 M 点之间关系如图 5-8 所示。

对刀结束，刀尖对准工件右端面中心点，这就是工件的 W 点，这时，Z 轴和 X 轴的坐标偏移量（W→W₀）已被记录到系统的寄存器里。如果加工时需要 4 把刀，必须把 4 把刀的偏移量都要测出来，并且一一输入到对应的寄存器里。关于 W→W' 偏移量，如 X-123.456，Z-178.123，代表车刀的形状，即长度、宽度。

右端面对刀，主要目的是找出右端面与 G54 W_0 点的 Z 向偏移距离。右端面对刀后，CNC 系统自动测量出 W_0→W 点 Z 向偏移距离为−178.123，

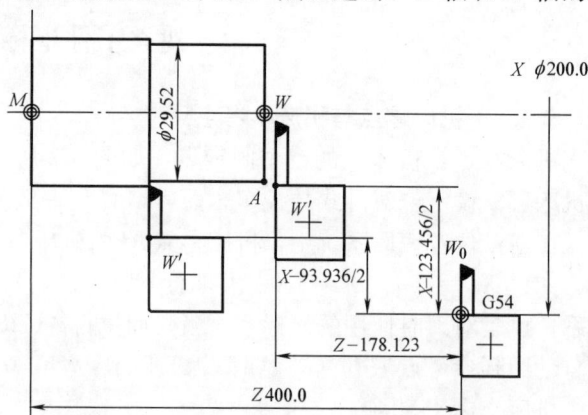

图 5-8　G54 的 W 点与机床的 M 点之间关系

并保存在 Z 寄存器内。

　　X 向对刀目的是找出工件坐标系 W 点的位置，即 X0 与 G54 W_0 点的 X 向偏移距离。对刀时，操作者先车出一段外圆，此时，CNC 系统自动测出 X 向偏移。例如，为-93.936，当操作者实测对刀处外圆直径为 $\phi29.5$，并输入系统后，CNC 系统自动把两个实测值相加，即：-93.936-29.5=-123.456，并将结果自动存入 X 寄存器内。可以理解成 CNC 系统自动把对刀点 A 移到 W 点，完成对刀操作。对刀操作一般有两种方法，其操作步骤如下：

　　1. 试切法对刀

　　以工件右端面中心设置设为工件坐标系原点进行对刀。

　　首先，打开主轴 正转，在控制面板里面选择 JOG，进入 JOG 状态，调节 +Z 和 +X，先用一把刀在工件端面试切，如图 5-9 所示。记录此时的 Z 轴机械坐标值。再用 1 号刀试切工件右端外圆柱面，如图 5-10 所示。保持 X 方向不变，Z 方向退刀，主轴停止后，测量试切后的外圆直径，如图 5-11 所示。

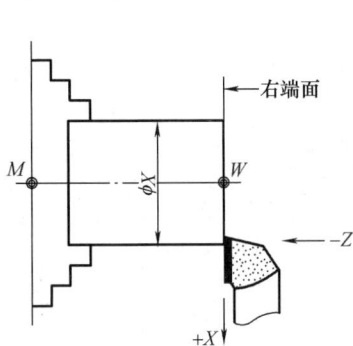

图 5-9　对刀车端面

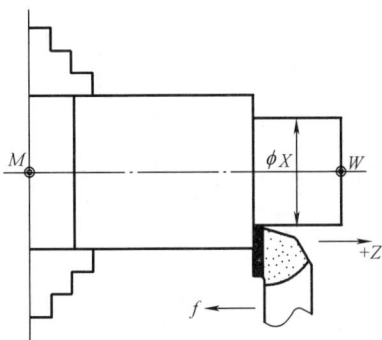

图 5-10　对刀车外圆

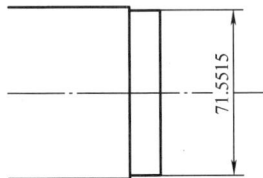

图 5-11　测量试切直径

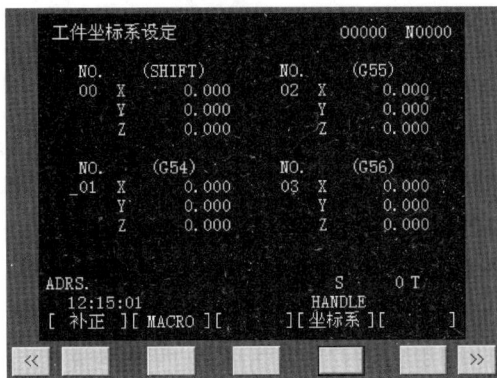

图 5-12　车外圆对刀

　　例如，测量直径为 $\phi71.552$ 这个直径值。此时，刀尖所在的机械坐标值为绝对坐标，如果把工件坐标系定在工件右端面中心，则 X 轴绝对坐标加上试切直径的负值，也就是加上-71.552，结果就是工件坐标系的 X 轴的机械坐标。刚才平端面时记录的 Z 轴机械坐标值就是工件坐标系的 Z 轴的机械坐标。此时把计算出来的工件坐标系的 X、Z 值输入到机床 G54 坐标系，也就是机床的系统存储器中，如图 5-12 所示。这样对刀完成，建立了工件坐标系，使用的时候调用 G54 即可。

2. 设置刀具偏移值对刀

设置偏移值对刀方法，首先，还是打开主轴 正转，在控制面板里面选择 JOG，进入 JOG 状态，调节 +Z 和 +X，先使用要对刀的刀具在工件端面试切，如图 5-9 所示。保持刀具 Z 方向不动，在确保 G54～G59 工件坐标系中各参数均为 0 的前提下，打开刀具参数设置窗口，如图 5-13 所示。

将光标调入 G001 所对应的 Z 坐标位置，在输入缓冲区输入：＞"Z0"，再按［测量］软键，则 Z 轴偏移值即输入形状数据表的 Z 区，寄存器内，右端面对刀完毕。

X 轴向对刀，手动车削外圆，如图 5-10 所示，保持 X 方向不变，Z 方向退刀，停车测量被切直径如图 5-11 所示。在图 5-14 所示的刀具参数设置窗口，将光标移到 X 坐标位置，输入"测量直径值"，按［测量］软键，则 X 轴偏移值输入到形状数据寄存器里，至此，X 轴对刀结束。

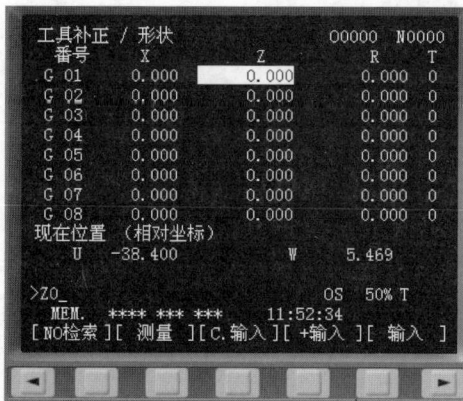

图 5-13　设置 Z 方向偏移

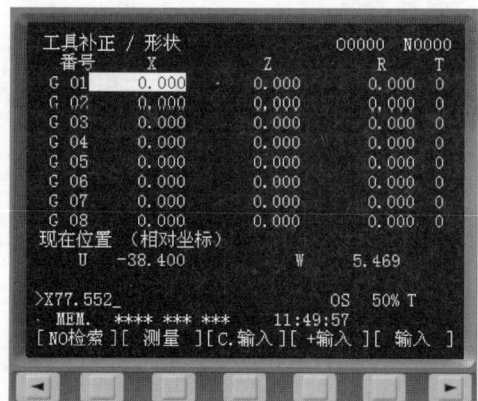

图 5-14　设置 X 方向偏移

5.3.3　自动加工

按 自动 键，进入自动加工方式，屏幕左上角显示"MEM"，调用要加工零件的加工程序，屏幕显示加工程序，按循环键中的白色启动键 □，程序自动执行直至加工完毕。

本 章 小 结

一、FANUC 数控系统车床面板

1. 操作面板
2. 控制面板
3. 面板上各键的功能

二、FANUC 数控系统车床基本操作

开机→回机床参考点→对刀→编辑或调用程序→试切→自动加工。

习　题　五

简答题

1. 数控车床面板分哪两部分？各有什么功能？

2. FANUC-0i-Mate-TB 数控系统面板上方式选择键有哪些？各有什么作用？

3. FANUC-0i-Mate-TB 数控系统面板上屏幕功能键有哪些？各有什么作用？

4. 简述 JOG 进给倍率刻度盘的使用方法。

5. 如何使用手轮进给？

6. 说明单段运行和自动运行的区别。

7. 如何对刀？

第6章 数控铣床及加工中心的编程

本章要点

重点掌握 FANUC 数控系统的数控铣床及加工中心的手工编程方法与指令使用。其他数控系统如德国西门子、国产华中数控等系统应用以实例的形式加以介绍。

6.1 数控铣床编程基础

数控铣床是机床设备中应用比较广泛的加工机床,它可以进行平面铣削、内外轮廓铣削及复杂型面的铣削,同时也可以进行钻削、镗削、螺纹加工等。数控铣床数控系统很多,以 FANUC 0i-MA 为例简要介绍其使用方法。

6.1.1 数控铣床坐标系统

数控铣床坐标系统仍然采用右手笛卡儿坐标系。如图 6-1 和图 6-2 所示的简单的立式或卧式数控铣床的坐标系一般有 3 个坐标轴(X、Y、Z 轴),其中与主轴轴线平行的方向为 Z 轴,并且规定了以刀具远离工件的方向为 Z 轴的正方向。一般在水平面内与主轴轴线垂直的方向为 X 轴,并且以水平向右为 X 轴的正方向。用右手法则确定 Y 轴的方向。

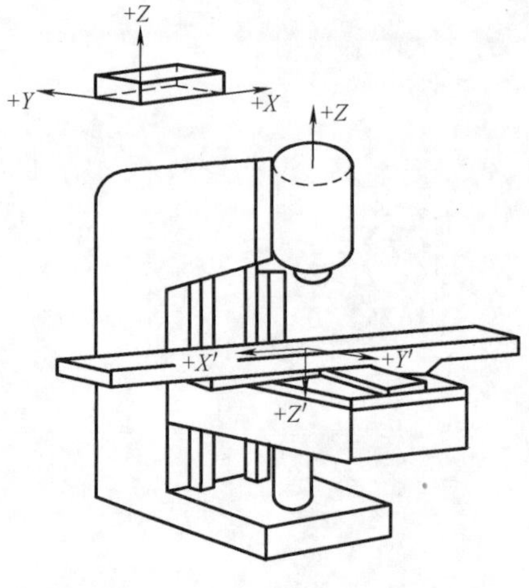

图 6-1 立式数控铣床坐标系 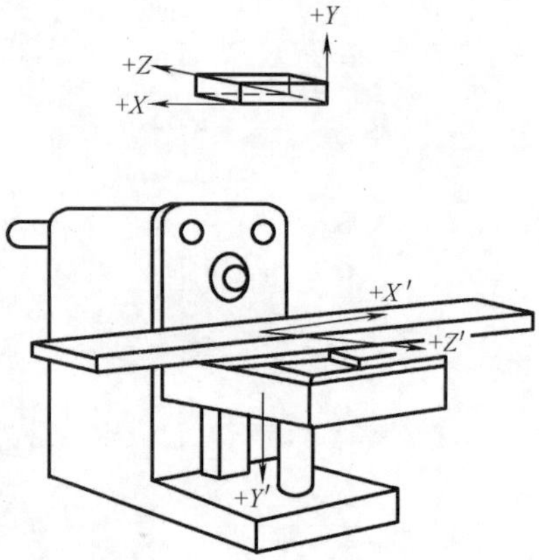　　　　图 6-2 卧式数控铣床坐标系

对于复杂的多轴数控铣床或加工中心,如图 6-3 所示的立式数控铣床有 X、Y、Z、A、B、C 等多个坐标轴。一般以绕 X 轴旋转的为 A 轴,绕 Y 轴旋转的为 B 轴,绕 Z 轴旋转的为 C 轴,规定其正方向用右手螺旋定则来判断。坐标系如图 6-4 所示。

坐标系中坐标轴一般分别用 $+X$、$+Y$、$+Z$、$+A$、$+B$、$+C$ 表示其正方向,而其相反方向分别用 $+X'$、$+Y'$、$+Z'$、$+A'$、$+B'$、$+C'$ 来表示。

图 6-3　多轴立式数控铣床　　　　　　　　图 6-4　右手直角笛卡儿坐标系

扩展轴设定名称：

第一组	X Y Z	平行于 X、Y、Z 直线运动轴
第二组	U V W	平行于 X、Y、Z 直线运动轴
第三组	P Q R	绕 X、Y、Z 的回转轴
第四组	A B C	回转还有 D、E 轴

6.1.2　铣床机床原点与机床参考点

1. 机床原点

机床原点是机床制造商在机床上设置的一个固定点，其作用是使机床与控制系统同步，建立测量机床运动坐标的起始点。一般情况下，机床原点是各坐标轴的正向最大极限位置。机床原点一般用 M 表示，如图 6-5 所示。以机床原点为原点建立的坐标系为机床坐标系。

2. 机床参考点

机床的行程范围就是刀具的运动范围，如图 6-5 所示。机床参考点 R 是机床有效行程空间中的一个固定点，与机床原点的相对位置是固定的。机床参考点是机床厂设定的坐标参考点，依据 R 点可以建立机床参考坐标系零点。机床操作一般要先执行回参考点操作。

机床坐标系是一个直角坐标系，坐标系原点叫做机床零点 M。返回参考点 R 操作后，系统自动建立 M 点位置，M 点与 R 点之间的距离是固定的，其值由系统参数 1240 中的 α、β、γ 来确定，当 $\alpha = \beta = \gamma = 0$ 时，M 点与 R 点位置重合。

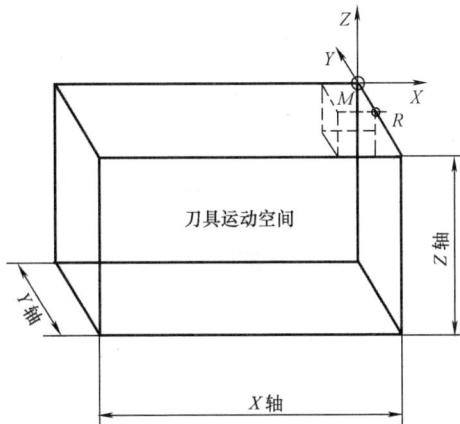

图 6-5　机床原点与参考点

3. 刀具行程软限位

在机床三轴机械限位开关范围之内，系统设定一个刀具软限位区，在软限区内允许刀具运动，超出这个区之后，自动超程报警。软限区大小由系统参数设定。

6.1.3　工件坐标系与工件原点

在数控编程和数控加工过程中，还有一个重要的原点就是程序原点，用 W 表示，是编程人员在数控编程时定义在工件上的几何基准点，也称为工件原点。编程时为了编程方便，一般选择工件上的某一点作为程序原点，并以这个原点来建立坐标系，称为工件坐标系，也称为编程坐标系。加工工件前要先设置工件坐标系，即确定刀具起点相对于工件坐标系原点的位置。当工件在机床上固定以后，程序原点与机床参考点的偏移量必须通过测量来确定。在手动操作下准确地测量该偏移量，存入机床 G54～G59 原点偏置寄存器中。

1. 程序原点的设置

在使用绝对坐标指令编程时，要预先确定工件坐标系。FANUC 0i-MA 通过 G92 可以确定当前工件坐标系的程序原点，这种方法建立的工件坐标系在机床重新开机时会消失。

指令格式：G92 X ＿ Y ＿ Z ＿ ;

例如：

N01　G92　X80.0　Y60.0　Z50.0;

以距刀具当前刀位点距离为（80，60，50）位置建立工件坐标系，如图 6-6 所示。

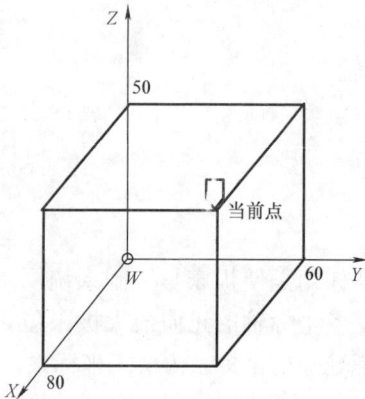

图 6-6　工件坐标系的建立

2. 程序原点的偏置

在编程过程中，为了简化程序，减少计算量，需要多次把工件坐标系进行平移。将工件坐标原点平移到工件基准点处，称为程序原点的偏置。

一般数控机床可以使用 G54～G59 指令预先设定 6 个工件坐标系，这些坐标系的坐标原点在机床坐标系中的值可用手动数据输入的方式输入到机床存储器内，在机床重新开机时仍然存在，在程序编制及工件加工过程中可以分别选取其中之一进行使用。

当指定了 G54～G59 之一后，该工件坐标系原点即为当前程序原点，后续程序段中的工件绝对坐标均为相对此程序原点的值。

6.2　FANUC 0i-MA 数控系统的编程

6.2.1　常用铣床数控系统指令

不同数控系统其 G 代码并非一致，即便相同型号的数控系统，G 代码也未必完全相同。编程时一定要根据机床说明书中所规定的代码进行编程。FANUC 0i-MA 铣床数控系统 G 代码指令可参照表 6-1。

表 6-1　　　　　　　　FANUC 0i-MA 系统的 G 代码指令

G 代码	功　　能	组	G 代码	功　　能	组
G00	快速定位		G04	暂停，准确停止	
G01	直线插补	01			00
G02	顺时针圆弧插补/螺旋线插补		G05.1	超前读多个程序段	
G03	逆时针圆弧插补/螺旋线插补				

G 代码	功　　能	组	G 代码	功　　能	组
G07.1	圆柱插补		G50.1	可编程镜像取消	22
G08	预读控制		G51.1	可编程镜像有效	22
G09	准确停止		G52	局部坐标系设定	00
G10	可编程数据输入		G53	选择机床坐标系	
G11	可编程数据输入方式取消		G54	选择工件坐标系 1	
G15	极坐标指令消除	17	G54.1	选择附加工件坐标系	
G16	极坐标指令		G55	选择工件坐标系 2	
G17	选择 XY 平面		G56	选择工件坐标系 3	14
G18	选择 XZ 平面	02	G57	选择工件坐标系 4	
G19	选择 XY 平面		G58	选择工件坐标系 5	
G20	英寸输入	06	G59	选择工件坐标系 6	
G21	毫米输入		G60	单方向定位	00/01
G22	存储选种检测功能接通	04	G61	准确停止方式	
G23	存储选种检测功能断开		G62	自动拐角倍率	
G27	返回参考点检测		G63	攻螺纹方式	15
G28	返回参考点		G64	切削方式	
G29	从参考点返回	00	G65	宏程序调用	00
G30	返回第 2、3、4 参考点		G66	宏程序模态调用	12
G31	跳转功能		G67	宏程序模态调用取消	
G33	螺纹切削	01	G68	坐标旋转有效	16
G37	自动刀具长度测量	00	G69	坐标旋转取消	
G39	拐角偏置圆弧插补		G73	深孔钻循环	
G40	取消刀具半径补偿		G74	左旋攻螺纹循环	
G41	刀具半径左补偿	07	G76	精镗循环	09
G42	刀具半径右补偿		G80	固定循环取消	
G40.1	法线方向控制取消方式		G81	钻孔循环，锪镗循环	
G41.1	法线方向控制左侧接通	18	G82	钻孔循环或反镗循环	
G42.1	法线方向控制右侧接通		G83	深孔钻循环	
G43	正向刀具长度补偿	08	G84	攻螺纹循环	
G44	负向刀具长度补偿		G85	镗孔循环	
G45	刀具位置偏置加		86	镗孔循环	09
G46	刀具位置偏置减	00	G87	背镗循环	
G47	刀具位置偏置加 2 倍		G88	镗孔循环	
G48	刀具位置偏置减 2 倍		G89	镗孔循环	
G49	刀具长度补偿取消	08	G90	绝对值编程	03
G50	比例缩放取消	11	G91	增量值编程	
G51	比例缩放有效				

G 代码	功　能	组	G 代码	功　能	组
G92	设定工件坐标系	00	G96	恒周速控制（切削速度）	13
G92.1	工件坐标系预置		G97	恒周速控制取消（切削速度）	
G94	每分钟进给	05	G98	固定循环回到初始点	10
G95	每转进给		G99	固定循环返回到 R 点	

1. 准备功能代码 G 指令

在使用 G 代码编写程序时，要注意 G 代码以下几个特点：

（1）G 代码有非模态 G 代码和模态 G 代码之分。非模态 G 代码只限于被指令的程序段中有效；模态 G 代码，在同组 G 代码出现之前，其 G 代码一直有效。

（2）00 组的 G 代码是非模态的 G 代码，只在被指令的程序段中有效。其他均为模态 G 代码。

（3）在同一程序段中可以指定不同组的几个 G 代码，若在同一程序段内指定同一组的 G 代码，则后一个 G 代码有效。

（4）在固定循环的程序段中，若指定 01 组的 G 代码，固定循环会自动被取消。01 组 G 代码不受固定循环 G 代码的影响。

（5）当指令了 G 代码表中未列的 G 代码时，输出 P/S 报警 No.010。

（6）根据参数 No.5431♯0（MDL）的设定，G60 的组别可以转换。当 MDL＝0 时，G60 为 00 组 G 代码；当 MDL＝1 时，为 01 组 G 代码。

2. 辅助功能代码 M 指令

对于数控铣床及铣削加工中心而言，辅助功能代码有两种。一种是 M 代码，与数控车床数控系统相同，M 辅助功能是用地址 M 及两位数字表示的。它主要用于机床加工操作时的辅助性动作的指令，控制主轴的启动、停止及程序的结束等，见表 6-2。多数数控系统每一个程序段中只能有一个 M 指令，当出现多个时，最后一个有效。另一种是辅助功能 B 代码，用于指定分度工作台的定位等。

表 6-2 　　　　　　　　　　　　**辅助功能常用代码及功能**

代码	意　义	代码	意　义
M00	程序停止	M07	2 号冷却液开
M01	选择停止	M08	1 号冷却液开
M02	程序结束	M09	冷却液关
M03	主轴正向转动开始	M30	结束程序运行且返回程序开头
M04	主轴反向转动开始	M98	子程序调用
M05	主轴停止转动	M99	子程序结束返回主程序
M06	刀架转位		

3. N、F、S、T 的功能

这些功能与车床数控系统功能基本相同，可参见 4.1.2 节。此处不再赘述。

6.2.2　数控铣床编程的基本指令

1. 系统设定指令

（1）工件坐标系设定指令 G92。

指令格式：G92 X ___ Y ___ Z ___；

该指令是规定刀具起刀点距工件原点在 X 方向、Y 方向和 Z 方向的距离尺寸。坐标值 X、Y、Z 为刀位点在工件坐标系中的起始点（即起刀点）位置。当刀具的起刀点空间位置一定时，工件原点选择不同，刀具在工件坐标系中的坐标 X、Y、Z 也不同。其使用方法如图 6-6 所示，G92 指令的优点是随机性很强，想在哪一点建立坐标系就把刀具中心对准该点，然后，执行程序开始加工，在单件产品的加工中很常用。但采用 G92 设定的坐标系不具有记忆功能，当机床关机后设定的坐标系便消失，而且在执行之前要先将刀位点移动到新坐标系指定位置。

（2）工件坐标系数据设定指令。

指令格式：G54/G55/G56/G57/G58/G59；

G54～G59 工件坐标系指令，其主要特点是每个坐标系的原点位置都以数据形式输入系统内，长期保留。

G54～G59 工件坐标系设定方法。设定工件坐标系的主要任务是把工件坐标系原点 W 与机床零点 M 之间的距离 ZOFS1～ZOFS6 测量出来，并输入到工件坐标系数据存储表内。如图 6-7 所示，每组 ZOFS 都有 W→M 的 X、Y、Z 三个数据值，通过对刀操作测出 3 个坐标值，并输入到工件坐标系数据存储内。

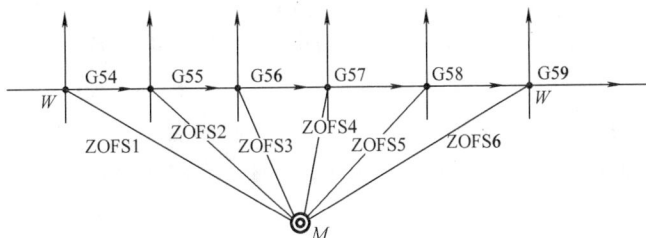

图 6-7　G54～G59 设定工件坐标系

（3）局部坐标系指令。

指令格式：G52 X ___ Y ___ Z ___；

用该指令以指定的坐标值作为原点在 G54～G59 坐标系中建立局部坐标系。

在 G54～G59 六个坐标系中，都可以建立自己的局部坐标系，G52 只在某一个工件坐标系内有效，不影响其余 5 个坐标状态；在某个工件坐标系中，可以连续多次建立 G52 坐标系，后建的 G52 自动清除前一个 G52，永远保持一个 G52 坐标系有效；用 G52 X0 Y0 Z0 取消 G52 坐标系恢复原来的 G54～G59 坐标系。

例如，在 G54 坐标系内分布两组加工区，可使用 G52 建立局部坐标系进行编程与加工，如图 6-9 所示。

（4）绝对坐标与增量坐标的设定。FANUC 数控铣床系统采用 G90/G91 指令来指定绝对坐标与相对坐标。

G90：绝对值编程指令，各点坐标值都是相对工件坐标系原点 W 的相对距离；

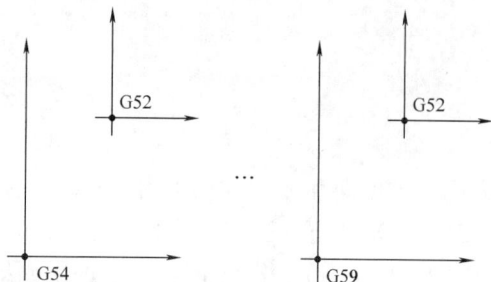

图 6-8　G52 局部坐标系的建立

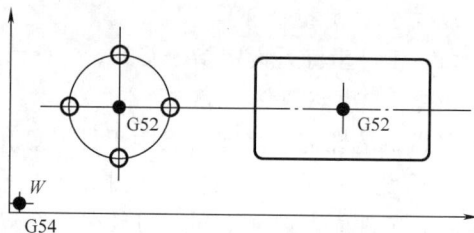

图 6-9　G52 局部坐标系的建立实例

G91：增量值编程指令，把刀具当前点定为"零"，下一点位置是相对当前点的增量的变化距离，如图 6-10 所示。

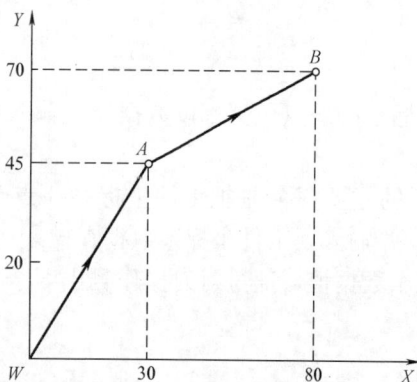

图 6-10　绝对坐标和增量坐标

```
G90   G01   X30.0   Y45.0；      W→A
                  X80.0   Y70.0；      A→B
G91   G01   X30.0   Y45.0；      W→A
                  X50.0   Y25.0；      A→B
```

（5）公英制设定指令（G20/G21）。工程图样上尺寸标注有公制和英制两种形式。数控系统根据所设定的状态，把所有几何值转换为公制或英制。如果一个程序段开始用 G20 指令，则表示程序中相关的一些数据为英制（in）；如果一个程序段开始用 G21 指令，则表示程序中相关的一些数据为公制（mm）。机床出厂时一般设为 G21 状态，机床刀具

各参数以公制单位设定。两者不能同时使用，停机断电前后 G20、G21 仍起作用，除非再重新设定。G20，英制的最小设定单位 0.0001 in，G21，米制的最小设定单位 0.001mm。

（6）自动返回参考点 R 指令。

指令格式：G28　X __ Y __ Z __ ；

当执行 G28 指令时，刀具从 A 点快速运动，到中间点 B，然后再运动到 R 参考点，正确到达 R 点后，三轴回零指令灯亮；通常把 R 当换刀点用。其中，X、Y、Z 为当前工件坐标系中间点 B 坐标位置，如图 6-11 所示。

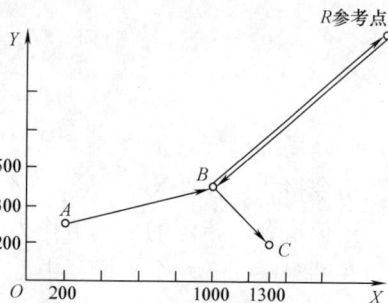

图 6-11　G27、G28、G29 应用

返回 R 点之前，应当取消刀具半径和长度补偿；中间点坐标可使用绝对值，也可使用增量值，位置选择要使刀具躲开工件与夹具，以免发生碰撞；每次设定的中间点坐标值都会被系统记忆，未设的坐标轴执行上一次的值。例如：

```
N5   G28   X1000.0   Y400.0；   中间点（X1000，400）
```

（7）从参考点自动返回指令。

指令格式：G29 X __ Y __ Z __ ；

指令执行时，使刀具从参考点经中间点返回目标点。其中，X、Y、Z 为返回的目标坐

标位置；图 6-11 中，C 点为返回目地位置；换刀结束后，可用 G29 指令返回加工初始位置；如果返回 R 点以后，工件坐标系原点改变到其他位置，中间位置按新坐标系位置执行。例如，"N70 G29 X1300.0 y200.0;"。

（8）自动返回参考点检验指令。

指令格式：G27 X＿ Y＿ Z＿；

刀具直接快速返回到 R 参考点，其中，X、Y、Z 为参考点在当前工件坐标系中的坐标位置。执行 G27 指令的目的是检查返回 R 点后的位置是否正确，如果位置正确，回零灯亮；如果位置有误差，则回零灯不亮，系统报警。为了准确核对换刀位置，G27 可单独编一个程序段，也可以编在 G28 程序段之后，如果 G27、G28 指令执行之前未取消刀补，或者有其他故障，则 G27 指令执行之后，就能发现 R 点位置有偏差，不换刀，报警。例如，机床零点 M 与 R 点为同一点时，G54 为当前工件坐标系，G54 设定值为 X－112.668，Y－222.577，Z－223.454，这时可把 G27 编程为

$$\text{G27 \quad X112.668 \quad Y222.577 \quad Z223.454;}$$

（9）自动返回第二、第三、第四参考点。

指令格式：G30 P× X＿ Y＿ Z＿；

刀具自动返回第二、第三、第四参考点。其中，X、Y、Z 为当前工件坐标系中间点坐标位置；× 为要返回的参考点值，取 2、3、4，如图 6-12 所示。如果 P 后×值省略，则默认为第二参考点；必须首先手动或自动返回第一参考点，然后才能执行 G30 指令，第二、第三、第四参考点参数设定值是各点到第一参考点的距离值。

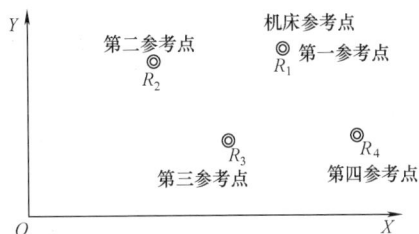

图 6-12　自动返回其他参考点

NO.1240：第一参考点 R_1 设定值，厂家设定；

NO.1241：第二参考点 R_1 设定值，用户设定；

NO.1242：第三参考点 R_1 设定值，用户设定；

NO.1243：第四参考点 R_1 设定值，用户设定。

（10）进给速度单位的设定指令 G94/G95。

指令格式：G94/G95 G01　X（U）＿ Y（V）＿ Z（W）＿ F＿；

F 指令是刀具切削进给的速度。它由地址符 F 及其后的数字组成。用 G94、G95 指令来设定进给速度单位。G94 表示每分钟进给，F 后的单位为 mm/min；G95 表示每转进给，F 后的单位为 mm/r。

（11）选择平面指令 G17/G18/G19。由数控铣床的 3 个坐标轴 X、Y、Z 构成了 3 组坐标平面 XY、XZ、YZ 平面。编程时要根据轮廓所在位置选择不同的平面，平面选择 G17、G18、G19 指令分别用来指定程序段中刀具的插补平面和刀具补偿平面。如图 6-13 所示，其中 G17 选择 XY 平面，G18 选择 ZX 平面，G19 选择 YZ 平面。

（12）极坐标指令 G15/G16。

指令格式：G17/G18/G19　G90/G91　G16

　　　　　　　…

　　G15

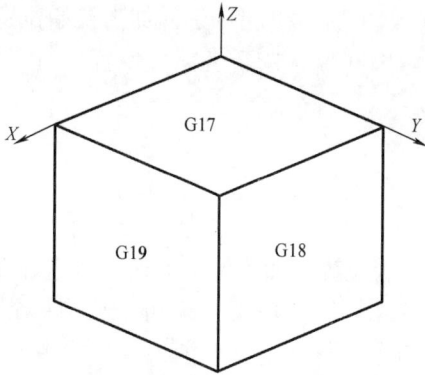

图 6-13 坐标平面的选择

坐标值用极坐标（半径和角度）输入。G16 为开始极坐标指令，G15 为取消极坐标指令。角度的正向是所选平面的第一轴正向的逆时针转向，而负向是顺时针转向。半径和角度两者可以用绝对值指令 G90 或增量值指令 G91。第一轴坐标值表示半径，第二轴坐标值表示角度。

极坐标系所在平面定义指令 G17、G18、G19。

G17：XY 平面，X 为第一轴，Y 为第二轴；

G18：ZX 平面，Z 为第一轴，X 为第二轴；

G19：YZ 平面，Y 为第一轴，Z 为第二轴。

用绝对值编程指令指定半径（零点和编程点之间的距离）。工件坐标系的零点设定为极坐标系的原点，如图 6-14 所示。

【例 6-1】如图 6-15 所示，要求钻 $\phi40$ 圆周上的 5 个 $\phi6$ 孔，零件厚度为 15mm，用极坐标编程。

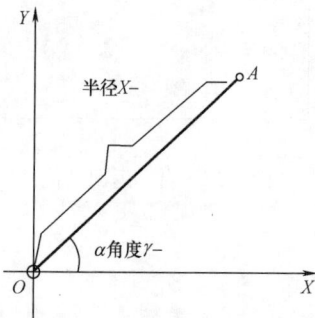

图 6-14 极坐标表示法

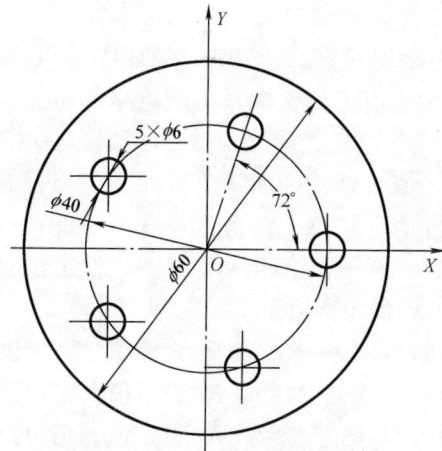

图 6-15 极坐标编程举例

零件坐标系原点建立在上表面零件中心，指令编程如下：

用绝对值指令指定角度和半径：

```
06001;
N10   G17  G90  G16;                          用极坐标，选择 XY 平面
N20   G81 X20.0  Y0.0 Z-18.0 R5.0  F150.0;    在极径 20mm，极角 0°处钻孔 1
N30              Y72.0;                         绝对极角 72°处钻孔 2
N40              Y144.0;                        绝对极角 144°处钻孔 3
N50              Y216.0;                        绝对极角 216°处钻孔 4
N60              Y288.0;                        绝对极角 288°处钻孔 5
N70 G15 G80;                                    取消极坐标
```

用增量值指令角度，用绝对值指令半径：

```
N10   G17  G90  G16;                          用极坐标，选择 XY 平面
N20 G81 X20.0 Y0 Z-18.0  R5.0  F150.0;        在极径 20mm、极角 0°处钻孔 1
```

N30	G91	Y72.0;	在极角增加 72°处钻孔 2
N40		Y72.0;	在极角增加 72°处钻孔 3
N50		Y72.0;	在极角增加 72°处钻孔 4
N60		Y72.0;	在极角增加 72°处钻孔 5
N70	G15 G80;		取消极坐标

2. 基本编程插补指令

（1）快速定位指令 G00。

指令格式：G00　X __ Y __ Z __ ;

该命令把刀具从当前位置快速移动到命令指定的位置，如图 6-16 所示。格式中，X、Y、Z 为目标点的绝对坐标值或增量坐标值。刀具运行轨迹通常为图 6-16 所示的折线，编程时要注意避免刀具和工件或机床碰撞。刀具具体移动时轨迹为折线还是直线由机床参数设定。同时刀具移动的速度也由机床参数设定，但可通过倍率按键调整。

（2）直线插补进给指令。

指令格式：G01　X __ Y __ Z __ F __ ;

刀具以 F 指定的进给倍率直线插补到目标位置处。格式中，X、Y、Z 为目标点的绝对坐标值或增量坐标值。F 为进给速度，其单位有 mm/r 或 mm/min，由编程设定。

【例 6-2】 用 ϕ12 的立铣刀加工如图 6-17 所示的台阶面。

建立如图 6-17 所示工件坐标系。其参考程序如下：

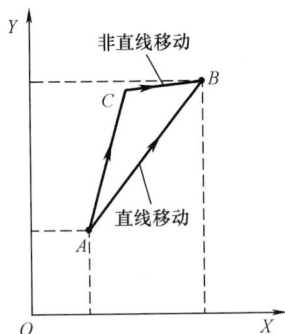

图 6-16　快速定位位置值

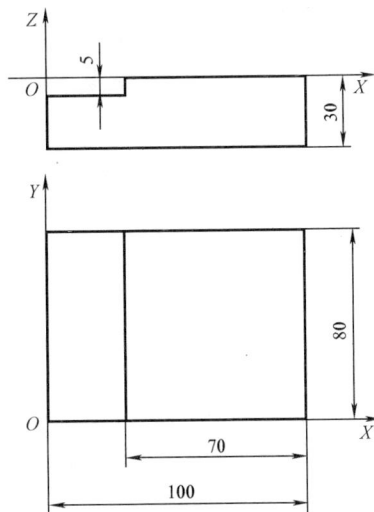

图 6-17　直线插补示例

```
O6002;
N10 G54 T0101;
N20 G90 G00 X - 20.0 Y - 20.0 Z50.0;
N30 M03 S600;
N40 G00 Z5.0;
N50 G01 Z - 5.0 F100;
N60     X5.0;
N70     Y88.0;
```

```
N80     X16.0;
N90     Y-8.0;
N100    X23.0;
N110    Y88.0;
N120    X24.0;
N130    Y-20.0;
N140 G00 X-20.0;
N150    Z50.0;
N160 M05;
N170 M30;
```

（3）单向定位指令。

指令格式：G60　X__ Y__ Z__;

该指令用以实现刀具的单向定位，以便保证定位精度。格式中，X、Y、Z 为定位后的终点位置坐标值。

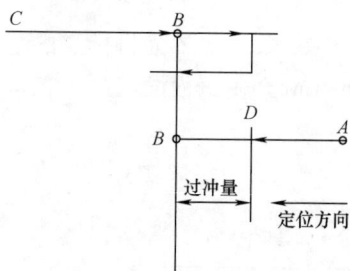

单向过冲量和定位方向由系统参数设定，如图 6-18 所示。

为保证定位精度，$A \rightarrow B$：以正常单向定位方式，A 点到 D 点暂停一次，再到 B 点；

$C \rightarrow B$：以反常单向定位方式，C 点到 B 点不停，过冲一段距离，再反回定位到 B 点。G60 模态/非模态也由参数设定：

MDL<=1，为模态，并入 G01 组；

图 6-18　G60 单向定位

MDL<=0，为非模态，并入 G01 组。

例如

非模态	模态
G90;	G90 G60;
G60　X0　Y0	X0　Y0;
G60　X100;	X100; }单向定位
G60　Y100;	Y100;
G04　X10;	G04　X10;
G00　X0　Y0;	G00　X0　Y0;　单向定位取消

（4）圆弧插补指令 G02/G03。

G02 表示按指定速度进给的顺时针圆弧插补指令，G03 表示按指定速度进给的逆时针圆弧插补指令。顺时针圆弧、逆时针圆弧的判别方法是：沿着不在圆弧平面内的第三坐标轴由正方向向负方向看去，顺时针方向为 G02，逆时针方向为 G03，如图 6-19 所示。

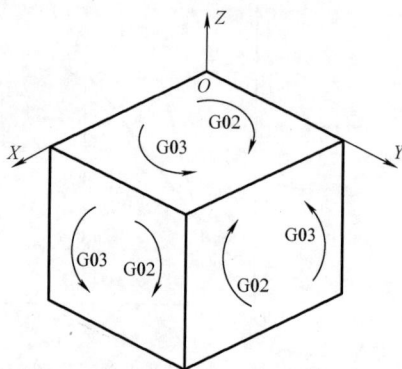

图 6-19　圆弧顺时针和逆时针判断

格式指令：

1）在 XY 平面内的圆弧插补，指令为　G17 G02（G03）X__ Y__ I__ J__ F__;

　　　　　　　　　　　　或　　G17 G02（G03）X__ Y__ R__ F__;

2）在 XZ 平面内的圆弧插补，指令为　G18 G02（G03）X__ Z__ I__ K__ F__;

　　或　　　G18 G02（G03）X ＿ Z ＿ R ＿ F ＿ ;

　　3）在 YZ 平面内的圆弧插补，指令为　G19 G02（G03）Y ＿ Z ＿ J ＿ K ＿ F ＿ ;

　　　　　　　　　　　　　或　　　G19 G02（G03）Y ＿ Z ＿ R ＿ F ＿ ;

　　从格式中可以看出，圆弧插补首先应选择插补平面，然后判断顺逆。其中，X、Y、Z 为圆弧终点坐标值，可以用绝对坐标值，也可以用增量坐标值。I、J、K 表示圆弧圆心相对于圆弧起点在 X、Y、Z 轴方向上的增量值，也可以看做圆心相对于圆弧起点为原点的坐标值。R 是圆弧半径，当圆弧所对应的圆心角为 0°～180°时，R 取正值；当圆心角为 180°～360°时，R 取负值；圆心角为 180°时，R 可取正值也可取负值。需要注意的是，整圆不能用 R 编程，只能用 I、J、K 来编程。在同一程序段中，如果 I、J、K 与 R 同时出现，则 R 有效。F 为圆弧插补时的进给速度。

　　例如，用圆弧插补指令编写图 6-20 所示从 A 到 B 的插补圆弧程序。

　　由图可判断出，从 A 点到 B 点，在 XY 平面内顺时针圆弧插补。可有优弧和劣弧两种情况。

　　当圆心角＜180°时：

　　G90 G02 X20.0 Y0 R20.0 F100；或 G90 G02 X20.0 Y0 I0 K－20.0 F100；

　　当圆心角＞180°时：

　　G90 G02 X20.0 Y0 R－20.0 F100；或 G90 G02 X20.0 Y0 I14.0 K－6.0 F100；

　　如图 6-21 所示，当进行整圆插补起点 A 和终点 B 重合时，其编程如下：

　　绝对值方式编程（整圆编程）：

G90 G03 X30.0 Y15.0 I－10.0 J0 F200；

　　增量值方式编程：

G91 G03 X0　Y0 I－10.0 J0　F200；

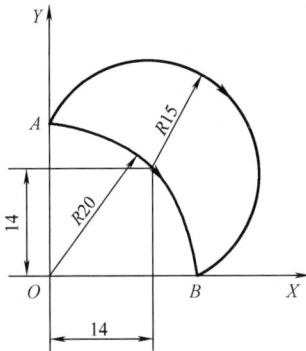

图 6-20　圆弧插补实例

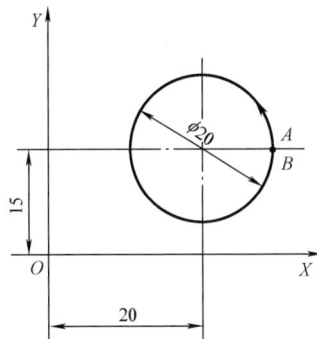

图 6-21　整圆插补实例

　　（5）螺旋线插补：G02/G03。

　　指令格式：G17 G03/G02　X ＿ Y ＿ Z ＿ I ＿ J ＿ K ＿ F ＿ ;

　　　　　　或 G17 G03/G02　X ＿ Y ＿ Z ＿ R ＿ K ＿ F ＿ ;

　　在进行圆弧插补时，垂直于插补平面的坐标同步运动，构成螺旋线插补运动。其中，X、Y、Z 为螺旋线终点坐标；I、J 为圆心在 XY 平面相对起点的坐标；R 为螺旋线在 XY 平面上的投影半径；K 为螺旋线的导程，取正值。如图 6-22 所示，从 A 螺旋线插补到 B，

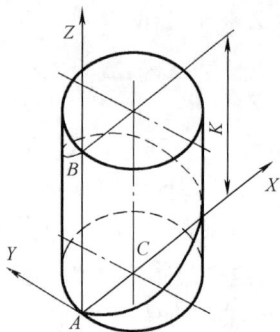

图 6-22　螺旋线插补

圆心为 C，K 为导程。

【例 6-3】 如图 6-23 所示螺旋槽由两个螺旋面组成，前半圆 ADC 为左旋螺旋面，后半圆 ABC 为右旋螺旋面。螺旋槽最深处为 A 点，最浅处为 C 点。要求用 $\phi8$ 的立铣刀加工该螺旋槽。

1）建立如图 6-23 所示的坐标原点在工件左前上角点的工件坐标系。

2）计算刀心轨迹坐标如下：

A 点：$X=81$，$Y=50$，$Z=-5$；

C 点：$X=19$，$Y=50$，$Z=-1$。

导程 $K=8$。

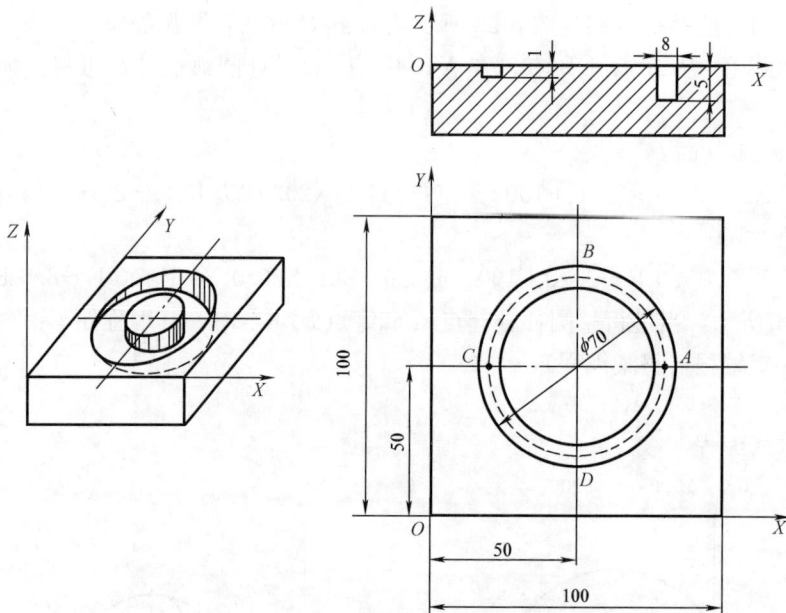

图 6-23　加工螺旋槽实例

3）数控加工程序编制如下：

程序	说明
O6003；	程序名
N10 T0101；	调用 1 号刀，1 号刀补
N20 G00 Z50.0；	快速抬刀到安全面高度
N30　　X19.0 Y50.0；	快速运动到 C 点上方
N40　　Z2.0；	快速定位到 C 点上方 2mm 处
N50 S1200 M03；	主轴正转，转速为 1200r/min
N60 G01 Z-1.0 F50；	以 50mm/min 速度直线插补到 -1 深度
N70 G03 X81.0 Y50.0 Z-5.0 I31.0 J0 K8.0 F150；	插补螺旋线 CDA，速度为 150mm/min
N80 G03 X19.0 Y50.0 Z-1.0 I-31.0 J0 K8.0；	插补螺旋线 ABC，速度为 150mm/min
N90 G01 Z2.0；	进给抬刀
N100 G00 Z50.0；	快速抬刀到安全表面

| N110 | X0 Y0; | 快速定位到工件原点上方 |

N120 M05;　　　　　　　　　　　　　　主轴停止

N130 M30;　　　　　　　　　　　　　　程序停止

（6）程序延时指令 G04。

程序格式：　　　G04 P ___（ms）或 G04 X ___（s）

指令可使刀具做暂短的无进给光整加工。X、U、P 的指令时间是暂停时间，其中 P 后面的数值为整数，单位为 ms，X（U）后面为带小数点的数值，单位为 s。此指令为非模态指令，只在本程序段中有效。

例如，欲停留 2s 的时间，则程序段为

G04　X2.0

或　G04　P2000;

（7）圆柱插补指令 G07.1。

指令格式：G07.1　A/B/C ___ ;　　　①

　　　　　　G07.1　A/B/C0;　　　　②

一个旋转轴和一个直线轴进行插补。以①的指令形式进入圆柱插补模式，指令圆柱插补的旋转轴名称，后跟插补圆柱半径。以②的指令形式取消圆柱插补模式。G07.1 必须在单独程序段中；设定圆柱插补模式时，程序中不能存在圆柱插补模式，如存在，须将原设定先取消。圆柱插补可设定的旋转轴只有 1 个。因此，G07.1 不可指令两个以上的旋转轴。定位模式（G00）中，不可指令圆柱插补。圆柱插补模式中，不可指定钻孔用固定循环（G73、G74、G76、G81~G89）。刀具长度补偿必须在进入圆柱插补模式前写入。在圆柱插补模式中，不可进行补偿的变更。正在使用分度台机能时，不可使用圆柱插补指令。

【例 6-4】加工图 6-24 所示的零件，刀具 T01 为 φ8 的刀具，半径补偿号为 D01。

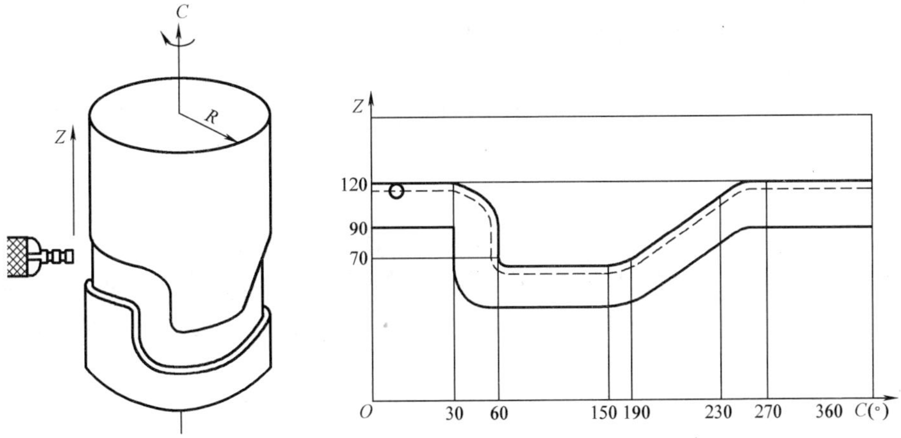

图 6-24　圆柱插补实例

程序如下：

O6004;

N01 G00 G90 Z100.0 C0;

N02 G01 G91 G18 Z0 C0;

N03 G07.1 C57.299;

```
N04 G90 G01 G42 Z120.0 D01 F250;
N05 C30.0;
N06 G02 Z90.0 C60.0 R30.0;
N07 G01 Z70.0;
N08 G03 Z60.0 C70.0 R10.0;
N09 G01 C150.0;
N10 G03 Z70.0 C190.0 R75.0;
N11 G01 Z110.0 C230.0;
N12 G02 Z120.0 C270.0 R75.0;
N13 G01 C360.0;
N14 G40 Z100.0;
N15 G07.1 C0;
N16 M30;
```

3. 刀具的补偿功能

刀具的补偿是为了弥补刀具的实际安装位置与理论编程位置的差别。常见的有刀具半径补偿和刀具长度补偿两种。

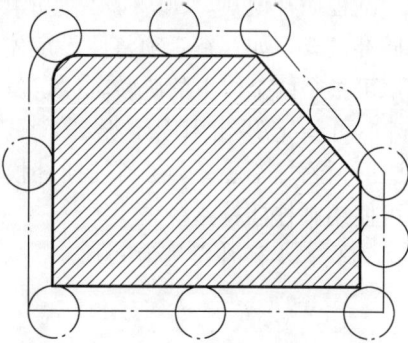

图 6-25　刀具偏移轨迹

（1）刀具半径补偿指令 G41/G42/G40。刀具半径补偿的目的是在铣削加工时，由于刀具有半径，使刀具的中心轨迹和被加工零件的轮廓不重合。为简化编程，可按工件轮廓编程，然后加上刀具半径补偿，使数控系统自动计算刀心轨迹，偏移一个半径值来控制零件的加工，如图 6-25 所示。数控铣床系统刀具补偿功能种类有刀具半径补偿 B 功能和刀具半径补偿 C 功能。

刀具半径 B 功能用 G41、G42 指令将刀具轨迹由编程轨迹向左或向右偏移一个刀具半径 r 值，没有偏移矢量的计算功能。如图 6-26 所示，直线偏移时，刀具轨迹平行于编程轨迹偏移一个 r 值，但长度不变；圆弧偏移时，刀具轨迹与编程轨迹同圆心偏移一个 r 值；弧长按同心圆变化；由于平行偏移，偏移后在两线段之间形成一个有一定张角的断裂区，这时，要用 G39 指令插入其中，用圆弧连接断裂线，形成一条圆滑的刀具半径偏移轨迹；早期系统采用这种刀具半径补偿方法。现代系统采用刀具半径补偿 C 功能，特点是具有半径偏移矢量计算功能。这种方法也是用 G41、G42 将刀具轨迹向左或向右偏移一个半径值，但在拐角处不插入 G39 指令，而是根据两条相邻偏移轨迹的几何形状按半径矢量方向自动计算出拐角处连接轨迹。

指令格式：G17 G41/G42 G00/G01 X __ Y __ D __ ;
　　　　　　G18 G41/G42 G00/G01 X __ Z __ D __ ;
　　　　　　G19 G41/G42 G00/G01 Y __ Z __ D __ ;

其中，G41 为刀具半径左补偿；G42 为刀具半径右补偿；G40 为刀具半径补偿取消；X、Y、Z 为刀具运动目标

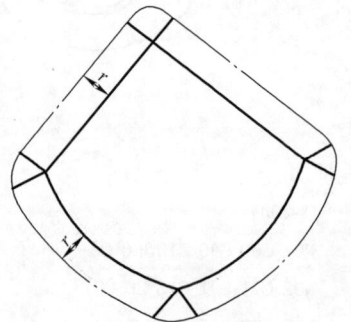

图 6-26　刀具偏移后轨迹情况

点的坐标值；D 为存放刀具半径补偿值的地址，后跟两位偏置量代号。G17/G18/G19 为选择刀具半径补偿平面，刀具半径补偿仅影响构成选择平面的两个坐标轴，而第三轴无影响。例如，当选择 G18 时，刀具半径补偿只对 X、Z 轴起作用，而对 Y 轴无作用；建立刀补时必须在指定的平面内直线运动中建立，不可有圆弧插补写在同一程序段中。刀具半径左补偿和右补偿的判断如图 6-27 所示，沿着刀具前进的方向看，刀具在被加工工件的左侧为左补偿，反之为右补偿。

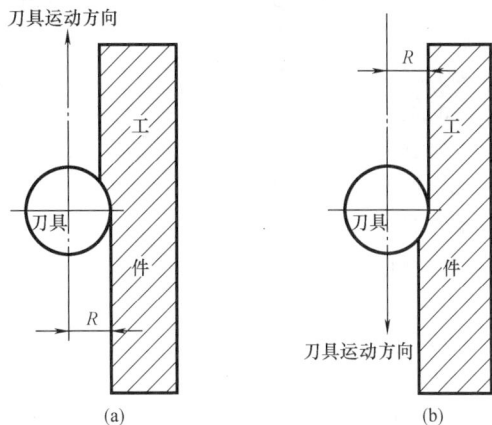

图 6-27　刀具半径补偿
(a) 刀具半径左补偿；(b) 刀具半径右补偿

刀具半径的补偿过程：

如图 6-28 所示，刀具半径补偿过程可分 3 个过程：刀具补偿的建立、刀具补偿的执行和刀具补偿的取消。刀具补偿的建立指刀具从开始点起到接近工件的过程中，刀心轨迹从与编程轨迹重合过渡到与编程轨迹偏离一个补偿值的过程；刀具补偿的执行指刀心轨迹始终与编程轨迹有偏离值的过程；刀具补偿的取消指刀具从工件离开并使刀心轨迹与编程轨迹重合的过程。

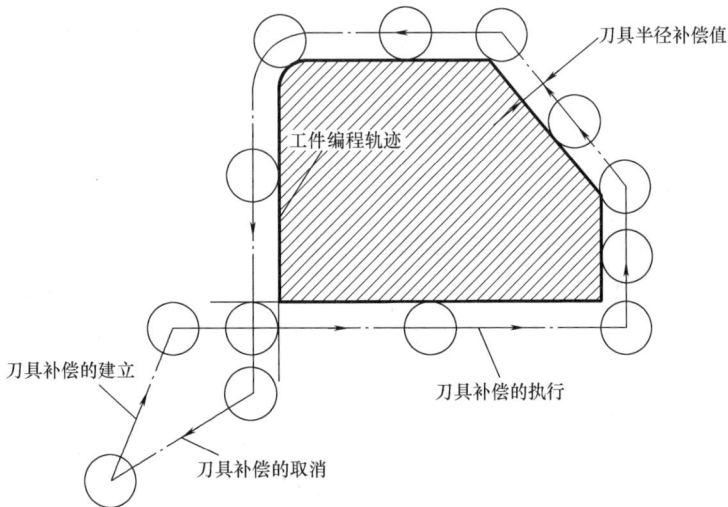

图 6-28　刀具半径补偿过程

在使用 G41、G42 后的两个程序段内必须有指定补偿平面内的坐标移动指令，否则有可能出现进刀不足或超差现象。

【例 6-5】加工如图 6-29 所示的零件，坐标系建立如图所示，对刀点 M 位置为（−10，−10，60）处。切深为 8mm。按下面的方法进行编程会产生如图 6-30 所示的进刀超差现象。程序如下：

```
O6501;
N01 G92 X-10.0 Y-10.0 Z60.0;      建立工件坐标系
N20 G90 S800 M03 T01;             绝对编程，主轴正转转速为 800r/min，1 号刀
```

N30 G17 G41 G00 X10.0 Y5.0 D01;	选 XY 平面，建左刀补，刀补号 01，快速到切入点
N40 Z2.0;	Z 向快速接近工件
N50 G01 Z－8.0 F300;	Z 向切入工件，切深为 8mm，进给量为 300mm/min
N60 Y20.0;	加工 AB 段
N70 X30.0 Y30.0;	加工 BC 段
N80 G03 X40.0 Y20.0 I10.0 J0;	加工 CD 段
N90 G02 X30.0 Y10.0 R10.0;	加工 DE 段
N100 G01X5.0;	加工 EF 段
N110 G00 Z60.0;	Z 向快速抬刀
N120 G40 X－10.0 Y－10.0;	取消刀补，回对刀点
N130 M05;	主轴停
N140 M30;	程序停

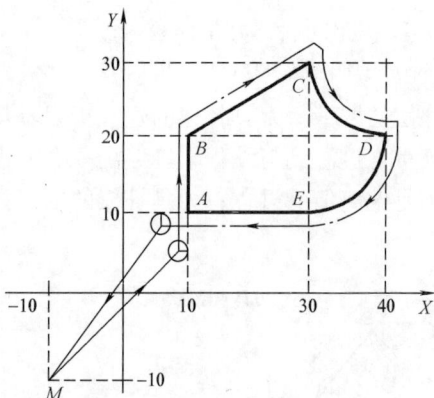

图 6-29　刀具半径补偿实例

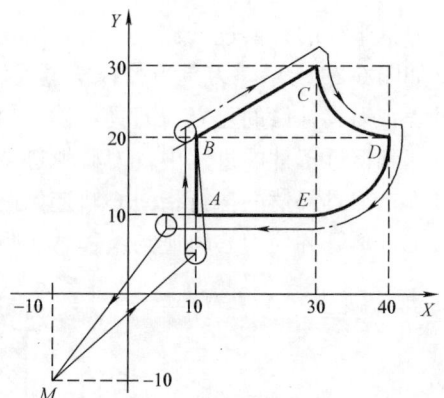

图 6-30　进刀超差

以上程序出现过切现象，原因是当刀具半径补偿在 N30 开始建立时，系统预读 N40、N50 两语名段，但此两语句段中无 X、Y 轴移动，系统判断不出下一步补偿矢量方向，所以无法建立补偿，产生过切。为避免这类问题，可改为以下程序：

O6502;	
N01 G92 X－10.0 Y－10.0 Z60.0;	建立工件坐标系
N20 G90 S800 M03 T01;	绝对编程，主轴正转转速为 800r/min，1 号刀
N30 Z2.0;	Z 向快速接近工件
N40 G17 G41 G00X10.0 Y5.0 D01;	选 XY 平面，建左刀补，刀补号 01，快速到切入
点 N50 G01 Z－8.0 F300;	点 Z 向切入工件，切深为 8mm，进给量为 300mm/min
N60 Y20.0;	加工 AB 段
N70 X30.0 Y30.0;	加工 BC 段
N80 G03 X40.0 Y20.0 I10.0 J0;	加工 CD 段
N90 G02 X30.0 Y10.0 R10.0;	加工 DE 段
N100 G01 X5.0;	加工 EF 段
N110 G00 Z60.0;	Z 向快速抬刀
N120 G40 X－10.0 Y－10.0;	取消刀补，回对刀点
N130 M05;	主轴停
N140 M30;	程序停

（2）刀具长度补偿指令 G43/G44/G49。刀具的端面到刀柄端面的距离称为刀具长度。刀具长度补偿指令一般用于刀具 Z 轴方向的补偿，它使刀具在 Z 方向上的实际位移量比程序给定值增加或减少一个偏置量。这样在程序编制中，可以不必考虑刀具的实际长度及各把刀具的不同尺寸。可使用刀具长度补偿指令补偿刀具在长度方向上的尺寸变化，不必重新编制加工程序。

指令格式：G43（G44）Z ＿ H ＿；

其中，G43 为刀具长度正补偿指令，G44 为刀具长度负补偿指令；Z 为目标点的编程坐标值；H 为刀具长度补偿值的地址号，后面一般用两位数字表示。

如图 6-31 所示，执行程序段"G43 Z ＿ H ＿"时：Z 实际值＝Z 指令值＋补偿偏置值；执行程序段"G44 Z ＿ H ＿；"时：Z 实际值＝Z 指令值－补偿偏置值。

补偿偏置值可以是正值，也可以是负值。

采用取消刀具长度补偿 G49 指令或用

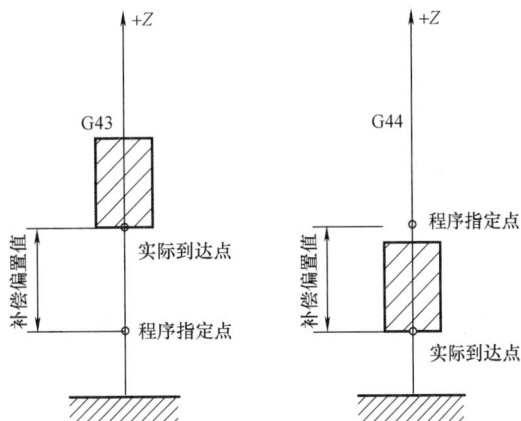

图 6-31　刀具长度补偿

G43 H00 和 G44 H00 可以撤销长度补偿指令。同一程序中，既可采用 G43 指令，也可采用 G44 指令。

例如，刀具长度补偿寄存器 H02 中存放刀具长度值 $L=50\text{mm}$，则执行"G90 G43 G01 Z－100.0 H02"，刀具实际到达：$Z=-100+50=-50$ 位置；

执行"G90 G44 G01 Z－100.0 H02"，刀具实际到达 $Z=-100-50=-150$ 位置。

6.2.3　铣削加工的固定循环

1. 固定循环的类型

数控加工过程中，某些加工动作循环已经典型化。例如，钻孔、镗孔、攻螺纹等动作往往需要快速接近工件、工进速度进行孔的加工及孔加工完成后快速退回等固定动作。这一系列典型动作需要数控系统提供的专用程序，用户可调用固定循环指令代码，调用时仅添加尺寸参数即可直接使用，从而可简化编程工作。FANUC 提供的固定循环功能见表 6-3。

表 6-3　　　　　　　　　　　　　　　孔加工固定循环指令

G 代码	进给方式（－Z）	孔底动作	回退方式（＋Z）	应用
G73	间歇进给		快速移动	高速深孔钻循环
G74	切削进给	进给暂停，主轴正转	切削进给	攻左螺纹循环
G76	切削进给	主轴准停，刀具移位	快速移动	精镗循环
G80				取消固定循环
G81	切削进给		快速移动	钻孔循环，点钻
G82	切削进给	暂停	快速移动	钻孔循环，锪镗阶梯孔
G83	间歇进给		快速移动	深孔排屑钻循环

续表

G 代码	进给方式（-Z）	孔底动作	回退方式（+Z）	应用
G84	切削进给	主轴反转	切削进给	攻右螺纹循环
G85	切削进给		切削进给	镗孔循环
G86	切削进给	主轴停止	快速移动	镗孔循环
G87	切削进给	主轴正转	快速移动	反镗孔循环
G88	切削进给	暂停，主轴停止	手动移动，快速返回	镗孔循环
G89	切削进给	暂停	切削进给	精镗阶梯孔循环

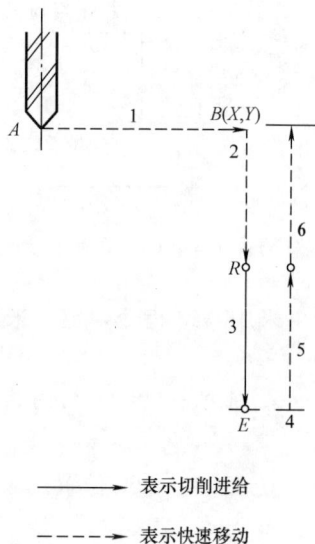

2. 固定循环的加工动作

固定循环的加工动作如图 6-32 所示。

固定循环的 6 个顺序动作如下：

动作 1：孔中心定位。刀具以 G00 快速从 A 定位到孔中心 B，中心点坐标为（X，Y），同时 Z 值到达起点高度值。其所在平面为初始平面，初始平面是为安全进刀切削而规定的一个平面。

动作 2：快速到 R 平面。刀具以 G00 快速从 B 定位到 R 平面。R 平面到工件平面的距离称为安全距离也称为引入距离，钻、镗时取 2～5mm，攻螺纹和铣削时取 5～10mm。

动作 3：孔加工。刀具以 G01 进给速度从 R 面到孔底 E 进行孔加工。

动作 4：孔底动作。根据不同指令安排有进给暂停、主轴停止、主轴准停、主轴反转等动作。加工盲孔时孔底平面就是孔底的 Z 轴高度，加工通孔时一般刀具要伸过工件底平面一段距离，主要是保证全部孔深都加工到尺寸。

图 6-32　固定循环的动作

表示切削进给

------ 表示快速移动

动作 5：返回 R 平面。刀具以 G00/G01/手动从 E 返回到 R 平面。

动作 6：返回初始平面。刀具以 G00 从 R 平面返回到初始平面 B。

3. 指令格式

指令格式：G17/G18/G19 G90/G91　G99/G98　G×× X ＿ Y ＿ Z ＿ R ＿ Q ＿ P ＿ F ＿ K ＿ ；

固定循环的动作由定位平面、数据形式、返回参考平面、孔加工方式等方式指定。

其中，G17、G18、G19 为指定孔位平面，加工轴与孔位平面垂直；G90/G91 为指定数据形式；G98/G99 为返回点平面选择；G×× 为孔加工方式，主要有 G73、G74、G76、G81～G89 等；X，Y 为孔位置坐标；Z、R、Q、P、F、K 为孔加工数据。

孔位数据：被加工孔在加工表面的位置。

字地址由平面指令确定：G17 X ＿ Y ＿ ；

　　　　　　　　　　　　G18 Z ＿ X ＿ ；

　　　　　　　　　　　　G19 Y ＿ Z ＿ ；

孔位值由 G90、G91 确定。

孔深数据：G90 时，孔深为初始面到孔底的距离；G91 时，孔深为 R 平面到孔底的距离。具体可参照图 6-33 所示。

Q 值：在不同循环中，定义不同距离，一般为增量值，与 G90、G91 无关。

P 值：定义孔底暂停时间，单位为 ms，用整数表示。

F 值：钻镗时，深度方向进给速度单位为 mm/min，攻螺纹时，F 为螺距或导程。

K 值：加工循环重复次数。G90 时，在指定孔位重复加工；G91 时，按指定孔位值等距加工 K 次。

图 6-33　G90/G91 孔深值的指定
(a) G90 编程数据形式；(b) G91 编程数据形式

刀具返回点的选择（G98/G99）如图 6-34 所示，G98 指令刀具返回到初始平面 B 点，G99 刀具指令返回 R 点平面。

图 6-34　刀具返回平面选择

4. 取消固定循环 G80

一旦进入固定循环，后续程序段仅指定孔位值，即可连续执行已指定的循环。在固定循环中，指定其他插补指令，如 G00、G01、G02、G03 都无效。只有用 G80 才能取消当前的固定循环。

5. 固定循环指令的应用

（1）钻孔加工循环 G81。

指令格式：G81 X__ Y__ Z__ R__ F__ K__；

指令动作有 4 个，如图 6-35 所示。刀具先定位到 XY 平面所指定的坐标位置，然后快速定位到 R 点，再以进给速度 F 向下钻削到孔底位置 Z，最后退回到指令所指平面。G98 退到初始平面，G99 退到参考平面。G81 一般用于加工比较浅的通孔。

【例 6-6】用 G81 指令在如图 6-36 所示厚为 20mm 的钢板钻削 3 个 $\phi 8$ 的通孔。

工件坐标系建立在工件上表面，程序如下：

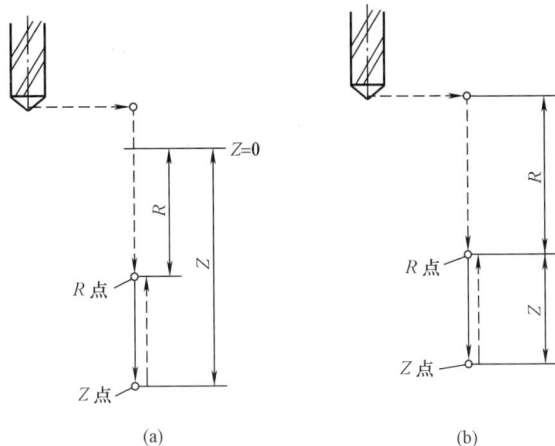

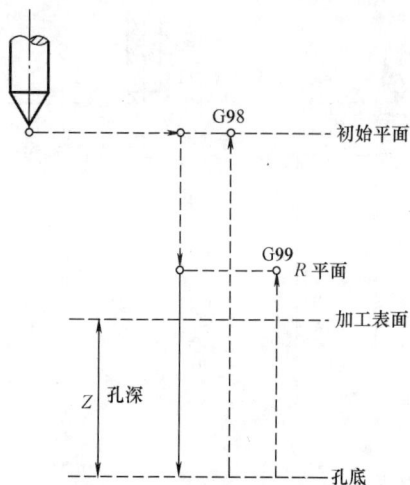

图 6-35　G81 指令动作循环图

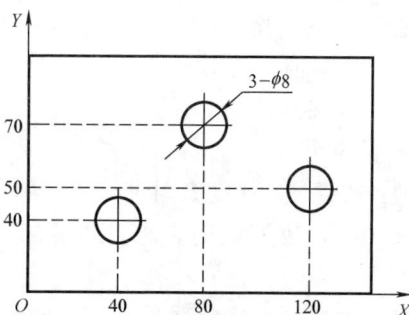

图 6-36　G81 循环应用实例

O6006；

N5　　G54 S500 M03；

N10　　G00 X0 Y0 Z30.0；

N15　　G99 G81 X40.0 Y40.0 Z－25.0 R2.0 F80；

N20　　X80.0 Y70.0；

N25　　G98 X120.0 Y50.0；

N30　　G80 G00 X0 Y0 Z30.0；

N35　　M30；

（2）锪孔加工循环 G82。

指令格式：G82 X＿Y＿Z＿R＿F＿P＿K＿；

G82 循环指令的加工动作如图 6-37 所示，其与 G81 的唯一区别是在孔底增加了进给暂停动作，主轴正常转动。进给暂停时间由 P 指定，P 后不能用小数表示，如停 1.5s，应写成 P1500。该指令常用于锪孔或镗阶梯孔，如图 6-38 所示。

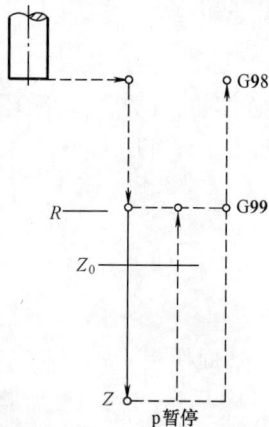

图 6-37　G82 指令动作循环图

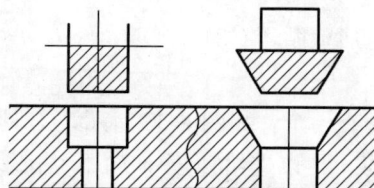

图 6-38　G82 锪孔示意图

（3）高速深孔、钻、铰断屑循环 G73。

指令格式：G73 X ＿ Y ＿ Z ＿ R ＿ Q ＿ F ＿ K ＿;

指令动作有 5 个，如图 6-39 所示。刀具先定位到 XY 平面所指定的坐标位置，然后快速定位到 R 点，再以进给速度 F 向下钻削深度 Q（Q 无正负号），然后退刀到位置 d（系统设定），重复 Q、d 直到到达孔底，最后退回到指令所指平面。G98 退到初始平面，G99 退到参考平面。该指令由于间歇进给加工，可使切屑易于断裂和排出，冷却液输入容易，所以 G73 一般用于深孔加工。

【例 6-7】 在厚度为 40mm 的钢板上面的（100，50）位置钻一通孔。设工件坐标系在工件的下表面左前角处。起刀点距工件上表面为 40mm，在距工件上表面 2mm 处（R 点）由快进转为工进，每次进给深度为 10mm。程序如下：

```
O6007;
N10 G92 X0 Y0 Z80.0;
N20 G00 G90 G98 m03 s600;
N30 G73 X100.0 Y50.0 Z-2.0 R42.0 Q10.0 F100
N40 G00 0 Y0 Z80.0;
N50 M05;
N60 M30;
```

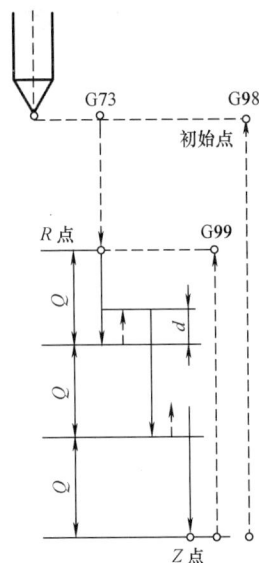

图 6-39　G73 深孔加工循环图

（4）排屑深孔循环 G83。

指令格式：G83 X ＿ Y ＿ Z ＿ R ＿ Q ＿ F ＿ K ＿;

各参数含义同 G73 指令。指令动作与 G73 不同的是，进刀后的每次退刀都退回到参考平面，并且在第二次及以后切入时，当快进到位置 d 以后将转换成切削进给。指令的动作循环图如图 6-40 所示。该指令由于间歇进给加工，且每次退刀都退到参考点，所以更容易使切屑断裂和排出，冷却液输入更加容易，所以 G83 一般也用于深孔加工。

（5）左旋攻螺纹循环 G74。

指令格式：G74 X ＿ Y ＿ Z ＿ R ＿ Q ＿ F ＿ K ＿ P ＿;

指令动作有 5 个，如图 6-41 所示。刀具先定位到 XY 平面所指定的坐标位置，然后快速定位到 R 点，再主轴反转加工螺纹至孔底，暂停一段时间 P，然后主轴正转退出到参考平面位置，最后退回到指令所指平面。G98 退到初始平面，G99 退到参考平面。G74 一般用于左螺纹的加工。在加工时要注意主轴转速与进给速度的关系。主轴转速 F＝转速×螺距。

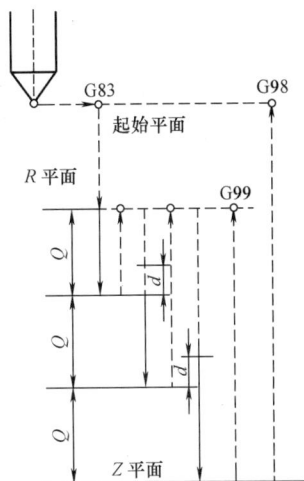

图 6-40　G83 钻孔循环图

（6）右旋攻螺纹循环 G84。

指令格式：G84 X ＿ Y ＿ Z ＿ R ＿ P ＿ F ＿ K ＿ Q ＿;

由图 6-42 可知，G84 指令与 G74 指令动作基本相同。唯一的区别是进给时主轴为正转，主轴在孔底正转，回退时为反转，回到 R 点后主轴恢复正转。G84 一般用于加工右螺纹。

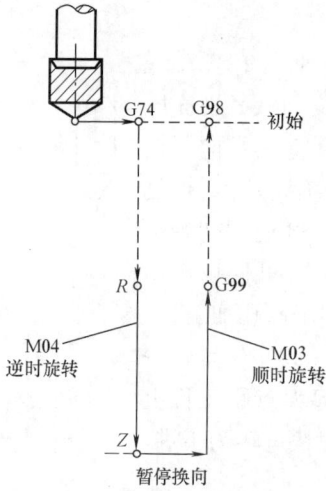

图 6-41　G74 攻左螺纹循环图　　　图 6-42　G84 攻右螺纹循环图

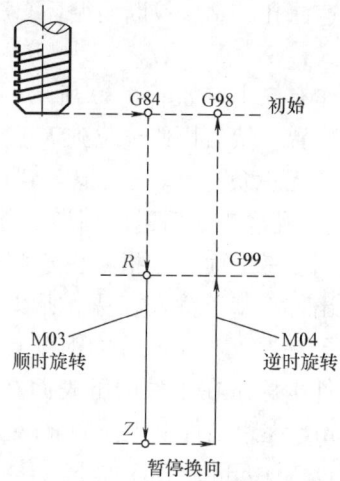

同样加工时进给为主轴转速和螺距的乘积。

【例 6-8】编制如图 6-43 所示的加工 8×M8 左旋螺纹孔的程序，其他面已加工。Z 轴开始点距工件上表面为 100mm，背吃刀量为 15mm。

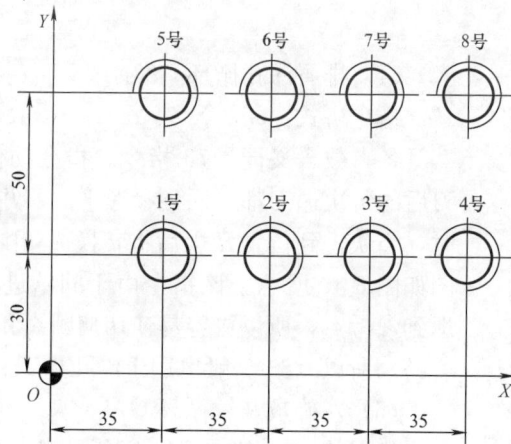

图 6-43　螺纹孔加工实例

工件坐标系设在如图所示位置的工件上表面上，采用 G81 指令先钻螺纹底孔，再用 G74 指令加工左旋螺纹。具体加工程序如下：

```
O6008；
N10 G90 G94 G17 G21 G54；                        程序初始设置
N20 G00 X0 Y0 Z200.0；                           回换刀点
N30 M06 T01；                                     调用 1 号刀
N40 S1000 M03；                                   主轴正转，转速为 1000r/min
N50 G91 G00 G43 Z-100.0 H01；                    刀具接近加工初始位置，长度正补偿
N60 G81 G99 X35.0 Y30.0 Z-21.0 R-93.0 F200；    钻 1 号螺纹底孔
N70 X35.0 K3；                                    钻 2 号～4 号螺纹底孔
```

N80 X－105.0 Y50.0;	钻 5 号螺纹底孔
N90 X35.0 K3;	钻 6 号～8 号螺纹底孔
N100 G80 Z93.0;	取消固定循环并返回到初始平面
N110 G00 Z100.0 G49;	返回对刀点，取消刀补
N120 M05;	主轴停止
N130 M06 T02;	调用 2 号刀
N130 S600 M03;	主轴正转，转速为 600r/min
N140 G00 G43 Z－100.0 H02;	刀具接近初始位置，长度正补偿
N150 G74 G99 X35.0 Y30.0 Z－21.0 R－93.0 F600 P1000;	攻 1 号螺纹孔
N160 X35.0 K3;	攻 2 号～4 号螺纹孔
N170 X－105.0 Y50.0;	攻 5 号螺纹孔
N180 X35.0 K3;	攻 6 号～8 号螺纹孔
N190 G80 Z93.0;	取消固定循环并返回到初始平面
N200 G00 Z100.0 G49;	返回对刀点，取消刀补
N210 M05;	主轴停止
N220 M30;	程序停止

（7）粗镗循环 G85。

指令格式：G85 X ＿ Y ＿ Z ＿ R ＿ F ＿ K ＿；

指令动作有 5 个，如图 6-44 所示。刀具先定位到 XY 平面所指定的坐标位置，然后快速定位到 R 点，再以进给速度镗孔至孔底，孔底无动作，刀具又以进给速度退到 R 平面，最后退回到指令所指平面。G98 退到初始平面，G99 退到参考平面。G85 一般用于粗镗孔或粗铰孔的加工。

（8）半精镗循环 G86。

指令格式：G86 X ＿ Y ＿ Z ＿ R ＿ F ＿ K ＿；

指令动作和 G85 基本相同，只是 G86 指令在孔底有主轴停转动作。然后快速退回到指定平面，其动作循环图如图 6-45 所示。

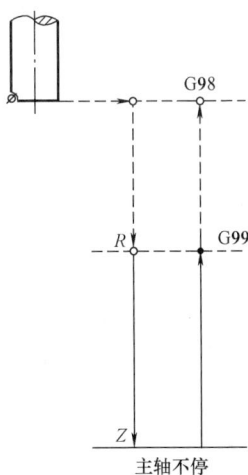

图 6-44 G85 粗镗循环图   图 6-45 G86 半精镗循环图

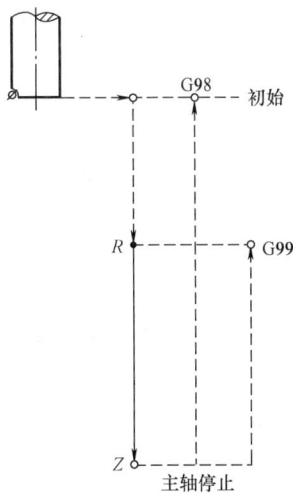

（9）背镗循环 G87。

指令格式：G87 X＿Y＿Z＿R＿Q＿F＿K＿；

指令动作由 10 个组成，其循环图如图 6-46 所示。刀具先定位到 XY 平面所指定的坐标位置，然后主轴定向准停，主轴向刀尖反方向移动 Q 值，快速进刀至孔底位置 Z 处，主轴正转；刀具向刀尖方向移动 Q 值，刀具向上进给速度镗孔至参考平面 R 处，主轴定向停止，主轴再向刀尖反方向移动 Q 值，快速退回到初始平面。本指令无 G99 功能。G87 一般用于背镗孔加工。

（10）镗孔循环 G88。

指令格式：G88 X＿Y＿Z＿R＿P＿F＿K＿；

指令动作有 5 个，其循环图如图 6-47 所示。刀具先定位到 XY 平面所指定的坐标位置，然后快速定位到 R 点，再以进给速度镗孔至孔底 Z 处，在孔底暂停 P 时间后，手动返回到 R 平面，最后退回到指令所指平面。G98 退到初始平面，G99 退到参考平面。G88 可用于粗、精加工各类孔。

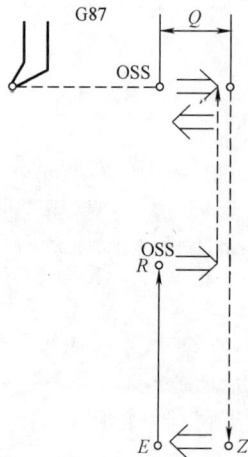

图 6-46　G87 背镗循环图　　　　图 6-47　G88 镗孔循环图

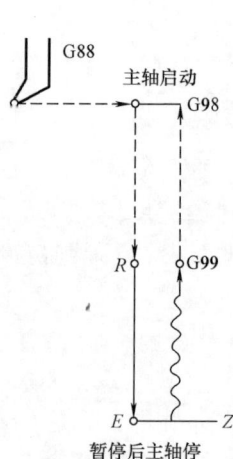

（11）精镗阶梯孔循环 G89。

指令格式：G89 X＿Y＿Z＿R＿P＿F＿K＿；

指令动作和 G85 基本相同，都是以进给速度切削到底面并以进给速度返回 R 点，只是G89 指令在孔底有延时动作。其动作循环图如图 6-48 所示，适合精镗阶梯孔加工。

（12）精镗循环 G76。

指令格式：G76 X＿Y＿Z＿R＿Q＿P＿F＿K＿；

指令动作有 5 个，其循环图如图 6-49 所示。刀具先定位到 XY 平面所指定的坐标位置，然后快速定位到 R 点，再以进给速度镗孔至孔底 Z 处，主轴在孔底定向停止后，向刀尖反方向移动 Q 值距离，最后快速退回到指令所指平面。G98 退到初始平面，G99 退到参考平面。G76 可用于精加工各类孔。

6.2.4　铣削加工中的子程序

和数控车削加工一样，在一个加工程序中，若有在一次装夹加工多个相同零件或一个零件有重复加工部分时，为了简化程序，可调用子程序。

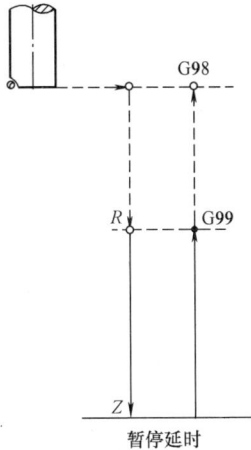

图 6-48　G89 精镗阶梯孔循环

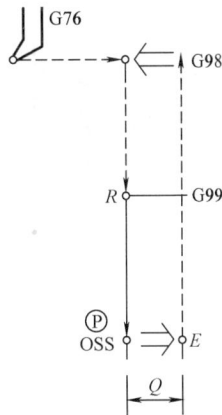

图 6-49　G76 精镗循环图

1. 子程序的格式

O××××　　　　　　　子程序名

…　　　　　　　　　　子程序内容

M99　　　　　　　　　子程序结束

（1）子程序一般不作为独立的加工程序使用，只能通过主程序调用它来加工局部位置。子程序执行后能返回调用它的主程序中。

（2）子程序可以调用下一级子程序，FANUC 系统一般子程序可四级嵌套。

（3）子程序末尾必须用 M99 返回主程序。

2. 子程序的调用

指令格式：M98 P △△△××××

指令中 P 后的数字，前三位△为子程序的重复调用次数，不指定时为一次，最多为 999 次；后四位×为子程序号。例如，M98 P55566 表示调用子程序名为 5566 的子程序 5 次；M98 P7788 表示调用子程序号为 7788 的子程序一次。

3. 主程序与子程序关系

主程序和子程序都是独立的程序，它们的运行是又一种加工循环。主程序在执行过程中可以用 M98 调用子程序，开始运行子程序，子程序运行结束，用 M99 指令又可返回主程序，继续向下运行，如图 6-50 所示。

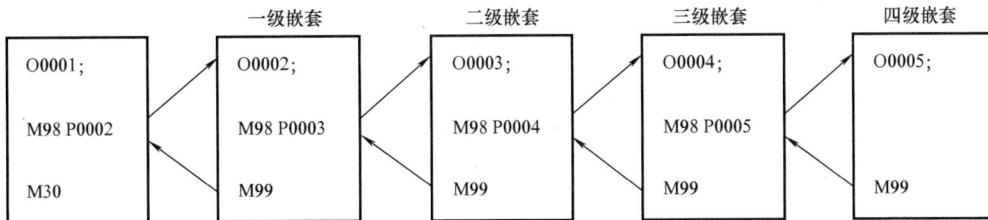

图 6-50　子程序嵌套

【例 6-9】子程序加工应用举例。如图 6-51 所示加工 4 个相同形状的零件，Z 轴起始高度为 100mm，背吃刀量为 15mm。轮廓外侧切削。

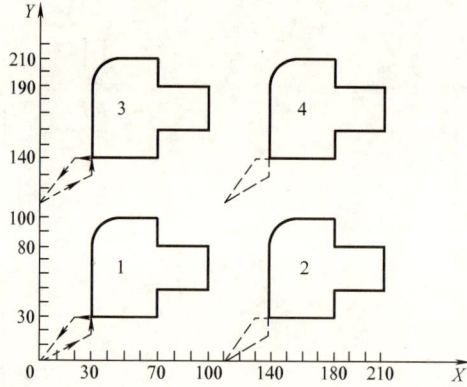

图 6-51　加工多个零件子程序实例

工件坐标系原点设在如图 6-51 所示的位置零件上表面，建立工件坐标系。加工程序如下：

O6009；		主程序名称
N5	G90 G94 G17 G21 G54；	初始化设置
N10	G00　Z100.0；	定位到起刀高度
N15	S1200　M03；	主轴正转，转速为 1200r/min
N20	G91 G00　X0 Y0；	接近工件起刀点
N30	M98　P20901；	调子程序 O0901 两次
N35	X－220.0 Y110.0；	定位到(0，110)位置
N40	M98 P20901；	调子程序 O0901 两次
N45	X－220.0 Y－110.0；	返回到对刀点
N50	M30；	程序停止

　子程序：

O 0901；		子程序名称
N5	G41 G00 X30.0 Y25.0 D01；	建立刀具半径左补偿
N10	Y30.0；	
N15	Z－98.0；	快速定位接近工件上表面
N20	G01 Z－18.0 F120；	Z 向下刀
N25	Y50.0；	加工图形
N30	G02 X20.0 Y20.0 R20.0；	
N35	X20.0；	
N40	Y－20.0；	
N45	X30.0；	
N50	Y－30；	
N55	X－30.0；	
N60	Y－20.0；	
N65	X－50.0；	
N70	G00 Z116.0；	抬刀到起刀点
N75	G40 X－20.0 Y－30.0；	取消刀补
N80	X110.0；	到下一个图形位置
N85	M99；	返回主程序

【例 6-10】 加工如图 6-52 所示的零件内轮廓，粗加工已完毕，编写铣削内轮廓的精加工程序，零件厚度为 14mm，要求刀具每次背吃刀量不大于 4mm。

工件坐标系原点设在如图 6-52 所示的零件中心的上表面，建立工件坐标系。采用 $\phi16$ 的立铣刀。Z 方向分 4 次切削，背吃刀量分别为 3、4、4、4mm。特殊点坐标如下：A（0，65），B（13.784，−56），C（22.913，−50），D（40，−50），E（50，−40），F（50，−30）

G（43.333，−18.856），H（30，0），I（43.333，18.856），其他点可用对称关系求得。

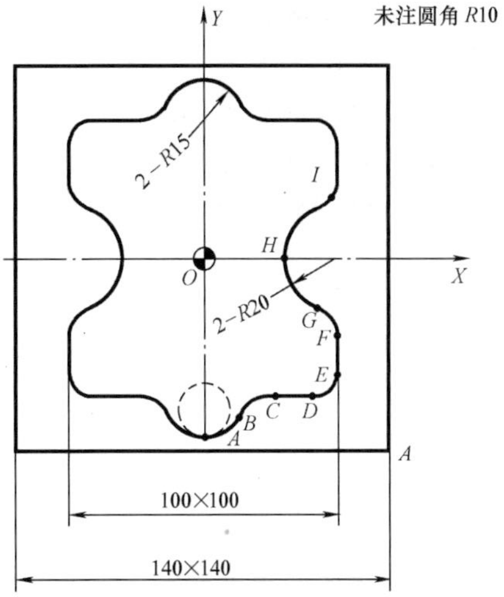

图 6-52　加工内槽子程序实例

加工程序如下：

O0010；	主程序名
N10 G54 G90 G94 G17 G21；	初始参数设置
N20 G00 Z100.0；	定位到起刀高度
N30 S1200 M03；	主轴正转，转速为 1200r/min
N40 G00 X0.0 Y0.0；	定位到刀具下刀点
N50 G43 Z50.0 H01；	建立刀具长度补偿
N60 Z1.0；	Z 向接近工件表面
N70 M98 P41001；	调用 4 次子程序
N80 G90 G00 Z100.0；	抬刀至一定高度
N90 G49 X0Y0 Z100.0；	取削刀补
N100 M30；	

子程序：

O1001；	子程序名
N5 G90 G00 G41 X0.0 Y−50.0；	建立刀具半径左补偿
N10 G01 X−10.0 Y−55.0 F80；	接近工件加工部位
N15 G91 Z−4.0；	Z 向下刀深度
N20 G90 G03 X0 Y−65.0 R10.0；	切向进刀切到 A 点
N25　X13.784 Y−56.0 R15.0；	加工 AB 圆弧
N30 G02 X22.913 Y−50.0 R10.0；	加工 BC 圆弧
N35 G01 X40.0 ；	加工 CD 直线
N40 G03 X50.0 Y−40.0 R10.0；	加工 DE 圆弧
N45 G01 Y−30.0；	加工直线 EF
N50 G03 X43.333Y−18.856 R10.0；	加工 FG 圆弧
N55 G02 Y18.856 R20.0；	加工 GI 圆弧
N60 G03 X50.0 Y30.0 R10.0；	加工第一象限部分
N65 G01 Y40.0；	

N70 G03 X40. 0 Y－50. 0 R10. 0;

N75 G01 X22. 913;

N80 G02 X13. 784 Y56. 0 R10. 0;

N90 G03 X－13. 784 R15. 0;   加工第二象限部分

N100 G02 X－22. 913 Y50. 0 R10. 0;

N110 G01 X－40. 0;

N120 G03 X50. 0 Y40. 0 R10. 0;

N130 Y30. 0;

N160 G03 X－43. 333 Y18. 856 R10. 0;

N170 G02 Y－18. 856 R20. 0;   加工第三象限部分

N180 G03 X－50. 0 Y－30. 0 R10. 0;

N190 G01 Y－40. 0;

N200 G03 X－40. 0 Y－50. 0 R10. 0;

N210 G01 X－22. 913;

N220 G02 X－13. 748 Y－56. 0 R10;

N230 G03 X0 Y－65. 0 R15. 0;

N240 C03 X10. 0 Y－55. 0 R10. 0;   切向切出

N80 G00 G40 X. 0 Y. 0;   回到起刀点，取消刀补

N85 M99;

6.2.5 其他简化编程指令

在加工过程中，有些零件的形状相似，为简化编程，数控系统提供了缩放指令、镜像指令和旋转指令等，供编程使用。

1. 比例缩放指令 G51/G50

指令格式：G51 X ＿ Y ＿ Z ＿ P ＿;

            …

        G50

或

G51 X ＿ Y ＿ Z ＿ I ＿ J ＿ K ＿;

            …

        G50

其中，X、Y、Z 为缩放中心的坐标值；P 为缩放系数。G51 以后的语句，将以给定点 (X、Y、Z) 为缩放中心，将图形放大或缩小到原始图形的 P 倍；语句中如果省略 (X、Y、Z)，则以程序原点为缩放中心。如果给定 I、J、K，则 X、Y、Z 各轴坐标尺寸将按 I、J、K 进行比例缩放。在有刀具补偿的情况下，先进行缩放，然后才进行刀具半径补偿和刀具长度补偿。I、J、K、P 的单位为 0.001，不能写成小数形式。如放大 3 倍应写 P3000。

【例 6-11】使用缩放功能编制如图 6-53 所示零件外轮廓。△ABC 三顶点坐标如图 6-53 所示，加工完

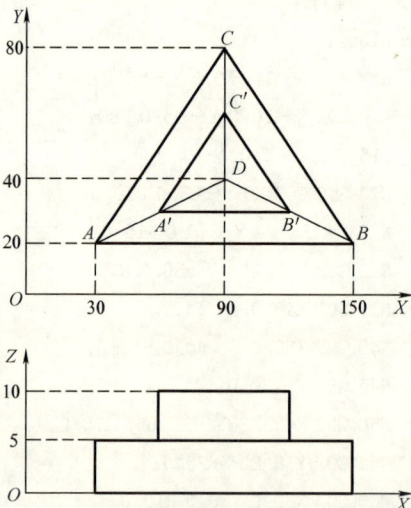

图 6-53 比例缩放实例

成△ABC 后，以点 D 为缩放中心，缩小 0.5 倍，加工△A′B′C′。刀具起刀点距工件上表面 50mm。

```
O0011；
N10 G92 X0 Y0 Z60.0；                    建立工件坐标
N20 G91 G17 M03 S600 F200；              相对编程，选择 XY 平面，主轴正转，转速为 600r/min
N30 G43 G00 Z-46.0 H01；                建立刀具长度补长
N40 Z-14.0；                            下刀背吃刀量为 10mm
N50 M98 P1101；                         调用子程序加工△ABC 轮廓
N60 G91 Z-9.0；                         下刀背吃刀量为 5mm
N70 G51 X90.0 Y40.0 P500；              使用缩放指令
N80 M98 P1101；                         调用子程序加工△A′B′C′轮廓
N90 G50；                               取消缩放
N100 G49 Z46.0；                        取消长度补长
N110 M05；                              主轴正转
N120 M30；                              程序停止
```

子程序：

```
O1101；                                 子程序名
N10 G42 G00 X25.0 Y20.0 D01；          建立刀具半径右补偿
N20 G01 X125.0 F200；                  加工外轮廓
N30 X-60.0 Y60.0；
N40 X-65.0 Y-65.0；
N50 G90 Z14.0；                        抬刀到 14mm 高
N60 G40 G00 X0 Y0；                    取消刀具半径补偿
N70 M99；                              返回主程序
```

2. 镜像指令 G51.1/G50.1

指令格式：G17 G51.1 X＿Y＿I＿J＿；

　　　　　　　…

　　　　　G50.1；

其中，X、Y 为镜像轴或镜像点的坐标值；I、J 为 X 轴、Y 轴的镜像系数，单位为 0.001，不能写成小数形式。一般当系数为 1 时，坐标不变；当系数为 −1 时，坐标开始镜像。当工件相对于某一轴具有对称形状时，可以利用镜像功能，先只对工件的一部分进行编程，而能加工出工件的其他对称部分，这就是镜像功能。最后使用 G50.1 取消镜像。

【例 6-12】 使用镜像指令加工如图 6-54 所示的零件外轮廓的 4 个凸台。设刀具起刀点距工件上表面为 100mm，凸台凸起高度为 6mm。

在工件的上表面建立如图 6-54 所示的工件坐标系。其加工程序如下：

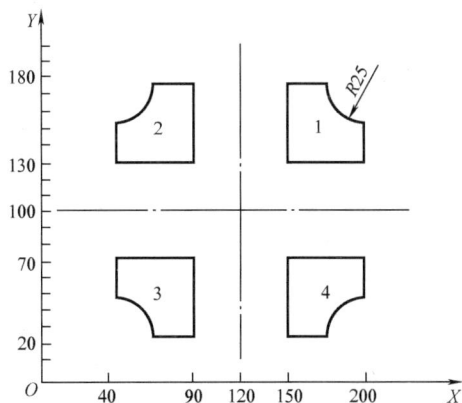

图 6-54　镜像指令加工实例

O0012；

N10 G92 X120.0 Y100.0 Z100.0；　　　　　　　建立工件坐标系

N20 G90 G17 M03 S600；　　　　　　　　　　初始化设置，主轴正转，转速为600r/min

N50 M98 P1201；　　　　　　　　　　　　　　调用子程序加工图形1

N60 G51.1 X120.0 Y100.0 I-1000 J1000；　　　关于 Y=120 轴镜像

N70 M98 P1201；　　　　　　　　　　　　　　调用子程序加工图形2

N80 G51.1 X120.0 Y100.0 I-1000 J-1000；　　关于 Y=120 和 X=100 交点镜像

N90 M98 P1201；　　　　　　　　　　　　　　调用子程序加工图形3

N100 G51.1 X120.0 Y100.0 I1000 J-1000；　　关于 X=100 轴镜像

N110 M98 P1201；　　　　　　　　　　　　　　调用子程序加工图形4

N120 G50.1；　　　　　　　　　　　　　　　　取消镜像

N130 G01 Z100.0；

N140 M05；

N150 M30；

O1201；　　　　　　　　　　　　　　　　　　子程序

N10 G90 G43 G00 Z2.0；

N20 G01 Z-6.0 F100；

N30 G91 G41 G01 X30.0 Y25.0 D01；

N40　Y55.0；

N50 X25.0；

N60 G03 X25.0 Y-25.0 I25.0 J0；

N70 G01 Y-25.0；

N80 X-55.0；

N90 G40 X-25.0 Y30.0；

N100 G49 G00 Z106.0；

N110 M99；

3. 坐标旋转变换指令 G68/G69

指令格式：G17 G68　X＿Y＿R＿；

　　　　或 G18 G68 X＿Z＿R＿；

　　　　或 G19 G68 Y＿Z＿R＿；

　　　　　　…

　　　　　　G69；

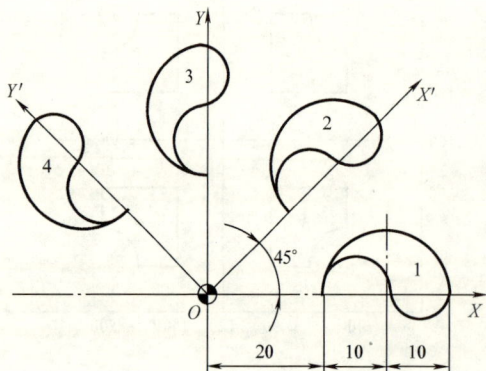

图 6-55　坐标系旋转指令实例

其中，G68 为坐标旋转功能指令，G69 为取消坐标旋转功能指令；X、Y、Z 为旋转中心的坐标值；R 为旋转角度，逆时针方向为正，顺时针方向为负，单位是（°），取值范围为 $-360° \leqslant R \leqslant 360°$。在有刀具补偿时先旋转后补偿，在有缩放指令时先缩放后旋转。当程序采用 G90 方式编程时，G68 程序段后的第一个程序段必须使用绝对值指令，才能确定旋转中心。如果此语句段采用增量编程，同系统以当前点为旋转中心。

【例 6-13】使用旋转指令加工如图 6-55 所

示的零件外轮廓的 4 个凸台。设刀具起刀点距工件上表面为 100mm，凸台凸起高度为 6mm。

O6013;	主程序名
N10 G92 X0 Y0 Z100.0;	建立工件坐标系
N20 G90 G17 M03 S800;	绝对编程，选择 XY 平面，主轴正转，转速为 800r/min
N30 G43 G00 Z2.0 H01;	接近工件，建立刀具长度补偿
N35 G01 Z-6.0	Z 向下刀
N40 M98 P1301;	调用子程序加工图形 1
N50 G68 X0 Y0 R45.0;	坐标系旋转 45°
N60 M98 P1301;	调用子程序加工图形 2
N70 G69;	取消坐标系旋转
N80 G68 X0 Y0 R90.0;	
N90 M98 P1301;	
N100 G69;	
N110 G68 X0 Y0 R145.0;	坐标系旋转 135°
N120 M98 P1301;	调用子程序加工图形 4
N130 G69;	取消坐标系旋转
N140 G49;	取消长度补偿
N150 M05;	主轴停止
N160 M30;	程序停止
O1301;	子程序
N10 G90 G41 G01 X20.0 Y-5.0 D01 F200;	建立刀具半径左补偿
N20 Y0;	接近工件
N30 G02 X40.0 Y0 I10.0 J0;	加工 R10 大圆弧
N40 X30.0 Y0 I-5.0 J0;	加工下面 R5 小圆弧
N50 G03 X20.0 Y0 I-5.0 J0;	加工上面 R5 小圆弧
N60 G00 Y-6.0;	切出
N70 G40 X0 Y0;	取消刀补
N80 M99;	返回主程序

6.2.6　宏程序编程

所谓用户宏程序是系统厂家为用户设计的一种高功能程序指令，是向用户推荐的一种特殊编程方法。将一群命令所构成的功能像子程序一样输入到内存中，再把这些命令用一个命令作为代表，执行时只需写出这个代表命令即可。这一群命令称为用户宏程序，这个代表命令称为用户宏命令。

这种编程方法把各种几何关系、各种曲线函数用变量、编程语句和运算函数构成一种运算关系的框架，只要把变量代入具体数值就能得出宏程序运算结果。用户宏程序可以理解为含有变量的程序，可以通过改变变量而得到不同加工轨迹的程序。

1. 用户宏程序中的变量

(1)变量表达形式：可以代表各种数值的代号。如 A、B 等都可以看作是变量。用变量可以组成各种代数式，如 $A=B+C$ 等。把变量用在编程中，可以改变轨迹固定不变的状态，一个程序可以产生不同形式的轨迹。如 G02 X♯1 Z♯2 R♯3 F50，其中，♯1、♯2、

♯3 就是 3 个变量，改变变量的数值就可改变圆弧的形状，加工出不同的顺弧轨迹。在具体的加工中直接为变量赋值即可。在数控系统中用变量符♯和变量号一起组成一个变量，系统设定了♯0、♯1、♯2、…、♯7944 作为供使用的变量，用这些变量能组成各种复杂的运算函数，其中变量号可以直接用数字指定，也可以用表达式来指定，但表达式必须用括号括上，如♯[♯7＋♯9－123]。

(2)变量类型见表 6-4。

表 6-4   **变量的类型**

类型	变量名	作 用
空变量	♯0	永远是空，在♯0 变量中，没有任何值，包括没有 0
局部变量	♯1～♯33	在不同宏程序中有不同的意义
公共变量	♯100～♯199 随机型变量	公共变量在不同宏程序中的意义相同，断电后为空
	♯500～♯999 保持型变量	断电后能继续保持
系统变量	♯1000～♯7944	数控系统运行时使用的变量

空变量：该变量永远是空的，在♯0 变量中，没有 0 也没有其他任何数值。

局部变量：在宏程序运算中使用，用它储存运算数据，存储中间运算结果，参与函数运算。宏程序运算结束，变量的内容被置成"空"；同名的局部变量在不同宏程序中有不同的意义，各自代表本程序中的含义，互不影响。

公共变量：公共变量的作用与局部变量相同。不同之处在于公共变量是通用变量，在不同宏程序中的意义相同。也就是说，某一公共变量在主程序中参与运算，而在调用的各子程序中仍能继续参与运算，在各程序中公共使用。公共变量有两组：♯100～♯199 为随机公共变量，通电后，成"空"状态，运算时，存放各种数值，但在 M30 以后，即复位以后，马上被置为"空"状态；♯500～♯999，永远保持运算结果，断电后能继续保持。

系统变量：系统变量是 CNC 系统运行时使用的变量。这些变量反应接口信号状态、刀具补偿值、各轴当前位置、坐标系偏移值等。

(3)变量的赋值。把某一组数值输入到一个变量中叫做对该变量赋值。未赋值的变量都是"空"状态，CNC 通电以后，局部变量和公共变量都成"空"状态，赋值以后，这些变量才存有内容。赋值形式是用"＝"号做赋值号，"＝"左面是被赋值的变量，"＝"号右面是赋值的内容，"＝"号表示把右面的内容赋予左面的变量。例如：

算术式   ♯4＝♯1＋♯2；

逻辑式   ♯5＝♯6AND♯7；

函数式   ♯7＝♯8＊SIN[♯9]；

一条语句只能给一个变量赋值。被赋值的变量根据最小的设定单位自动地传入。如♯1＝123.4567，自动为♯1＝123.457，"＝"右面为变量所存内容。当变量值为整数时，可以不写小数点，如♯3＝100.000 可写成♯3＝100。

2. 常用运算函数

系统向用户提供的算术运算式见表 6-5。

表 6-5　　　　　　　　　　　**系统算术表达式**

功　能	格　　式	备　　注
定义	＃i＝＃j;	
加法	＃i＝＃j＋＃k;	
减法	＃i＝＃j－＃k;	
乘法	＃i＝＃j＊＃k;	
除法	＃i＝＃j/＃k;	
正弦	＃i＝SIN［＃j］;	
反正弦	＃i＝ASIN［＃j］;	
余弦	＃i＝COS［＃j］;	单位为度，如 90°30″应写成 90.5
反余弦	＃i＝ACOS［＃j］;	
正切	＃i＝TAN［＃j］;	
反正切	＃i＝ATAN［＃j］/［＃k］;	
平方根	＃i＝SQRT［＃j］;	
绝对值	＃i＝ABS［＃j］;	
舍入	＃i＝ROUND［＃j］;	
下取整	＃i＝FIX［＃j］;	
上去整	＃i＝FUP［＃j］;	
自然对数	＃i＝LN［＃j］;	
指数函数	＃i＝EXP［＃j］;	
或	＃i＝＃j OR＃k;	
异或	＃i＝＃j XOR＃k;	按位执行逻辑运算
与	＃i＝＃j AND＃k;	

说明：

（1）ROUND 四舍五入函数。在 IF、WHILE 语句中，按小点后第 1 位四舍五入。例如，＃2＝1.2345，＃1＝ROUND［＃2］，运算后，＃1＝1。而在 NC 语句中，按小点后 3 位四舍五入，例如，＃1＝1.2345，＃2＝2.3456，执行 G00 X＃1 向上五入，移动 1.235；执行 G00 X＃2，移动 2.346。

（2）FIX 向下取整，FUP 向上取整。向上、向下取整运算都是按绝对值大小进行的。例如，设定＃1＝1.2；＃2＝－1.2。

当执行＃3＝FUP［＃1］后，＃3＝2.0；当执行＃3＝FIX［＃1］后，＃3＝1.0；当执行＃3＝FUP［＃2］后，＃3＝－2.0；当执行＃3＝FIX［＃2］后，＃3＝－1.0。

（3）全部运算函数的函数名都可以用两个字母缩写。

例如，ROUND 缩写为 RO，FIX 缩写为 FI，ASIN 缩写为 AS，SQRT 缩写为 SQ。

3. 转移和循环语句

转移和循环语句是控制程序运行走向的宏程序指令，有 3 种语句可供使用。

（1）GOTO 无条件转移语句。

指令格式：GOTO n;

其中，n 代表程序段顺序号 Nn。

语句意义：无条件地使程序转移到 Nn 程序段执行。执行框图如图 6-56 所示。

（2）IF-GOTO 条件转移语句。

指令格式：IF [条件表达式] GOTO n；

语句意义：如果条件表达式满足，程序跳转到 Nn 程序段执行；如果条件表达式不满足，则按顺序执行下一个程序段。语句执行框图如图 6-57 所示。

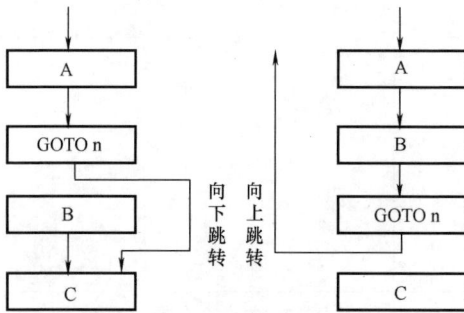

图 6-56 GOTO 语句框图

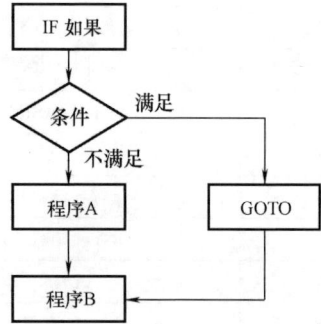

图 6-57 IF-GOTO 语句执行框图

语句中的条件运算符可参见表 6-6。

例如，$\#1+\#2$ 大于 10，把 0 赋给 $\#3$，则语句表达式为：IF [$\#1+\#2$ GT 10] THEN $\#3=0$；

表 6-6　　　　　　　　　　　　　　条件运算符

运算符	对应符号	含义	备注
EQ	=	等于	Equal
NE	≠	不等于	Not Equal
GT	>	大于	Grat Than
GE	≥	大于等于	Grat or Equal
LT	<	小于	Less Than
LE	≤	小于等于	Less Than or Equal

【例 6-14】加工如图 6-58 所示的零件外廓，零件厚度为 10mm。当变量 $\#1$ 置 1 时，加工图 6-58（a）；当变量 $\#1$ 置 0 时，加工图 6-58（b）。对刀点在（-10，-10，100）处。

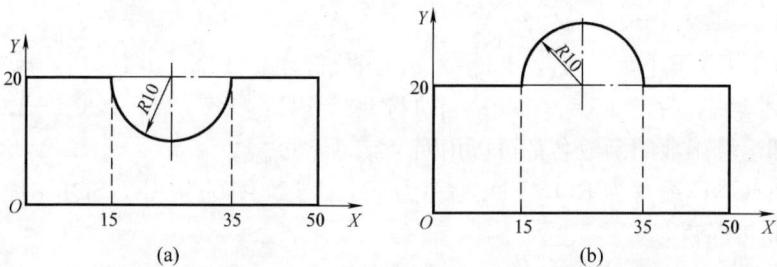

(a)

(b)

图 6-58 GOTO 语句应用实例

在零件的上表面建立如图 6-58 所示的工件坐标系。其加工程序如下：

O6014；	程序名
N10 G54 G17 G94 T01；	初始化设置，调用 1 号刀
N20 G00 X－10.0 Y－10.0 Z100.0；	定位到起刀点
N30 G43 G00 Z2.0 H01；	接近工件建立刀具长度补偿
N40 G01 Z－10.0 F200；	Z 向下刀，进给速度为 200mm/min
N50 G41 X0 Y0 D01；	接近工件建立工件半径左补偿
N60 Y20.0；	切直线
N70 X15.0；	切直线
N80 ♯1＝1；	变量♯1 赋值
N90 IF［♯1 EQ 1］GOTO 120；	若♯1 值为 1，则执行 120 语句
N100 G03 X35.0 Y20.0 R10.0；	若♯1 值不为 1，则加工逆弧
N110 GOTO 130；	转移到 130 语句
N120 G02 X35.0 Y.20.0 R10.0；	加工顺弧
N130 G01 X50.0；	加工直线
N140 Y0；	加工直线
N150 X－5.0；	切出
N160 G40 X－10.0 Y－10.0；	取消刀具半径补偿
N170 G49 G00 Z100.0；	取消刀具长度补偿，返回到对刀点
N180 M05；	主轴停止
N190 M30；	程序停止

（3）IF-THEN 语句。

指令格式：IF［条件表达式］ THEN ＜宏程序语句＞；

语句意义：如果条件表达式满足，则执行 THEN 后面的宏程序语句，只执行一次结束；如果条件表达式不满足，则直接向下执行。语句执行框图如图 6-59 所示。

【例 6-15】车削加工中的螺纹加工，可使用一个程序完成 3 种导程的加工。如图 6-60 所示，加工 M30×1.5、M30×3（P1.5）、M30×4.5（P1.5）3 种螺纹。

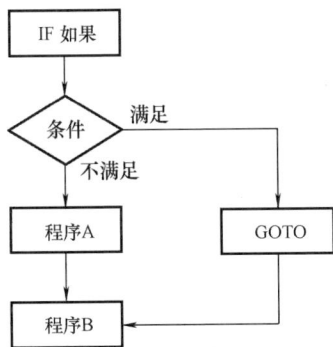

图 6-59　IF-THEN 语句框图

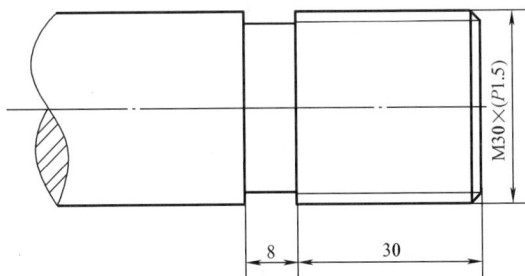

图 6-60　IF-THEN 语句应用实例

螺纹深度为 $t＝0.65×1.5＝0.975$，分 4 刀切削，第 1 刀切到 $\phi29.0$；第 2 刀到 $\phi28.40$；第 3 刀到 $\phi28.10$；第 4 刀到 $\phi28.05$。

O6015；　　　　　　　　　　　　　　　3 种螺纹加工程序主程序

```
N5     G99  T0101;                          调用 1 号刀, 每转进给
N10    M03 S400;                            主轴正转, 转速为 400r/min
N15    G00  X100.0 Z100.0;                  定位到定位点
N20    X34.0  Z10.0;                        车螺纹循环起点
N25    #1 = 1;                              1, 2, 3 三种螺纹
N30    #2 = 1.5;                            螺距 P = 1.5
N35    #4 = 3.0;                            G92 起刀点
N40    IF [#1EQ1]  THEN  #3 = 1.5;          导程 1.5
N45    IF [#1EQ2]  THEN  #3 = 3.0;          导程 3.0
N50    IF [#1EQ3]  THEN  #3 = 4.5;          导程 4.5
N55    #4 = #4 + #3;                        G92 起点分别为 4.5, 6.0, 7.5
N60    M98  P1501;                          加工第 1 条螺纹
N65    IF [#1EQ1] GOTO 95;                  单螺纹加工结束
N70    #4 = #4 + #2;                        起刀点
N75    M98  P1501;                          加工第 2 条螺纹
N80    IF [#1EQE2] GOTO 95;                 双螺纹加工结束
N85    #4 = #4 + #2;
N90    M98  P1501;                          加工第 3 条螺纹
N95    G00  X100.0 Z100.0;
N100   M30;

O1501;                                      螺纹加工子程序
N5  G00   Z#4;
N10 G92   X29.0  Z - 34.0  F#3;
N15       X28.4;
N20       X28.1;
N25       X28.05;
N30 G00   #4;
N35 M99;
```

（4）WHILE 循环语句。

指令格式：WHILE ［条件表达式］ DO m；

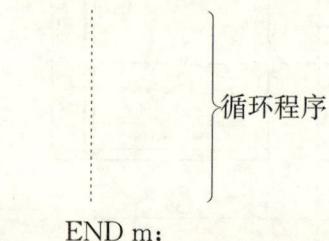

循环程序

END m；

语句意义：如果条件表达式满足，就循环执行 WHILE 到 END m 之间的程序；如果条件表达式不满足，就执行 END m 以后的程序。语句执行框图 6-61 所示。式中 m 为指定程序执行范围的标号，标号值为 1，2，3…，DO 循环可嵌套三级。

【例 6-16】加工如图 6-62 所示工件并对加工工件计数。工件背吃刀量为 6mm。

在工件的上表面建立如图 6-62 所示工件坐标系。对刀点设在（-10，-10，100）处。

其程序如下：

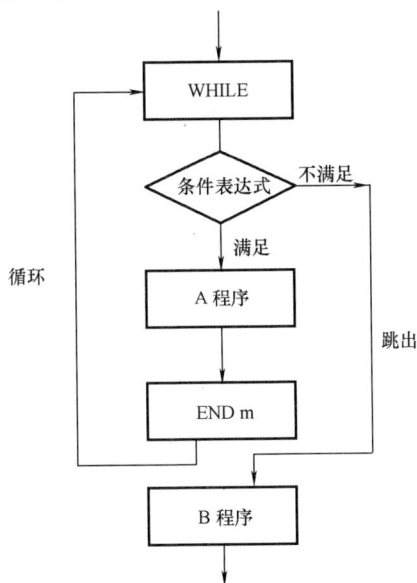

图 6-61 WHILE 语句框图

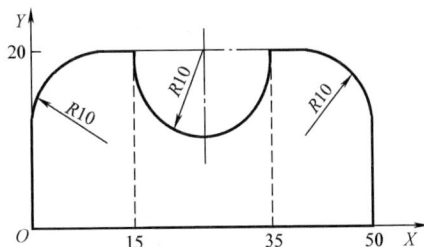

图 6-62 WHILE-DO 应用实例

```
O6016;
N10 #1 = 100;                           加工总件数
N20 #2 = 1;                             加工件计数
N30 G17 G94 G90 G54;
N40 WHILE [#2 LE #1] DO2;
N50 G00 X - 10.0 Y - 10.0 Z100.0;
N60 Z2.0;
N70 G01 Z - 6.0 F200;
N80 G41 X0.0 Y0.0;
N90 Y10.0;
N100 G02 X10.0 Y20.0 R10.0;
N110 G01 X15.0;
N120 G03 X35.0 Y20.0 R10.0;
N130 G01 X40;
N140 G02 X50.0 Y10.0 R10.0;
N150 G01 Y0;
N160 X - 5.0;
N170 G40 X - 10.0 Y - 10.0;
N180 Z2.0;
N190 G00 Z100.0;
N200 M00;
N210 #2 = #2 + 1;                       加工件数递增
N220 END2;
N230 M30;
```

4. 宏程序调用指令

（1）非模态调用指令 G65。

指令格式：G65　P<p>　L<l>　<自变量赋值表>；

其中，<p>为被调用的宏程序号；<l>为程序调用次数；<自变量赋值表>为自变量自动给局部变量赋值的数据。例如，G65 P0010　A1.0，B2.0，C3.0。

G65 具有调用宏程序功能，以及给局部变量自动赋值功能。

当执行 G65 P0010 时，赋值 A=1.0，B=2.0，C=3.0；自变量向局部变量赋值：#1=A=1.0，#2=B=2.0，#3=C=3.0；最后，P0010 宏程序被调用，#1、#2、#3 参与运算。也就是说，一条 G65 指令包含了很多条赋值语句。

自变量与局部变量对应关系：自变量对局部变量赋值时，它们之间存在固定的对应关系。局部变量的赋值有两种类型。系统给出自变量赋值Ⅰ地址共 21 个自变量（不包括 G、L、O、N、P），使其余 21 个局部变量一一对应，见表 6-7。自变量赋值Ⅱ地址见表 6-8。

表 6-7　　　　　　　　　　自变量指定 Ⅰ 的地址和变量号码的对应关系

自变量指定 Ⅰ 的地址	宏主体中的变量号	自变量指定 Ⅰ 的地址	宏主体中的变量号
A	#1	Q	#17
B	#2	R	#18
C	#3	S	#19
D	#7	T	#20
E	#8	U	#21
F	#9	V	#22
H	#11	W	#23
I	#4	X	#24
J	#5	Y	#25
K	#6	Z	#26
M	#13		

表 6-8　　　　　　　　　　自变量指定 Ⅱ 的地址和变量号码的对应关系

地址	变量号	地址	变量号	地址	变量号
A	#1	K3	#12	J7	#23
B	#2	I4	#13	K7	#24
C	#3	J4	#14	I8	#25
I1	#4	K4	#15	J8	#26
J1	#5	I5	#16	K8	#27
K1	#6	J5	#17	I9	#28
I2	#7	K5	#18	J9	#29
J2	#8	I6	#19	K9	#30
K2	#9	J6	#20	I10	#31
I3	#10	K6	#21	J10	#32
J3	#11	I7	#22	K10	#33

【例 6-17】 用宏程序加工如图 6-63 所示的椭圆。写出当 $A=80mm$，$B=50mm$，工件厚度为 8mm，刀具半径 $R=5mm$ 时的加工程序。

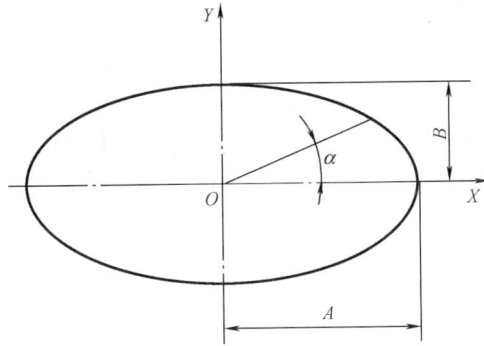

图 6-63 G65 指令应用实例

工件坐标系建立在如图 6-63 所示位置的上表面处。加工程序如下：

O06016；

N10 G54 G98 T01；

N20 G00 X0.0 Y0 Z100.0；

N30 Z2.0；

N40 G65 P1601 A80.0 B50.0 C0.0 Z－5 R5.0；　　　调用宏程序 1601，同时定义长半轴、短半轴、
　　　　　　　　　　　　　　　　　　　　　　　步距角、切深和刀具半径值

N45 G00 Z100.0；

N50 M30；

O1601；　　　　　　　　　　　　　　　　　　　椭圆子程序

N10 G00 X[♯18＋♯1] Y[♯18＋♯2]；　　　　　　定位到椭圆右上角
　　　　　　　　　　　　　　　　　　　　　　Z 向下刀

N20 G01 Z♯26 F100；　　　　　　　　　　　　建立刀具半径左补偿

N30 G41 X♯1；　　　　　　　　　　　　　　　WHILE 循环

N40 WHILE [♯3 GE －360] DO 1；　　　　　　　定义 X 值

N50 ♯24 = ♯1 * COS[♯3]；　　　　　　　　　　定义 Y 值

N60 ♯25 = ♯2 * SIN[♯3]；　　　　　　　　　　加工圆弧

N70 G01 X♯24 Y♯25；　　　　　　　　　　　　步距角－5

N80 ♯3 = ♯3－5　　　　　　　　　　　　　　循环结束

N90 END 1；　　　　　　　　　　　　　　　　切出工件

N100 G91 G01 Y[－♯18]；　　　　　　　　　　Z 向抬刀

N110 Z[－♯26]；　　　　　　　　　　　　　　返回主程序

N120 M99；

（2）模态调用指令 G66/G67。

指令格式： G66 P<p> L<l> <自变量赋值>；

　　　　　　　　　　　　　　　　　　　　移动指令程序段；

　　　　　G67；

P <p>、L<l>、<自变量赋值>意义同 G65。在 G66~G67 必须加入指定 P<p>子程序执行位置的 NC 移动指令程序段。G66 指令在模态下，依次按指定位置执行子程序，直到 G67 出现，G66 模态执行结束。在这一调用状态下，当程序段中有移动指令时，先执行完这一移动指令后，再调用宏程序，所以，又称为移动调用指令。

例如，多孔加工时可以用这一调用形式，在移动到各个孔的位置后执行孔加工宏程序。程序如下：

```
    G66 P9802 R__Z__X__;        调用宏程序，并且对引数赋值
    X__;                        在有移动的程序段中，执行孔加工宏程序
    M__;
    Y__;
    …
    G67;                        取消用户宏
```

孔加工宏程序（采用增量方式）：

```
09802;
G00  Z♯18;
G01  Z♯26;
G04  X♯24;
G00  Z-[ROUND[♯18]+ROUND[♯26]];
M99;
```

执行这一程序的流程如图 6-64 所示。

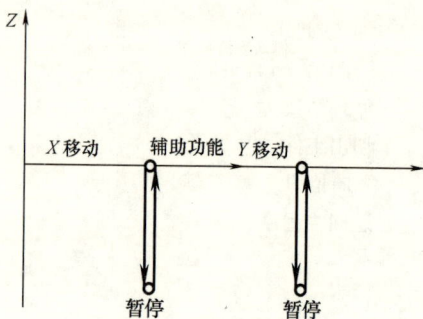

图 6-64　G66 调用流程

图 6-65　宏程序实例

【例 6-18】如图 6-65 所示采用螺旋铣削方法加工小圆柱孔。铣刀直径稍大于孔半径。程序如下：

```
O  0521;
N5   ♯1=36.0;                 圆柱孔内径
N10  ♯2=15.0;                 孔深
```

N15	♯3 = 20.0;	铣刀直径，调整直径可进行粗、精加工
N20	♯4 = 0;	切深初值
N25	♯17 = 3.0;	每次切深递增量
N30	♯5 = ［♯1 - ♯3］/2	螺旋加工回转半径
N35	S1000 M03;	
N40	G54G90G00 X0Y0Z30.0;	
N45	G00 X♯5	螺旋起点
N50	Z［ - ♯4 + 1.0］	*ZD* 面上 1mm
N55	G01 Z - ♯4 F200;	进给 *ZD* 面
N60	WHILE［♯4LT♯2］DO1;	加工循环
N65	♯4 = ♯4 + ♯17;	每周螺旋距
N70	G02 I - ♯5 Z - ♯4 F1000;	螺旋逆铣一周
N75	END1;	
N80	G02 I - ♯5;	深度到位平铣一周
N85	G01 X［♯5 - 1.0］;	加工结束，离开内壁 1mm
N90	G00 Z30.0;	
N95	M30;	

6.3　数控铣削及加工中心综合编程实例

6.3.1　FANUC 0i MA 系统综合编程实例

1. 轮廓零件的加工

一般情况下，轮廓加工是用圆柱形刀具的侧刃切削工件，基本是根据工件轮廓的坐标来编程，再加上刀具半径补偿，从而进行粗、精加工。

【例 6-19】加工如图 6-66 所示盖板零件。毛坯尺寸为 100mm × 60mm × 8mm，材料为硬铝。

(1) 零件图分析。这是一个平面轮廓类零件，材料为硬铝，可一次铣削完成。其特殊点 *C*、*D*、*E* 分别为（21.771，40）（51.245，36.667）、（73.987，25）。

(2) 加工方案及加工路线的确定。设零件左前端上表面为工件原点，建立如图 6-66 所示工件坐标系。对刀点选在 *O'*

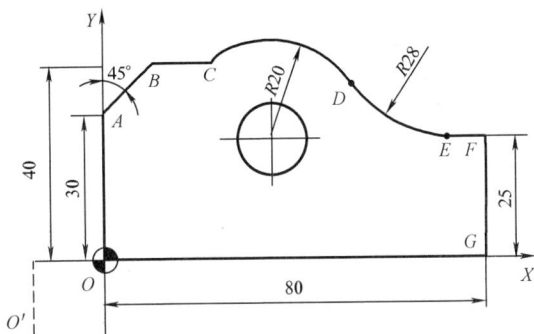

图 6-66　外轮廓的加工

（-20，-20，10）处，从 *O* 点切入沿 *OABCDEFGO* 路线切削，建立刀具半径左补偿。切线切入、切出。

(3) 确定装夹方案。采用两块压板找正装夹。

(4) 刀具及切削用量的选择。采用 φ12 的立铣刀。主轴转速选择 600r/min，进给量 *F* = 150mm/min。

(5) 参考程序如下：

O 6018;	程序名
N10 G92 X－20.0 Y－20.0 Z10.0;	建立工件坐标系，刀具至起刀点
N20 S600 M03;	主轴正转，转速为 600r/min
N30 G90 G41 G00 X0 D01;	建立刀具左补偿
N40 G01 Z－8.0 F150;	Z 向下刀至－8mm 处
N50 Y30.0;	加工直线 OA
N60 X10.0 Y40.0;	加工直线 AB
N70 X21.771;	加工直线 BC
N80 G02 X51.245 Y36.667 R20.0;	加工顺弧 CD
N90 G03 X73.987 Y25.0 R28.0;	加工逆弧 DE
N100 G01 X80.0;	加工直线 EF
N110 Y0;	加工直线 FG
N120 X－20.0;	加工直线 GO 并退刀
N130 G40 G00 Y－20.0;	取消刀补，返回到 O′
N140 Z10.0;	Z 向抬刀
N150 M05;	主轴停止
N160 M30;	程序停止

2. 平面零件的加工

【例 6-20】加工如图 6-67 所示模板平面。

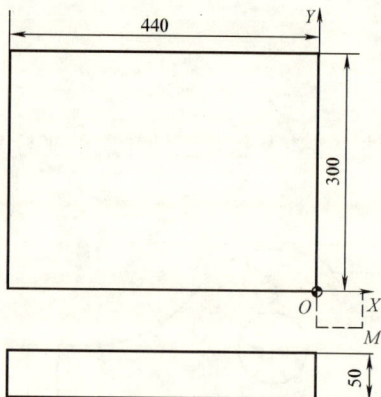

图 6-67　模板平面的数控加工

（1）零件图分析。如图 6-67 所示模板材料为 45 钢，表面基本平整。加工的上表面有一定的精度要求。

（2）加工方案及加工路线的确定。工件原点设在如图 6-67 所示的位置，Z 方向设在工件的上表面上。加工本零件可在图示位置 M 点下刀，采用增量编程方式，用双向横坐标平行法（画"弓"字）进行加工。

（3）确定装夹方案。因为工件厚度较大，用高精平口钳找平装夹。

（4）刀具及切削用量的选择。选择硬质合金面铣刀，刀具直径为 50mm。其上镶有 4 片八角形刀片。主轴转速选择 800r/min，进给量 F＝400mm/min，背吃刀量选择 4.5mm。

（5）参考程序如下：

O 6019;	程序名
N10 G90 G55;	绝对编程，工件坐标系设在 G55 中
N20 G00 X30.0 Y－5.0 Z50.0;	快速定位到(30，－5，50)点
N30 S800 M03;	主轴正转，转速 800r/min
N40 G00 Z5.0;	快速接近工件
N50 G01 Z－0.5 F400;	工进 Z 向下刀
N60 G91 X－520.0;	相对编程，加工到工件左端
N70 　 Y50.0;	Y 向移动 50mm
N80 　 X520.0;	加工到工件右端

N90　　Y50.0；

N100　　X－520.0；

N110　　Y50.0；

N120　　X520.0；

N130　　Y50.0；

N140　　X－520.0；

N150　　Y50.0；

N160　　X520.0；

N170 Y50.0；

N180　　X－520.0；　　　　　　　　　　Z 向抬刀

N190 G00 Z100.0；　　　　　　　　　　主轴停止

N200　　M05；　　　　　　　　　　　　程序停止

N210　　M30；

3. 内槽的加工

【例 6-21】加工如图 6-68 所示箱体密封槽零件。槽深为 3mm，材料为铝合金铸件。

（1）零件图分析。如图 6-68 所示为箱体密封槽零件，主要由两个圆环相连。材料为铝合金铸件（ZL201）。

（2）加工方案及加工路线的确定。采用如图 6-68 所示 O 位置及工件上表面作为工件原点，建立工件坐标系。坐标系设在 G54。

（3）确定装夹方案。采用标准铣床平口钳盘找正夹紧。

（4）刀具及切削用量的选择。采有高速钢键槽铣刀，铣刀直径为 5mm，可一次下刀加工成形。转速选择 1500r/min，背吃刀量为 3mm，进给量选择 300mm/min。

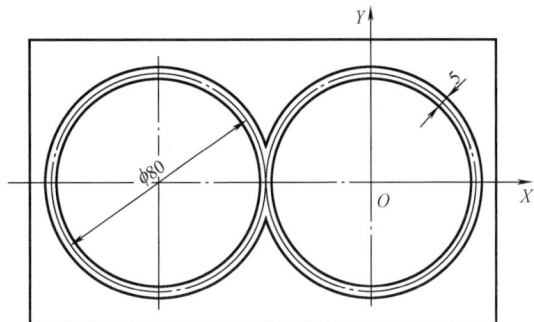

图 6-68　密封槽零件加工

（5）参考程序如下：

O 6020；　　　　　　　　　　　　　程序名

N10 G94 G54；　　　　　　　　　　采用 G54 坐标系，绝对编程

N20 G00 X－40.0 Y0 Z100.0；　　　快速定位到（－40，0，100）点处

N30 S1500 M03 ；　　　　　　　　　主轴正转，转速为 1500r/min

N40　　Z2.0；　　　　　　　　　　　快速接近工件

N50 G01 Z－3.0 F150；　　　　　　　Z 向进给下刀

N60 G02 I40.0 F300 ；　　　　　　　加工右边圆槽

N70 G03 I－40.0；　　　　　　　　　加工左边圆槽

N80 G00 Z100.0；　　　　　　　　　抬刀至安全高度

N90 M05 ；　　　　　　　　　　　　主轴停止

N100 M30；　　　　　　　　　　　　程序停止

4. 内轮廓及孔的加工

【例 6-22】对如图 6-69 所示零件内轮廓型腔进行粗、精加工，并加工 4×ϕ10 孔。

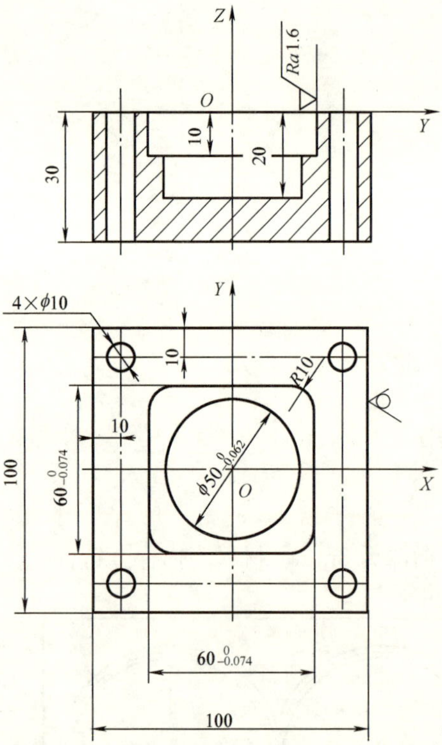

图 6-69　内轮廓型腔加工

（1）零件图分析。如图 6-69 所示为箱体类零件，其中主要加工面为 $\phi 50$、深 20mm 内圆孔，60mm×60mm、深 10mm 的内腔。同时需要加工 4×$\phi 10$ 的通孔，选择毛坯尺寸为 100mm×100mm×40mm 带有 $\phi 20$ 工艺孔的灰铁铸件。

（2）加工方案及加工路线的确定。设如图 6-69 所示位置 O 点为原点，建立工件坐标系。内型腔根据零件精度要求，将粗、精加工分开，工艺路线为：先加工 $\phi 50$ 孔、分 4 层走刀，底面和侧面各留 0.5mm 余量，再加工 60mm×60mm 方形腔，分 2 层切削，同样底面和侧面各留 0.5mm 余量，最后进行精加工。再用孔加工循环指令 G83，加工 4×$\phi 10$ 的通孔。粗加工从中心工艺孔垂直进刀向外扩展 2 圈。

（3）确定装夹方案。采用平口钳找正夹紧。

（4）刀具及切削用量的选择。共选择 3 把刀具，1 号刀为 $\phi 20$ 立铣刀，用于粗加工；2 号刀为 $\phi 10$ 的键槽铣刀，用于精加工；3 号刀为 $\phi 10$ 的钻头，用于加工 4×$\phi 10$ 的通孔。具体切削参数见表 6-9。

表 6-9　　　　　　　　　　　　　　**刀具的选择**

序号	刀具号及刀补号	刀具名称	加工表面
1	T01 D01	立铣刀	粗加工内腔
2	T02 D02	键槽铣刀	精加工内腔
3	T03	麻花钻	加工通孔

切削用量的确定可参见表 6-10。

表 6-10　　　　　　　　　　　　**刀具切削用量的选择**

序号	刀具号	刀具名称	加工表面	主轴转速（r/min）	进给量（mm/r）	背吃刀量（mm）
1	T01	立铣刀	粗加工	300	100	12.0
2	T02	键槽铣刀	精加工	600	80	0.5
3	T03	麻花钻	通孔加工	500		8.0

（5）参考程序如下：

加工内型腔的主程序：

O 6021;	主程序名
N10 T01 M06;	调用 1 号刀具
N20 G94 G54 G90 G00 X. 0 Y0 Z50.0;	初始化设置，定位到对刀点
N30 S300 M03;	主轴正转，转速为 300r/min

N40 G00 Z2; 　　　　快速定位到工件表面上方起刀点

N50 G01 Z－5.0 F50; 　　　　工进 Z 向下刀到 5mm 深

N60 M98 P2101; 　　　　调用 O2101 子程序

N70 Z－10.0 F50; 　　　　工进 Z 向下刀到 10mm 深

N80 M98 P2101; 　　　　调用 O2101 子程序

N90 Z－15 F50; 　　　　工进 Z 向下刀到 15mm 深

N100 M98 P2101; 　　　　调用 O2101 子程序

N110 Z－19.5 F50; 　　　　工进 Z 向下刀到 19.5mm 深

N120 M98 P2101; 　　　　调用 O2101 子程序

N130 Z－5.0; 　　　　抬刀到 Z 向 5mm 深处

N140 M98 P2102; 　　　　调用 O2102 子程序

N150 Z－9.5 ; 　　　　工进 Z 向下刀到 9.5mm 深

N160 M98 P2102; 　　　　调用 O2102 子程序

N170 G00 Z50.0; 　　　　抬刀到安全高度

N180 T02 M06; 　　　　换 2 号刀

N190 S600 M03; 　　　　主轴正转，转速为 600r/mm

N200 G00 Z2.0; 　　　　快速定位到 Z 向起刀点

N210 G01 Z－20.0 F30.0; 　　　　工进 Z 向下刀到 20mm 深处，进行精加工底面

N220 G04 P1500; 　　　　进给暂停 1.5s

N230 G01 X14.0 F80.0; 　　　　到第 1 圈起刀处(14，0)

N240 G02 I－14.0; 　　　　顺弧加工第 1 圈

N250 G01 X23.0; 　　　　到第 2 圈起点

N260 G02 I－23.0; 　　　　顺弧加工第 2 圈

N270 G01 X32.0; 　　　　到第 3 圈起点

N280 G02 I－32.0; 　　　　顺弧加工第 3 圈

N290 G01 X41.0 ; 　　　　到第 4 圈起点

N300 G02 I－41.0; 　　　　顺弧加工第 4 圈

N310 X45.0 I2.0; 　　　　顺弧切入，进入第 5 圈精加工起点

N320 I－45.0; 　　　　顺弧加工第 5 圈

N330 X0 I－22.5; 　　　　回到圆心位置

　　　　招刀到 10mm 深处，开始加工方型腔

　　　　到第 1 圈起点处，开始加工第 2 圈

N340 G01 Z－10.0;

N350 X21.0;

N360 Y21.0;

N370 X－21.0;

N380 Y－21.0;

N390 X21.0;

N400 Y0;

N410G03 X25.0 I2.0; 　　　　定位到第 2 圈起点，开始加工第 2 圈

N420 G01 Y20.0;

N430 G03 X20 Y25.0 R5.0; 　　　　没有刀补，用刀具中心轨迹控制圆弧半径

N440 G01 X－20.0;

```
N450 G03 X - 25. 0 Y20. 0 R5. 0;
N460 G01 Y - 20. 0;
N470 G03 X - 20. 0 Y - 25. 0 R5. 0;
N480 G01 X20. 0;
N490 G03 X25. 0 Y - 20. 0;
N500 G01 Y0;
N510 G03 X0 Y0 I12. 5;                          切线切出，回到原点
N520 Z2. 0;                                     抬刀到起刀位置
N530 G00 Z50. 0;                                抬刀到安全高度
N540 M05;                                       主轴停止
N550 M30;                                       程序停止
O2101;
N5   X14. 5;                                    子程序 φ50 圆孔的粗加工程序
N10 G02 I - 14. 5;
N15   X0 I - 7. 25;
N20 M99;
O2102;                                          方型腔粗加工程序
N5   X19. 5 Y19. 5;
N10 X - 19. 5;
N20 Y - 19. 5;
N30 X19. 5;
N40 Y19. 5;
N50 M99;
O2103;                                          加工 4×φ10 孔程序
N10 G54 G90 G00 X0 Y0 Z50. 0;                   G54 坐标系，绝对编程
N20 S500 M03;                                   主轴正转，转速为 500r/min
N30 G17 G99 G83 X40. 0 Y40. 0 Z - 33. 0 R3. 0 Q5. 0 F100;  采用 G83 啄式钻孔，钻第 1 孔
N40 Y - 40. 0;                                  钻第 2 孔
N50 X - 40. 0;                                  钻第 3 孔
N60 Y40. 0;                                     钻第 4 孔
N70 G80 G00 Z100. 0;                            取消钻孔循环，抬刀
N80 M05;                                        主轴停止
N90 M30;                                        程序停止
```

5. 曲面凹槽的加工

【例 6-23】 对如图 6-70 所示零件的曲面凹槽进行加工。其他平面已加工完毕，要求在数控铣床上铣削凹形曲面。

(1) 零件图分析。如图 6-70 所示为带有凹槽的零件，从图中可看出该零件在 200mm× 600mm×40mm 的长方体内，沿其垂直面内加工曲面。

(2) 加工方案及加工路线的确定。按如图 6-70 所示位置建立工件坐标系，O 为坐标原点。在 ZX 面内进行插补切削，采用刀具半径右补偿。Z 向要分 5 层切削，其运行轨迹为 "1→2→3→4→5→6→2"，循环一次切削 1 层，每层背吃刀量为 5mm。

(3) 确定装夹方案。采用平口钳找正夹紧。

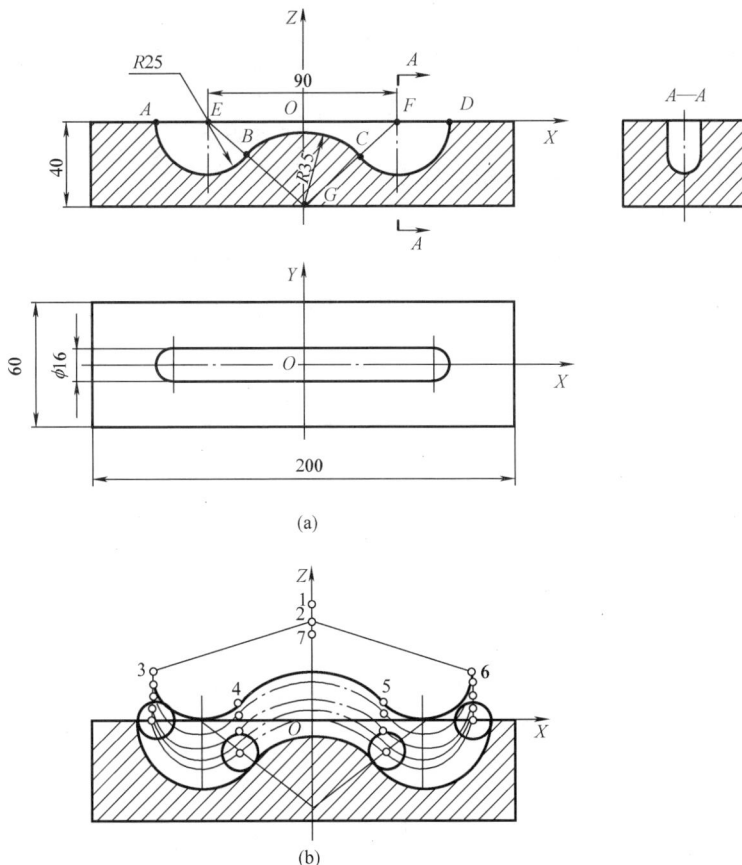

图 6-70 曲面凹槽的加工

(4) 刀具及切削用量的选择。采用 $\phi16$ 的球头铣刀进行加工，主轴转速选择 1000r/min，进给量选择 100mm，背吃刀量选择 5mm。

(5) 凹槽轮廓的主要点坐标为 $A(-70, 0)$、$B(-26.250, -16.536)$、$C(26.250, -16.536)$、$D(70, 0)$、$E(-45, 0)$、$F(45, 0)$、$G(0, -39.686)$。

(6) 参考程序如下：

O0022;	主程序名
N10 T01 M06;	调用 1 号刀具
N20 G54 G90 G00 X0 Y0 Z45.0;	G54 编程，绝对坐标到起刀点(0, 0, 45)
N30 S1000 M03;	主轴正转，转速为 1000r/min
N40 M98 P2201;	调用 O2201 子程序
N50 G90 G17 X0 Y0 Z100.0;	选择 XY 平面，绝对编程，回起刀点
N60 M05;	主轴停止
N70 M30;	程序停止
O2201;	子程序名
N10 G91 G01 Z-5.0 F100.0;	增量编程，Z 向下插补 5mm
N20 G18 G42 X-70.0 Z-20.0 D01;	选择 XZ 平面，建立刀具半径右补偿
N30 G02 X43.75 Z-16.536 I25.0 K0;	顺圆插补加工 AB

N40 G03 X52.5　Z0　I26.25　K−23.15;　　　　逆圆插补加工 *BC*

N50 G02 X43.75　Z16.536　I18.75 K16.536;　　顺圆插补加工 *CD*

N60 G40 G01 X−70.0　Z20.0　F300;　　　　取消刀补

N70 M99;　　　　　　　　　　　　　　　　　返回主程序

6.3.2　西门子数控系统编程与综合实例

1. SIEMENS 802D 指令代码

SIEMENS 系统编程与 FANUC 系统编程的指令基本相同，SIEMENS 802D 铣床编程与车床又有许多相同指令，所以本节主要以实例为主，简单介绍 SIEMENS 802D 数控铣床系统的使用方法。其准备功能代码见表 6-11。

表 6-11　　　　　　　　SIEMENS 802D 系统数控铣床指令

代码	代码功能	代码格式
G0	快速定位	直角坐标系中：G0 X＿Y＿Z＿; 在极坐标系中：G0 AP=＿RP＿ 或者 G0 AP=＿RP=＿Z＿;（如用 G17 时轴 Z）
G1	直线插补	G1 X＿Y＿Z＿F＿ 在极坐标系中：G1 AP=＿RP＿F＿ 或者 G1 AP=＿RP=＿Z＿F＿;（如用 G17 时轴 Z）
G2	圆弧插补顺时针方向	圆心或终点 G2 X＿Y＿I＿J＿F＿; 半径和终点 G2 X＿Y＿CR=＿F＿; 张角和圆心 G2 AR=＿I＿J＿F＿; 张角和终点 G2 AR=＿X＿Y＿F＿; 在极坐标系中：G2 AP=＿RP＿F＿; 或者 G2 AP=＿RP=＿Z＿F＿;（如用 G17 时轴 Z）
G3	圆弧插补逆时针方向	G3 ＿;其他同 G2
CIP	中间点圆弧插补	CIP X＿Y＿Z＿I1=＿J1=＿K1=＿F＿
G33	恒螺纹切削	S＿M＿;　　　主轴速度，方向 G33 Z＿K＿;带有补偿夹具锥螺纹切削，如在 Z 轴方向
G331	螺纹插补	N10 SPOS=;　　　　　主轴处于位置调节状态 N20 G331 Z＿K＿S＿;在 Z 轴方向不带补偿夹具攻螺纹;右旋螺纹或左旋螺纹通过螺距的符号（如 K+）确定， ＋，同 M3;　　 −，同 M4
G332	螺纹插补、退刀	G332 Z＿K＿;不带补偿夹具切削螺纹，Z 退刀;螺距符号同 G331
CT	带切线过渡圆弧插补	N10 ＿; N20 CT Z＿;切线过渡
G4	暂停时间	G4 F＿或 G4 S＿;单独程序段，F：s，S：主轴旋转圈数
G63	带补偿夹具攻螺纹	G63 Z＿F＿S＿M＿

代码	代码功能	代码格式
G74	回参考点	G74×1＝0Y1＝0Z1＝0；单独程序段（机床轴名称）
G75	回固定点	G75×1＝0Y1＝0Z1＝0；单独程序段（机床轴名称）
G147	SAR—沿直线进给	G147 G41 DISR＝__ DISCL＿ FAD＝__ F__ X__ Y__ Z__
G148	SAR—沿直线后退	G148 G40 DISR＝__ DISCL＝__ FAD＝__ F__ X__ Y__ Z__
G247	SAR—沿 1/4 圆弧进给	G247 G41 DISR＝__ DISCL＿ FAD＝__ F__ X__ Y__ Z__
G248	SAR—沿 1/4 圆弧进给	G248 G40 DISR＝__ DISCL＿ FAD＝__ F__ X__ Y__ Z__
G347	SAR—沿半圆进给	G347 G41 DISR＝__ DISCL＿ FAD＝__ F__ X__ Y__ Z__
G348	SAR—沿半圆进给	G348 G40 DISR＝__ DISCL＿ FAD＝__ F__ X__ Y__ Z__
TRANS	可编程偏置	TRANSX__ Y__ Z__；单独程序段
ROT	可编程旋转	ROT RPL＝__；在当前的平面中旋转 G17 到 G19
SCALE	可编程比例系数	SCALE X__ Y__ Z__；在所给定轴方向的比例系数
MIRROR	可编程镜像功能	MIRROR X0；改变方向的坐标轴；单独程序段
ATRANS	附加的变成偏置	ATRANS X__ Y__ Z__；单独程序段
AROT	附加的可编程旋转	AROT RPL＝__；在当前的平面中附加旋转 G17 到 G19
ASCALE	附加的可编程比例系数	ASCALE X__ Y__ Z__；在所给定轴方向的比例系数
AMIRROR	附加的可编程镜像功能	AMIRROR X0；改变方向的坐标轴；单独程序段
G25	主轴转速下限或工作区域下限	G25S__ ；单独程序段 G25 X__ Y__ Z__ ；单独程序段
G26	主轴转速上限或工作区域上限	G26S__ ；单独程序段 G26 X__ Y__ Z__ ；单独程序段
G110	极点尺寸，相对上次编程的设定位置	G110X__ Y__；极点尺寸，直角坐标，如带 G17 G110RP＝__ AP＝__；极点尺寸，极坐标；单独程序段
G111	极点尺寸，相对于当前工件坐标的零点	G111X__ Y__；极点尺寸，直角坐标，如带 G17 G111RP＝__ AP＝__；极点尺寸，极坐标；单独程序段
G112	极点尺寸，相对上次有效的极点	G112X__ Y__；极点尺寸，直角坐标，如带 G17 G112RP＝__ AP＝__；极点尺寸，极坐标；单独程序段
G17	选择 XY 平面	G17 __；该平面上的垂直轴为刀具长度补偿轴
G18	选择 ZX 平面	
G19	选择 YZ 平面	
G40	刀具半径补偿取消	刀尖半径补偿模态有效
G41	调用刀尖半径补偿，刀具在轮廓左侧移动	
G42	调用刀尖半径补偿，刀具在轮廓右侧移动	
G500	取消可设定零点偏置	可设定零点偏置 模态有效
G54	选择机床坐标系 1	
G55	选择机床坐标系 2	
G56	选择机床坐标系 3	
G57	选择机床坐标系 4	
G58	选择机床坐标系 5	
G59	选择机床坐标系 6	

代码	代码功能	代码格式
G53	取消可设定零点偏移	取消可设定零点偏置段方式有效
G153	按程序段方式取消可设定零点偏移，包括基本框架	取消可设定零点偏置段方式有效
G60	准停	定位性能，模态有效
G64	连续路径方式	
G9	非模态准停	程序段方式准停，段方式有效
G601	在 G60、G9 方式下精准停	准停窗口模态有效
G602	在 G60、G9 方式下粗准停	
G70	英寸输入	英制/公制尺寸，模态有效
G71	毫米输入	
G700	英寸尺寸，也用于进给率 F	
G710	公制尺寸，也用于进给率 F	
G90	绝对值编成	绝对尺寸/增量尺寸，模态有效
G91	增量值编成	
G94	每分钟进给	进给/主轴 模态有效
G95	每转进给	
G450	圆弧过渡	刀尖半径补偿时拐角特性，模态有效
CFC	圆弧加工打开进给率修调	进给率修调，模态有效
CFTCP	关闭进给修调	
G451	等距线的交点	刀尖半径补偿时拐角特性，模态有效
BRISK	轨迹跳跃加速	加速度特性 模态有效
SOFT	轨迹平滑加速	
FFWOF	关闭前馈控制	预控 模态有效
FFWON	打开前馈控制	
G340	在空闲处进给和后退（SAR）	SAR 模态有效时行程分割
G341	在平面中进给和后退（SAR）	
WALIMON	工作区域限制生效	工作区域限制 模态有效
WALIMOF	工作区域限制取消	
DIAMOF	半径输入	其他 NC 语言
DIAMON	直径输入	模态有效

续表

代码	代码功能	代码格式
CHF	倒角，一般使用	N10 X ＿ Y ＿ CHF＝ N11 X ＿ Y ＿
CHR	倒角，轮廓连线	N10 X ＿ Y ＿ CHR＝ N11 X ＿ Y ＿
RND	倒圆	N10 X ＿ Y ＿ RND＝＿ N11 X ＿ Y ＿
CYCLE81	钻削，中心钻孔	N5 RTP＝110 RFP＝100 ＿；　　赋值 N10 CYCLE81（RTP，RFP，＿）；单独程序段
CYCLE82	钻削，沉孔加工	N5 RTP＝110 RFP＝100 ＿；　　赋值 N10 CYCLE82（RTP，RFP，＿）；单独程序段
CYCLE83	深孔钻孔	N10 CYCLE83（110，100，＿）；或直接传输数值，单独 程序段
CYCLE84	刚性攻螺纹	N10　CYCLE84（＿）单独程序段
CYCLE840	带补偿夹具切削螺纹	N10　CYCLE840（＿）单独程序段
CYCLE85	绞孔（镗孔）	N10　CYCLE85（＿）单独程序段
CYCLE86	镗孔	N10　CYCLE85（＿）单独程序段
CYCLE87	镗孔 3	N10　CYCLE87（＿）单独程序段
CYCLE88	钻孔时停止	N10　CYCLE88（＿）单独程序段
CYCLE89	镗孔 5	N10　CYCLE89（＿）单独程序段
CYCLE90	螺纹铣削	N10 CYCLE90（＿）单独程序段
HOLES1	钻削直线排列孔	N10　HOLES1（＿）单独程序段
HOLES2	钻削圆弧排列孔	N10　HOLES2（＿）单独程序段
SLOT1	铣槽	N10　SLOT1（＿）单独程序段
SLOT2	铣圆形槽	N10 SLOT1（＿）单独程序段
POCKET3	矩形箱	N10　POCKET3（＿）单独程序段
POCKET4	圆形箱	N10　POCKET4（＿）单独程序段
CYCLE71	端面铣	N10　CYCLE71（＿）单独程序段
CYCLE72	轮廓铣	N10　CYCLE72（＿）单独程序段
LONGHOLE	加长孔	N10 LONGHOLE（＿）单独程序段
DC	绝对坐标，直接逼近位置	NC10 A＝DC（45.3）；直接逼近轴 A 位置 NC20 SPOS＝DC（33.1）；主轴定位

代码	代码功能	代码格式
DEF	指令定义	DEF INT VARI1＝24，VARI2；INT 类型的 2 个变量；名称由用户定义
DISCL	加工平面的进给/后退位移	参见 G147，G148，G247，G248，G347，G348
DISR	进给/后退位移或半径	参见 G147，G148，G247，G248，G347，G348
FAD	进给时速度	参见 G147，G148，G247，G248，G347，G348
FXS（轴）	到固定点停止	N20 G1 X10 Z25 FXS [Z1]＝1 FXST [Z1]＝12.3 FXSW [Z1]＝2 F__
FXST（轴）	夹紧转矩，到固定点停止	N30 FXST [Z1]＝12.3
FXSW（轴）	监控窗口，到固定点停止	N40 FXSW [Z1]＝2.4
GOTOB	向后跳转指令	N10 LABEL1：__ … N100 GOTOB LABEL1
GOTOF	向前跳转指令	N10 GOTOF LABEL2 … N130 LABEL2
IC	增量坐标	N10 G90 X10 Z＝IC（20）；Z 为增量尺寸，X 为绝对尺寸

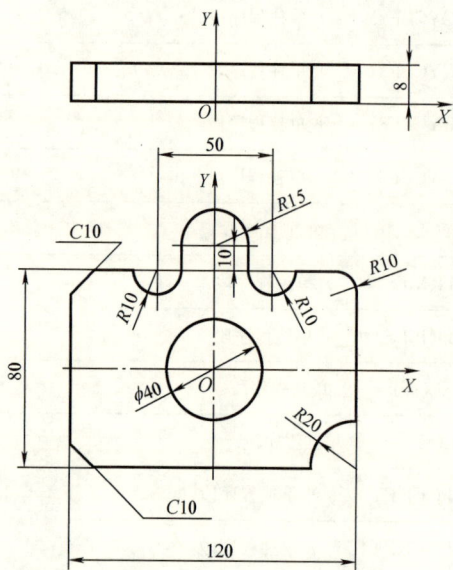

图 6-71　样板外轮廓的加工

2. 基本加工实例

（1）外轮廓的加工。

【例 6-24】 加工如图 6-71 所示的模板零件外轮廓。其他平面不用加工。

1）零件图分析。如图 6-71 所示为模板零件，选择毛坯为 130mm×120mm×8mm 的钢板。

2）加工方案及加工路线的确定。如图 6-71 所示位置建立工件坐标系，O 为坐标原点。从工件左前角进刀按顺时针方向加工一周，使用刀具半径左补偿。

3）确定装夹方案。采用压板找正压紧。

4）刀具及切削用量的选择。采用 φ8 的立铣刀进行加工，主轴转速选择 800r/min，进给量选择 300mm。

5）参考程序如下：

```
LT23. MPF；                    程序名
％ XLT23；
N10 G54；                      工件坐标系设在 G54
N20 M06 T1 D1；                调用 1 号刀具
N30 S800 M03；                 主轴正转，转速为 800r/min
```

初始设置，快速定位到（-70，-50，50）

N40 G17 G90 G00 X - 70.0 Y - 50.0 Z50.0;　　　快速接近工件上表面

N50 Z10.0;　　　Z 向工进下刀

N60 G1 Z - 2.0 F100;　　　刀具左补偿，工进到(- 60，40)点

N70 G41 X - 60.0 Y - 40.0 F300;　　　直线加工到 Y30 并倒角

N80 Y30.0 CHF = 10.0;　　　直线加工

N90 X - 35.0;　　　逆圆加工 R10

N100 G3 X - 15.0 Y - 40.0 CR = 10.0;　　　直线加工

N110 G1 Y50.0;　　　顺圆加工 R15

N120 G2 X15.0 CR = 15.0;　　　直线加工

N130 G1 Y40.0;　　　逆圆加工

N140 G2 X35.0 I10.0 J0;　　　直线加工

N150 G1 X50.0;　　　加工倒圆

N160 G2 X60.0 Y30.0 CR = 10.0;　　　直线加工

N170 G1 Y20.0;　　　顺圆加工

N180 G3 X40.0 Y40.0;　　　直线加工

N190 G1 X - 50.0;　　　加工倒角并切出

N200 X - 65.0 Y - 25.0;　　　取消刀补

N210 G40 X - 70.0 Y - 50.0;　　　抬刀

N220 G0 Z50.0;　　　主轴停止

N230 M05;　　　程序停止

N240 M02;

（2）内外轮廓的加工。

【例 6-25】加工如图 6-72 所示零件的内、外轮廓。

1）零件图分析。如图 6-72 所示零件为薄壁零件，需加工内容由内外圆弧轮廓组成。选择毛坯为 150mm×150mm×12mm 的钢板。

2）加工方案及加工路线的确定。按如图 6-72 所示位置建立工件坐标系，O 为坐标原点。外轮廓加工从工件左前角 1 处进刀按顺时针方向加工一周，从 3 处切出，使用刀具半径左补偿，内轮廓加工从 4 处下刀，5 处切向切入，加工一周从 6 处切向切出，使用刀具半径右补偿。

3）确定装夹方案。零件规则，采用平口钳找正夹紧。

4）刀具及切削用量的选择。内外轮廓均采用 φ10 的平底立铣刀进行加工；主轴转速选择 500r/min，进给量选择 150mm。

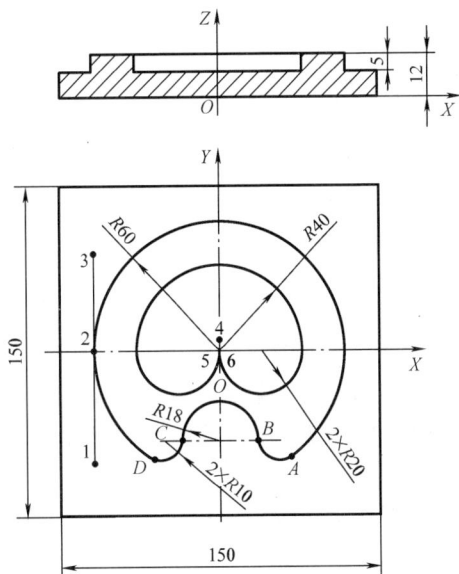

图 6-72　内外轮廓的加工

5）主要基点计算：A（33.593，- 49.714）、B（17.996，- 41.663）、C（- 17.996，- 41.663）、D（- 33.593，- 49.714）。

6）参考程序如下：

LT24. MPF;	
％XLT24;	程序名
N10 G54;	工件坐标系设在 G54
N20 M06 T1 D1;	调用 1 号刀具
N30 S500 M03;	主轴正转，转速为 500r/min
N40 G17 G90 G00 X－80.0 Y－80.0 Z50.0;	初始设置，快速定位到（－70，－50，50）
N50 Z14.0;	快速接近工件上表面
N60 G1 Z7.0 F100;	Z 向工进下刀
N70 G41 X－60.0 F300;	刀具左补偿，工进到（－60，－80）点
N80 Y0;	切向切入到 2 点，加工外轮廓
N90 G2 X60.0 I60.0;	顺圆加工 R60
N100 X33.593 Y－49.741CR＝20.0;	加工圆弧 R20
N110 X17.996 Y－41.663 CR＝10.0;	加工圆弧 R10
N120 G3 X－17.996 Y－41.663 CR＝18.0;	逆圆加工 R18
N130 G2 X－33.593 Y－49.714 CR＝10.0;	加工圆弧 R10
N140 X－60.0 Y0 CR＝20.0;	加工圆弧 R20
N150 G40 G1 X80.0;	切向切出，外轮廓加工完毕
N160 C0 Z50.0,	抬刀
N170 X0 Y15.0;	定位到（0，15）
N180 Z14.0;	快速接近工件上表面
N190 G1 Z7.0 F100;	Z 向工进下刀
N200 G42 Y0 F300;	刀具右补偿，工进到（0，0）点
N210 G2 X－40.0 Y0 I－20.0;	顺圆加工 R20，切向切入，内轮廓加工
N220 X40.0 I40.0;	顺圆加工 R40
N230 X0 Y0 I－20.0;	顺圆加工 R20
N240 G40 G1 Y15.0;	退刀，取消刀补
N250 Z14.0;	抬刀
N260 G0 Z50.0;	
N270 M05;	主轴停止
N240 M30;	程序停止

　3. 标准循环

　　SIEMENS 802D 提供铣削加工中用到的几个标准循环，见表 6-11。循环是指用于特定加工过程的工艺子程序，如用于攻螺纹或凹槽铣削等。循环在用于各种具体加工过程时只要定义参数就可以使用。使用控制系统 SINUMERIK 802D 可以执行下列标准循环：

　　钻孔循环：

　　CYCLE81 钻孔，定心

　　CYCLE82 钻孔，锪平面

　　CYCLE83 钻深孔

　　CYCLE84 刚性攻螺纹

　　CYCLE840 带补偿卡盘攻螺纹

　　CYCLE85 铰孔 1（镗孔 1）

　　CYCLE86 镗孔（镗孔 2）

　　CYCLE87 带停止钻孔 1（扩孔 3）

CYCLE88 带停止钻孔 2（镗孔 4）

CYCLE89 铰孔 2（扩孔 5）

钻孔样式循环：

HOLES1 孔列

HOLES2 圆周孔

铣削循环：

CYCLE71 端面铣

CYCLE72 轮廓铣削

CYCLE76 矩形轴颈铣削

CYCLE77 圆形轴颈铣削

LONGHOLE 长方形槽

SLOT1 圆上切槽

SLOT2 圆周切槽

POCKET3 矩形凹槽（使用任意铣刀）

POCKET4 圆形凹槽（使用任意铣刀）

CYCLE90 螺纹铣削

（1）钻削、中心钻孔 CYCLE81。

指令格式：CYCLE81（RTP，RFP，SDIS，DP，DPR）

刀具按照编程的主轴速度和进给率进行钻孔，直至达到最后钻孔深度。指令中的各参数含义见表 6-12 和图 6-73。

表 6-12　　　　　　　　　　　　　　CYCLE81 循环指令参数

参数符号	取值范围	参　数　含　义
RTP	实数	返回平面（绝对值）
RFP	实数	参考平面（绝对值）
SDIS	实数	安全间隙（输入时不带正、负号）
DP	实数	最后钻孔深度（绝对值）
DPR	实数	相对于参考平面的最后钻孔深度（输入时不带正、负号）

CYCLE81 循环编程示例：使用钻孔循环 CYCLE81 钻如图 6-74 所示 3 个孔。具体参考

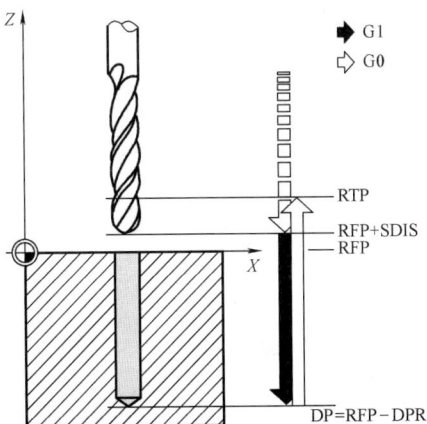

图 6-73　CYCLE81 循环参数图

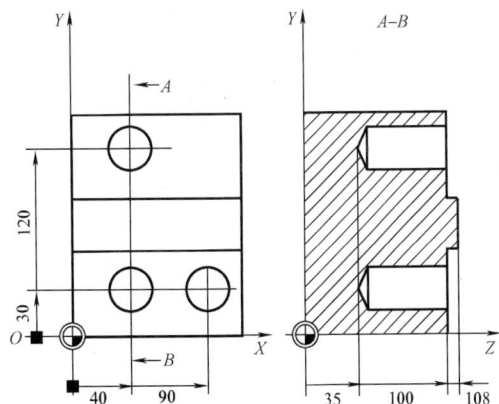

图 6-74　CYCLE81 循环实例

程序如下：

```
% ZKLT1.MPF
N10 G0 G17 G90 F200 S300 M3;          工艺值的规定
N20 D3 T3 Z110;                       回到返回平面
N30 X40 Y120;                         返回首次钻孔位置
N40 CYCLE81 (110,100,2,35);           调用循环
N50 Y30;                              移到下一个钻孔位置
N60 CYCLE81 (110,100,2,35);           调用循环
N70 X90;                              移到下一个位置
N80 CYCLE81 (110,100,2,35);           调用循环
N90 M05;                              主轴停止
N100 M30;                             程序结束
```

（2）钻深孔 CYCLE83。

指令格式：CYCLE83（RTP，RFP，SDIS，DP，DPR，FDEP，FDPR，DAM，DTB，DTS，FRF，VARI）

刀具按照编程的主轴速度和进给率进行钻孔，直至达到最后钻孔深度。钻深孔是通过多次执行最大可定义的进给深度并逐步增加直至到达最后钻孔深度来实现的。钻头可以在每次进给深度完以后退回到参考平面＋安全间隙用于排屑，或者每次退回 1mm 用于断屑。指令中的各参数含义见表 6-13 和图 6-75。

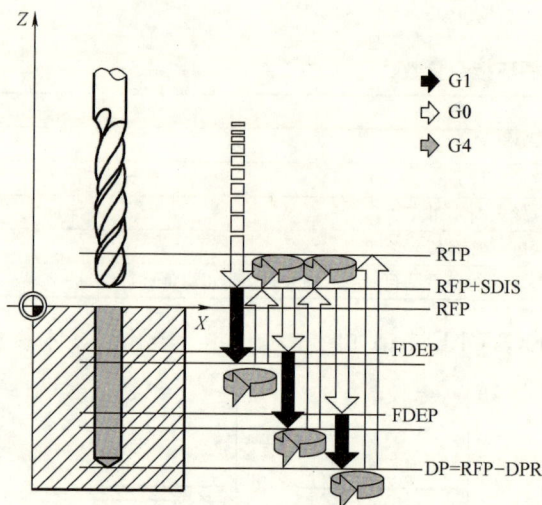

图 6-75　CYCLE83 循环参数图

表 6-13　　CYCLE83 循环指令参数

参数符号	取值范围	参数含义
RTP	实数	返回平面（绝对值）
RFP	实数	参考平面（绝对值）
SDIS	实数	安全间隙（输入时不带正、负号）
DP	实数	最后钻孔深度（绝对值）
DPR	实数	相对于参考平面的最后钻孔深度（输入时不带正、负号）
FDEP	实数	起始钻孔深度（绝对值）
FDPR	实数	相当于参考平面的起始钻孔深度（输入时不带正、负号）
DAM	实数	递减量（输入时不带正、负号）
DTB	实数	最后钻孔深度时的停留时间（断屑）
DTS	实数	起始点处和用于排屑的停留时间
FRF	实数	起始钻孔深度的进给系数（输入时不带正、负号），值域为 0.001～1
VARI	整数	加工方式：断屑＝0，排屑＝1

CYCLE83 循环编程示例：钻削如图 6-76 所示的两个深孔。其参考程序如下：

```
% ZHLT2
N10 G0 G17 G90 F50 S500 M4;           工艺值的规定
N20 D1 T12;                           回到返回平面
N30 Z155;                             接近工件
```

N40 X80 Y120;　　　　　　　　　　　　　　返回首次钻孔位置

N50 CYCLE83 (155，150，1，5，0 ，100，20，0，0，1，0)；　调用循环

N60 X80 Y60;　　　　　　　　　　　　　　　移到下一个钻孔位置

N70 CYCLE83 (155，150，1，5，0 ，100，20，0，0，1，0)；　调用循环

N80 M02;　　　　　　　　　　　　　　　　　程序结束

（3）刚性攻螺纹 CYCLE84。

指令格式：CYCLE84（RTP，RFP，SDIS，DP，DPR，DTB，SDAC，MPIT，PIT，POSS，SST，SST1）

刀具以编程的主轴速度和进给率攻螺纹，直至到达所定义的最后螺纹深度。循环 CYCLE84 可以用于不带补偿夹具的攻螺纹。指令中的各参数含义见表 6-14 和图 6-77。

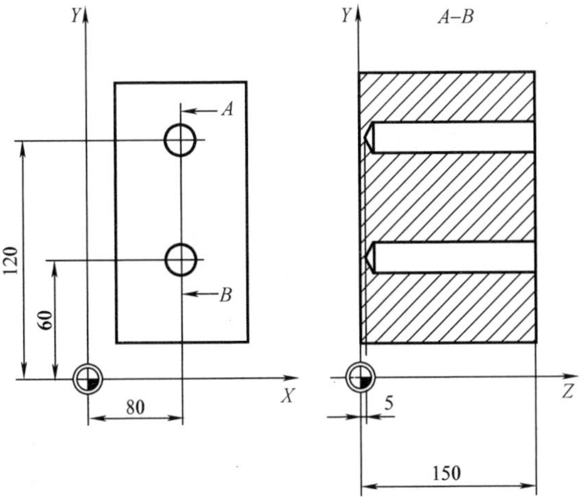

图 6-76　CYCLE83 循环实例

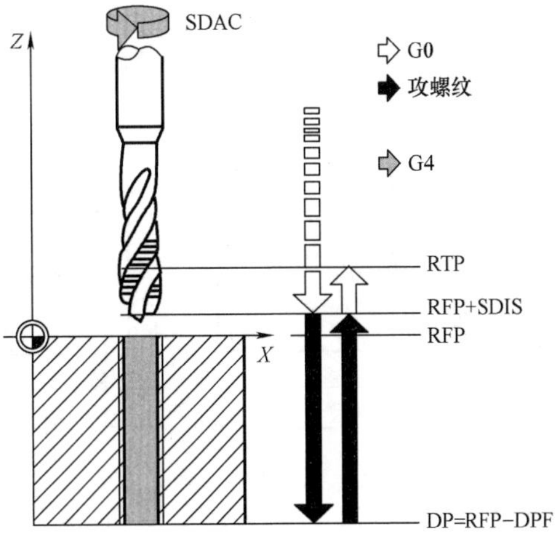

图 6-77　CYCLE83 循环参数图

表 6-14　　　　　　　　　　　　　CYCLE84 循环指令参数

参数符号	取值范围	参数含义
RTP	实数	返回平面（绝对值）
RFP	实数	参考平面（绝对值）
SDIS	实数	安全间隙（输入时不带正、负号）
DP	实数	最后钻孔深度（绝对值）
DPR	实数	相对于参考平面的最后钻孔深度（输入时不带正、负号）
DTB	实数	螺纹深度时的停留时间（断屑）
SDAC	整数	循环结束后的旋转方向，值：3、4 或 5（用于 M3、M4 或 M5）
MPIT	实数	螺距作为螺纹尺寸（有符号），数值范围为 3（用于 M3）～48（用于 M48）；符号决定了在螺纹中的旋转方向
PIT	实数	螺距作为数值（有符号），数值范围为 0.001～2000.000mm；符号决定了在螺纹中的旋转方向
POSS	实数	循环中定位主轴停止的位置，以度（°）为单位
SSTs	实数	攻螺纹速度
SST1	实数	退回速度

CYCLE84 循环编程示例：加工如图 6-78 所示的螺纹。其参考程序如下：

```
% ZHLT3
N10 G0 G90 T11 D1;                          工艺值的规定
N20 G17 X30 Y35 Z40;                        返回钻孔位置
N30 CYCLE84 (40, 36, 2, , 30, 3, 5, 90, 200, 500);    循环调用
N40 M02;                                    程序结束
```

（4）排孔 HOLES1。

指令格式：HOLES1 (SPCA, SPCO, STA1, FDIS, DBH, NUM)

此循环可以用来铣削一排孔，即沿直线分布的一些孔或网格孔。孔的类型由已被调用的钻孔循环决定。指令中的各参数含义见表 6-15 和图 6-79。

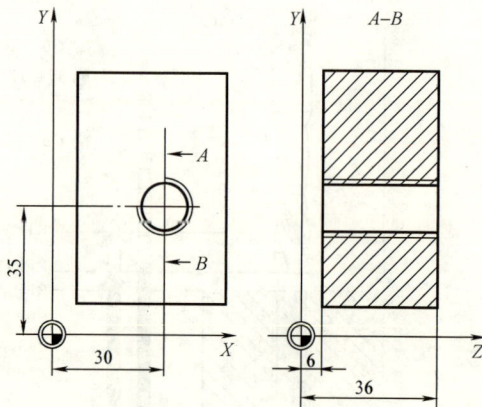

图 6-78　CYCLE83 循环实例

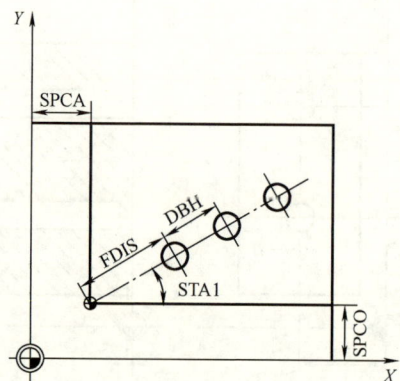

图 6-79　CYCLE83 循环参数图

表 6-15　　　　　　　　　　　　　　　HOLES1 循环指令参数

参数符号	取值范围	参 数 含 义
SPCA	实数	直线（绝对值）上一基准点的平面的第一坐标轴（横坐标）
SPCO	实数	此基准点（绝对值）平面的第二坐标轴（纵坐标）
STA1	实数	与平面第一坐标轴（横坐标）角度值域：$-180° < STA1 \leqslant 180°$
FDIS	实数	第一个孔到基准点的距离（输入时不带正、负号）
DBH	实数	孔间距（输入时不带正、负号）
NUM	整数	孔的数量

HOLES1 循环编程示例：使用此程序来加工如图 6-80 所示的网格孔，包括 5 行，每行 5 个孔，分布在 XY 平面中，孔间距为 10mm。网格的起始点在 $X30$，$Y20$ 处。其参考程序如下：

```
% ZHLT4
R10 = 102                                   参考平面
R11 = 105                                   返回平面
R12 = 2                                     安全间隙
```

R13 = 75	钻孔深度
R14 = 30	基准点：平面第一坐标轴的排孔
R15 = 20	基准点：平面第二坐标轴的排孔
R16 = 0	起始角度
R17 = 10	第一孔到基准点的距离
R18 = 10	孔间距
R19 = 5	每行孔的数量
R20 = 5	行数
R21 = 0	行计数
R22 = 10	行间距
N10 G90 F300 S500 M3 T10 D1；	工艺值的规定
N20 G17 G0 X = R14 Y = R15 Z105；	回到起始位置
N30 MCALL CYCLE82 (R11, R10, R12, R13, 0, 1)；	钻孔循环的模态调用
N40 LABEL1：	调用排孔循环
N41 HOLES1 (R14, R15, R16, R17, R18, R19)；	
N50 R15 = R15 + R22；	计算下一行的 Y 值
N60 R21 = R21 + 1；	增量行计数
N70 IF R21<R20 GOTOB LABEL1；	如果条件满足，返回 LABEL1
N80 MCALL；	取消模态调用
N90 G90 G0 X30 Y20 Z105；	回到起始位置
N100 M02；	程序结束

（5）端面铣 CYCLE71。

指令格式：CYCLE71（_RTP，_RFP，_SDIS，_DP，_PA，_PO，_LENG，_WID，_STA，_MID，_MIDA，_FDP，_FALD，_FFP1，_VARI，_FDP1）

使用 CYCLE71 可以切削任何矩形端面。循环识别粗加工（分步连续加工端面直至精加工）和精加工（端面的一次彻底加工）。可以定义最大宽度和深度进给率。循环运行时不带刀具半径补偿。深度进给在开口处进行。指令中的各参数含义见表 6-16 和图 6-81。

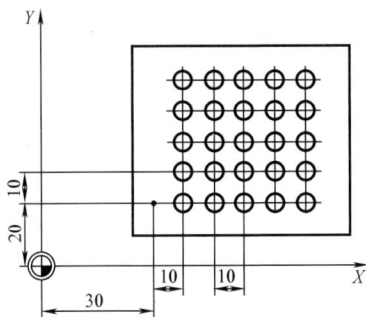

图 6-80　CYCLE83 循环实例

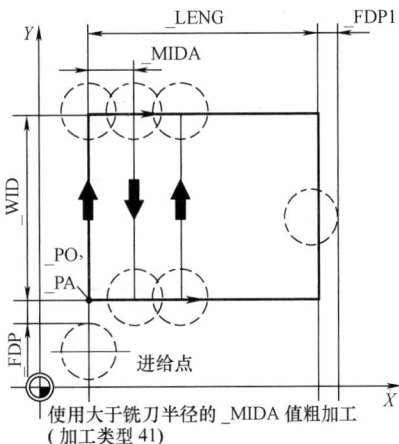

图 6-81　端面铣循环参数图

表 6-16　　　　　　　　　　　　　　端面铣循环指令参数

参数符号	取值范围	参 数 含 义
_ RTP	实数	返回平面（绝对值）
_ RFP	实数	参考平面（绝对值）
_ SDIS	实数	安全间隙（添加到参考平面；无符号输入）
_ DP	实数	深度（绝对值）
_ PA	实数	起始点（绝对值），平面的第一轴
_ PO	实数	起始点（绝对值），平面的第二轴
_ LENG	实数	第一轴上的矩形长度，增量。由符号确定开始标注尺寸的角
_ WID	实数	第二轴上的矩形长度，增量。由符号确定开始标注尺寸的角
_ STA	实数	纵向轴和平面第一轴间角度（无符号）值范围：$0° \leqslant$ _ STA $< 180°$
_ MID	实数	最大进给深度（无符号输入）
_ MIDA	实数	平面中连续加工时作为数值的最大进给宽度（无符号输入）
_ FDP	实数	精加工方向上的返回行程（增量，无符号输入）
_ FALD	实数	深度的精加工大小（增量，无符号输入）
_ FFP1	实数	端面加工进给率
_ VARI	整数	加工类型（无符号输入） 个位数值：1—粗加工；2—精加工 十位数值：1—在一个方向平行于平面的第 1 轴； 　　　　　2—在一个方向平行于平面的第 2 轴； 　　　　　3—平行于平面的第 1 轴； 　　　　　4—平行于平面的第 2 轴，方向可交替
_ FDP1	实数	在平面的进给方向上越程（增量，无符号输入）

　　端面循环编程示例：加工如图 6-82 所示的钢板平面，坐标系建立在如图 6-82 所示位置，Z 方向建立在工件上表面，要求背吃刀量为 1mm。其参考程序如下：

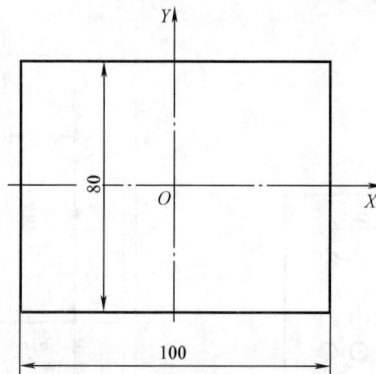

图 6-82　端面铣循环实例

```
% DXLT5
N10 G90G17 G40 G71 G94;                           加工环境设定
N20 G54;                                          G54 编程
```

N30 T1 D1;	调用 1 号刀，1 号刀补
N40 M3 S450;	主轴正转，转速为 450r/min
N41 M8;	切削液开
N50 G0 X－80 Y－40;	定位到起刀点
N60 F150;	进给速度设定
N70 CYCLE71 (50, 0, 10, －1, －50, －40, 100, 80, 0.1, 35, 5, 0, 120, 31, 5);	
	调用端面加工循环
N80 G90 G0 X0 Y0;	返回对刀点
N90 M9;	切削液关
N100 M5;	主轴停
N110 M2	程序停

（6）轮廓铣削循环 CYCLE72。

指令格式：CYCLE72（_KNAME, _RTP, _RFP, _SDIS, _DP, _MID, _FAL, _FALD, _FFP1, _FFD, _VARI, _RL, _AS1, _LP1, _FF3, _AS2, _LP2）

使用 CYCLE72 可以铣削定义在子程序中的任何轮廓。循环运行时可以有或没有刀具半径补偿。不要求轮廓一定是封闭的；通过刀具半径补偿的位置（轮廓中央、左或右）来定义内部或外部加工。轮廓的编程方向必须是它的加工方向而且必须包含至少两个轮廓程序块（起始点和终点），因为轮廓子程序直接在循环内部调用。指令中的各参数含义见表 6-17 和图 6-83。

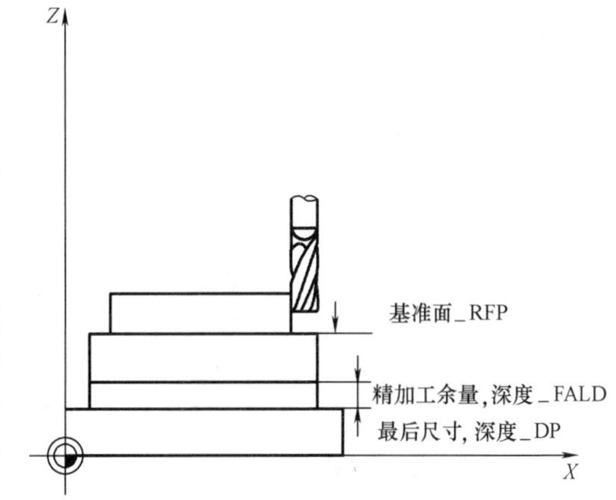

图 6-83　轮廓铣循环参数图

表 6-17　　　　　　　　　　**轮廓铣循环指令参数**

参数符号	取值范围	参 数 含 义
_KNAME	字符串	轮廓子程序名称
_RTP	实数	返回平面（绝对值）
_RFP	实数	参考平面（绝对值）
_SDIS	实数	安全间隙（添加到参考平面，无符号输入）
_MID	实数	最大进给深度（增量，无符号输入）
_FAL	实数	边缘轮廓的精加工余量（增量，无符号输入）
_FALD	实数	底部精加工余量（增量，无符号输入）
_FFP1	实数	端面加工进给率
_FFD	实数	深度进给率（无符号输入）
_VARI	整数	加工类型（无符号输入） 个位数值：1—粗加工；2—精加工； 十位数值：0—使用 G0 的中间路径；1—使用 G1 的中间路径； 百位数值：0—在轮廓末端返回 _RTP；1—在轮廓末端返回 _RFP ＋ _SDIS；2—在轮廓末端返回 _SDIS；3—在轮廓末端不返回

参数符号	取值范围	参 数 含 义
_ RL	整数	沿轮廓中心，向右或向左进给（使用 G40、G41 或 G42，无符号输入）值：40—G40（返回和出发只有一条线）；41—G41；42—G42
_ AS1	整数	返回方向/路径的定义（无符号输入） 个位数值：1—直线切线；2—1/4 圆；3—半圆； 十位数值：0—接近平面中的轮廓；1—接近沿空间路径轮廓
_ LP1	实数	返回路径的长度（对于直线）或接近圆弧的半径（对于圆）（无符号输入）
_ FALD	实数	深度的精加工大小（增量，无符号输入）
_ FFP1	实数	端面加工进给率
_ VARI	整数	加工类型（无符号输入） 个位数值：1—粗加工；2—精加工； 十位数值：1—在一个方向平行于平面的第一轴； 　　　　　2—在一个方向平行于平面的第二轴； 　　　　　3—平行于平面的第一轴； 　　　　　4—平行于平面的第二轴，方向可交替
_ FF3	实数	返回进给率和平面中中间位置的进给率（在开口处）
_ AS2	整数	出发方向/出发路径的定义（无符号输入） 个位数值：1—直线切线；2—四分之一圆；3—半圆； 十位数值：0—从平面中的轮廓出发；1—沿空间路径的轮廓出发
_ LP2	实数	出发路径的长度（使用直线）或出发圆弧的半径（使用圆）（无符号输入）

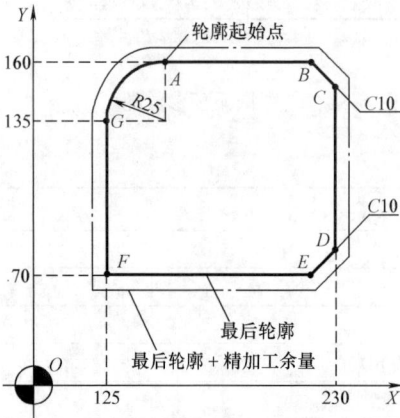

图 6-84　端面铣循环实例

对于参数 _ RTP、_ RFP、_ SDIS，参见 CYCLE81。_ 其他可参看相关资料。

端面循环编程示例：加工如图 6-84 所示的零件外廓。

用于循环调用的参数：

返回平面：250mm；参考平面：200mm；安全间隙：3mm；深度：175mm；最大进给深度：10mm；深度的精加工余量：1.5mm；深度进给进给率：400mm/min；平面中的精加工余量：1mm；平面中的进给率：800mm/min；加工：粗加工至精加工余量；使用 G1 进行中间路径，Z 轴的中间路径返回量为 _ RFP＋ _ SDIS；用于返回的参数：G41 为轮廓的左侧，即外部加工；在平面中沿 1/4 圆返回和出发 20mm 半径；返回进给率为 1000mm/min。其参考程序如下：

```
% LKLT6;
N10 T3 D1;                              T3 半径为 7 的铣刀
N20 S500 M3 F3000;                      进给率，速度
N30 G17 G0 G90 X100 Y200 Z250 G94;      回到起始位置
```

N40 CYCLE72（"EX72CONTOUR"，250，200，3，175，10，1，1.5，800，400，111，41，2，20，1000，2，20）；

　　　　　　　　　　　　　　　　　　　循环调用

N50 X100 Y200；　　　　　　　　　　　返回对刀点

N60 M2；　　　　　　　　　　　　　　程序结束

% _ N _ EX72CONTOUR _ SPF；　　　　　用于铣削轮廓的子程序（举例）

N100 G1 G90 X150 Y160；　　　　　　　轮廓起点

N110 X230 CHF = 10；　　　　　　　　开始按轮廓加工

N120 Y80 CHF = 10；

N130 X125；

N140 Y135；

N150 G2 X150 Y160 CR = 25；

N160 M2；

N170 M02；

（7）矩形槽铣削 POCKET3。

指令格式：POCKET3（ _ RTP， _ RFP， _ SDIS， _ DP， _ LENG， _ WID， _ CRAD， _ PA， _ PO， _ STA， _ MID， _ FAL， _ FALD， _ FFP1， _ FFD， _ CDIR， _ VARI， _ MIDA， _ AP1， _ AP2， _ AD， _ RAD1， _ DP1）

此循环可以用于矩形槽粗加工和精加工。精加工时要求使用端面铣刀。深度进给始终从槽中心点开始并垂直执行，这样可以在此位置适当地进行预钻削。指令中的各参数含义见表 6-18 和图 6-85。

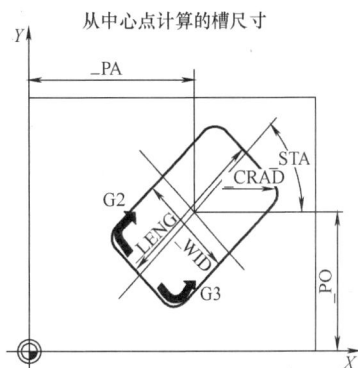

图 6-85　轮廓铣循环参数图

表 6-18　　　　　　　　　　矩形槽铣削指令参数

参数符号	取值范围	参 数 含 义
_ RTP	实数	返回平面（绝对值）
_ RFP	实数	参考平面（绝对值）
_ SDIS	实数	安全间隙（添加到参考平面，无符号输入）
_ DP	实数	槽深（绝对值）
_ LENG	实数	槽长，带符号从拐角测量
_ WID	实数	槽宽，带符号从拐角测量
_ CRAD	实数	槽拐角半径（无符号输入）
_ PA	实数	槽参考点（绝对值），平面的第一轴
_ PO	实数	槽参考点（绝对值），平面的第二轴
_ STA	实数	槽纵向轴和平面第一轴间的角度（无符号输入）
_ MID	实数	最大进给深度（无符号输入）
_ FAL	实数	槽边缘的精加工余量（无符号输入）

续表

参数符号	取值范围	参 数 含 义
_ FALD	实数	槽底的精加工余量（无符号输入）
_ FFP1	实数	端面加工进给率
_ FFD	实数	深度进给量
_ CDIR	整数	铣削方向（无符号输入）值：0—同向铣削（主轴方向）；1—逆向铣削；2—用于 G2（独立于主轴方向）；3—用于 G3
_ VARI	整数	加工类型 个位数值：1—粗加工；2—精加工； 十位数值：0—使用 G0 垂直于槽中心；1—使用 G1 垂直于槽中心；2—沿螺旋状；3—沿槽纵向轴摆动
_ MIDA	实数	在平面的连续加工中作为数值的最大进给宽度
_ AP1	实数	槽长的毛坯尺寸
_ AP2	实数	槽宽的毛坯尺寸
_ AD	实数	距离参考平面的毛坯槽深尺寸
_ RAD1	实数	插入时螺旋路径的半径（相当于刀具中心点路径）或者摆动时的最大插入角
_ DP1	实数	沿螺旋路径插入时每转（360°）的插入深度

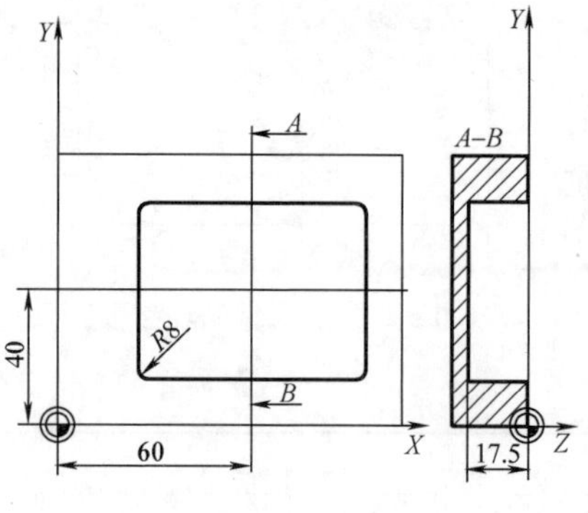

图 6-86　端面铣循环实例

矩形槽编程示例：此程序可以加工一个在 XY 平面中的矩形槽，如图 6-86 所示，长度为 60mm，宽为 40mm，拐角半径为 8mm 且深度为 17.5mm。该槽和 X 轴的角度为零。槽边缘的精加工余量为 0.75mm，槽底的精加工余量为 0.2mm，添加于参考平面的 Z 轴的安全间隙为 0.5mm。槽中心点位于 X60，Y40，最大进给深度为 4mm。加工方向取决于在同向铣削过程中的主轴的旋转方向。使用半径为 5mm 的铣刀。其参考程序如下：

```
% LKLT7;
```

N10 G90 T1 D1 S600 M4；　　工艺值的规定

N20 G17 G0 X60 Y40 Z5；　　回到起始位置

N30 POCKET3 (5, 0, 0.5, -17.5, 60, 40, 8, 60, 40, 0, 4, 0.75, 0.2, 1000, 750, 0, 11, 5, …)；
　　　　　　循环调用

N40 M02；　　　　程序结束

4. 西门子数控系统编程综合实例

【例 6-26】加工如图 6-87 所示的零件。材料为 45 钢，调质处理，外轮廓 80mm×70mm 已加工完毕。编制铣削上表面、长方形凸台、长方形槽及钻孔的加工程序。

（1）零件图分析。该零件由长方形凸台、长方形槽及 6 个孔组成，各部都有公差要求。

（2）加工方案及加工路线的确定。根据零件图样要求，以上表面与其对称中心线交点为工件坐标系原点。工艺安排为铣平面、铣凸台、铣槽、最后钻孔。

（3）确定装夹方案。由于工件外形比较规则，故采用平口虎钳装夹，用百分表找正上平面。

（4）刀具及切削用量的选择。共选择 4 把刀具，选择 1 号刀为 $\phi40$ 的平底立铣刀，用于铣削工件的上表面；选择 2 号刀为 $\phi20$ 的三刃平底立铣刀，用于铣削长方形凸台；选择 3 号刀为 $\phi10$ 的键槽铣刀，用于加工长方形槽；选择 4 号刀为 $\phi10$ 的麻花钻，用于加工 $6\times\phi10$ 的孔。具体参数见表 6-19。

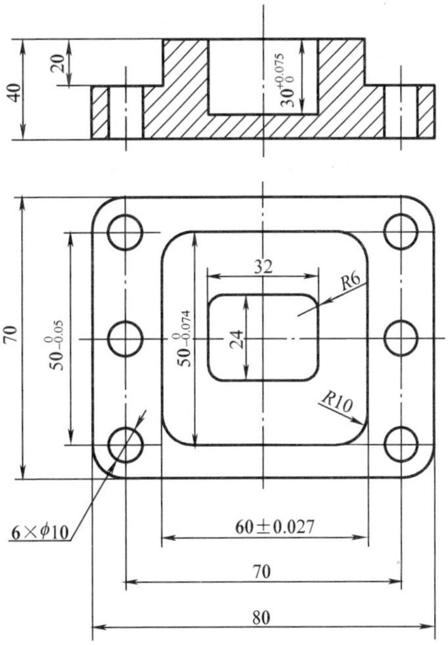

表 6-19　　　铣削加工刀具的选择

序号	刀具号及刀补号	刀具名称	加工表面
1	T1　D1	$\phi40$ 平底立铣刀	铣削平面
2	T2　D2	$\phi20$ 三刃立铣刀	铣削凸台
3	T3　D3	$\phi10$ 键槽铣刀	铣削长槽
4	T4　D4	$\phi10$ 麻花钻	钻孔

切削用量的确定可参见表 6-20。

图 6-87　SIEMENS 综合加工实例

表 6-20　　　　　　　铣削加工刀具切削用量的选择

序号	刀具号	刀具名称	加工表面	主轴转速（r/min）	进给量（mm/r）	刀具补偿
1	T01	$\phi40$ 平底立铣刀	铣削平面	500	150	D1　H1
2	T02	$\phi20$ 三刃立铣刀	铣削凸台	800	240	D2　H2
3	T03	$\phi10$ 键槽铣刀	铣削长槽	600	200	D3　H3
4	T04	$\phi10$ 麻花钻	钻孔	1500	90	D4　H4

（5）参考程序如下：

% _ N _ LT25 _ MPF;	主程序名
; $ PATH = / _ N _ MPF _ DIR;	程序传输格式
N10 G17 G90 G94 G40 G71 G54 G49 G53;	系统设定
N20 T1 D1 M06;	调用 1 号刀，1 号刀补
N30 G54 S500 M03;	主轴正转，转速为 500m/min
N40 G00 100.0;	到安全高度
N50 G94 F150;	设置进给速度
N60 X - 70.0 Y - 35.0 M8;	刀具定位至左上角开切削液
N70 CYCLE71（50，1，10，- 1，- 40，- 35，80，70，0，1，35，5，0，150，31，5）;	调用端面加工循环铣上平面
N80 G0 X0 Y0 Z100;	刀具定位到工件中心
N90 M9;	关切削液
N100 M05;	主轴停止
N110 T2 D2;	调用 2 号刀，2 号刀补

N120 M3 S800;	主轴正转，转速为 800mm/min
N130 M8;	切削液开
N140 G94 F240;	设置进给速度
N150 G0 Y-50;	刀具定位到下刀位置
N160 Z50;	
N170 CYCLE72（"XWLT2501"，50，1，10，-20，3，1，0.5，120，30，11，41，3，15，300，3，7.5）;	
	循环调用，加工凸台外形
N180 G0 X0 Y0;	返回工件中心
N190 M9;	切削液关
N200 M5;	主轴停止
N180 T3 D3;	调用 3 号刀具，3 号刀补
N190 G0 X0 Y0;	定位到中心
N200 Z10;	刀具到安全平面
N210 M3 S600;	主轴正转，转速为 600r/min
N220 M8;	切削液开
N230 POCKET3（20，1，10，-30，32，24，6，0，0，0，3，0.5，0.4，200，20，1，11，6…）;	
	调用循环铣槽
N240 M9;	切削液关
N230 M5;	主轴停止
N240 T4 D4;	切削液关
N250 G00 X0 Y0;	主轴停止
N260 Z20;	调用 4 号刀，4 号刀补
N270 M3 S1000;	定位到中心点
N280 M8;	主轴正转，转速为 1000r/min
N290 G00 X35 Y25;	打开切削液
N300 CYCLE81（20，0，10，45）;	钻深通孔
N310 G00 X35 Y0;	定位到下一点
N320 CYCLE81（20，0，10，45）;	钻孔
N330 G00 X35 Y-25;	定位到下一点
N340 CYCLE81（20，0，10，45）;	钻孔
N350 G00 X-35 Y25;	定位到下一点
N360 CYCLE81（20，0，10，45）;	钻孔
N370 G00 X-35 Y0;	定位到下一点
N380 CYCLE81（20，0，10，45）;	钻孔
N390 G00 X-35 Y-25;	定位到下一点
N400 CYCLE81（20，0，10，45）;	钻孔
N410 M9;	切削液关
N420 M5;	主轴停止
N430 M30;	程序停止
XWLT2501.SPF	
％ XWLT2501.SPF;	子程序名

N05	G1 G42 Y - 40 D2 F300；	建立刀补，定位到（0，- 40）
N10	G03 Y - 25 J7.5；	切向切入工件
N15	G01 X - 20；	加工直线
N20	G02 X - 30 Y - 15；	加工倒圆
N25	G01 Y15；	加工直线
N30	G02 X - 20 Y25；	加工倒圆
N35	G01 X20；	加工直线
N40	G02 X30 Y15；	加工倒圆
N45	G01 Y - 15；	加工直线
N50	G02 X20 Y - 25；	加工倒圆
N55	G01 X0；	返回进刀
N60	G03 Y40 J - 7.5；	切向切出
N70	G01 G01 X - 50；	退刀
N80	RET；	返回主程序

6.3.3　华中数控铣床系统综合实例

华中数控编程方法和 SIEMENS 系统及 FANUC 系统基本相同。本节主要以实例的形式简要介绍华中数控系统的编程方法。

【例 6-27】加工如图 6-88 所示的零件。

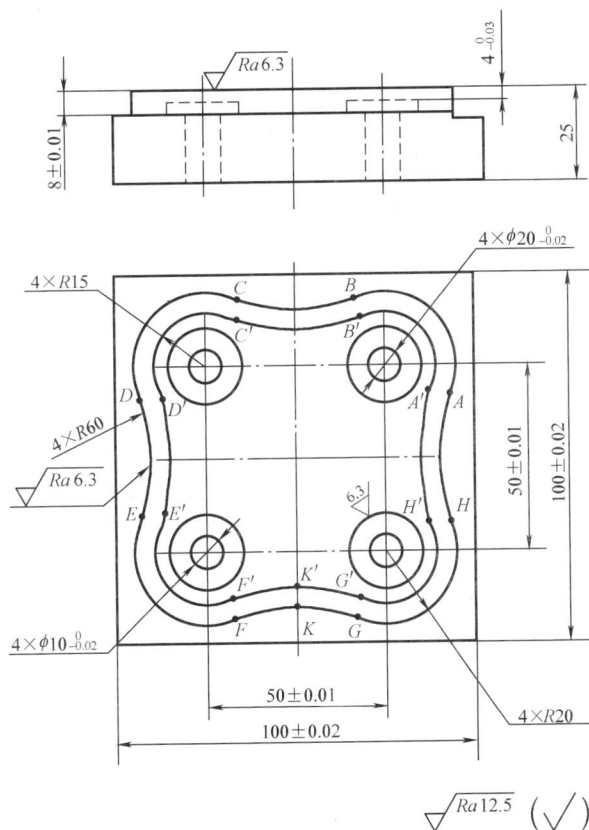

图 6-88　华中系统铣削加工实例

（1）零件图分析。该零件的主要加工表面为外轮廓面、内轮廓面、凸台及圆孔，选取毛坯为 105 mm×105 mm×25mm 的 Q235 钢板。

（2）加工方案及加工路线的确定。设零件中心和上平面相交处为原点，建立工件坐标系。按铣外轮廓、铣多余部分、铣 4 个圆柱、铣内轮廓、钻 4 个孔和铰孔进行。铣外、内轮廓时分别从 K、K′ 下刀。外轮廓的加工路线按 K—F—E—D—C—B—A—H—G—K 进行；内轮廓的加工路线按 K′—F′—E′—D′—C′—B′—A′—H′—G′—K′ 进行。

（3）确定装夹方案。由于工件比较规则，使用平口钳找正装夹，上部留出足够高度，保证铣削。

（4）刀具及切削用量的选择。共选择 5 把刀具，选择 1 号刀为 $\phi16$ 的立铣刀，用于铣削工件的外轮廓；选择 2 号刀为 $\phi16$ 的键槽铣刀，用于铣削多余部分；选择 3 号刀为 $\phi6$ 的键槽铣刀；用于铣削 4 个圆柱和内轮廓；选择 4 号刀为 $\phi9.8$ 的麻花钻，用于加工 $4×\phi10$ 的底孔；选择 5 号刀为 $\phi10$ 的铰刀，用于加工 $4×\phi10$ 的孔。

切削用量的确定：加工外轮廓及内轮廓的切削速度选为 800r/min，进给量为 100mm/min，加工孔时切削速度选为 300 r/min，进给量为 50mm/min。

（5）各主要基点的坐标值：A（43.998，18.750）、B（18.750，43.998）、C（−18.750，43.998）、D（−43.998，18.750）、E（−43.998，−18.750）、F（−18.750，−43.998）、G（18.750，−43.998）、H（43.998，−18.750）、A′（39.142，20.314）、B′（20.314，39.245）、C′（−20.314，39.245）、D′（−39.245，20.314）、E′（−39.245，−20.314）、F′（−20.314，−39.245）、G′（20.314，−39.245）、H′（39.245，−20.314）、K（0，−40.993）、K′（0，−35.993）。

（6）参考程序如下：

```
%
06026;                              程序名
N10 G40 G49 G80;                    取消各种补偿
N20 G90 G54 G00 X0 Y0 Z100.0;       选择 G54 坐标系，定位到换刀点
N25 T01;                            调用 1 号刀
N30 S800 M03;                       主轴正转，转速为 800r/mim
N40 G00 Y-80.0;                     定位到安全高度
N50 Z5.0;                           Z 向下刀，建立刀具长度补偿
N60 G43 G01 Z-8.0 F100 H01;         建立刀具半径补偿
N70 G41 Y-60.0;                     接近工件
N80 Y-52.993;                       圆弧切入 K 点
N90 G03 X0 Y-40.993 .0 J6.0;        加工 KF 段
N100 G03 X-18.750 Y-43.998 R60.0;   加工 FE 段
N110 G02 X-43.998 Y-18.750 R20.0;   加工 ED 段
N120 G03 X-43.998 Y18.750 R60.0;    加工 DC 段
N130 G02 X-18.750 Y43.998 R20.0;    加工 CB 段
N140 G03 X18.750 Y43.998 R60.0;     加工 BA 段
N150 G02 X43.998 Y18.750 R20.0;     加工 AH 段
N160 G03 X43.998 Y-18.750 R60.0;    加工 HG 段
```

N170 G02 X18.750 Y-43.998 R20.0;	加工 GK 段
N180 G03 X0 Y-40.993 R60.0;	圆弧切出
N190 Y-52.993 J-6.0;	取消刀补
N200 G40 G01 Y-80.0;	返回换刀点
N210 G00 G49 Z100.0;	加工外轮廓结束
N220 X0 Y0;	主轴停止
N230 M05;	换 2 号刀，铣削上面 4mm 多余部分
N240 T02;	主轴正转，转速为 800r/min
N250 M03 S800;	定位到左后角
N260 X-27.0 Y27.0;	快速接近工件
N270 Z5.0;	建立刀具长度补偿
N280 G43 G01 Z1.0 F50 H02;	调用子程序 2601 8 次
N290 M98 P2601 L8;	抬刀到工件上表面 1mm 处
N300 G90 G01 Z1.0;	定位到（6，-27）位置
N310 G01 X6.0 Y-27.0;	调用 O2602 子程序 8 次
N310 M98 P2602 L8;	取消长度补偿，回换刀点
N320 G49 G00 G90 Z100.0;	主轴停止
N330 M05;	铣削 4 个圆柱
N340 T03;	主轴正转，转速为 800r/min
N350 S800 M03;	建立刀具长度补偿
N360 G43Z10.0 H03;	
N370 M98 P6203 L8;	调用 O6203 子程序 8 次
N380 G90 G00 Z100;	回换刀点，4 个圆柱加工完毕
N420 G00 Z10.0;	接近工件，开始加工内轮廓
N430 G42 G01 Y-30.0 D03;	建立刀具右补偿
N440 Z-8.0 F100;	Z 向下刀到深度
N450 Y-23.993;	到起刀点
N460 G02 X0 Y-35.993 J-6.0;	圆弧切入到 K′ 点
N470 G03 X-20.314 Y-39.245 R60.0;	加工圆弧 K′F′
N480 G02 X-39.245 Y-20.314 R15.0;	加工圆弧 F′E′
N490 G03 X-39.245 Y20.314 R60.0;	加工圆弧 E′D′
N500 G02 X-20.314 Y39.245 R15.0;	加工圆弧 D′C′
N510 G03 X20.314 Y39.245 R60.0;	加工圆弧 C′B′
N520 G02 X39.245 Y20.314 R15.0;	加工圆弧 B′A′
N530 G03 X39.245 Y-20.314 R60.0;	加工圆弧 A′H′
N540 G02 X20.314 Y-39.245 R15.0;	加工圆弧 H′G′
N550 G03 X0 Y-35.993 R60.0;	加工圆弧 G′K′
N560 G02 Y-23.993 J6.0;	圆弧切出
N570 G00 G49 Z100.0;	抬刀，取消长度补偿
N580 G40 X0 Y0;	回换刀点，取消半径补偿
N590 M05;	主轴停止，内轮廓加工完毕
N600 T04;	换 4 号刀，开始钻 4 个底孔

N610 M03 S300；   钻第 1 个孔

N620 G99 G73 X25.0 Y25.0 Z−28.0 R5.0 Q−2.0   钻第 2 个孔

K0.5 F30；   钻第 3 个孔

N630 Y−25.0；   钻第 4 个孔

N640 X−25.0；   抬刀

N650 G98 Y25.0；   主轴停止

N660 G80 Z100.0；   换 5 号刀，开始铰孔

N670 M05；   主轴正转，转速为 300r/min

N680 T05；   铰第 1 个孔

N690 M03 S300；   铰第 2 个孔

N700 G98 G81 X25.0 Y25.0 Z−28.0 R5.0 F50；   铰第 3 个孔

N710 Y−25.0；   铰第 4 个孔

N720 X−25.0；   抬刀

N730 Y25.0；   主轴停止

N740 G80 Z100.0；   程序停止

N750 M05；

N760 M30；

O2601；   加工 4mm 以上多余部分子程序

N10 G91 G01 Z−1.5 F50；

N20 G90 X27.0 F100.0；

N30 Y12.0；

N40 X−27.0；

N50 Y−3.0；

N60 X27.0；

N70 Y−18.0；

N80 X−27.0；

N90 Y−27.0；

N100 X27.0；

N110 G91 G00 Z1.0；

N120 G90 X−27.0 Y27.0；

N130 M99；

O2602；   加工 4mm 以下多余部分子程序

N10 G91 G01 Z−1.5 F50；

N20 G90 Y−6.0 F100；

N30 X27.0；

N40 Y6.0；

N50 X6.0；

N60 Y27.0；

N70 X−6.0；

N80 Y6.0；

N90 X−27.0；

```
N100 Y-6.0;
N110 X-6.0;
N120 Y-27.0;
N130 X6.0;
N140 G91 G00 Z1.0;
N150 G90 X6.0 Y-27.0;
N160 M99;
```

`O6203;`	铣削圆柱的镜像子程序
`N10 G91 Z-0.5;`	
`N20 M98 P6204;`	加工第一象限圆柱
`N30 G24 X0;`	建立 Y 轴镜像
`N40 M98 P6204;`	加工第二象限圆柱
`N60 G24 Y0;`	建立 X、Y 轴镜像
`N70 M98 P6204;`	加工第三象限圆柱
`N80 G25 X0;`	取消 Y 轴镜像
`N90 M98 P6204;`	加工第四象限圆柱
`N100 G25 Y0;`	取消 X 轴镜像
`N110 M98;`	

`O6024;`	铣削圆柱子程序
`N10 G90 G41 X15.0 Y5.0 D03;`	
`N20 G91 G01 Z-10.0 F100;`	
`N30 G90 Y25.0;`	
`N40 G02 I10;`	
`N50 G01 Y30.0;`	
`N60 G91 G00 Z10.0;`	
`N70 G90 G40 X0 Y0;`	
`N80 M99;`	

◈ 本 章 小 结

一、数控铣床编程基础
1. 数控铣床编程特点
2. 数控铣床编程指令
3. 数控铣床坐标系特点

二、FANUC 数控系统编程
1. FANUC 0i MA 系统数控铣床编程指令
（1）系统设定编程指令。
（2）基本编程指令：进给指令、螺纹加工指令、简单循环、复杂循环。
2. SIEMENS 802D 系统数控铣床编程指令
（1）系统设定编程指令。

（2）基本编程指令。

3. 华中世纪星-21T 数控铣床编程指令

习 题 六

一、填空题

1. 加工中心一般以绕____轴旋转的为 A 轴，绕____轴旋转的为 B 轴，绕____轴旋转的为 C 轴。

2. 自动返回参考点 R 的指令格式为：G28 X_ Y_ Z__ ；其中 X、Y、Z 为_____坐标位置。

3. 铣削加工中钻孔的固定循环 6 个顺序动作分别为_____、_____、_____、_____、_____、_____ 和_____。

4. 一般数控系统中刀具长度正补偿用_____指令，负补偿用____ 指令，取消补偿用____ 指令。

5. SIEMENS 数控系统一般用_____和____ 来定义进给速度的单位。

6. 华中数控系统的镜像加工格式为_____ 、_____ ，取消用_____ 指令。

7. 华中子程序调用格式为_____。

二、选择题

1. 插补运算的任务是确定刀具的 （   ）。

A. 速度   B. 加速度

C. 运动轨迹   D. 运动距离

2. FANUC 系统中 G65 指令的含义为 （   ）。

A. 精镗循环指令   B. 调用宏程序指令

C. 调用子程序指令   D. 指定工件坐标系

3. 当在 XZ 平面进行插补圆弧时，应先使用 （   ）指令选择加工平面。

A. G17   B. G18

C. G19   D. G20

4. SIEMENS 802D 镜像指令使用 （   ）。

A. ROT   B. MIRROR

C. G24   D. G50.1

5. G43 G01 Z15.0 H15 中的 H15 表示 （   ）。

A. Z 轴的位置是 15   B. 刀具的地址为 15

C. 长度补偿值为 15   D. 半径补偿值为 15

6. N100 G01 G02 G03 X20.0 Y30.0 R35.0 F100 程序段 （   ）。

A. G01 有效   B. G02 有效

C. G03 有效   D. 执行后不产生动作

7. 下列程序中不使机床产生任何动作的是 （   ）。

A. G00 X__ Y__ Z__   B. G01 X__ Y__ Z__

C. G92 X__ Y__ Z__   D. G28 X__ Y__ Z__

三、简答题

1. FANUC 0i-MA、SIEMENS 802D 与华中世纪星系统的镜像指令各是什么？

2. SIEMENS 802D 循环中 CYCLE81 的作用是什么？其主要参数的含义如何？

3. 宏程序中的变量有哪几种？它们在使用上有什么区别？

4. 刀具长度补偿的含义如何？

5. G02 或 G03 编程时 R 值的正、负如何确定？整圆编程时为什么不能用 R？

6. SIEMENS 802D 铣削加工常见的加工循环有哪些？

四、编程题

1. 用 FANUC 0i-MA 完成 6-89 所示零件的轮廓铣削加工程序。

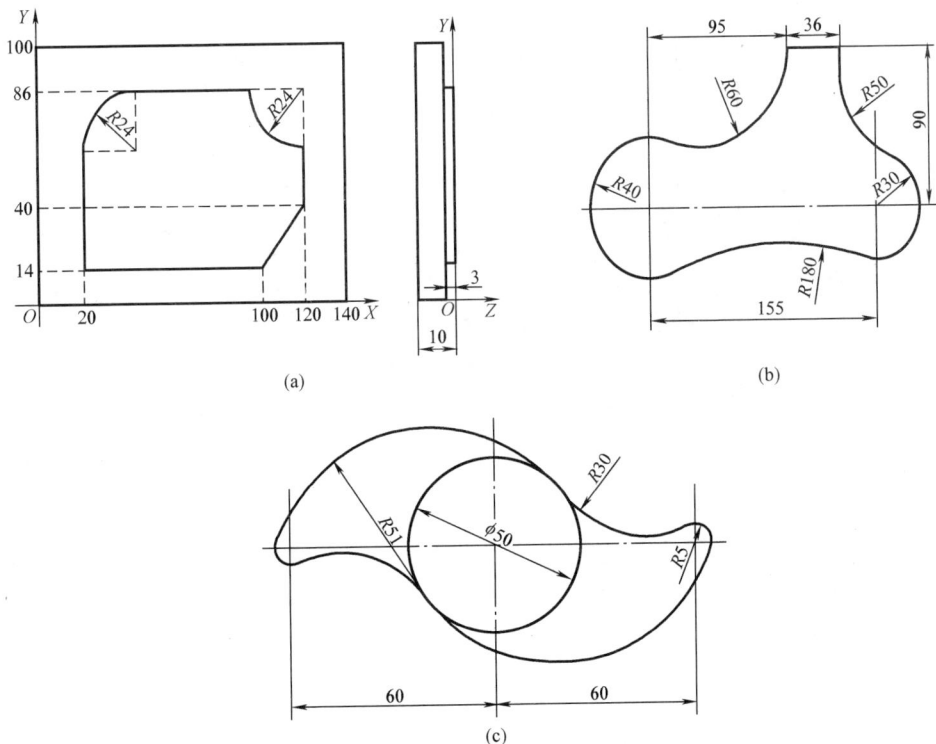

(a)

(b)

(c)

图 6-89　铣削加工零件

2. 完成图 6-90 所示零件的型腔加工程序。

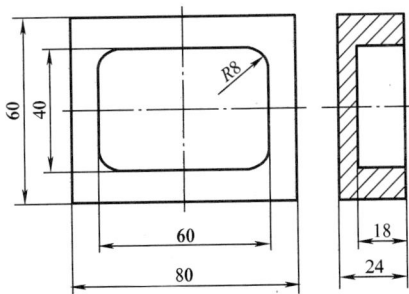

图 6-90　型腔加工零件

3. 完成图 6-91 所示零件的钻孔加工程序。

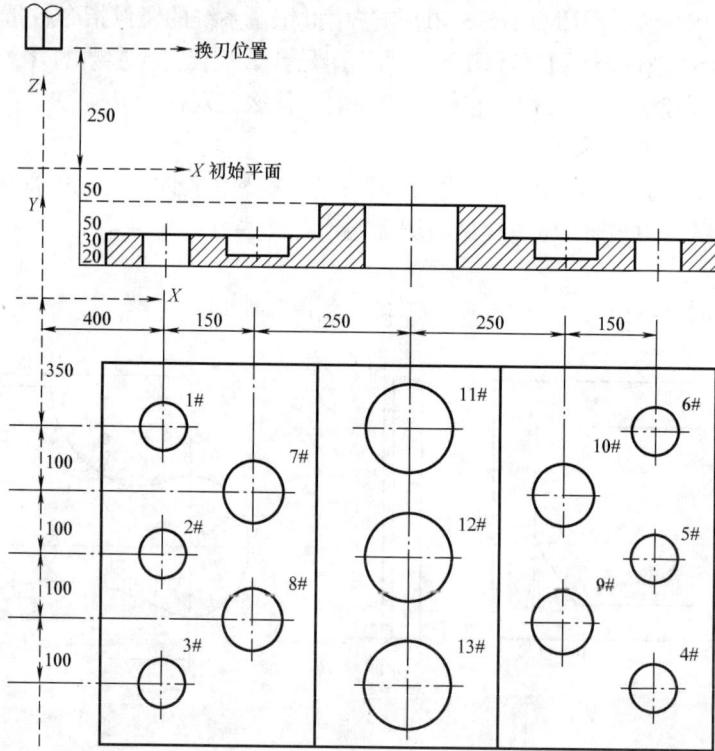

图 6-91　钻孔加工零件

第7章 SIEMENS 系统数控铣床及加工中心的基本操作

本章要点

由于 FANUC 车床系统前面已介绍，铣床系统和其基本相似，这里不再赘述。本章以 SIEMENS 802D 数控系统为例，重点介绍 SIEMENS 802D 系统数控铣床的用户界面及其操作方法，以掌握数控铣床及加工中心的具体功能及其使用。

7.1 SIEMENS 802D 数控面板

如图 7-1 所示为配有 SIEMENS 802D 数控系统的面板。其大致可分成 3 块：数控系统面板（左下半部分见图 7-2）、机床操作面板（右下半部分见图 7-3）和屏幕显示区面板（上半部分见图 7-4）。

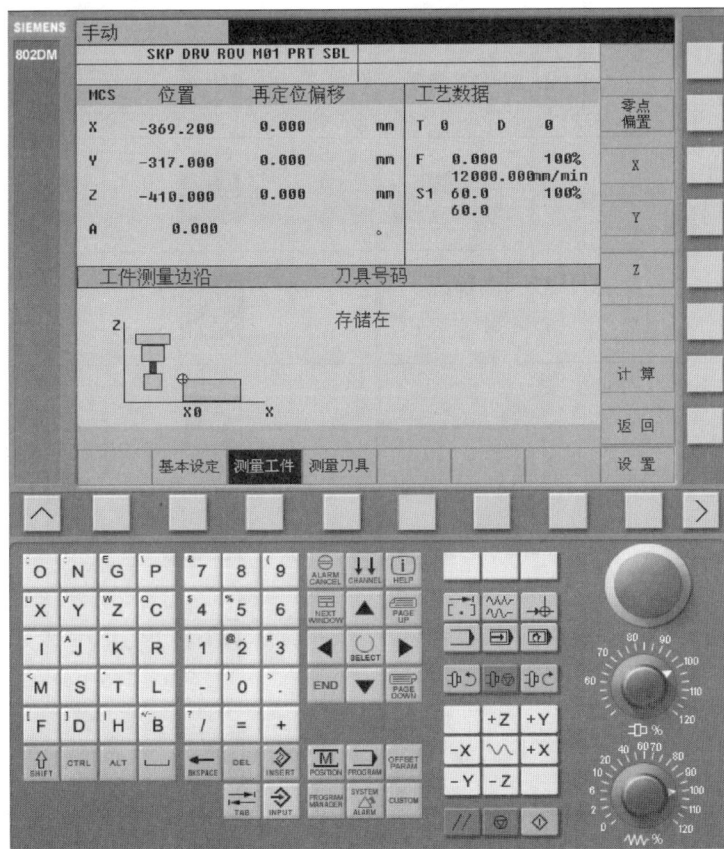

图 7-1 SIEMENS 802D 数控系的数控铣床系统面板

7.1.1 数控系统面板

系统面板上的各功能键如图 7-2 所示，其各键的作用可参见表 7-1。

表 7-1 系统面板上的各功能键作用

按键	功能	按键	功能
 ALARM CANCEL	报警应答键	 CHANNEL	通道转换键
 HELP	信息键	 NEXT WINDOW	未使用
 PAGE UP / PAGE DOWN	翻页键	 END	结束键
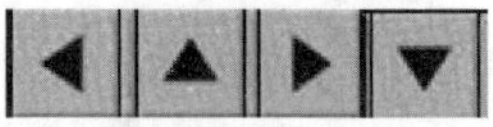 ◀ ▲ ▶ ▼	光标键	 SELECT	选择/转换键
 POSITION	加工操作区域键	 PROGRAM	程序操作区域键
 OFFSET PARAM	参数操作区域键	 PROGRAM MANAGER	程序管理操作区域键
 SYSTEM ALARM	报警/系统操作区域键	 CUSTOM	未使用
 G	字母键；上挡键转换对应字符	 5	数字键 上挡键转换对应字符
 SHIFT	上挡建	 CTRL	控制键
 ALT	替换键	 ⎵	空格键
 BKSPACE	退格删除键	 DEL	删除键
 INSERT	插入键	 TAB	制表键
 INPUT	回车/输入键		

7.1.2　机床操作面板

如图 7-3 所示为配有 SIEMENS 802D 的数控铣床控制面板。

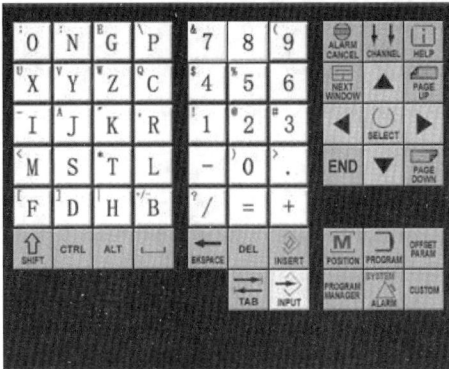

图 7-2　SIEMENS 802D 系统面板　　图 7-3　SIEMENS 802D 数控铣床控制面板

控制面板上的各功能键的作用可参见表 7-2 的说明。

表 7-2　　　　　　　　　　　　　控制面板上的各功能键作用

按键	功能	按键	功能
	增量选择键		点动
	参考点		自动方式
	单段		手动数据输入
	主轴正转		主轴翻转
	主轴停		数控启动
+Z −Z	Z 轴点动	+X −X	X 轴点动
+Y −Y	Y 轴点动	⌇	快进键
//	复位键		数控停止
	急停键		带发光二极管及无发光二极管的用户定义键
	主轴速度修调		进给速度修调

7.1.3 屏幕显示面板

屏幕显示区面板如图 7-4 所示。

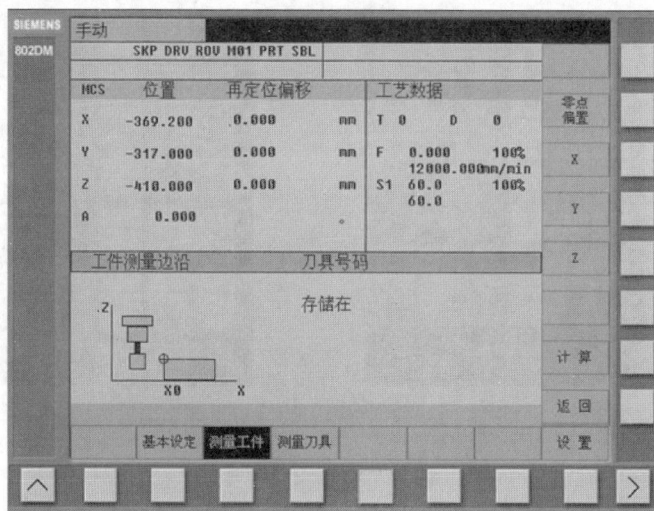

图 7-4   SIEMENS 802D 数控铣床显示面板

屏幕可以划分为以下几个区域：状态区、应用程序区、提示和软键区域。显示区域右侧和下方的灰色方块为菜单软键，按下软键，可以进入软键左侧或上方对应的菜单。

7.2 数控铣床的操作

7.2.1 通电开机、回参考点

接通 CNC 和机床电源。进入系统后，显示屏上方显示文字"0030：急停"。按急停键，使急停键抬起，这时该行文字消失；按机床控制面板上的点动键⚟️，再按参考点键⊕，进入加工操作区手动连续运行方式回参考点，出现"回参考点"窗口，这时显示屏上 X、Y、Z 坐标轴后出现空心圆，如图 7-5 所示。

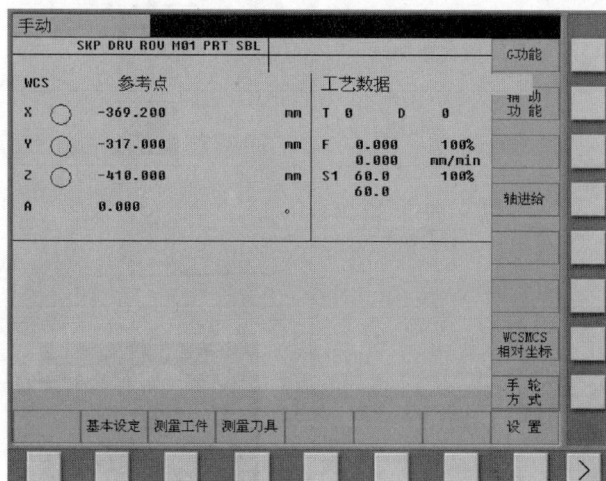

图 7-5   回参考点窗口

分别按 +X 、 +Y 、 +Z 键，机床上的坐标轴移动回参考点，同时显示屏上坐标轴后的空心圆变为实心圆，参考点的坐标值变为 0。

7.2.2　手动连续运行方式

1. 手动连续运行

可以通过机床控制面板上的点动键 选择手动连续运行方式。操作相应的方向键 +X 、 +Y 、 +Z ，可以使坐标轴运行。只要相应的键一直按着，坐标轴就一直连续不断地以设定数据中规定的速度运行。若设定数据中此值为"零"，则按照机床数据中存储的值运行。需要时可以使用修调开关调节速度。如果同时按快速键 ，则所选的坐标轴以快进速度运行。

2. 手动连续运行进给速度选择

使用机床控制面板上的进给速度修调旋钮 选择进给速度：右击该旋钮，修调倍率递增；单击该旋钮，修调倍率递减。用右击一下，增加 5%；用左键每单击一下，修调倍率递减 5%。

3. 增量进给

按下机床控制面板上的增量选择按键 ，系统处于增量进给运行方式；设定增量倍率；按"+X"或"－X"键，X 轴将向正向或负向移动一个增量值；依同样方法，按"+Y"、"－Y"、"+Z"、"－Z"键，可使 Y、Z 轴向正向或负向移动一个增量值；再按一次点动键可以去除步进增量方式。

4. 设定增量值

单击"设置"下方的软键 ，显示如图 7-6 所示窗口，可以在这里设定 JOG 进给率、增量值等。

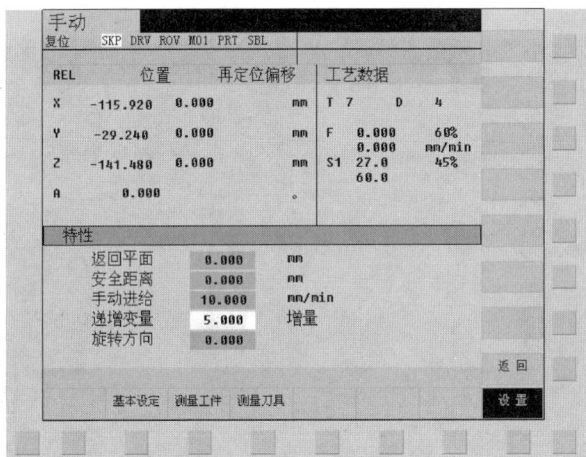

图 7-6　增量设置窗口

使用光标键 ◀ ▶ 移动光标，将光标定位到需要输入数据的位置。光标所在区域为白色高光显示。如果刀具清单多于一页，可以使用翻页键进行翻页；单击数控系统面板上的数字键，输入数值；单击输入键 确认。

5. 手轮进给方式

按下机床控制面板上的手动连续按键 ，选择 JOG 运行状态，按显示区域右面的"手轮方式"软键，出现手轮窗口，如图 7-7 所示。选择所要移动的坐标轴，以手轮转向对应的方向移动各轴。

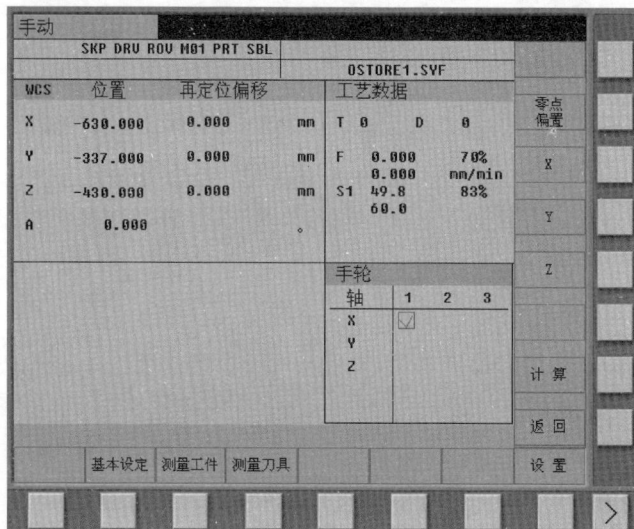

图 7-7　JOG 运行下的手轮窗口

6. 手动数据输入运行方式

按机床控制面板上的 MDA 键 ，系统进入 MDA 运行方式。在 MDA 运行方式下可以编制一个零件程序段加以执行。使用数控系统面板上的字母、数字键可输入一个或多个程序段。例如，按字母键、数字键，依次输入"G00 X0 Y0 Z0"，屏幕上将显示输入的数据，如图 7-8 所示。

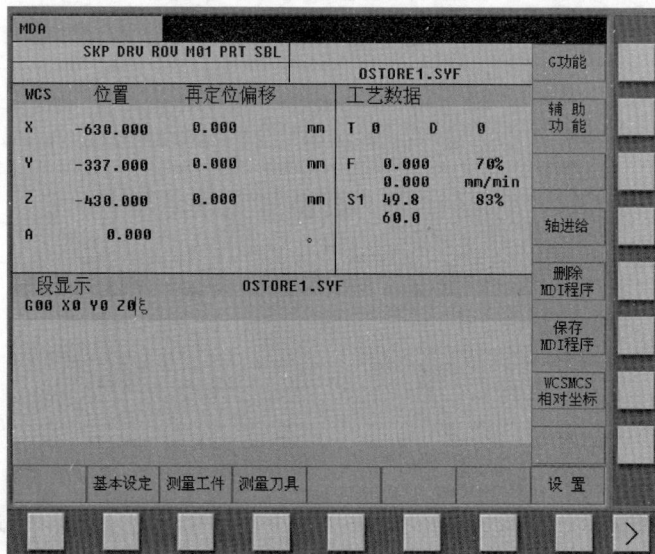

图 7-8　MDA 运行方式

按数控启动键 ，系统执行输入的指令。MDA 运行方式的实际值与所选定的坐标系有关，可通过软件切换。

7.2.3　自动运行

自动运行就是机床根据编制的零件加工程序来运行。按系统控制面板上的自动方式键
，选择自动运行方式。屏幕上显示"自动"基本画面，显示位置、进给值、主轴值、刀具值及当前的程序段，如图 7-9 所示。

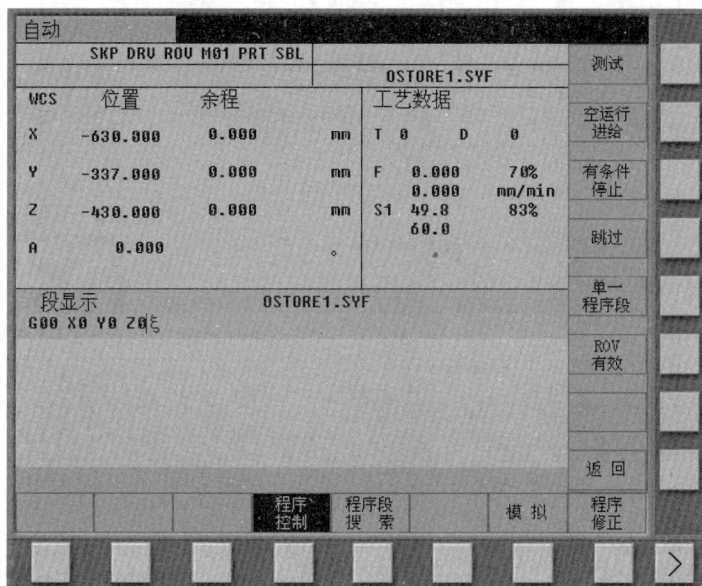

图 7-9　自动运行窗口

1. 自动运行中的软键

如图 7-9 所示，按自动方式窗口下方菜单栏上的程序控制软键　；显示屏右侧出现程序控制菜单的下一级菜单，各软键功能见表 7-3。

表 7-3　　　　　　　　　　　　　　自动方式下的软键功能

按键	功　能
测试	按该键后，所有到进给轴和主轴的给定值被禁止输出，此时给定值区域显示当前运行数值
空运行进给	进给轴以空运行设定数据中的设定参数运行
有条件停止	程序在运行到有 M01 指令的程序段时停止运行
跳过	前面有 "/" 标志的程序段将跳过不予执行
单一程序段	每运行一个程序段，机床就会暂停
ROV 有效	按快速修调键，修调开关对于快速进给也生效

2. 选择和启动零件程序

按机床控制面板上的自动键 ⊒，选择自动运行方式。按程序管理键 ，打开程序管理器，如图 7-10 所示。

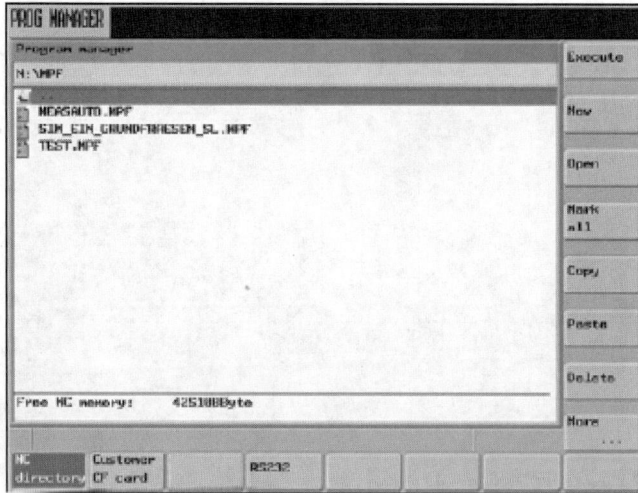

图 7-10　程序管理器界面

把光标移动到指定的程序上。按软键 执行 ，系统执行（NC目录）或者外部执行（CF卡）选择待加工的程序，则被选择的程序名显示在屏幕区"程序名"下。这时显示窗口会显示该程序的内容，如图 7-11 所示。按数控启动键 ◇ ，系统执行程序。

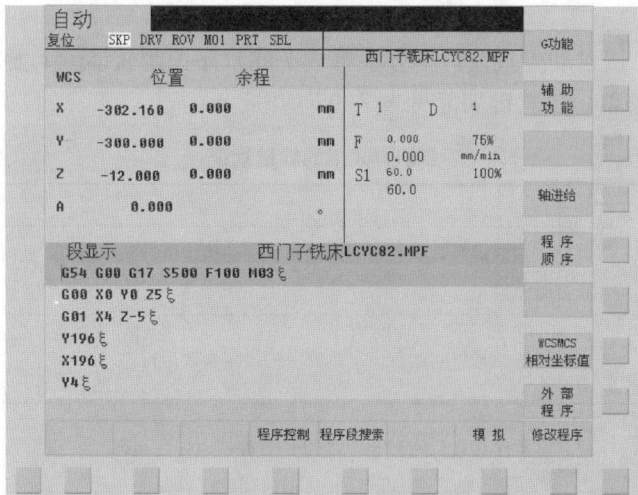

图 7-11　程序加工窗口

3. 停止、中断零件程序

（1）停止：按数控停止键 ○ ，可以停止正在加工的程序，再按数控启动键 ◇ ，就能恢复被停止的程序。

（2）中断：按复位键 // ，可以中断程序加工，再按数控启动键 ◇ ，程序将从头开始执行。

7.3　创建和编辑程序

7.3.1　进入程序管理方式

按程序管理操作区域键 [PROGRAM MANAGER]，再按程序下方的软键 [程序]，显示屏显示零件程序列表，如图 7-12 所示。其软键功能可参见表 7-4。

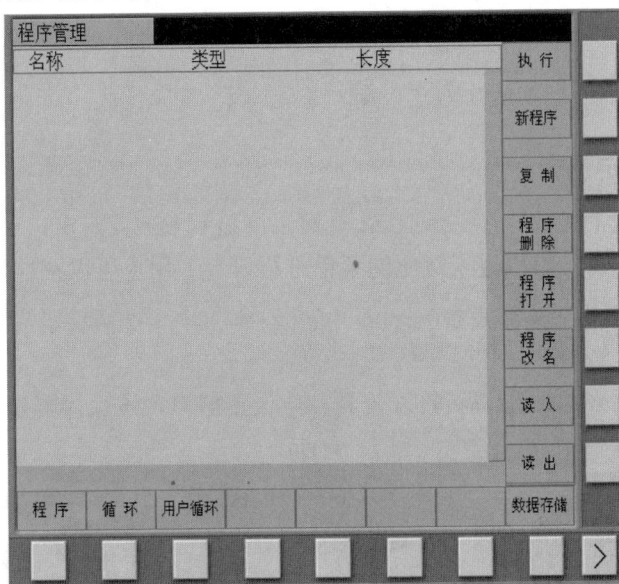

图 7-12　程序管理窗口

表 7-4　　　　　　　　　　　　　　　程序管理窗口软键功能

软键	功　能
执行	如果零件清单中有多个零件程序，按该键可以选定待执行的零件程序，再按数控启动键就可执行程序
新程序	输入新程序
复制	把选择的程序复制到另一个程序中
程序删除	删除程序
程序打开	打开程序
程序改名	更改程序名

7.3.2　创建及编辑程序

按右边的软键 [新程序]，使用字母及数字键输入程序名。例如，输入字母"XY123"，按

"确认"软键，建立新程序。如果创建主程序，扩展名 .MPF 可不输入，由系统自动生成；如果创建子程序，则扩展名 .SPM 要与文件名一起输入。如果按"中断"软键，则刚才输入的程序名无效。创建新程序后，零件程序清单中显示新建立的程序。当打开或者新建立了程序，按编辑下方的软键 编辑 就可以进行编辑。使用光标键，将光标落在需要删除的字符前，按删除键 DEL 删除错误的内容；或者将光标落在需要删除的字符后，按退格删除键 BKSPACE 进行删除或修改。

7.4　参　数　设　定

7.4.1　参数设定窗口

按系统控制面板上参数操作区域键 OFFSET PARAM ，显示屏显示参数设定窗口，如图 7-13 所示。

按需要设定的软键，可以进入对应的菜单进行设置。用户可以在这里设定刀具参数、零点偏置等参数。

7.4.2　设置刀具参数及刀补参数

按"刀具表"下方的软键 刀具表 ，打开刀具补偿设置窗口，该窗口显示所使用的刀具清单，如图 7-14 所示。

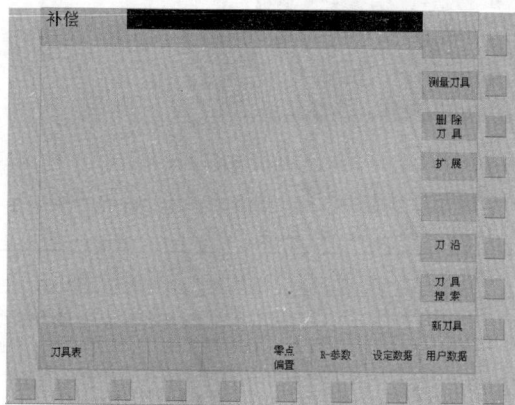

图 7-13　参数设定窗口

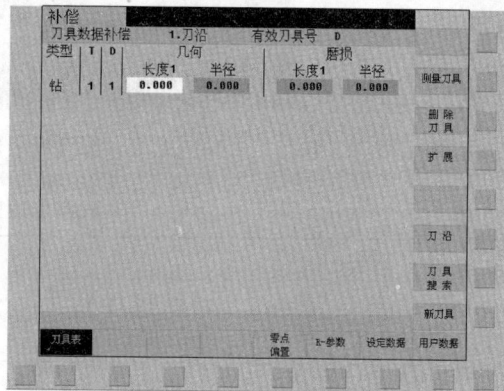

图 7-14　刀具清单

使用光标键 ◀ ▮ ▶ 移动光标，将光标定位到需要输入数据的位置。光标所在区域为白色高光显示。如果刀具清单多于一页，可以使用翻页键进行翻页；按数控系统面板上的数字键，输入数值，按输入键 INPUT 确认。刀具设置中各软键的作用见表 7-5。

7.4.3　新刀具的建立与零件偏置的设置

按 新刀具 软键，显示屏右侧出现钻削和铣刀两个菜单项，可以设定两种类型刀具的刀具号。例如，要建立刀具号为 6 的铣刀，其操作步骤如下：

(1) 按 铣刀 键，显示屏图 7-15 显示，输入相应的数据后按"确认"软键，完成建立。这时刀具清单里会出现新建立的刀具，同时刀具的补偿值也输入完毕，如图 7-15 所示。

(2) 按"零点偏置"下方的软键 零点偏置 ；屏幕上显示可设定零点偏置的情况，如图 7-16 所示。

表 7-5　　　　　　　　　　　　　　　　　设置中各软件的作用

一级菜单	二级菜单	功　能
测量刀具		手动确定刀具补偿参数
删除刀具		清除刀具所有刀沿的刀具补偿参数
扩展		显示刀具的所有参数
刀沿		按该键，进入下一级菜单，用于显示和设定其他刀沿
	D≫	选择下一级较高的刀沿号
	≪D	选择下一级较低的刀沿号
	新刀沿	建立一个新刀沿
	复位刀沿	复位刀沿的所有补偿参数
刀具搜索		输入刀具号，搜索特定刀具
新刀具		建立新刀具的刀具补偿
	钻削	设定钻刀刀具号
	铣刀	设定铣刀刀具号

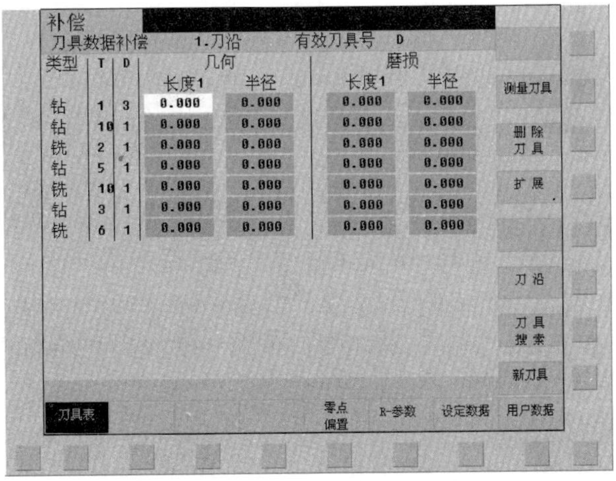

图 7-15　新刀具的建立

图 7-16　零点偏置设置

（3）使用光标键 ◀ ▶ 移动光标，将光标定位到需要输入数据的位置。光标所在区域为白色高光显示；按数控系统面板上的数字键，输入相应的数值；按输入键 ⬅INPUT 确认。可设置零点偏置及建立工件坐标系。

7.5　建立工件坐标系与对刀

在加工过程中，装夹到机床上的工件，其坐标原点与机床原点会产生坐标偏移，对刀的过程就是要找出它们的偏移量，输入到 G54～G59 中，进行坐标系零点设置。

对刀方法有多种，主要有试切法对刀、对刀仪对刀等多种。这里只介绍试切法对刀。

7.5.1　用计算的方法设置坐标偏置

安装好加工所用刀具，把工件按加工要求夹紧到工作台上，如图 7-17 所示。开机；回机床零点；使主轴正转；用手动方式，分别选择 +X 、 -X 、 +Y 、 -Y 、 +Z 、 -Z ，使刀具分别接近工件的前、后、左、右或上面，通过使用增量按钮 [.] 或手轮进给靠近工件，观察切屑情况，一旦下屑表明刀具已和工件接触，记下此时的左、右、前、后、上的机床坐标值 $X1$、$X2$、$Y1$、$Y2$、$Z1$。

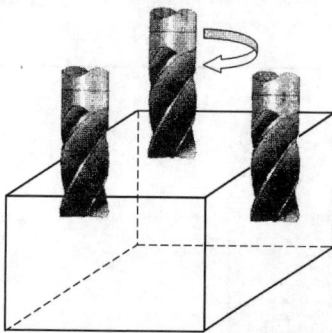

图 7-17　试切法对刀

如设工件上表面中心为原点，则原点坐标为 $X = (X1 + X2)/2$，$Y = (Y1 + Y2)/2$，$Z = Z1$。

选择零点偏置软键，显示零点偏置设置窗口，如图 7-18 所示，移到光标到待修改位置，选择零点偏置坐标系（如 G54），输入计算出来的偏移值 X、Y、Z 即可。

7.5.2　通过测量的方法设置坐标偏置

该方法为选择零点偏移（如 G54）窗口，确定待求零点偏移的坐标值，系统将所测量出来的偏移值自动输入 G54 偏置中。

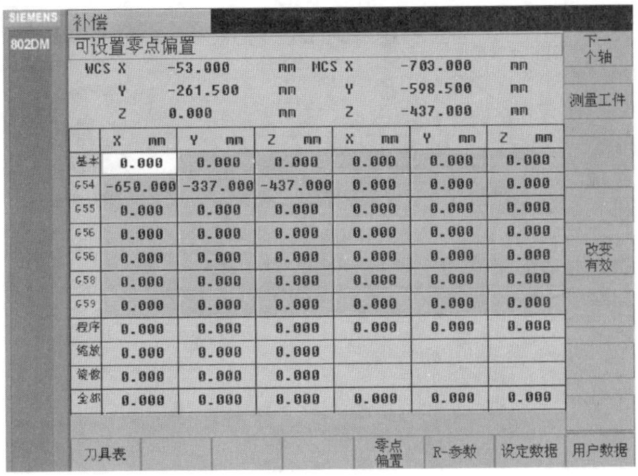

图 7-18　输入零点偏置

安装好标准刀具，把工件按加工要求夹紧到工作台上，如图 7-19 所示。开机；回机床零点；使主轴正转；在零点偏置窗口中，按软键"测量工件"。控制系统转换到"加工"操作区，出现对话框用于测量零点偏移。所选择的坐标轴以背景为黑色的软键显示。移动刀具，使其与工件相接触，如图 7-19 所示。

如果刀具不可能接触到工件边沿，或者刀具无法到达所要求的点（如使用了一个垫块或塞尺），则在填参数"间隔"时必须要输入刀具与工件表面之间的距离。

例如，调节刀具移动到零件的左侧，同时可放入塞尺，如选择 0.01mm 的塞尺。按单段键，此时手动的调节倍率，如 1/1000mm，连续单击，可以调节倍率，同时可以选择"手动"按钮，按增量键，同时分别调节 +X、-X，使刀具靠近工件左端且使刀具和工件间的塞尺松紧适当。

按计算零点偏置软键，如图 7-20 所示。结果显示在零点偏移栏。同理将刀具移到工件的前、上端可测得 Y、Z 的数值。

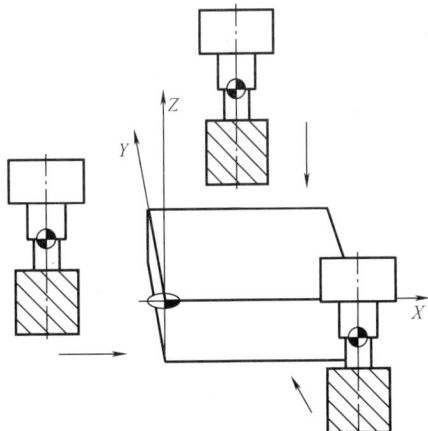

图 7-19　计算零点偏置

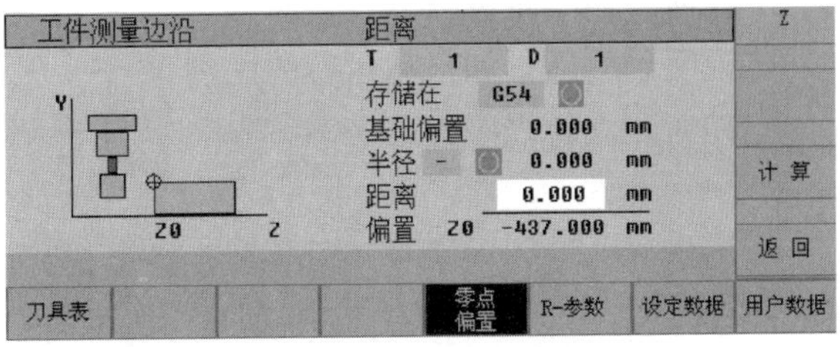

图 7-20　零点偏置测量窗口

将 X、Y、Z 数值测量完成后，即将工件左前上角点坐标值设置在 G54 零点偏置中。按"零点偏置"键查看 G54 坐标系更改的数值，如图 7-21 所示。

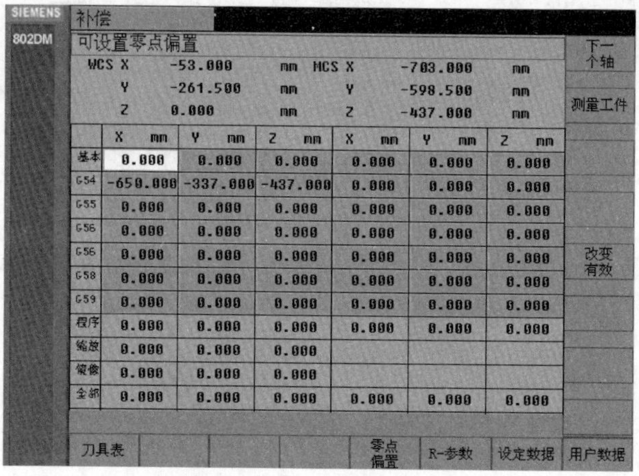

图 7-21   G54 零点偏置的设置

本 章 小 结

一、SIEMENS802D 铣床数控系统面板

1. 操作面板
2. 控制面板
3. 面板上各键的功能

二、SIEMENS802D 数控系统铣床基本操作

开机→回机床参考点→对刀→编辑或调用程序→试切→自动加工。

习 题 七

简答题

1. 数控铣床面板分哪两部分？各有什么功能？
2. SIEMENS 802D 数控系统铣床面板上的方式选择键有哪些？各有什么作用？
3. SIEMENS 802D 数控系统铣床面板上的屏幕功能键有哪些？各有什么作用？
4. 简述 JOG 进给倍率刻度盘的使用方法。
5. 如何使用手轮进给？
6. 说明单段运行和自动运行的区别。
7. 如何建立新程序？

第8章 CAXA 数控车自动编程

本章要点

本章主要以 CAXA 数控车为例简单介绍自动编程的方法及过程，了解数控自动编程的步骤，重点讲述 CAXA 数控车的粗、精加工方法。

8.1 自 动 编 程 概 述

8.1.1 自动编程的发展

手工编程具有快捷、简便、灵活性强及编程费用少等优点，但它只适用于被加工的零件形状不是很复杂或程序较短时的零件编程。当零件形状比较复杂时，手工编程的周期长、精度差、易出错等缺点便显现出来。这时可采用自动编程软件进行编程。它是借助数控语言编程系统或图形编程系统由计算机自动生成零件的加工程序。自 20 世纪 50 年代以来，为了使数控编程人员从烦琐的手工编程工作中解脱出来，人们一直在研究各种自动编程技术。随着计算机技术的发展，计算机辅助设计与制造（CAD/CAM）日益成熟。以 CAD/CAM 一体化集成形式的软件已成为数控加工自动编程系统的主流。这些软件采用人机交互方式，对零件的几何模型进行绘制、编辑和修改，从而生成零件的几何模型，并通过对机床和刀具进行定义和选择，确定刀具相对于零件表面的运动方式、切削加工参数，便能生成刀具轨迹，最后经过后置处理，可按照机床规定的文件格式生成加工程序，大大提高了编程效率，数控加工技术也得到了突飞猛进的发展。到目前为止，由于它们具有高效、直观、形象等许多优点，在数控加工领域中已经得到了广泛的应用。

8.1.2 自动编程的基本步骤

自动编程的基本过程可以分为以下几个步骤：

（1）分析加工零件：同手工编程一样，要对被加工零件进行几何尺寸的确定、表面加工精度的分析，相关加工过程中的基点尺寸的确定。

（2）对加工零件进行几何造型：利用 CAD/CAM 软件进行零件的图形构建，将零件模型输入计算机，在计算机内部存储并在屏幕上显示的过程。

（3）确定工艺步骤并选择合适的刀具：根据零件的加工要求，确定工件的装夹方案、建立工件坐标系，选择刀具、量具，并确定走刀路线。

（4）刀具轨迹的生成及编辑：轨迹生成一般包括走刀轨迹的安排、刀位点的计算与优化编排等，生成加工程序代码，同时显示刀具轨迹图形的过程。

（5）刀具轨迹验证：将生成的刀位轨迹、加工表面与约束面在计算机上显示出来，以判断刀具轨迹的正确性与合理性。

（6）后置处理：不同的数控系统对数控代码的定义、格式有所不同。采有不同的后置处理程序可将刀位文件转化为特定机床所能执行的数控程序。

（7）数控程序输出：通过计算机的外部设备或通信接口输出加工程序清单的过程。

8.1.3　常见的自动编程软件

1. CAXA 系列软件

CAXA 系列软件是北京北航海尔软件有限公司推出的全中文界面软件，包括 CAXA 电子图板、CAXA 实体设计、CAXA 数控车、CAXA 制造工程师、CAXA 线切割、CAXA 注塑模设计与 CAXA 注塑工艺设计等 CAD/CAE/CAM 系列软件。软件基于微机平台，采用原创 Windows 菜单和交互方式，便于轻松地学习和操作。它全面支持图标菜单、工具条、快捷键。用户还可以自由创建符合自己习惯的操作环境。使用 CAXA 数控车、CAXA 制造工程师可生成用于加工的数控车削、铣削加工的数控程序。它们既具有线框造型、曲面造型和实体造型的设计功能，又具有生成 2～5 轴的加工代码的数控加工功能，可用于加工具有复杂三维曲面的零件。其特点是易学易用、价格较低，已在国内应用广泛。

2. MasterCAM 软件

MasterCAM 软件是由美国 CNC Software 公司推出的基于微机平台上运行的 CAD/CAM 软件，它具有很强的加工功能，尤其在对复杂曲面自动生成加工代码方面，具有独到的优势。其主要包括 DESIGN 三维设计、LATHE 车床、WIREEDN 线切割、MILL2-5 轴铣床等功能模块。同时它还提供了许多图形文件接口。由于 Mastercam 主要针对数控加工，其零件的设计造型功能稍差，但对硬件的要求不高，且操作灵活、易学易用、价格较低，受到众多企业的欢迎。

3. UGNX 软件

UGNX 由美国 UGS 公司开发，具有复杂零件造型和数控加工的功能，同时还具有管理复杂产品装配、多种设计方案的对比分析和优化等功能，其主要功能包括工业设计、产品设计、计算仿真、模具设计、数控加工编程等。同时该软件还具有较好的二次开发环境和数据交换能力。其庞大的模块群为企业提供了从产品设计、产品分析、加工装配、检验，到过程管理、虚拟运作等全系列的技术支持。软件也具有多种图形文件接口，特别适合于大企业及科研机构使用。目前该软件在 CAD/CAM/CAE 市场上占有较大的份额。

4. Pro/Engineer 软件

Pro/Engineer 软件是美国参数技术公司（Parametric Technology Corporation，PTC）开发的产品。它具有零件造型、零件组合、创建工程图、模具设计、数控加工等功能。PTC 的系列软件包括了在工业设计和机械设计等方面的多项功能，还包括对大型装配体的管理、功能仿真、制造、产品数据管理等。Pro/Engineer 还提供了目前所能达到的最全面、集成最紧密的产品开发环境。PTC 公司提出的单一数据库、参数化、基于特征、全相关的概念改变了机械 CAD/CAE/CAM 的传统观念，这种全新的概念已成为当今世界机械 CAD/CAE/CAM 领域的新标准。利用该概念开发出来的第三代机械 CAD/CAE/CAM 产品 Pro/Engineer 软件能将设计至生产全过程集成到一起，让所有的用户能够同时进行同一产品的设计制造工作，即实现所谓的并行工程。同时提供了最佳路径控制和智能化加工路径控制等功能。

5. Cimatron 软件

Cimatron（思美创）CAD/CAM 系统由以色列开发，是一套支持模具业的专用系统。它具有三维造型、生成工程图、数控加工、模具设计、电极设计（拆铜工）及模芯数控编程等加工的专业功能及宝贵的数据库，具有各种通用和专用的数据接口及产品数据管理等功能。该软件较早在我国得到全面汉化，可有效地提升模具设计和加工的效率。

6. Solidwoks 软件

Solidwoks 是美国 Solidwoks 公司开发的系列软件，是一套功能相当强大的三维造型软件，三维造型是该软件的主要优势。其主要包括三维造型、曲面设计、装配设计、工程图的绘制、渲染设计、动画设计、模具设计、钣金设计、焊接设计及文件的输入与输出等。该软件完全采用 Windows 的窗口界面，操作非常简单，支持各种运算功能，可以进行实时的全相关性的参数化尺寸驱动。另外，由于很多的使用者不满足与单纯的产品设计而要求 CAD 与 CAM 的结合，它能够很快地将设计好的产品转换为能够进行数控加工的程序代码，使用的单位及个人也较多。

8.2　CAXA 数控车自动编程

CAXA 数控车具有全中文的 Windows 用户界面，形象化的图标菜单，全面的鼠标拖动功能，灵活方便的立即菜单参数调整功能，智能化的动态导航捕捉功能等。它具有强大的绘图功能和完善的外部数据接口。同时可按加工要求生成各种复杂图形的加工轨迹。通用的后置处理模块可使加工代码满足各种机床加工代码格式要求，并可对生成的代码进行校验及加工仿真。

8.2.1　CAXA 数控车的用户界面

和其他软件相似，CAXA 数控车的基本应用界面也是由标题栏、菜单栏、绘图区、工作条和状栏组成，如图 8-1 所示。各种功能都可以通过菜单和工具条两种方法来驱动，绘图区显示各种操作的结果，状态条显示当前工作状态和光标所在的位置。

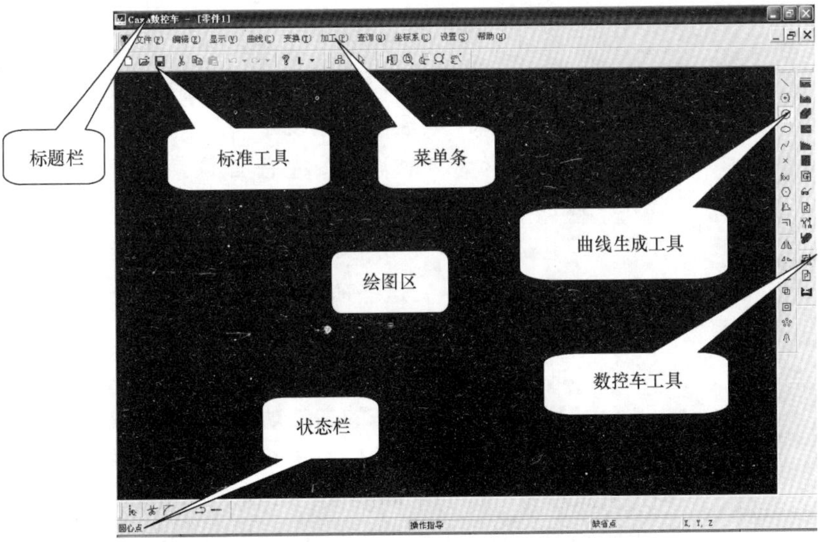

图 8-1　CAXA 数控车的工作界面

1. 标题栏

标题栏位于界面的最上方，主要功能是显示 CAXA 数控车的程序图标和当前正在编辑的文件名，以及窗口控制按钮。未保存的文件名显示为"无名文件"。

2. 菜单栏

菜单栏包括CAXA数控车的所有功能和命令。主要有文件、编辑、显示、曲线、变换、加工、查询、坐标系、设置及帮助等菜单项。

3. 绘图区

绘图区位于屏幕的中心，是用来进行绘图设计及加工设计的主要工作区域，是用户进行人机交互的主要工作窗口。

4. 工具条

是CAXA数控车调用命令的一种方式。它包含多个由图标表示的命令按钮，如图 8-2 所示，主要有标准工具条、显示工具条、曲线生成工具条、线面编辑工具条、数控车工具条、仿真控制工具条。

图 8-2　CAXA 数控车工具条

5. 状态栏

位于窗口底部，用来反映当前绘图状态。其分为 3 部分：左端提示用户当前动作，中部用来指出用户操作状态，右部为光标位置。

8.2.2　CAXA 数控车造型设计

一般 CAD/CAM 软件都要先有加工零件的几何模型，然后再生成用于加工的刀具轨迹。CAXA 数控车软件提供了建立几何模型的功能，其主要使用"曲线生成"工具栏和"曲线编辑"工具栏中的命令，如图 8-2 所示。这些命令在"曲线"下拉菜单中都能找到，如图 8-3 所示。使用这些曲线生成和曲线几何变换命令就可以完成各种零件的几何造型。

8.2.3　CAXA 数控车的加工功能

CAXA 数控车实现加工过程如下：先建立加工零件的几何模型；确定机床配置，因为不同机床，代码及格式是有差别的，这是正确输入代码的关键；根据零件形状及精度要求，选择合适的加工方式，从而生成刀位轨迹；生成 G 代码，通过数据接口传给机床。

图 8-3　曲线下拉菜单

1. 机床设置与后置处理

（1）机床设置。机床设置是针对不同的机床及不同的数控系统，设置相应的数控代码与格式参数，并生成配置文件的过程。

单击主菜单中的"数控车"→"机床设置"命令，或单击"数控车"工具栏上的"机床设置"图标 ▆，系统弹出"机床类型设置"对话框，如图 8-4 所示。用户可根据需要增加、删除、修改机床设置。其中主要包括机床管理、主轴控制、数值插补方式、刀具补偿方式、工件坐标系设置、冷却控制、程序起停及程序首尾控制符设置等。

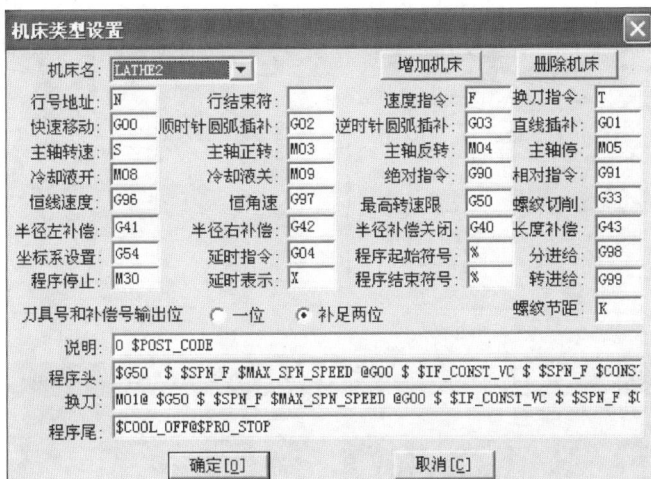

图 8-4　机床类型设置对话框

（2）后置处理。针对不同的机床，对已经设置好的机床配置进行后置输出的数控程序格式（如程序段号、程序的大小、数据格式、编程方式、圆弧控制方式等）的设置过程，就是后置处理。它一般设置默认的机床及 G 代码输入选项。

单击主菜单中的"数控车"→"后置处理"命令，或单击"数控车"工具栏上的"后置处理"图标 ▣，系统弹出"后置处理设置"对话框，如图 8-5 所示。

其设置内容主要包括机床系统、输出文件的最大长度、行号设置、编程方式、坐标输出格式、圆弧控制、直径半径编程、生成的代码显示等。

2. 刀具库管理

刀具库管理功能主要用于定义、确定刀具的有关参数，使用户方便地从刀具库中获得刀具信息，并对刀具库进行维护。

单击主菜单中的"数控车"→"刀具库管理"命令，或单击"数控车"工具条上的"刀具库管理"图标 ▆，系统弹出

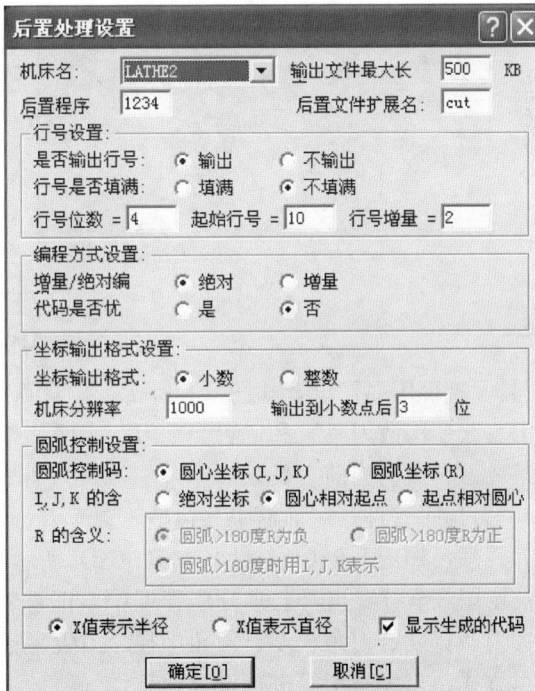

图 8-5　后置处理对话框

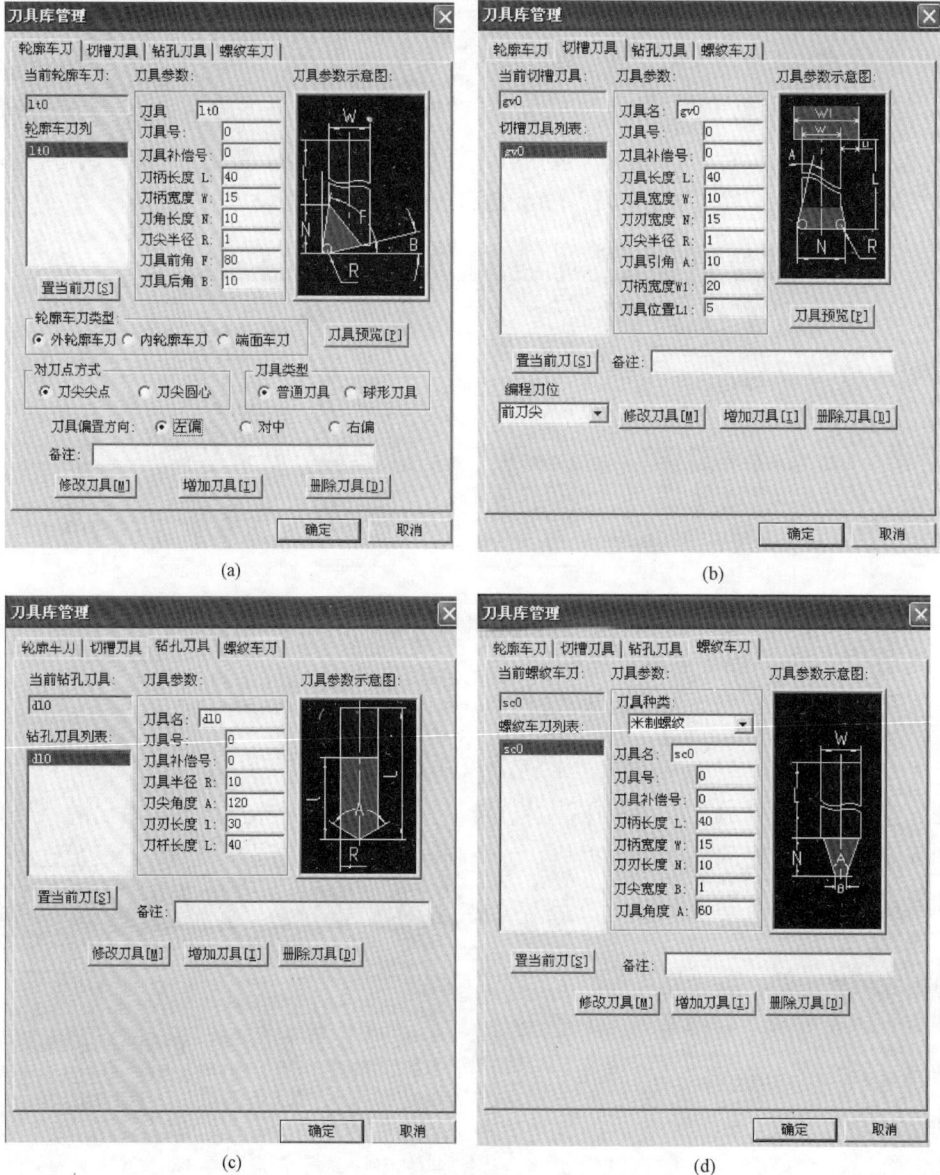

图 8-6　刀具库管理对话框

"刀具库管理"对话框，如图 8-6 所示。用户可根据实际加工需要用按钮"增加刀具"、"删除刀具"、"修改刀具"和"置当前刀"来增加新的刀具、删除不用的刀具、修改刀具参数及使某一刀具成为当前刀具。

"刀具库管理"对话框中共包括轮廓车刀、切槽刀具、钻孔刀具和螺纹车刀 4 种类型的车刀管理，如图 8-6 (a)、(b)、(c)、(d) 所示。

由图 8-6 可看出，4 种刀具管理中，能够对刀具名称、刀具号、刀具补偿号、刀柄长度、刀柄宽度、刀角长度、刀角半径、刀尖半径、刀具前角、刀具偏置方向、刀具类型、对刀点方式、刀尖宽度等进行设置。

参数表中的刀具列表显示刀具库中所有同类型刀具的名称，可选择不同的刀具名对不同的刀具进行参数设置。在所选刀具上双击或单击当前刀按钮，可以将其设置为当前加工中要使用的刀具。

3. 数控车加工

CAXA 数控车提供了轮廓粗车、轮廓精车、切槽、钻中心孔、车螺纹和一些其他功能。

（1）轮廓粗车。主要用于对工件外轮廓表面、内轮廓表面和端面的粗车加工，用来生成快速切除毛坯上多余部分的加工轨迹及加工代码。

操作步骤：单击主菜单中的"数控车"→"轮廓粗车"命令，或单击"数控车"工具条上的"轮廓粗车"图标 ▤，系统弹出"粗车参数表"对话框，如图 8-7 所示。"粗车参数表"对话框中有"加工参数"、"进退刀方式"、"切削用量"、"轮廓车刀" 4 个选项卡需要设置。在参数设置中首先要对加工的类型是外轮廓、内轮廓或端面进行确定。

在操作时，要确定加工结束后的被加工轮廓和加工前的毛坯轮廓。两轮廓必须两端点相连，共同构成一封闭的加工区域，这个封闭的加工区域就是要去除的部分，它们不能单独闭合或自相交。

用轮廓拾取工具选择好加工轮廓，设置合适的参数，指定刀具加工前后的进退刀点之后可生成加工轨迹。单击主菜单中的"数控车"→"代码生成"命令，或单击"数控车"工具条上的"代码生成"图标 ▦，系统弹出"打开后置文件"对话框，确定生成文件（＊.cut）地址及文件名。拾取刀具轨迹，系统生成扩展名为 .cut 的记事本文件，即为数控加工代码指令。

（2）轮廓精车。可对工件轮廓表面、内轮廓表面和端面进行精车加工，生成精车加工轨迹及加工代码。在进行轮廓精车时，要对被加工轮廓进行确认，此时的被加工轮廓就是工件加工结束后的表面轮廓，要求确定的被加工轮廓不能闭合，也不能自相交。

操作步骤：单击主菜单中的"数控车"→"轮廓精车"命令，或单击"数控车"工具条上的"轮廓精车"图标 ▰，系统弹出"精车参数表"对话框，如图 8-8 所示。

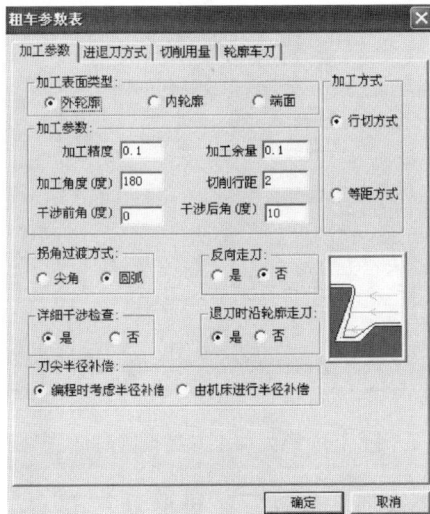

图 8-7　轮廓粗车参数设置对话框　　　　图 8-8　轮廓精车参数设置对话框

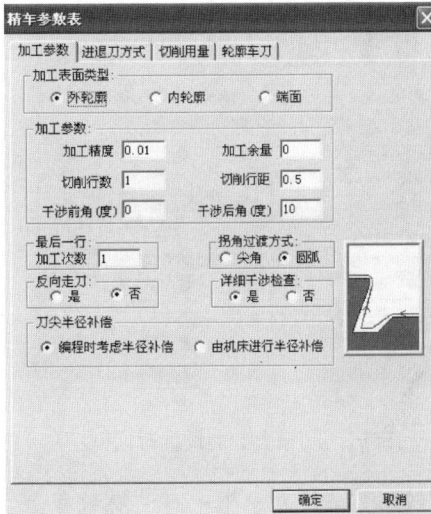

"精车参数表"对话框中仍然有"加工参数"、"进退刀方式"、"切削用量"、"轮廓车刀"

需要设置。设置前也要确定被加工的是外轮廓表面、内轮廓表面还是端面;之后用轮廓拾取工具拾取被加工轮廓,确定轮廓加工时刀具的进退刀点;和轮廓粗加工一样生成精加工轨迹及数控代码。

(3) 切槽加工。可用于在工件外轮廓表面、内轮廓表面和端面切槽。在进行切槽时,也要对被加工轮廓进行确认,此时的被加工轮廓就是工件加工结束后的表面轮廓,要求确定的被加工轮廓不能闭合,也不能自相交。

操作步骤:单击主菜单"数控车"→"切槽"命令,或单击"数控车"工具条上的"切槽"图标![切槽图标],系统弹出"切槽参数表"对话框,如图 8-9 所示。

"切槽参数表"对话框中有"切削加工参数"、"切削用量"、"切槽刀具"3 个选项卡需要设置。设置前要确定切槽表面类型是外轮廓表面、内轮廓表面还是端面,以及加工工艺类型是"粗加工"、"精加工"还是"粗加工+精加工";之后用轮廓拾取工具拾取被加工槽轮廓,确定轮廓加工时刀具的进退刀点;和轮廓粗、精加工一样生成切槽加工轨迹及数控代码。

(4) 螺纹加工。螺纹加工可分为非固定循环和固定循环两种方式。非固定循环方式适用于螺纹加工中的各种工艺条件,可以进行灵活加工控制;固定循环方式输出的代码适用于西门子 840C/840 控制器。

操作步骤:单击主菜单中的"数控车"→"车螺纹"命令,或单击"数控车"工具条上的"车螺纹"图标![车螺纹图标],根据系统提示,依次拾取螺纹起点和终点,弹出"螺纹参数表"对话框,如图 8-10 所示。

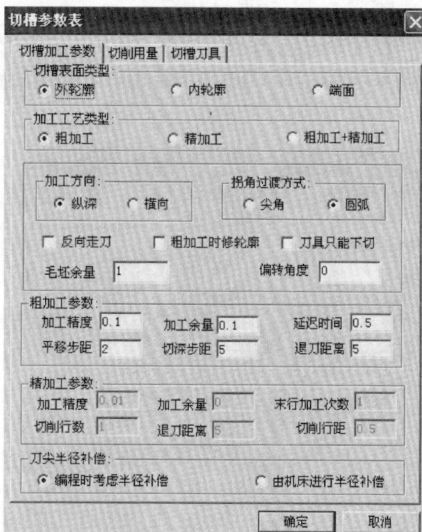

图 8-9　切槽参数的设置对话框　　　　图 8-10　螺纹加工参数设置对话框

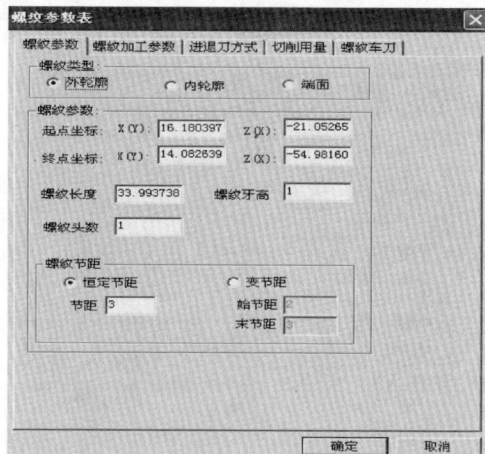

"螺纹参数表"对话框中有"螺纹参数"、"螺纹加工参数"、"进退刀方式"、"切削用量"、"螺纹车刀"5 个选项卡需要设置。设置前要确定螺纹类型是外轮廓、内轮廓还是端面;然后确定螺纹起、终点坐标,螺纹长度及头数,螺纹节距,加工工艺类型是"粗加工"还是"粗加工+精加工",确定螺纹加工时刀具的进退刀点;生成螺纹加工轨迹及数控代码。

（5）钻孔加工。用于在工件回转中心钻中心孔。系统提供了多种钻孔方式，主要有高速啄式深孔钻、左攻螺纹、精镗孔、钻孔、镗孔和反镗孔等。因为车削加工钻孔位置只能在工件的旋转中心，所以加工轨迹一定在旋转轴上。

操作步骤：单击主菜单中的"数控车"→"钻中心孔"命令，或单击"数控车"工具条上的"钻中心孔"图标 ，系统弹出"钻孔参数表"对话框，如图 8-11 所示。

"钻孔参数表"对话框中有"加工参数"、"钻孔刀具"两个选项卡需要设置。

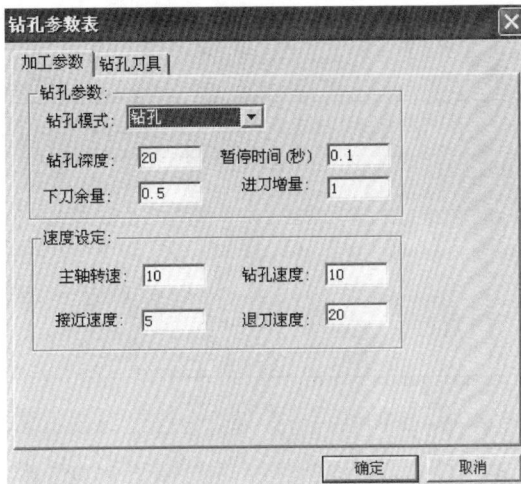

图 8-11　钻孔参数设置对话框

参数设置完毕后，拾取钻孔的起始点，即生成钻孔加工轨迹及数控代码。

8.3　CAXA 数控车的自动编程实例

【例 8-1】完成如图 8-12 所示的手柄零件的加工。

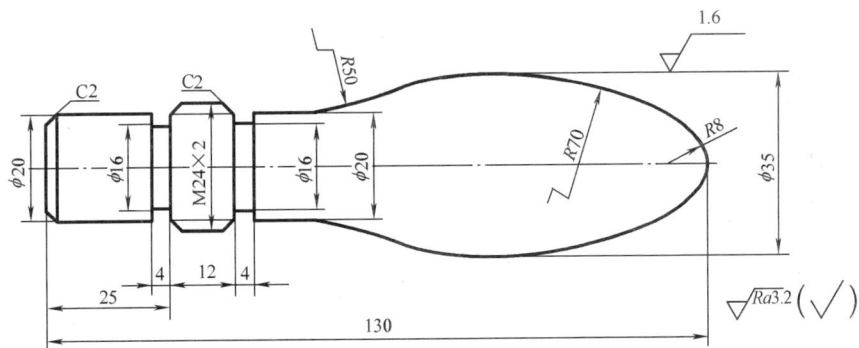

图 8-12　手柄零件图

（1）零件图分析。如图 8-12 所示为手柄零件，主要加工表面为外圆柱面、外槽、外圆弧面及外螺纹等，零件形状较为复杂，加工表面粗糙度最高为 1.6mm，其余为 3.2mm。材料为 Q235 钢，选择毛坯尺寸为 $\phi40 \times 155$mm 的棒料。

（2）加工方案及加工路线的确定。根据零件特点，安排其工艺路线如下：

以零件右端中心为原点，建立工件坐标系。粗、精加工零件外轮廓、切槽及螺纹。具体加工路线见加工轨迹。

（3）确定装夹方案。采用车床本身标准的自定心卡盘找正夹紧工件左部，右部留135mm，加工左端的螺纹及切槽。

（4）刀具及切削用量的选择。共选择 4 把刀具，选择 1 号刀为外圆机夹粗车刀，用于粗外轮廓；选择 2 号刀外圆精车刀，用于精车外轮廓；选择 3 号刀为刀宽 4mm 切槽刀，用于切槽及切断工件；选择 4 号刀螺纹车刀，用于加工螺纹。具体参数见表 8-1。

表 8-1　　　　　　　　　　　　　　刀具的选择

序号	刀具号及刀补号	刀具名称	加工表面	刀尖半径
1	T0101	机夹外圆粗车刀	粗车外轮廓	0.8
2	T0202	机夹外圆精车刀	精车外轮廓	0.2
3	T0303	切槽刀	切槽及切断	0.2
4	T0404	60°螺纹刀	切削螺纹	0.2

切削用量的确定可参见表 8-2。

表 8-2　　　　　　　　　　　　　　刀具切削用量的选择

序号	刀具号	刀具名称	加工表面	主轴转速 （r/min）	进给量 （mm/min）	背吃刀量 （mm）
1	T0101	机夹外圆粗车刀	粗车外轮廓	630	200	2.0
2	T0202	机夹外圆精车刀	精车外轮廓	800	100	0.4
3	T0303	切槽刀	切槽及切断	500	100	1.0
4	T0404	60°螺纹刀	切削螺纹	400	2	

（5）编制加工程序。

1）轮廓建模。使用 CAXA 数控车提供的曲线工具和曲线编辑工具，绘制手柄上半部轮廓及毛坯轮廓，如图 8-13 所示。

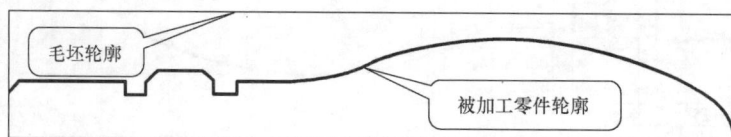

图 8-13　被加工轮廓及毛坯轮廓

2）生成加工程序。

① 轮廓粗车。

a. 填定参数表。单击主菜单中的"数控车"→"轮廓粗车"命令，或单击"数控车"工具条上的"轮廓粗车"图标 ，系统弹出"粗车参数表"对话框，填写加工参数、进退刀参数、切削用量参数和轮廓车刀参数，如图 8-14～图 8-17 所示。

b. 拾取加工轮廓。轮廓粗车参数填写完成后，单击"确定"按钮。系统提示用户拾取被加工工件表面轮廓线。可采用限制链拾取，拾取到轮廓线，如图 8-18 所示。

c. 拾取毛坯轮廓。采用单个拾取方法，拾取毛坯轮廓线，如图 8-19 所示。

d. 确定进退刀点。指定刀具加工前、后的位置，如图 8-20 所示。

e. 生成刀具轨迹。确定了进退刀点后，系统生成了如图 8-20 所示的刀具粗加工轨迹。

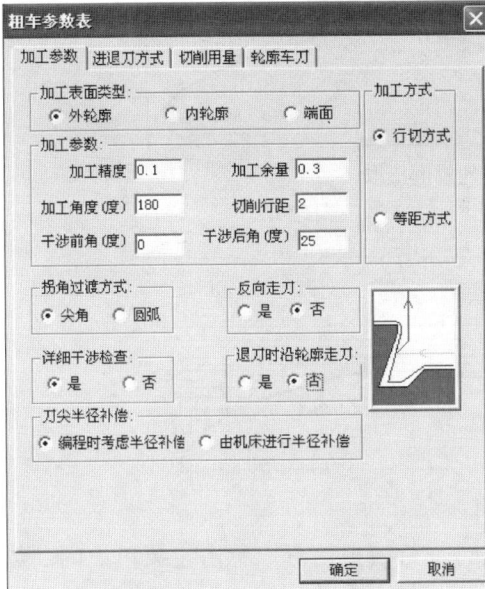

图 8-14　粗车加工参数设置

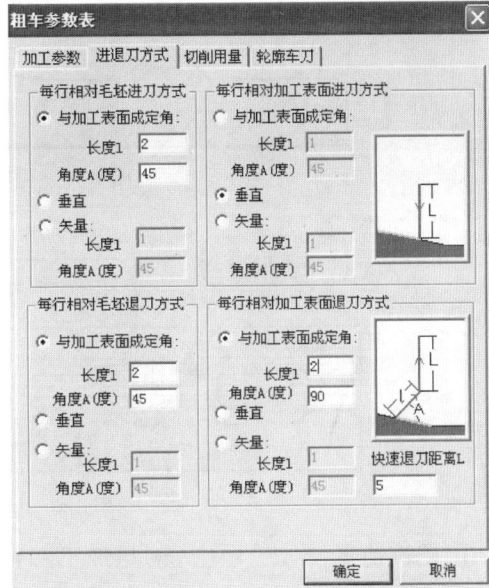

图 8-15　粗车进退刀方式设置

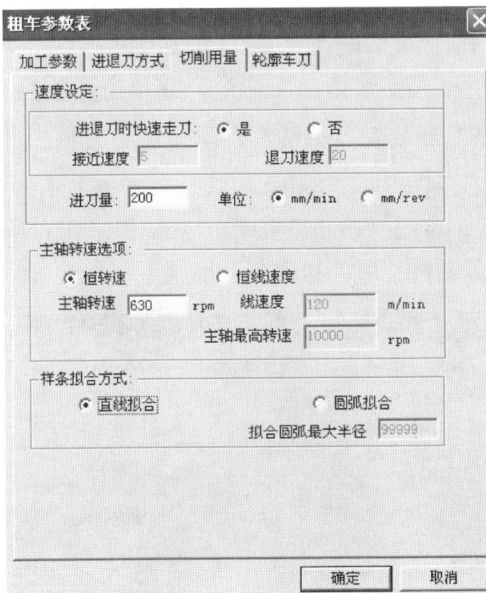

图 8-16　粗车切削用量设置

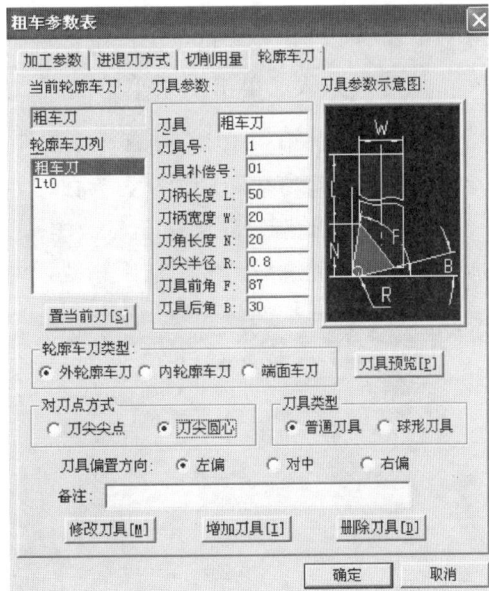

图 8-17　粗车刀具设置

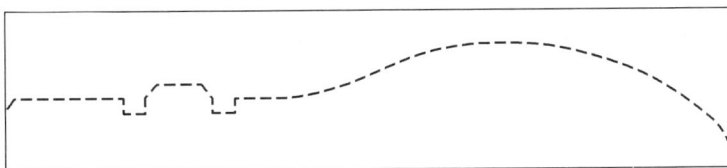

图 8-18　粗车表面轮廓的拾取

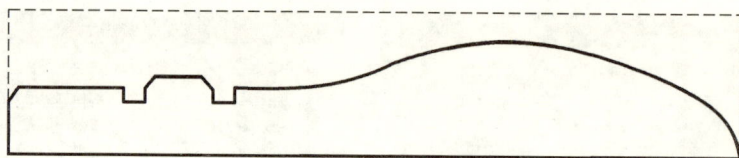

图 8-19 粗车毛坯轮廓的拾取

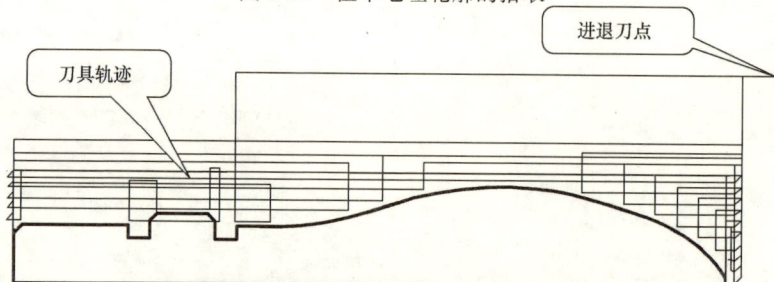

图 8-20 粗车轮廓加工轨迹

f. 轨迹仿真。对以上生成的粗加工刀具轨迹可进行模拟仿真，单击主菜单中的"数控车"→"轨迹仿真"命令，或单击"数控车"工具条上的"轨迹仿真"图标 ，在立即菜单中选择"二维实体"、"缺省毛坯轮廓"方式。拾取加工轨迹，右击确认，开始仿真。观察刀具走刀路线以便进一步进行修改，直到合适。

②轮廓精车。在轮廓粗车之后可进行轮廓精车操作，以生成轮廓精车刀具轨迹。

a. 填定参数表。单击主菜单中的"数控车"→"轮廓精车"命令，或单击"数控车"工具条上的"轮廓精车"图标 ，系统弹出"精车参数表"对话框，填写加工参数、进退刀参数、切削用量参数和轮廓车刀参数，如图 8-21～图 8-24 所示。

b. 拾取加工轮廓。轮廓精车参数填写完成后，单击"确定"按钮。系统提示用户拾取被加工工件表面轮廓线。和粗加工相似，可采用限制链拾取，拾取到轮廓线。

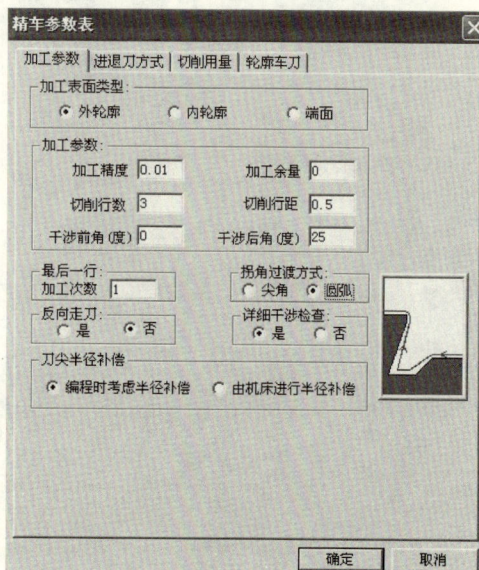

图 8-21 精车加工参数设置

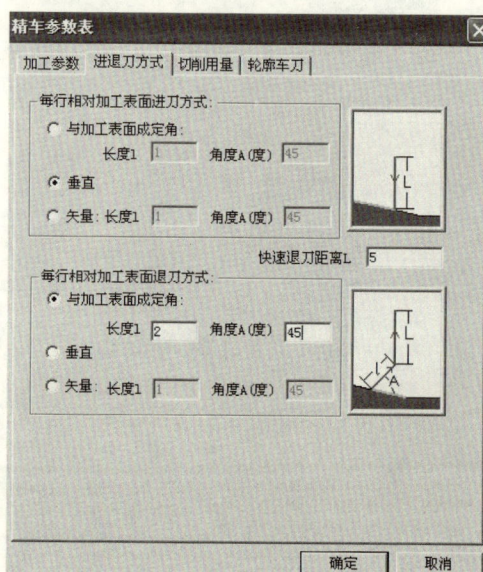

图 8-22 精车进退刀方式设置

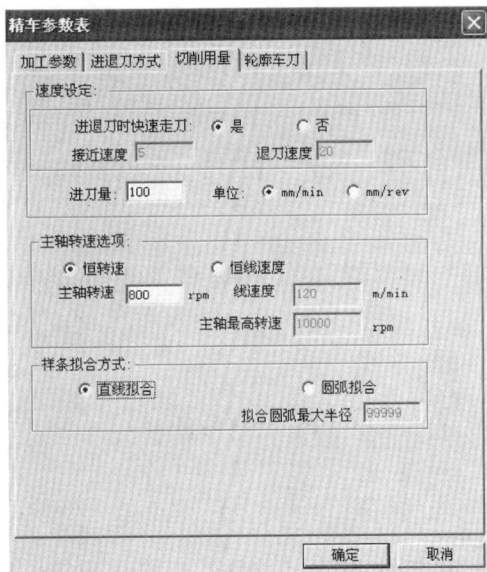

图 8-23 精车切削用量设置

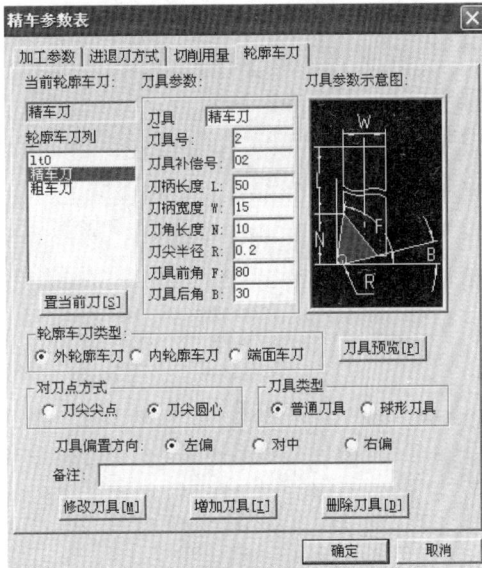

图 8-24 精车刀具设置

c. 确定进退刀点。指定刀具加工前、后的位置，如图 8-25 所示。

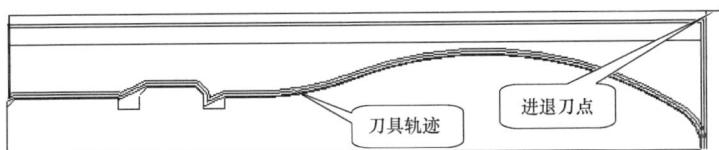

图 8-25 刀具精加工轨迹

d. 生成刀具轨迹。确定了进退刀点后，系统生成了如图 8-25 所示的刀具精加工轨迹。

e. 轨迹仿真。对以上生成的精加工刀具轨迹可进行模拟仿真，单击主菜单中的"数控车"→"轨迹仿真"命令，或单击"数控车"工具条上的"轨迹仿真"图标，在立即菜单中选择"二维实体"、"缺省毛坯轮廓"方式。拾取加工轨迹，右击确认，开始仿真。观察刀具走刀路线，如对加工轨迹不满意，可进行修改，直到合适。

③切槽加工。在轮廓精车之后可进行切槽加工，以生成切槽刀具轨迹。

a. 填定参数表。单击主菜单中的"数控车"→"切槽"命令，或单击"数控车"工具条上的"切槽"图标，系统弹出"切槽参数表"对话框，填写切槽加工参数、切削用量参数和

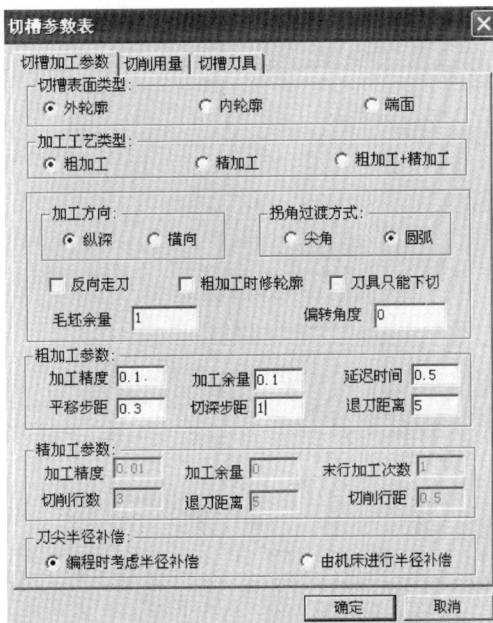

图 8-26 切槽加工参数设置

切槽刀具参数，如图 8-26～图 8-28 所示。

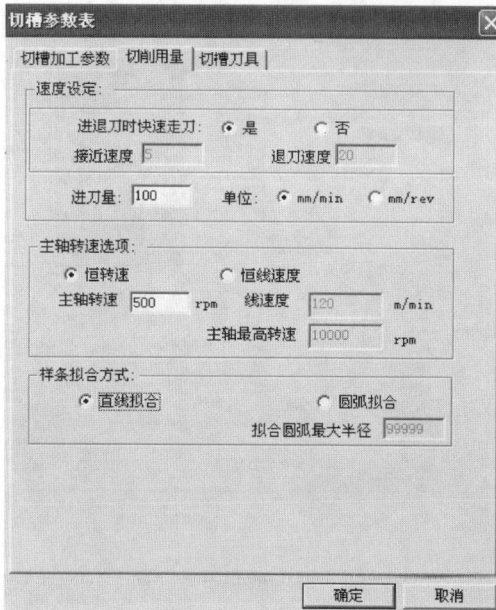

图 8-27　切槽切削用量设置　　　　　图 8-28　切槽刀具设置

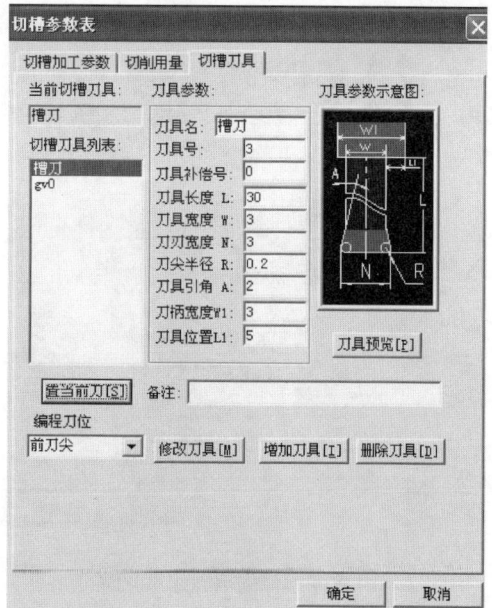

b. 拾取加工轮廓。切槽参数填写完成后，单击"确定"按钮。系统提示用户拾取被加工工件表面轮廓线。可采用单个拾取，拾取凹槽轮廓线，如图 8-29 所示。

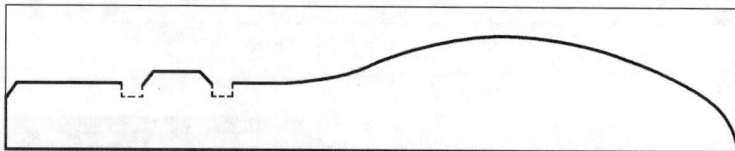

图 8-29　切槽轮廓

c. 确定进退刀点。指定刀具加工前、后的位置，如图 8-30 所示。

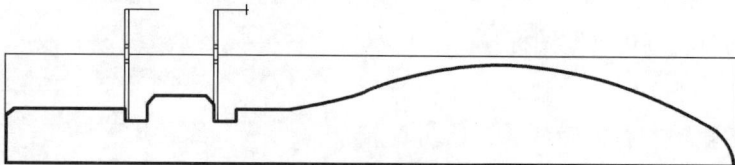

图 8-30　切槽刀具加工轨迹

d. 生成刀具轨迹。确定了进退刀点后，系统生成了如图 8-30 所示的刀具切槽加工轨迹。

e. 轨迹仿真。对以上生成的切槽加工刀具轨迹可进行模拟仿真，单击主菜单中的"数控车"→"轨迹仿真"命令，或单击"数控车"工具条上的"轨迹仿真"图标，在立即菜单中选择"二维实体"、"缺省毛坯轮廓"方式。拾取加工轨迹，右击确认，开始仿真。

④ 螺纹加工。切槽之后可进行螺纹加工，以生成螺纹加工刀具轨迹。

a. 填定参数表。单击主菜单中的"数控车"→"车螺纹"命令，或单击"数控车"工具条上"车螺纹"图标████，确定螺纹起点和终点，系统弹出"螺纹参数表"对话框，填写螺纹参数、螺纹加工参数、进退刀方式、切削用量参数和螺纹车刀参数，如图 8-31～图8-35所示。

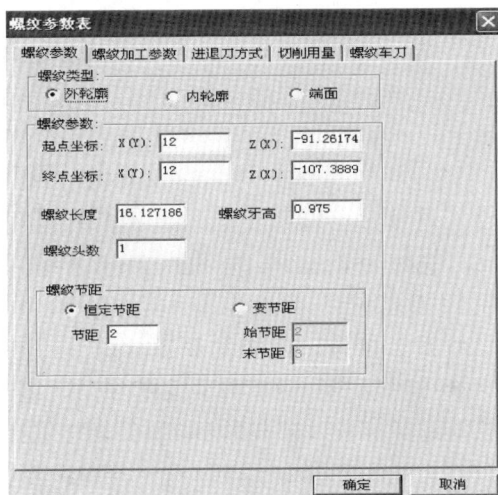

图 8-31　螺纹参数设置

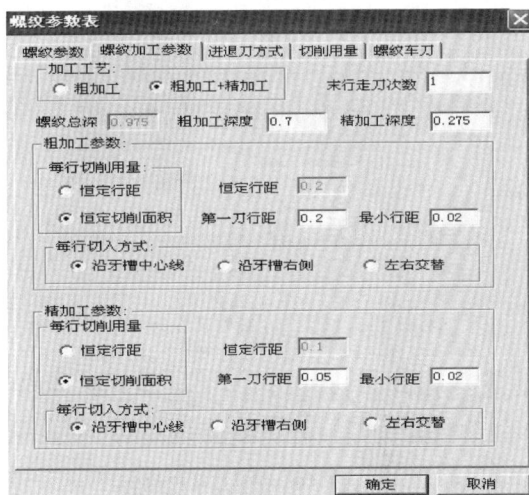

图 8-32　螺纹加工参数设置

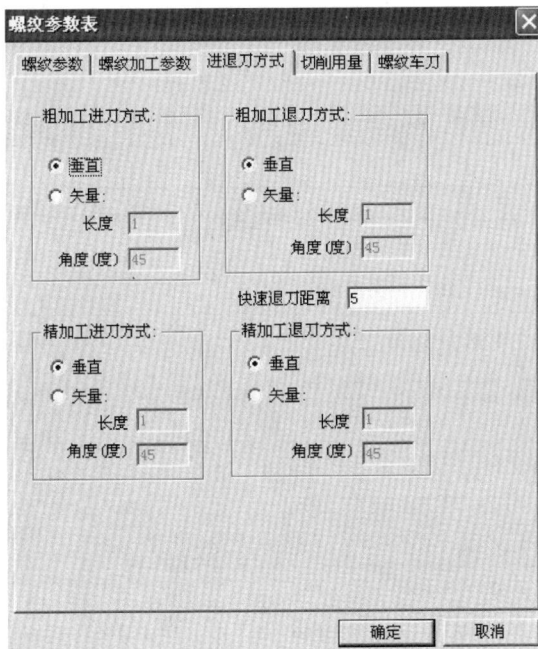

图 8-33　螺纹加工进退刀设置

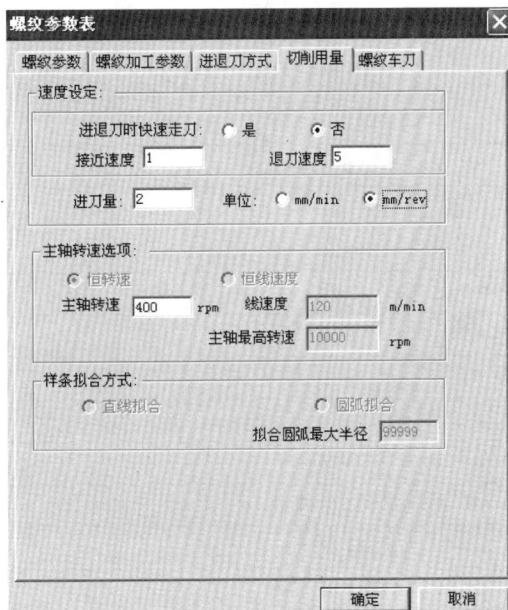

图 8-34　螺纹加工切削用量设置

b. 确定进退刀点。指定刀具加工前、后的位置，如图 8-36 所示。

c. 生成刀具轨迹。确定了进退刀点后，系统生成了如图 8-36 所示的刀具螺纹加工轨迹。

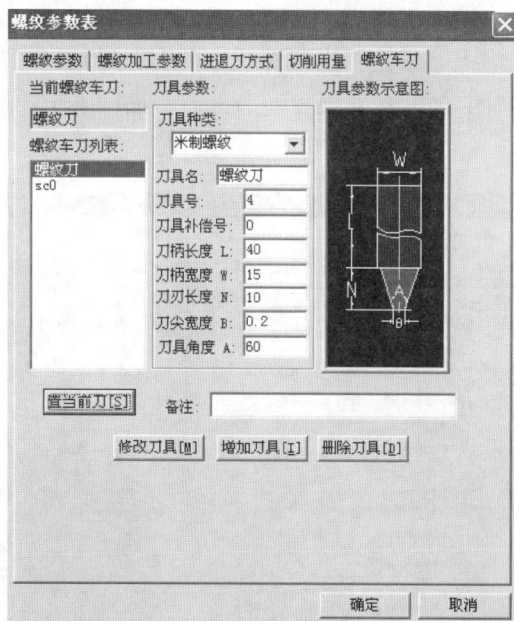

图 8-35　螺纹车刀参数设置

d. 轨迹仿真。对以上生成的切槽加工刀具轨迹可进行模拟仿真，单击主菜单中的"数控车"→"轨迹仿真"命令，或单击"数控车"工具条上"轨迹仿真"图标，在立即菜单中选择"动态"、"缺省毛坯轮廓"方式。拾取加工轨迹，右击确认，开始仿真。

⑤ 代码生成。单击主菜单中的"数控车"→"代码生成"命令，或单击"数控车"工具条上"代码生成"图标，系统弹出"选择后置文件"对话框。选择存取后置文件（＊.cut）的地址，为文件命名。单击"打开"按钮，依次拾取图 8-20、图 8-25、图 8-30 和图 8-36 所生成的加工轨迹，右击确定，形成"记事本"文件，即加工指令代码，见表 8-3。

图 8-36　螺纹加工刀具轨迹

表 8-3　　　　　　　　　　　　　　　手柄加工程序

程　序	程　序
％	N34 G00 X25. 514 Z2. 514
01234	N36 G00 X18. 514 Z2. 514
N10 G50 S0	N38 G00 X17. 100 Z1. 100
N12 G00 G97 S630 T0101	N40 G01 X17. 100 Z − 26. 453 F200. 000
N14 M03	N42 G00 X19. 100 Z − 26. 453
N16 M08	N44 G00 X19. 100 Z − 55. 509
N18 G00 X37. 673 Z8. 004	N46 G00 X17. 100 Z − 55. 509
N20 G00 X37. 673 Z2. 514	N48 G01 X17. 100 Z − 131. 100 F200. 000
N22 G00 X25. 514 Z2. 514	N50 G00 X18. 514 Z − 129. 686
N24 G00 X20. 514 Z2. 514	N52 G00 X23. 514 Z − 129. 686
N26 G00 X19. 100 Z1. 100	N54 G00 X23. 514 Z2. 514
N28 G01 X19. 100 Z − 131. 100 F200. 000	N56 G00 X18. 514 Z2. 514
N30 G00 X20. 514 Z − 129. 686	N58 G00 X17. 100 Z1. 100
N32 G00 X25. 514 Z − 129. 686	N60 G01 X17. 100 Z − 26. 453 F200. 000

程　序	程　序
N62 G00 X19. 100 Z − 26. 453	N134 G00 X7. 100 Z − 0. 463
N64 G00 X24. 100 Z − 26. 453	N136 G00 X12. 100 Z − 0. 463
N66 G00 X24. 100 Z2. 514	N138 G00 X12. 100 Z2. 514
N68 G00 X16. 514 Z2. 514	N140 G00 X4. 514 Z2. 514
N70 G00 X15. 100 Z1. 100	N142 G00 X3. 100 Z1. 100
N72 G01 X15. 100 Z − 18. 948 F200. 000	N144 G01 X3. 100 Z0. 556 F200. 000
N74 G00 X17. 100 Z − 18. 948	N146 G00 X5. 100 Z0. 556
N76 G00 X22. 100 Z − 18. 948	N148 G00 X10. 100 Z0. 556
N78 G00 X22. 100 Z2. 514	N150 G00 X10. 100 Z2. 514
N80 G00 X14. 514 Z2. 514	N152 G00 X2. 514 Z2. 514
N82 G00 X13. 100 Z1. 100	N154 G00 X1. 100 Z1. 100
N84 G01 X13. 100 Z − 13. 561 F200. 000	N156 G01 X1. 100 Z1. 033 F200. 000
N86 G00 X15. 100 Z − 13. 561	N158 G00 X3. 100 Z1. 033
N88 G00 X20. 100 Z − 13. 561	N160 G00 X22. 100 Z1. 033
N90 G00 X20. 100 Z2. 514	N162 G00 X22. 100 Z − 55. 509
N92 G00 X12. 514 Z2. 514	N164 G00 X17. 100 Z − 55. 509
N94 G00 X11. 100 Z1. 100	N166 G01 X17. 100 Z − 131. 100 F200. 000
N96 G01 X11. 100 Z − 9. 197 F200. 000	N168 G00 X18. 514 Z − 129. 686
N98 G00 X13. 100 Z − 9. 197	N170 G00 X23. 514 Z − 129. 686
N100 G00 X18. 100 Z − 9. 197	N172 G00 X23. 514 Z − 63. 014
N102 G00 X18. 100 Z2. 514	N174 G00 X15. 100 Z − 63. 014
N104 G00 X10. 514 Z2. 514	N176 G01 X15. 100 Z − 131. 100 F200. 000
N106 G00 X9. 100 Z1. 100	N178 G00 X16. 514 Z − 129. 686
N108 G01 X9. 100 Z − 5. 475 F200. 000	N180 G00 X21. 514 Z − 129. 686
N110 G00 X11. 100 Z − 5. 475	N182 G00 X21. 514 Z − 68. 897
N112 G00 X16. 100 Z − 5. 475	N184 G00 X13. 100 Z − 68. 897
N114 G00 X16. 100 Z2. 514	N186 G01 X13. 100 Z − 93. 959 F200. 000
N116 G00 X8. 514 Z2. 514	N188 G00 X15. 100 Z − 93. 959
N118 G00 X7. 100 Z1. 100	N190 G00 X15. 100 Z − 103. 830
N120 G01 X7. 100 Z − 2. 308 F200. 000	N192 G00 X13. 100 Z − 103. 830
N122 G00 X9. 100 Z − 2. 308	N194 G01 X13. 100 Z − 131. 100 F200. 000
N124 G00 X14. 100 Z − 2. 308	N196 G00 X14. 514 Z − 129. 686
N126 G00 X14. 100 Z2. 514	N198 G00 X19. 514 Z − 129. 686
N128 G00 X6. 514 Z2. 514	N200 G00 X19. 514 Z − 68. 897
N130 G00 X5. 100 Z1. 100	N202 G00 X13. 100 Z − 68. 897
N132 G01 X5. 100 Z − 0. 463 F200. 000	N204 G01 X13. 100 Z − 93. 959 F200. 000

程　序	程　序
N206 G00 X15. 100 Z－93. 959	N278 G01 X11. 200 Z－89. 000
N208 G00 X20. 100 Z－93. 959	N280 G03 X11. 088 Z－89. 507 I－1. 200 K0. 000
N210 G00 X20. 100 Z－91. 959	N282 G01 X10. 018 Z－91. 800
N212 G00 X11. 100 Z－91. 959	N284 G01 X10. 586 Z－91. 800
N214 G01 X11. 100 Z－108. 119 F200. 000	N286 G03 X11. 434 Z－92. 151 I0. 000 K－1. 200
N216 G00 X13. 100 Z－108. 119	N288 G01 X12. 849 Z－93. 566
N218 G00 X18. 100 Z－108. 119	N290 G03 X13. 200 Z－94. 414 I－0. 849 K－0. 849
N220 G00 X18. 100 Z－103. 830	N292 G01 X13. 200 Z－103. 586
N222 G00 X13. 100 Z－103. 830	N294 G03 X13. 088 Z－104. 093 I－1. 200 K0. 000
N224 G01 X13. 100 Z－131. 100 F200. 000	N296 G01 X11. 061 Z－108. 439
N226 G00 X14. 514 Z－129. 686	N298 G03 X11. 200 Z－109. 000 I－1. 061 K－0. 561
N228 G00 X19. 514 Z－129. 686	N300 G01 X11. 200 Z－128. 586
N230 G00 X19. 514 Z－128. 830	N302 G03 X11. 088 Z－129. 093 I－1. 200 K0. 000
N232 G00 X11. 100 Z－128. 830	N304 G01 X10. 428 Z－130. 507
N234 G01 X11. 100 Z－131. 100 F200. 000	N306 G00 X12. 307 Z－129. 823
N236 G00 X12. 514 Z－129. 686	N308 G00 X23. 700 Z－129. 823
N238 G00 X17. 514 Z－129. 686	N310 G00 X23. 700 Z0. 700
N240 G00 X17. 514 Z－82. 739	N312 G00 X0. 000 Z0. 700
N242 G00 X11. 100 Z－82. 739	N314 G03 X7. 367 Z－3. 372 I0. 000 K－8. 700 F100. 000
N244 G01 X11. 100 Z－89. 244 F200. 000	N316 G03 X13. 781 Z－65. 584 I－59. 867 K－37. 609
N246 G00 X13. 100 Z－89. 244	N318 G02 X10. 700 Z－82. 739 I46. 219 K－17. 156
N248 G00 X25. 514 Z－89. 244	N320 G01 X10. 700 Z－89. 000
N250 G00 X37. 673 Z－89. 244	N322 G03 X10. 634 Z－89. 296 I－0. 700 K0. 000
N252 G00 X37. 673 Z8. 004	N324 G01 X9. 234 Z－92. 300
N254 M01	N326 G01 X10. 586 Z－92. 300
N256 G50 S10000	N328 G03 X11. 081 Z－92. 505 I0. 000 K－0. 700
N258 G00 G97 S800 T0202	N330 G01 X12. 495 Z－93. 919
N260 M03	N332 G03 X12. 700 Z－94. 414 I－0. 495 K－0. 495
N262 M08	N334 G01 X12. 700 Z－103. 586
N264 G00 X28. 811 Z5. 394	N336 G03 X12. 634 Z－103. 882 I－0. 700 K0. 000
N266 G00 X28. 811 Z1. 200	N338 G01 X10. 484 Z－108. 494
N268 G00 X23. 700 Z1. 200	N340 G03 X10. 700 Z－109. 000 I－0. 484 K－0. 506
N270 G00 X0. 000 Z1. 200	N342 G01 X10. 700 Z－128. 586
N272 G03 X7. 790 Z－3. 106 I0. 000 K－9. 200 F100. 000	N344 G03 X10. 634 Z－128. 882 I－0. 700 K0. 000
N274 G03 X14. 250 Z－65. 758 I－60. 290 K－37. 875	N346 G01 X9. 975 Z－130. 296
N276 G02 X11. 200 Z－82. 739 I45. 750 K－16. 982	N348 G00 X11. 854 Z－129. 612

程　序	程　序
N350 G00 X23.200 Z－129.612	N422 G00 X21.386 Z－92.100
N352 G00 X23.200 Z0.200	N424 G00 X21.386 Z－92.400
N354 G00 X0.000 Z0.200	N426 G00 X16.386 Z－92.400
N356 G03 X6.944 Z－3.638 I0.000 K－8.200 F100.000	N428 G01 X10.386 Z－92.400 F100.000
N358 G03 X13.312 Z－65.410 I－59.444 K－37.343	N430 G04 X0.500
N360 G02 X10.200 Z－82.739 I46.688 K－17.330	N432 G00 X21.386 Z－92.400
N362 G01 X10.200 Z－89.000	N434 G00 X21.386 Z－92.700
N364 G03 X10.181 Z－89.085 I－0.200 K0.000	N436 G00 X16.386 Z－92.700
N366 G01 X8.449 Z－92.800	N438 G01 X10.386 Z－92.700 F100.000
N368 G01 X10.586 Z－92.800	N440 G04 X0.500
N370 G03 X10.727 Z－92.859 I0.000 K－0.200	N442 G00 X21.386 Z－92.700
N372 G01 X12.141 Z－94.273	N444 G00 X21.386 Z－92.900
N374 G03 X12.200 Z－94.414 I－0.141 K－0.141	N446 G00 X16.386 Z－92.900
N376 G01 X12.200 Z－103.586	N448 G01 X10.386 Z－92.900 F100.000
N378 G03 X12.181 Z－103.670 I－0.200 K0.000	N450 G04 X0.500
N380 G01 X9.789 Z－108.800	N452 G00 X21.386 Z－92.900
N382 G01 X10.000 Z－108.800	N454 G00 X21.386 Z－92.100
N384 G03 X10.200 Z－109.000 I－0.000 K－0.200	N456 G00 X20.386 Z－92.100
N386 G01 X10.200 Z－128.586	N458 G00 X15.386 Z－92.100
N388 G03 X10.181 Z－128.670 I－0.200 K0.000	N460 G01 X9.386 Z－92.100 F100.000
N390 G01 X9.522 Z－130.085　　　　.	N462 G04 X0.500
N392 G00 X11.401 Z－129.400	N464 G00 X20.386 Z－92.100
N394 G00 X23.700 Z－129.400	N466 G00 X20.386 Z－92.400
N396 G00 X28.811 Z－129.400	N468 G00 X15.386 Z－92.400
N398 G00 X28.811 Z5.394	N470 G01 X9.386 Z－92.400 F100.000
N400 M01	N472 G04 X0.500
N402 G50 S10000	N474 G00 X20.386 Z－92.400
N404 G00 G97 S500 T0302	N476 G00 X20.386 Z－92.700
N406 M03	N478 G00 X15.386 Z－92.700
N408 M08	N480 G01 X9.386 Z－92.700 F100.000
N410 G00 X31.487 Z－85.518	N482 G04 X0.500
N412 G00 X31.487 Z－92.100	N484 G00 X20.386 Z－92.700
N414 G00 X21.386 Z－92.100	N486 G00 X20.386 Z－92.900
N416 G00 X16.386 Z－92.100	N488 G00 X15.386 Z－92.900
N418 G01 X10.386 Z－92.100 F100.000	N490 G01 X9.386 Z－92.900 F100.000
N420 G04 X0.500	N492 G04 X0.500

程　序	程　序
N494 G00 X20.386 Z-92.900	N566 G04 X0.500
N496 G00 X20.386 Z-92.100	N568 G00 X18.386 Z-92.700
N498 G00 X19.386 Z-92.100	N570 G00 X18.386 Z-92.900
N500 G00 X14.386 Z-92.100	N572 G00 X13.386 Z-92.900
N502 G01 X8.386 Z-92.100 F100.000	N574 G01 X8.100 Z-92.900 F100.000
N504 G04 X0.500	N576 G04 X0.500
N506 G00 X19.386 Z-92.100	N578 G00 X11.586 Z-92.900
N508 G00 X19.386 Z-92.400	N580 G00 X31.487 Z-92.900
N510 G00 X14.386 Z-92.400	N582 G00 X31.487 Z-85.518
N512 G01 X8.386 Z-92.400 F100.000	N584 M01
N514 G04 X0.500	N586 G50 S10000
N516 G00 X19.386 Z-92.400	N588 G00 G97 S500 T0302
N518 G00 X19.386 Z-92.700	N590 M03
N520 G00 X14.386 Z-92.700	N592 M08
N522 G01 X8.386 Z-92.700 F100.000	N594 G00 X32.943 Z-102.994
N524 G04 X0.500	N596 G00 X32.943 Z-108.100
N526 G00 X19.386 Z-92.700	N598 G00 X21.386 Z-108.100
N528 G00 X19.386 Z-92.900	N600 G00 X16.386 Z-108.100
N530 G00 X14.386 Z-92.900	N602 G01 X10.386 Z-108.100 F100.000
N532 G01 X8.386 Z-92.900 F100.000	N604 G04 X0.500
N534 G04 X0.500	N606 G00 X21.386 Z-108.100
N536 G00 X19.386 Z-92.900	N608 G00 X21.386 Z-108.400
N538 G00 X19.386 Z-92.100	N610 G00 X16.386 Z-108.400
N540 G00 X18.386 Z-92.100	N612 G01 X10.386 Z-108.400 F100.000
N542 G00 X13.386 Z-92.100	N614 G04 X0.500
N544 G01 X8.100 Z-92.100 F100.000	N616 G00 X21.386 Z-108.400
N546 G04 X0.500	N618 G00 X21.386 Z-108.700
N548 G00 X18.386 Z-92.100	N620 G00 X16.386 Z-108.700
N550 G00 X18.386 Z-92.400	N622 G01 X10.386 Z-108.700 F100.000
N552 G00 X13.386 Z-92.400	N624 G04 X0.500
N554 G01 X8.100 Z-92.400 F100.000	N626 G00 X21.386 Z-108.700
N556 G04 X0.500	N628 G00 X21.386 Z-108.900
N558 G00 X18.386 Z-92.400	N630 G00 X16.386 Z-108.900
N560 G00 X18.386 Z-92.700	N632 G01 X10.386 Z-108.900 F100.000
N562 G00 X13.386 Z-92.700	N634 G04 X0.500
N564 G01 X8.100 Z-92.700 F100.000	N636 G00 X21.386 Z-108.900

程　序	程　序
N638 G00 X21.386 Z－108.100	N710 G00 X19.386 Z－108.700
N640 G00 X20.386 Z－108.100	N712 G00 X19.386 Z－108.900
N642 G00 X15.386 Z－108.100	N714 G00 X14.386 Z－108.900
N644 G01 X9.386 Z－108.100 F100.000	N716 G01 X8.386 Z－108.900 F100.000
N646 G04 X0.500	N718 G04 X0.500
N648 G00 X20.386 Z－108.100	N720 G00 X19.386 Z－108.900
N650 G00 X20.386 Z－108.400	N722 G00 X19.386 Z－108.100
N652 G00 X15.386 Z－108.400	N724 G00 X18.386 Z－108.100
N654 G01 X9.386 Z－108.400 F100.000	N726 G00 X13.386 Z－108.100
N656 G04 X0.500	N728 G01 X8.100 Z－108.100 F100.000
N658 G00 X20.386 Z－108.400	N730 G04 X0.500
N660 G00 X20.386 Z－108.700	N732 G00 X18.386 Z－108.100
N662 G00 X15.386 Z－108.700	N734 G00 X18.386 Z－108.400
N664 G01 X9.386 Z－108.700 F100.000	N736 G00 X13.386 Z－108.400
N666 G04 X0.500	N738 G01 X8.100 Z－108.400 F100.000
N668 G00 X20.386 Z－108.700	N740 G04 X0.500
N670 G00 X20.386 Z－108.900	N742 G00 X18.386 Z－108.400
N672 G00 X15.386 Z－108.900	N744 G00 X18.386 Z－108.700
N674 G01 X9.386 Z－108.900 F100.000	N746 G00 X13.386 Z－108.700
N676 G04 X0.500	N748 G01 X8.100 Z－108.700 F100.000
N678 G00 X20.386 Z－108.900	N750 G04 X0.500
N680 G00 X20.386 Z－108.100	N752 G00 X18.386 Z－108.700
N682 G00 X19.386 Z－108.100	N754 G00 X18.386 Z－108.900
N684 G00 X14.386 Z－108.100	N756 G00 X13.386 Z－108.900
N686 G01 X8.386 Z－108.100 F100.000	N758 G01 X8.100 Z－108.900 F100.000
N688 G04 X0.500	N760 G04 X0.500
N690 G00 X19.386 Z－108.100	N762 G00 X11.586 Z－108.900
N692 G00 X19.386 Z－108.400	N764 G00 X32.943 Z－108.900
N694 G00 X14.386 Z－108.400	N766 G00 X32.943 Z－102.994
N696 G01 X8.386 Z－108.400 F100.000	N768 M01
N698 G04 X0.500	N770 G50 S10000
N700 G00 X19.386 Z－108.400	N772 G00 G97 S500 T0400
N702 G00 X19.386 Z－108.700	N774 M03
N704 G00 X14.386 Z－108.700	N776 M08
N706 G01 X8.386 Z－108.700 F100.000	N778 G00 X20.961 Z－90.874
N708 G04 X0.500	N780 G00 X20.961 Z－91.262

续表

程　序	程　序
N782 G00 X17.700 Z－91.262	N844 G00 X17.100 Z－107.389
N784 G00 X12.700 Z－91.262	N846 G00 X17.100 Z－91.262
N786 G00 X12.600 Z－91.262	N848 G00 X17.025 Z－91.262
N788 G01 X11.900 Z－91.262 F2.000	N850 G00 X12.025 Z－91.262
N790 G33 X11.900 Z－107.389 K2.000	N852 G00 X11.925 Z－91.262
N792 G01 X12.600 Z－107.389	N854 G01 X11.225 Z－91.262 F2.000
N794 G00 X12.700 Z－107.389	N856 G33 X11.225 Z－107.389 K2.000
N796 G00 X17.700 Z－107.389	N858 G01 X11.925 Z－107.389
N798 G00 X17.500 Z－91.262	N860 G00 X12.025 Z－107.389
N800 G00 X12.500 Z－91.262	N862 G00 X17.025 Z－107.389
N802 G00 X12.400 Z－91.262	N864 G00 X16.925 Z－91.262
N804 G01 X11.700 Z－91.262 F2.000	N866 G00 X11.925 Z－91.262
N806 G33 X11.700 Z－107.389 K2.000	N868 G00 X11.825 Z－91.262
N808 G01 X12.400 Z－107.389	N870 G01 X11.125 Z－91.262 F2.000
N810 G00 X12.500 Z－107.389	N872 G33 X11.125 Z－107.389 K2.000
N812 G00 X17.500 Z－107.389	N874 G01 X11.825 Z－107.389
N814 G00 X17.300 Z－91.262	N876 G00 X11.925 Z－107.389
N816 G00 X12.300 Z－91.262	N878 G00 X16.925 Z－107.389
N818 G00 X12.200 Z－91.262	N880 G00 X16.825 Z－91.262
N820 G01 X11.500 Z－91.262 F2.000	N882 G00 X11.825 Z－91.262
N822 G33 X11.500 Z－107.389 K2.000	N884 G00 X11.725 Z－91.262
N824 G01 X12.200 Z－107.389	N886 G01 X11.025 Z－91.262 F2.000
N826 G00 X12.300 Z－107.389	N888 G33 X11.025 Z－107.389 K2.000
N828 G00 X17.300 Z－107.389	N890 G01 X11.725 Z－107.389
N830 G00 X17.100 Z－91.262	N892 G00 X11.825 Z－107.389
N832 G00 X12.100 Z－91.262	N894 G00 X16.825 Z－107.389
N834 G00 X12.000 Z－91.262	N896 G00 X20.961 Z－107.389
N836 G01 X11.300 Z－91.262 F2.000	N898 G00 X20.961 Z－90.874
N838 G33 X11.300 Z－107.389 K2.000	N900 M09
N840 G01 X12.000 Z－107.389	N902 M30
N842 G00 X12.100 Z－107.389	％

⑥ 代码修改。根据所使用的数控系统具体格式，可做适当的修改和调整，以满足实际机床加工。

⑦ 代码传输。所生成的程序可以通过串行口 RS232 直接传输给数控机床的 MCU，进行数控加工。

【例 8-2】完成如图 8-37 所示的盘类零件的加工。

（1）零件图分析。如图 8-37 所示为一盘类零件，主要加工表面为外圆柱面、外圆锥面、内阶梯孔及倒角等，零件形状较为复杂，加工表面粗糙度最高为 1.6mm，材料为 45 钢，选择毛坯尺寸为 $\phi65 \times 60mm$ 的棒料。

（2）加工方案及加工路线的确定。以零件右端中心为原点，建立工件坐标系。粗、精加工零件外轮廓、钻孔及车内阶梯孔。具体加工路线见加工轨迹。

（3）确定装夹方案。采用车床本身标准的自定心卡盘找正夹紧工件左部，右部留 40mm。加工左端各部，最后手工切断。

（4）刀具及切削用量的选择。共选择 4 把刀

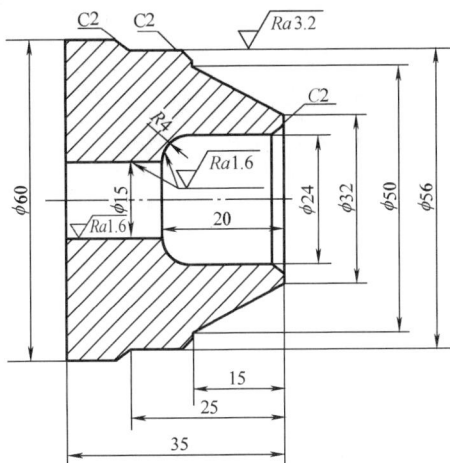

图 8-37　盘类零件图

具，选择 1 号刀为外圆机夹粗车刀，用于粗加工外轮廓及端面；选择 2 号刀外圆精车刀，用于精车外轮廓；选择 3 号刀为 $\phi13.5$ 的麻花钻，用于钻底孔；选择 4 号刀内孔车刀，用于粗、精加工内阶梯孔。具体参数见表 8-4。

表 8-4　　　　　　　　　　　　　　　刀具的选择

序号	刀具号及刀补号	刀具名称	加工表面	刀尖半径
1	T0101	机夹外圆粗车刀	粗车外轮廓	0.8
2	T0202	机夹外圆精车刀	精车外轮廓	0.2
3	T0303	麻花钻	钻底孔	$\phi13.5$
4	T0404	内孔车刀	内阶梯孔	0.2

切削用量的确定可参见表 8-5。

表 8-5　　　　　　　　　　　　　　刀具切削用量的选择

序号	刀具号	刀具名称	加工表面	主轴转速（r/min）	进给量（mm/min）	背吃刀量（mm）
1	T0101	机夹外圆粗车刀	粗车外轮廓	630	200	2.0
2	T0202	机夹外圆精车刀	精车外轮廓	800	100	0.4
3	T0303	麻花钻	钻底孔	500	100	
4	T0404	内孔车刀	内阶梯孔	500	100	1.0

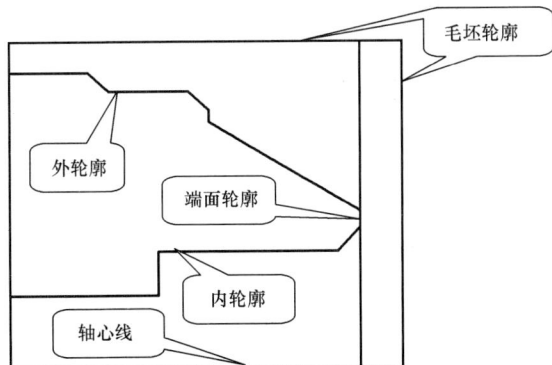

图 8-38　轮廓及端面建模

（5）编制加工程序。

1）轮廓建模。使用 CAXA 数控车提供的曲线工具和曲线编辑工具，绘制手柄上半部轮廓及毛坯轮廓，如图 8-38 所示。

2）生成加工程序。

① 车端面。

a. 填定参数表。单击主菜单中的"数控车"→"轮廓粗车"命令，或单击"数控车"工具条上的"轮廓粗车"图标

，系统弹出"粗车参数表"对话框，填写加工参数、进退刀参数、切削用量参数和轮廓车刀参数，如图 8-39～图 8-42 所示。

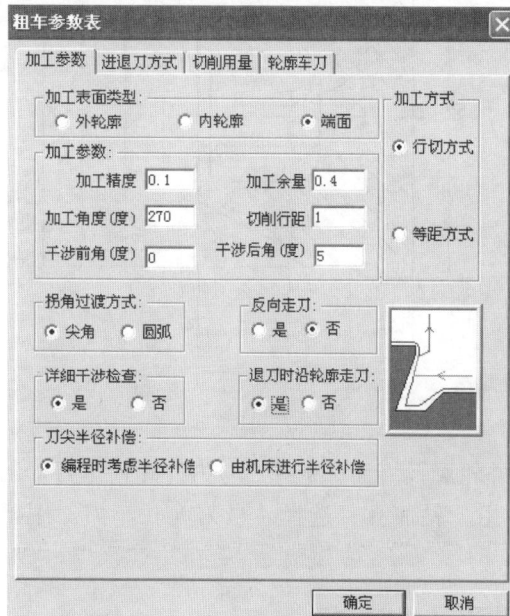

图 8-39　端面加工参数设置

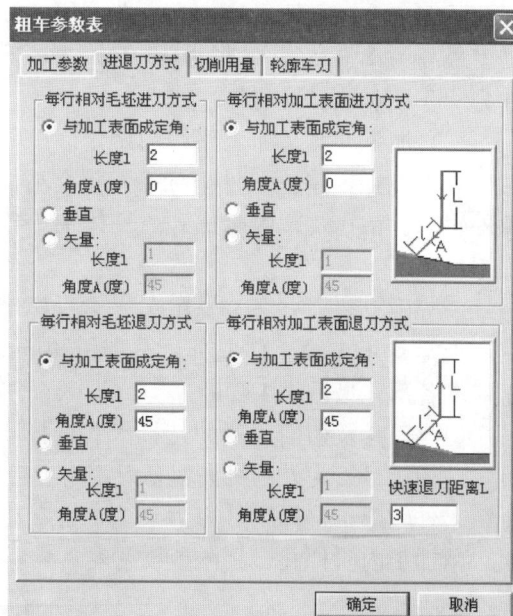

图 8-40　端面加工进退刀方式设置

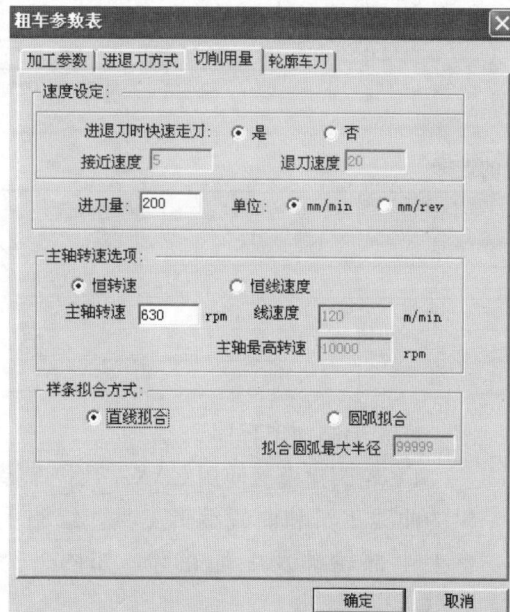

图 8-41　端面切削用量设置

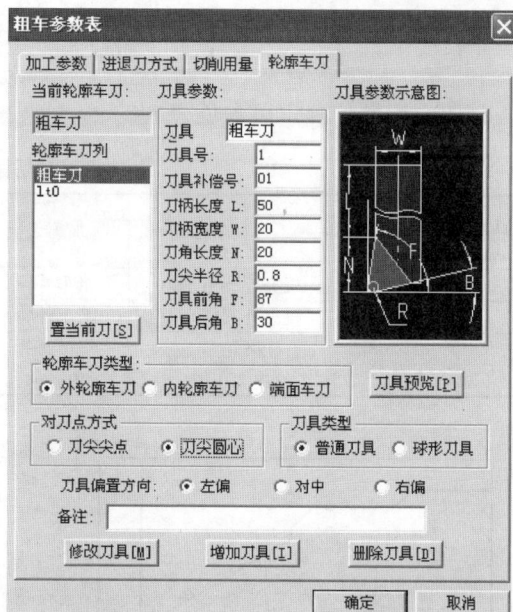

图 8-42　端面加工刀具设置

　　b. 拾取加工轮廓。端面车参数填写完成后，单击"确定"按钮，系统提示用户拾取被加工工件表面轮廓线。可采用单个拾取，拾取到轮廓线，如图 8-43 所示。

　　c. 拾取毛坯轮廓。采用单个拾取方法，拾取毛坯轮廓线，如图 8-44 所示。

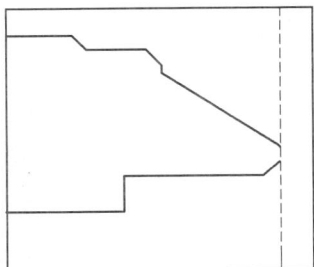

图 8-43　端面轮廓的拾取

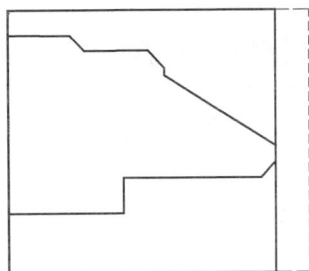

图 8-44　端面毛坯轮廓的拾取

d. 确定进退刀点。指定刀具加工前、后的位置，如图 8-45 所示。

e. 生成刀具轨迹。确定了进退刀点后，系统生成了如图 8-45 所示的刀具端面加工轨迹。

f. 轨迹仿真。对以上生成的端面加工刀具轨迹可进行模拟仿真，单击主菜单中的"数控车"→"轨迹仿真"命令，或单击"数控车"工具条上的"轨迹仿真"图标 ，在立即菜单中选择"二维实体"、"缺省毛坯轮廓"方式。

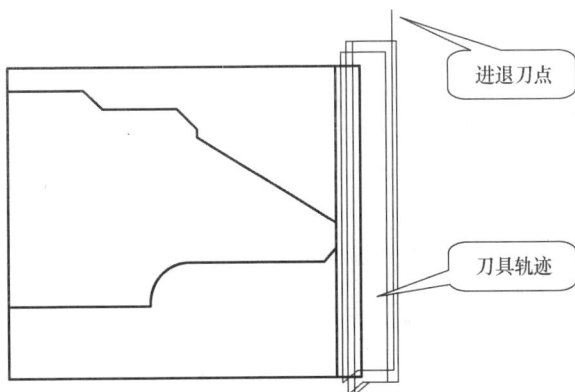

图 8-45　端面轮廓加工轨迹

拾取加工轨迹，右击确认，开始仿真。观察刀具走刀路线以便进一步进行修改，直到合适。

② 外轮廓粗车。

a. 填定参数表。单击主菜单中的"数控车"→"轮廓粗车"命令，或单击"数控车"工具条上的"轮廓粗车"图标 ，系统弹出"粗车参数表"对话框，填写加工参数、进退刀参数、切削用量参数和轮廓车刀参数，如图 8-46～图 8-49 所示。

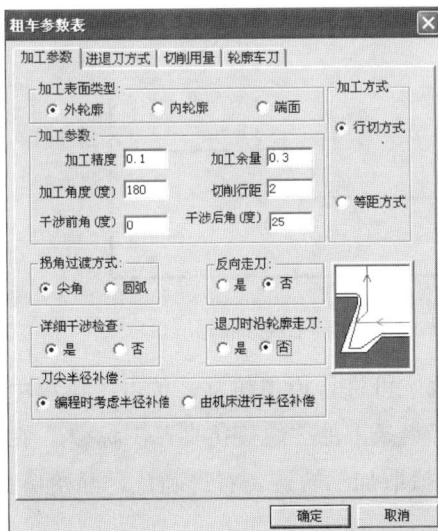

图 8-46　外廓粗车加工参数设置

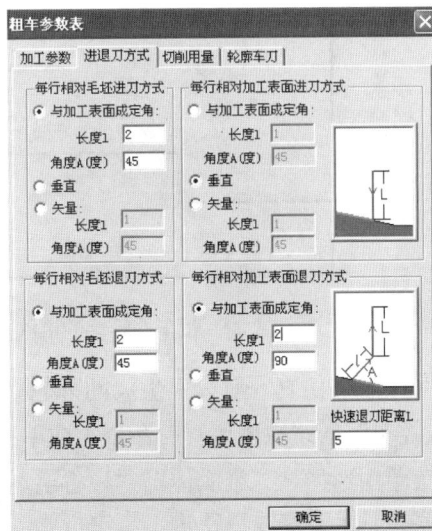

图 8-47　外廓粗车进退刀方式设置

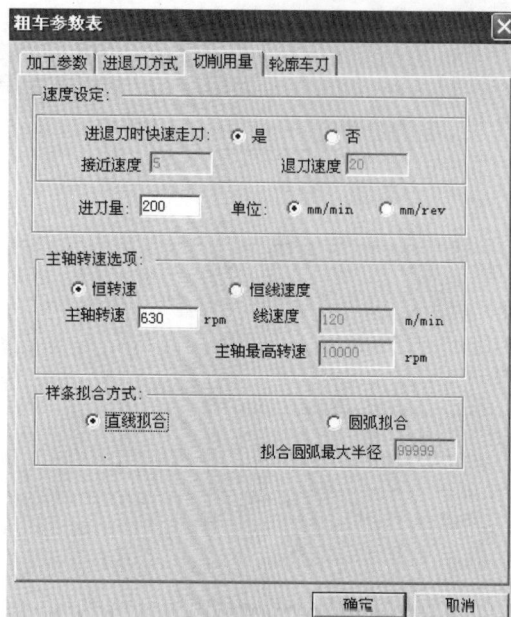

图 8-48　外廓粗车切削用量设置

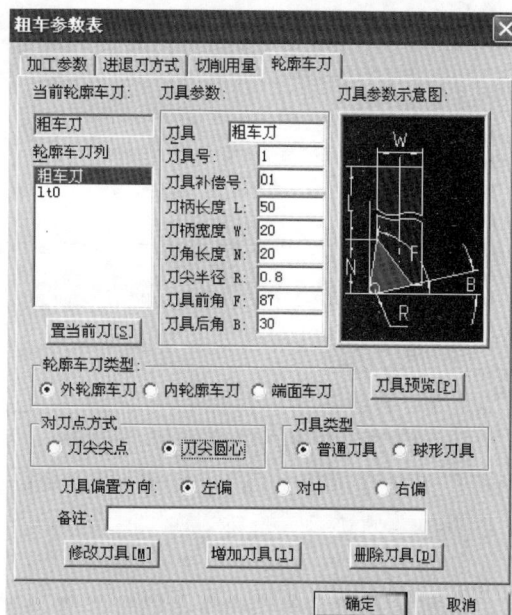

图 8-49　外廓粗车刀具设置

　　b. 拾取加工轮廓。轮廓粗车参数填写完成后，单击"确定"按钮。系统提示用户拾取被加工工件表面轮廓线。可采用限制链拾取，拾取到轮廓线，如图 8-50 所示。

　　c. 拾取毛坯轮廓。采用单个拾取方法，拾取毛坯轮廓线，如图 8-51 所示。

　　d. 确定进退刀点。指定刀具加工前、后的位置，如图 8-52 所示。

　　e. 生成刀具轨迹。确定了进退刀点后，系统生成了如图 8-52 所示的刀具粗加工轨迹。

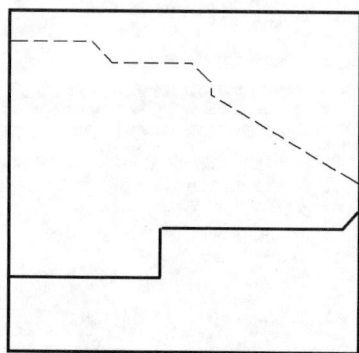

图 8-50　粗车外轮廓的拾取

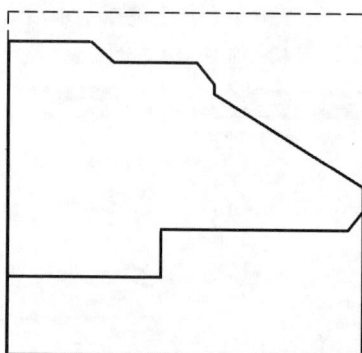

图 8-51　粗车毛坯外轮廓的拾取

　　f. 轨迹仿真。对以上生成的外轮廓粗加工刀具轨迹可进行模拟仿真，单击主菜单中的"数控车"→"轨迹仿真"命令，或单击"数控车"工具条上的"轨迹仿真"图标，在立即菜单中选择"二维实体"、"缺省毛坯轮廓"方式。拾取加工轨迹，右击确认，开始仿真。观察刀具走刀路线以便进一步进行修改，直到合适。

　　③ 外轮廓精车。在外轮廓粗车之后可进行外轮廓精车操作，以生成外轮廓精车刀具

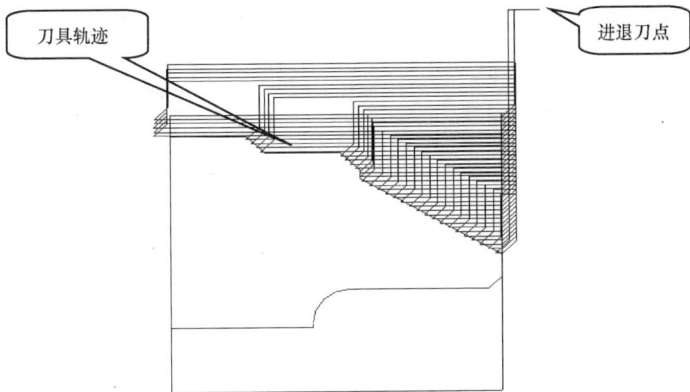

图 8-52　粗车外轮廓加工轨迹

轨迹。

a. 填定参数表。单击主菜单中的"数控车"→"轮廓精车"命令，或单击"数控车"工具条上的"轮廓精车"图标 ▨▨，系统弹出"精车参数表"对话框，填写加工参数、进退刀参数、切削用量参数和轮廓车刀参数，如图 8-53～图 8-56 所示。

b. 拾取加工轮廓。外轮廓精车参数填写完成后，单击"确定"按钮。系统提示用户拾取被加工工件表面轮廓线。和粗加工外轮廓相似，可采用限制链拾取，拾取到轮廓线。

c. 确定进退刀点。指定刀具加工前、后的位置，如图 8-57 所示。

d. 生成刀具轨迹。确定了进退刀点后，系统生成了如图 8-57 所示的刀具外轮廓精加工轨迹。

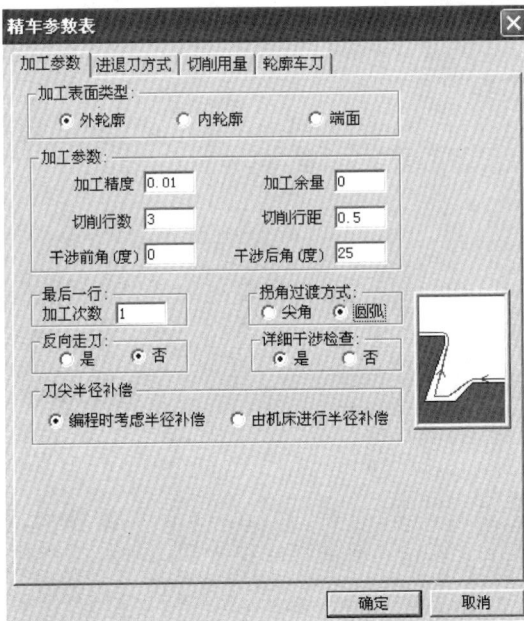

图 8-53　精车外轮廓加工参数设置

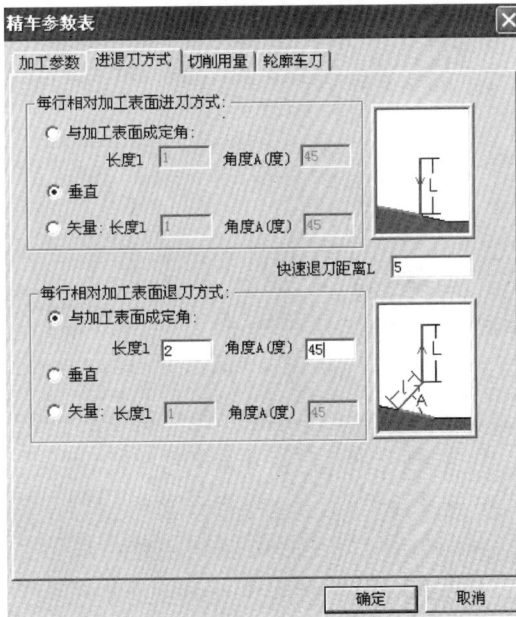

图 8-54　精车外轮廓进退刀方式设置

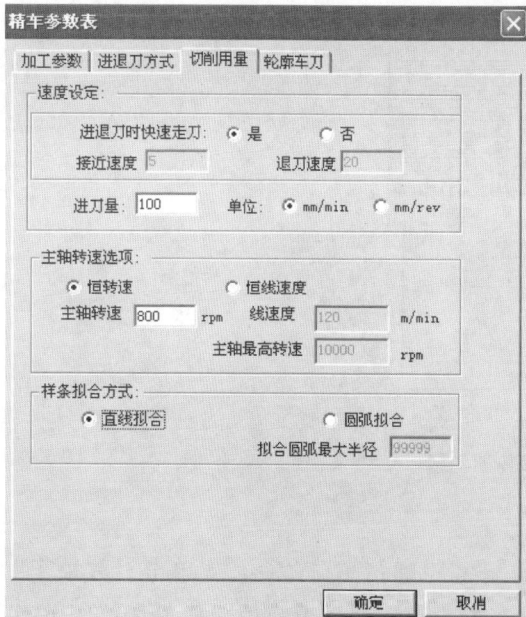

图 8-55　精车外轮廓切削用量设置

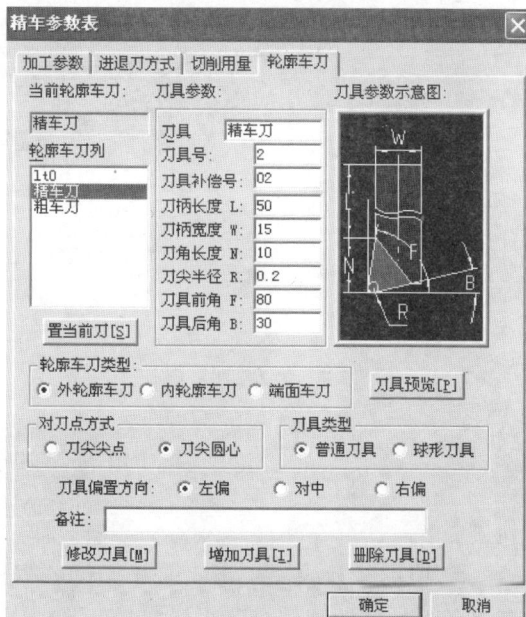

图 8-56　精车外轮廓刀具设置

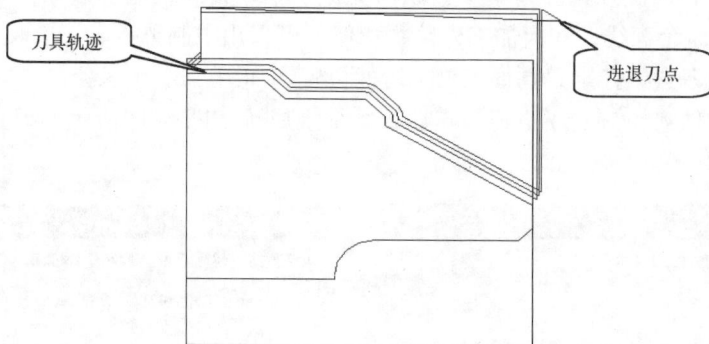

图 8-57　外轮廓刀具精加工轨迹

　　e. 轨迹仿真。对以上生成的精加工刀具轨迹可进行模拟仿真，单击主菜单中的"数控车"→"轨迹仿真"命令，或单击"数控车"工具条上的"轨迹仿真"图标 ，在立即菜单中选择"二维实体"、"缺省毛坯轮廓"方式。拾取加工轨迹，右击确认，开始仿真。观察刀具走刀路线，如对加工轨迹不满意，可进行修改，直到合适。

　　④ 钻孔加工。在外轮廓精车之后可进行钻孔加工，以生成钻底孔刀具轨迹。

　　a. 填定参数表。单击主菜单中的"数控车"→"钻中心孔"命令，或单击"数控车"工具条上的"钻中心孔"图标 ，系统弹出"钻孔参数表"对话框，填写加工参数和钻孔刀具参数，如图 8-58 和图 8-59 所示。

　　b. 拾取加工轮廓、生成刀具轨迹。钻孔参数填写完成后，单击"确定"按钮，系统提示用户拾取拾取钻孔起始点，则在轴心线上形成钻孔轨迹，如图 8-60 所示。

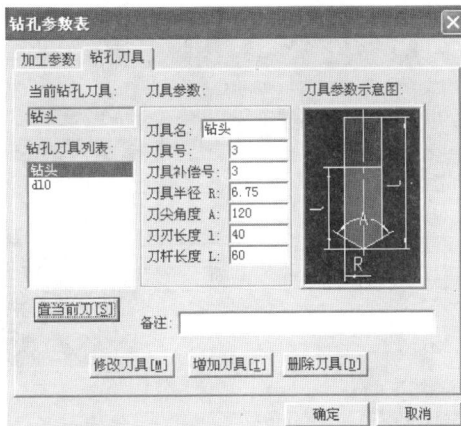

图 8-58 钻孔加工参数设置

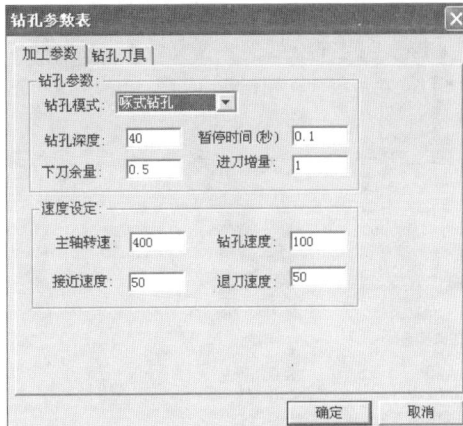

图 8-59 钻孔刀具设置

c. 轨迹仿真。对以上生成的切槽加工刀具轨迹可进行模拟仿真，单击主菜单中的"数控车"→"轨迹仿真"命令，或单击"数控车"工具条上的"轨迹仿真"图标 ，在立即菜单中选择"二维实体"、"缺省毛坯轮廓"方式。拾取加工轨迹，右击确认，开始仿真。

⑤ 内轮廓粗车。钻孔之后可进行内轮廓粗车加工，以生成内轮廓粗车刀具轨迹。

图 8-60 钻孔加工轨迹

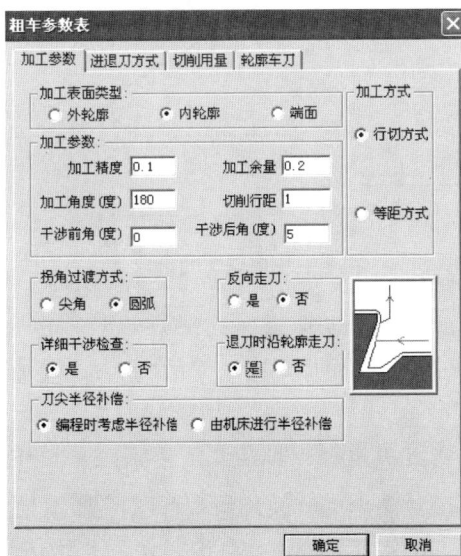

a. 填定参数表。单击主菜单中的"数控车"→"轮廓粗车"命令，或单击"数控车"工具条上的"轮廓粗车"图标 ，系统弹出"粗车参数表"对话框，填写加工参数、进退刀参数、切削用量参数和轮廓车刀参数，如图 8-61～图 8-64 所示。

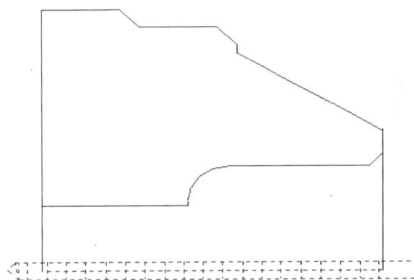

图 8-61 内廓粗车加工参数设置

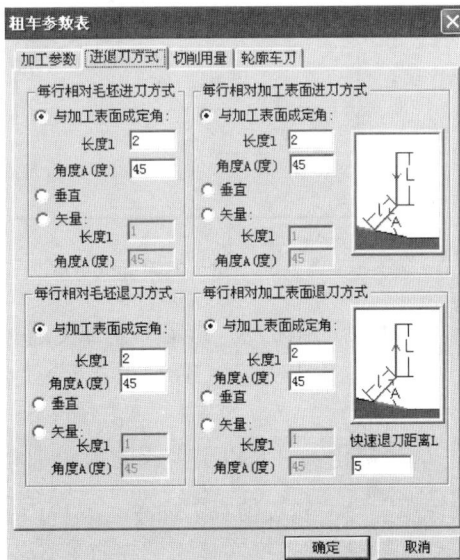

图 8-62 内廓粗车进退刀方式设置

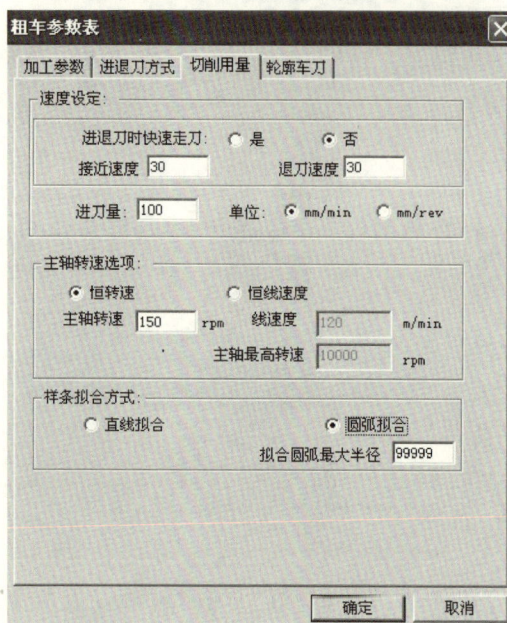

图 8-63 内廓粗车切削用量设置

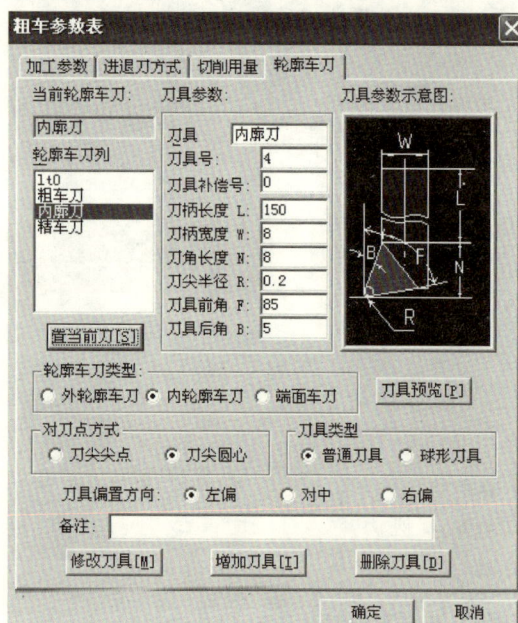

图 8-64 内廓粗车刀具设置

b. 拾取加工轮廓。内轮廓粗车参数填写完成后，单击"确定"按钮，系统提示用户拾取被加工工件表面轮廓线。可采用限制链拾取，拾取到轮廓线，如图 8-65 所示。

c. 拾取毛坯轮廓。采用单个拾取方法，拾取毛坯轮廓线，如图 8-66 所示。

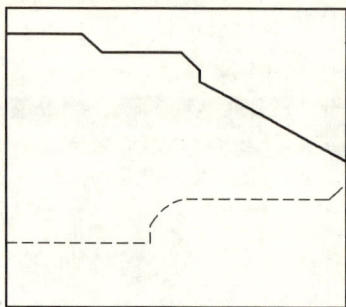

图 8-65 粗车内轮廓的拾取

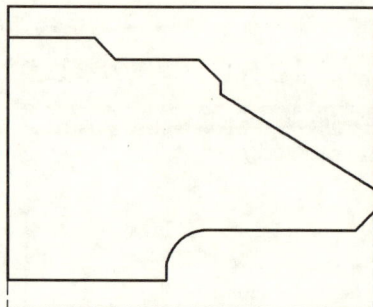

图 8-66 粗车毛坯内轮廓的拾取

d. 确定进退刀点。指定刀具加工前、后的位置，如图 8-67 所示。

e. 生成刀具轨迹。确定了进退刀点后，系统生成了如图 8-67 所示的刀具粗加工轨迹。

f. 轨迹仿真。对以上生成的内轮廓粗加工刀具轨迹可进行模拟仿真，单击主菜单中的"数控车"→"轨迹仿真"命令，或单击"数控车"工具条上的"轨迹仿真"图标，在立即菜单中选择"二维实体"、"缺省毛坯轮廓"方式。拾取加工轨迹，右击确认，开始仿真。观察刀具走刀路线以便进一步进行修改，直到合适。

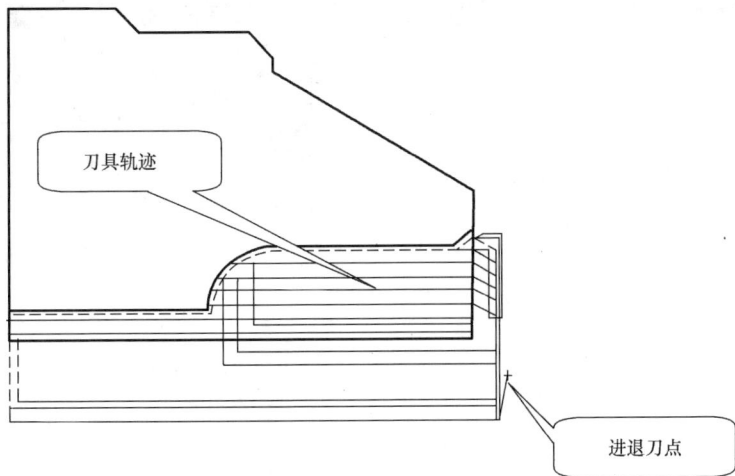

图 8-67　粗车内轮廓加工轨迹

　　⑥ 内轮廓精车。在内轮廓粗车之后可进行内轮廓精车操作，以生成内轮廓精车刀具轨迹。

　　a. 填定参数表。单击主菜单中的"数控车"→"轮廓精车"命令，或单击"数控车"工具条上的"轮廓精车"图标 ，系统弹出"精车参数表"对话框，填写加工参数、进退刀参数、切削用量参数和轮廓车刀参数，如图 8-68～图 8-71 所示。

　　b. 拾取加工轮廓。内轮廓精车参数填写完成后，单击"确定"按钮。系统提示用户拾取被加工工件表面轮廓线。和粗加工内轮廓相似，可采用限制链拾取，拾取到轮廓线。

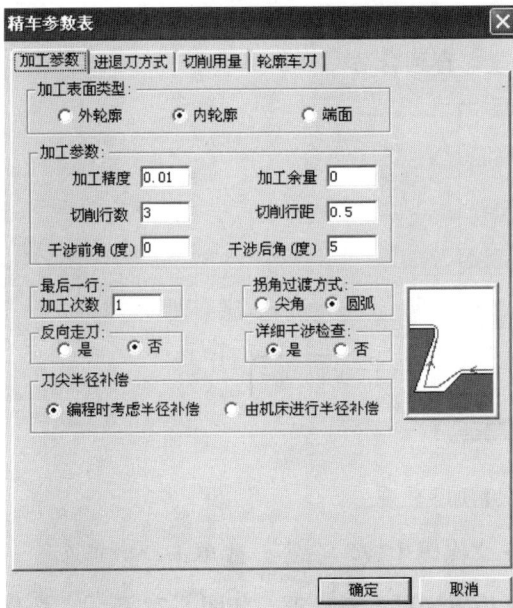

图 8-68　精车内轮廓加工参数设置

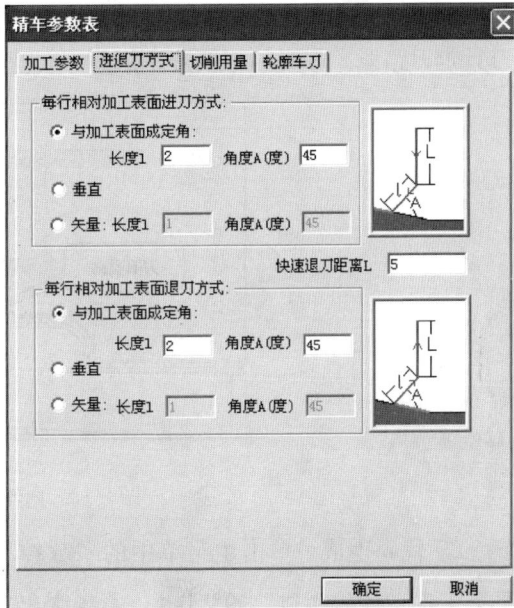

图 8-69　精车内轮廓进退刀方式设置

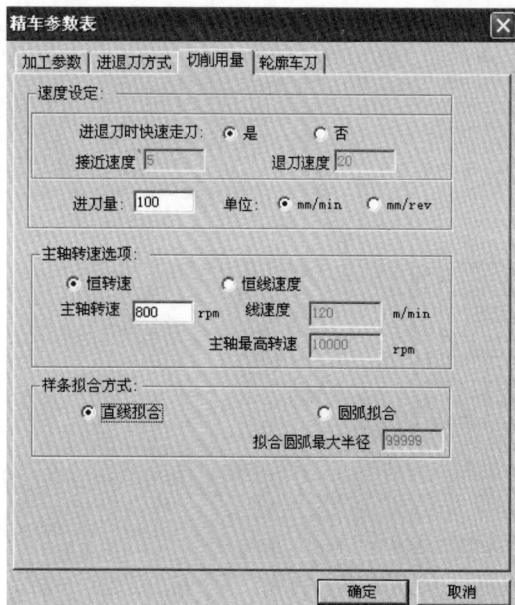

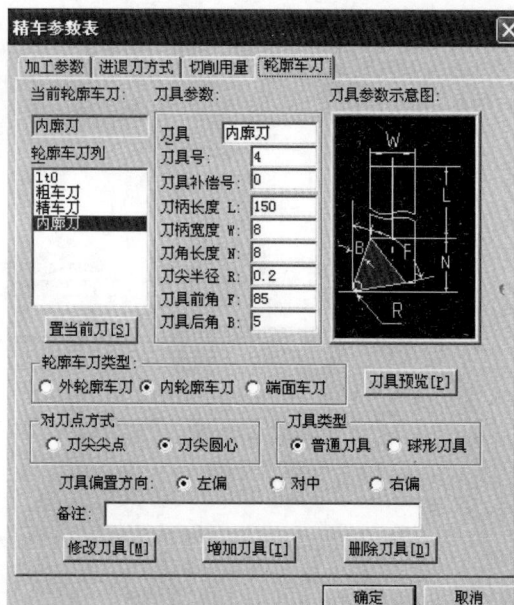

图 8-70　精车内轮廓切削用量设置　　　　　　　图 8-71　精车内轮廓刀具设置

c. 确定进退刀点。指定刀具加工前、后的位置，如图 8-72 所示。

d. 生成刀具轨迹。确定了进退刀点后，系统生成了如图 8-72 所示的刀具内轮廓精加工轨迹。

e. 轨迹仿真。对以上生成的精加工刀具轨迹可进行模拟仿真，单击主菜单中的"数控车"→"轨迹仿真"命令，或单击"数控车"工具条上的"轨迹仿真"图标 ，在立即菜单中选择"二维实体"、"缺省毛坯轮廓"方式。拾取加工轨迹，右击确认，开始仿真。观察刀具走刀路线，如对加工轨迹不满意，可进行修改，直到合适。

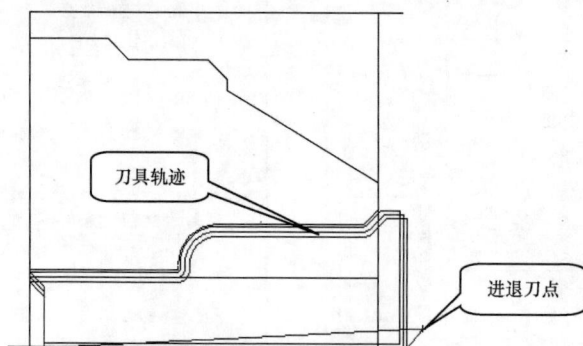

图 8-72　内轮廓刀具精加工轨迹

⑦ 代码生成。单击主菜单中的"数控车"→"代码生成"命令，或单击"数控车"工具条上的"代码生成"图标 ，系统弹出"选择后置文件"对话框，如图 8-73 所示。选择存取后置文件（*.cut）的地址，为文件命名。单击"打开"按钮，依次拾取图 8-45、图 8-52、图 8-57、图 8-60、图 8-67、图 8-72 所生成的加工轨迹，右击确定，形成"记事本"文

件，即加工指令代码。加工代码见表 8-6。

图 8-73　盘类零件后置文件对话框

表 8-6 　　　　　　　　　　盘类零件加工程序

程　　序	程　　序
%	N70 M08
05678	N72 G00 X44. 678 Z4. 116
N10 G50 S0	N74 G00 X44. 678 Z1. 420
N12 G00 G97 S630 T0101	N76 G00 X38. 514 Z1. 420
N14 M03	N78 G01 X33. 514 Z1. 420 F1. 000
N16 M08	N80 G01 X32. 100 Z0. 006
N18 G00 X37. 612 Z6. 079	N82 G01 X32. 100 Z-36. 606 F200. 000
N20 G00 X34. 900 Z6. 079	N84 G01 X33. 514 Z-35. 192 F5. 000
N22 G00 X34. 900 Z4. 900	N86 G01 X38. 514 Z-35. 192
N24 G01 X34. 900 Z1. 900 F1. 000	N88 G00 X38. 514 Z1. 514
N26 G01 X32. 900 Z1. 900	N90 G01 X33. 014 Z1. 514 F1. 000
N28 G01 X-2. 000 Z1. 900 F200. 000	N92 G01 X31. 600 Z0. 100
N30 G01 X-0. 586 Z3. 314 F5. 000	N94 G01 X31. 600 Z-36. 700 F200. 000
N32 G01 X-0. 586 Z6. 314	N96 G01 X33. 014 Z-35. 286 F5. 000
N34 G00 X34. 900 Z6. 314	N98 G01 X38. 014 Z-35. 286
N36 G01 X34. 900 Z0. 900 F1. 000	N100 G00 X38. 014 Z1. 514
N38 G01 X32. 900 Z0. 900	N102 G01 X32. 514 Z1. 514 F1. 000
N40 G01 X-2. 000 Z0. 900 F200. 000	N104 G01 X31. 100 Z0. 100
N42 G01 X-0. 586 Z2. 314 F5. 000	N106 G01 X31. 100 Z-36. 700 F200. 000
N44 G01 X-0. 586 Z5. 314	N108 G01 X32. 514 Z-35. 286 F5. 000
N46 G00 X33. 700 Z5. 314	N110 G01 X37. 514 Z-35. 286
N48 G01 X33. 700 Z0. 400 F1. 000	N112 G00 X37. 514 Z1. 514
N50 G01 X31. 700 Z0. 400	N114 G01 X32. 014 Z1. 514 F1. 000
N52 G01 X-0. 800 Z0. 400 F200. 000	N116 G01 X30. 600 Z0. 100
N54 G01 X0. 614 Z1. 814 F5. 000	N118 G01 X30. 600 Z-36. 700 F200. 000
N56 G01 X0. 614 Z4. 900	N120 G01 X32. 014 Z-35. 286 F5. 000
N58 G00 X0. 614 Z6. 079	N122 G01 X37. 014 Z-35. 286
N60 G00 X37. 612 Z6. 079	N124 G00 X37. 014 Z1. 514
N62 M01	N126 G01 X31. 564 Z1. 514 F1. 000
N64 G50 S0	N128 G01 X30. 150 Z0. 100
N66 G00 G97 S630 T0101	N130 G01 X30. 150 Z-36. 700 F200. 000
N68 M03	N132 G01 X31. 564 Z-35. 286 F5. 000

程　序	程　序
N134 G01 X36. 564 Z-35. 286	N230 G01 X32. 564 Z-14. 063
N136 G00 X36. 564 Z1. 514	N232 G00 X32. 564 Z1. 514
N138 G01 X31. 064 Z1. 514 F1. 000	N234 G01 X27. 064 Z1. 514 F1. 000
N140 G01 X29. 650 Z0. 100	N236 G01 X25. 650 Z0. 100
N142 G01 X29. 650 Z-26. 977 F200. 000	N238 G01 X25. 650 Z-15. 021 F200. 000
N144 G01 X31. 064 Z-25. 563 F5. 000	N240 G01 X27. 064 Z-13. 606F5. 000
N146 G01 X36. 064 Z-25. 563	N242 G01 X32. 064 Z-13. 606
N148 G00 X36. 064 Z1. 514	N244 G00 X32. 064 Z1. 514
N150 G01 X30. 564 Z1. 514 F1. 000	N246 G01 X26. 564 Z1. 514 F1. 000
N152 G01 X29. 150 Z0. 100	N248 G01 X25. 150 Z0. 100
N154 G01 X29. 150 Z-26. 477 F200. 000	N250 G01 X25. 150 Z-14. 900 F200. 000
N156 G01 X30. 564 Z-25. 063 F5. 000	N252 G01 X26. 564 Z-13. 486 F5. 000
N158 G01 X35. 564 Z-25. 063	N254 G01 X31. 564 Z-13. 486
N160 G00 X35. 564 Z1. 514	N256 G00 X31. 564 Z1. 514
N162 G01 X30. 064 Z1. 514 F1. 000	N258 G01 X26. 064Z1. 514 F1. 000
N164 G01 X28. 650 Z0. 100	N260 G01 X24. 650 Z0. 100
N166 G01 X28. 650 Z-25. 977 F200. 000	N262 G01 X24. 650 Z-14. 801 F200. 000
N168 G01 X30. 064 Z-24. 563 F5. 000	N264 G01 X26. 064 Z-13. 387 F5. 000
N170 G01 X35. 064 Z-24. 563	N266 G01 X31. 064 Z-13. 387
N172 G00 X35. 064 Z1. 514	N268 G00 X31. 064 Z1. 514
N174 G01 X29. 564 Z1. 514 F1. 000	N270 G01 X25. 564 Z1. 514 F1. 000
N176 G01 X28. 150 Z0. 100	N272 G01 X24. 150 Z0. 100
N178 G01 X28. 150 Z-25. 477 F200. 000	N274 G01 X24. 150 Z-13. 967 F200. 000
N180 G01 X29. 564 Z-24. 063 F5. 000	N276 G01 X25. 564 Z-12. 553 F5. 000
N182 G01 X34. 564 Z-24. 063	N278 G01 X30. 564 Z-12. 553
N184 G00 X34. 564 Z1. 514	N280 G00 X30. 564 Z1. 514
N186 G01 X29. 064 Z1. 514 F1. 000	N282 G01 X25. 064 Z1. 514 F1. 000
N188 G01 X27. 650 Z0. 100	N284 G01 X23. 650 Z0. 100
N190 G01 X27. 650 Z-16. 977 F200. 000	N286 G01 X23. 650 Z-13. 134 F200. 000
N192 G01 X29. 064 Z-15. 563 F5. 000	N288 G01 X25. 064 Z-11. 720 F5. 000
N194 G01 X34. 064 Z-15. 563	N290 G01 X30. 064 Z-11. 720
N196 G00 X34. 064 Z1. 514	N292 G00 X30. 064 Z1. 514
N198 G01 X28. 564 Z1. 514 F1. 000	N294 G01 X24. 564 Z1. 514 F1. 000
N200 G01 X27. 150 Z0. 100	N296 G01 X23. 150 Z0. 100
N202 G01 X27. 150 Z-16. 477 F200. 000	N298 G01 X23. 150 Z-12. 301 F200. 000
N204 G01 X28. 564 Z-15. 063 F5. 000	N300 G01 X24. 564 Z-10. 887 F5. 000
N206 G01 X33. 564Z-15. 063	N302 G01 X29. 564 Z-10. 887
N208 G00 X33. 564 Z1. 514	N304 G00 X29. 564 Z1. 514
N210 G01 X28. 064 Z1. 514 F1. 000	N306 G01 X24. 064 Z1. 514 F1. 000
N212 G01 X26. 650 Z0. 100	N308 G01 X22. 650 Z0. 100
N214 G01 X26. 650 Z-15. 977 F200. 000	N310 G01 X22. 650 Z-11. 467 F200. 000
N216 G01 X28. 064 Z-14. 563 F5. 000	N312 G01 X24. 064 Z-10. 053 F5. 000
N218 G01 X33. 064 Z-14. 563	N314 G01 X29. 064 Z-10. 053
N220 G00 X33. 064 Z1. 514	N316 G00 X29. 064 Z1. 514
N222 G01 X27. 564 Z1. 514 F1. 000	N318 G01 X23. 564 Z1. 514 F1. 000
N224 G01 X26. 150 Z0. 100	N320 G01 X22. 150 Z0. 100
N226 G01 X26. 150 Z-15. 477 F200. 000	N322 G01 X22. 150 Z-10. 634 F200. 000
N228 G01 X27. 564 Z-14. 063 F5. 000	N324 G01 X23. 564 Z-9. 220 F5. 000

程　　序	程　　序
N326 G01 X28. 564 Z-9. 220	N422 G01 X24. 564 Z-2. 553
N328 G00 X28. 564 Z1. 514	N424 G00 X24. 564 Z1. 514
N330 G01 X23. 064 Z1. 514 F1. 000	N426 G01 X19. 064 Z1. 514 F1. 000
N332 G01 X21. 650 Z0. 100	N428 G01 X17. 650 Z0. 100
N334 G01 X21. 650 Z-9. 801 F200. 000	N430 G01 X17. 650 Z-3. 134 F200. 000
N336 G01 X23. 064 Z-8. 387 F5. 000	N432 G01 X19. 064 Z-1. 720 F5. 000
N338 G01 X28. 064 Z-8. 387	N434 G01 X24. 064 Z-1. 720
N340 G00 X28. 064 Z1. 514	N436 G00 X24. 064 Z1. 514
N342 G01 X22. 564 Z1. 514 F1. 000	N438 G01 X18. 564 Z1. 514 F1. 000
N344 G01 X21. 150 Z0. 100	N440 G01 X17. 150 Z0. 100
N346 G01 X21. 150 Z-8. 967 F200. 000	N442 G01 X17. 150 Z-2. 301 F200. 000
N348 G01 X22. 564 Z-7. 553 F5. 000	N444 G01 X18. 564 Z-0. 887 F5. 000
N350 G01 X27. 564 Z-7. 553	N446 G01 X23. 564 Z-0. 887
N352 G00 X27. 564 Z1. 514	N448 G00 X23. 564 Z1. 514
N354 G01 X22. 064 Z1. 514 F1. 000	N450 G01 X18. 064 Z1. 514 F1. 000
N356G01 X20. 650 Z0. 100	N452 G01 X16. 650 Z0. 100
N358 G01 X20. 650 Z-8. 134 F200. 000	N454 G01 X16. 650 Z-1. 467 F200. 000
N360 G01 X22. 064 Z-6. 720 F5. 000	N456 G01 X18. 064 Z-0. 053 F5. 000
N362 G01 X27. 064 Z-6. 720	N458 G01 X23. 064 Z-0. 053
N364 G00 X27. 064 Z1. 514	N460 G00 X23. 064 Z1. 514
N366 G01 X21. 564 Z1. 514 F1. 000	N462 G01 X17. 564 Z1. 514 F1. 000
N368 G01 X20. 150 Z0. 100	N464 G01 X16. 150 Z0. 100
N370 G01 X20. 150 Z-7. 301 F200. 000	N466 G01 X16. 150 Z-0. 634 F200. 000
N372 G01 X21. 564 Z-5. 887F5. 000	N468 G01 X17. 564 Z0. 780 F5. 000
N374 G01 X26. 564 Z-5. 887	N470 G01 X38. 514 Z0. 780
N376 G00 X26. 564 Z1. 514	N472 G00 X44. 678 Z0. 780
N378 G01 X21. 064 Z1. 514 F1. 000	N474 G00 X44. 678 Z4. 116
N380 G01 X19. 650 Z0. 100	N476 M01
N382 G01 X19. 650 Z-6. 467 F200. 000	N478 G50 S10000
N384 G01 X21. 064 Z-5. 053 F5. 000	N480 G00 G97 S800 T0202
N386 G01 X26. 064 Z-5. 053	N482 M03
N388 G00 X26. 064 Z1. 514	N484 M08
N390 G01 X20. 564 Z1. 514 F1. 000	N486 G00 X42. 273 Z4. 116
N392 G01 X19. 150 Z0. 100	N488 G00 X42. 273 Z0. 617
N394 G01 X19. 150 Z-5. 634 F200. 000	N490 G00 X37. 614 Z0. 617
N396 G01 X20. 564 Z-4. 220 F5. 000	N492 G01 X17. 029 Z0. 617 F1. 000
N398 G01 X25. 564 Z-4. 220	N494 G01 X25. 679 Z-13. 800 F100. 000
N400 G00 X25. 564 Z1. 514	N496 G01 X26. 000 Z-13. 800
N402 G01 X20. 064 Z1. 514 F1. 000	N498 G03 X26. 849 Z-14. 151 I0. 000 K-1. 200
N404 G01 X18. 650 Z0. 100	N500 G01 X28. 849 Z-16. 151
N406 G01 X18. 650 Z-4. 801 F200. 000	N502 G03X29. 200 Z-17. 000 I-0. 849 K-0. 849
N408 G01 X20. 064 Z-3. 387 F5. 000	N504 G01 X29. 200 Z-24. 503
N410 G01 X25. 064 Z-3. 387	N506 G01 X30. 849 Z-26. 151
N412 G00 X25. 064 Z1. 514	N508 G03 X31. 200 Z-27. 000 I-0. 849 K-0. 849
N414 G01 X19. 564 Z1. 514 F1. 000	N510 G01 X31. 200 Z-35. 000
N416 G01 X18. 150 Z0. 100	N512 G01 X32. 614 Z-33. 586 F5. 000
N418 G01 X18. 150 Z-3. 967 F200. 000	N514 G01 X37. 614 Z-33. 586
N420 G01 X19. 564 Z-2. 553 F5. 000	N516 G00 X37. 614 Z0. 360

续表

程　序	程　序
N518 G01 X16. 600 Z0. 360 F1. 000	N626 G01 X7. 500 Z-19. 600
N520 G01 X25. 396 Z-14. 300 F100. 000	N628 G02 X7. 350 Z-19. 629 I0. 000 K-0. 400
N522 G01 X26. 000 Z-14. 300	N630 G01 X8. 131 Z-17. 788 F30. 000
N524 G03 X26. 495 Z-14. 505 I0. 000 K-0. 700	N632 G01 X2. 936 Z-17. 788
N526 G01 X28. 495 Z-16. 505	N634 G00 X2. 936 Z1. 814
N528 G03 X28. 700 Z-17. 000 I-0. 495 K-0. 495	N636 G01 X7. 936 Z1. 814 F30. 000
N530 G01 X28. 700 Z-24. 710	N638 G01 X9. 350 Z0. 400
N532 G01 X30. 495 Z-26. 505	N640 G01 X9. 350 Z-19. 337 F100. 000
N534 G03 X30. 700 Z-27. 000 I-0. 495 K-0. 495	N642 G03 X8. 350 Z-19. 583 I-1. 350 K3. 337
N536 G01 X30. 700 Z-35. 000	N644 G01 X10. 005 Z-18. 461 F30. 000
N538 G01 X32. 114 Z-33. 586 F5. 000	N646 G01 X3. 936 Z-18. 461
N540 G01 X37. 114 Z-33. 586	N648 G00 X3. 936 Z1. 814
N542 G00 X37. 114 Z0. 103	N650 G01 X8. 936 Z1. 814 F30. 000
N544 G01 X16. 171 Z0. 103 F1. 000	N770 G01 X0. 386 Z-33. 586
N546 G01 X25. 113 Z-14. 800 F100. 000	N772 G00 X0. 386 Z2. 141
N548 G01 X26. 000 Z-14. 800	N774 G01 X13. 273 Z2. 141 F30. 000
N550 G03 X26. 141 Z-14. 859 I0. 000 K-0. 200	N776 G01 X13. 273 Z0. 141
N552 G01 X28. 141 Z-16. 859	N778 G01 X11. 859 Z-1. 273 F100. 000
N554 G03 X28. 200 Z-17. 000 I-0. 141 K-0. 141	N780 G02 X11. 800 Z-1. 414 I0. 141 K-0. 141
N556 G01 X28. 200 Z-24. 917	N782 G01 X11. 800 Z-16. 000
N558 G01 X30. 141 Z-26. 859	N784 G03 X8. 000 Z-19. 800 I-3. 800 K-0. 000
N560 G03 X30. 200 Z-27. 000 I-0. 141 K-0. 141	N786 G01 X7. 500 Z-19. 800
N562 G01 X30. 200 Z-35. 000	N652 G01 X10. 350 Z0. 400
N564 G01 X31. 614 Z-33. 586 F5. 000	N654 G01 X10. 350 Z-18. 727 F100. 000
N566 G01 X37. 614 Z-33. 586	N656 G03 X9. 350 Z-19. 337 I-2. 350 K2. 727
N568 G00 X42. 273 Z-33. 586	N658 G01 X10. 681 Z-17. 844 F30. 000
N570 G00 X42. 273 Z4. 116	N660 G01 X4. 936 Z-17. 844
N572 M01	N662 G00 X4. 936 Z1. 814
N574 G50 S10000	N664 G01 X9. 936 Z1. 814 F30. 000
N576 G00 G97 S400 T0303	N666 G01X11. 350 Z0. 400
N578 M03	N668 G01 X11. 350 Z-17. 318 F100. 000
N580 M08	N670 G03 X10. 350 Z-18. 727 I-3. 350 K1. 318
N582 G00 X0. 000 Z0. 000	N672 G01 X11. 410 Z-17. 031 F30. 000
N584 G98G81X0. 000Z0. 000F100. 000	N674 G01 X5. 936 Z-17. 031
N586 M01	N676 G00 X5. 936 Z1. 814
N588 G50 S10000	N678 G01 X10. 936 Z1. 814 F30. 000
N590 G00 G97 S150 T0400	N680 G01 X12. 350 Z0. 400
N592 M03	N682 G01 X12. 350 Z-0. 499 F100. 000
N594 M08	N684 G01 X11. 717 Z-1. 131
N596 G00 X0. 872 Z8. 478	N686 G02 X11. 600 Z-1. 414 I0. 283 K-0. 283
N598 G00 X0. 872 Z1. 814	N688 G01 X11. 600 Z-16. 000
N600 G00 X0. 936 Z1. 814	N690 G03 X11. 350 Z-17. 318 I-3. 600 K-0. 000
N602 G01 X5. 936 Z1. 814 F30. 000	N692 G01 X11. 279 Z-15. 319 F30. 000
N604 G01 X7. 350 Z0. 400	N694 G01 X6. 279 Z-15. 319
N606 G01 X7. 350 Z-19. 629 F100. 000	N696 G00 X6. 279 Z2. 283
N608 G02 X7. 100 Z-20. 000 I0. 150 K-0. 371	N698 G01 X13. 131 Z2. 283 F30. 000
N610 G01 X7. 100 Z-35. 000	N700 G01 X13. 131 Z0. 283
N612 G01 X5. 686 Z-33. 586 F30. 000	N702 G01 X12. 350 Z-0. 499 F100. 000
N614 G01 X0. 686 Z-33. 586	N704 G01 X12. 350 Z1. 501 F30. 000
N616 G00 X0. 686 Z1. 814	N706 G01 X0. 936 Z1. 501
N618 G01 X6. 936 Z1. 814 F30. 000	N708 G00 X0. 872 Z1. 501
N620 G01 X8. 350 Z0. 400	N710 G00 X0. 872 Z8. 478
N622 G01 X8. 350 Z-19. 583 F100. 000	N712 M01
N624 G03 X8. 000 Z-19. 600 I-0. 350 K3. 583	N714 G50 S10000

程　　序	程　　序
N716 G00 G97 S150 T0400	N752 G01 X12. 919 Z0. 495
N718 M03	N754 G01 X11. 505 Z-0. 919 F100. 000
N720 M08	N756 G02 X11. 300 Z-1. 414 I0. 495 K-0. 495
N722 G00 X2. 852 Z9. 191	N758 G01 X11. 300 Z-16. 000
N724 G00 X-0. 114 Z2. 849	N760 G03 X8. 000 Z-19. 300 I-3. 300 K-0. 000
N726 G01 X12. 566 Z2. 849 F30. 000	N762 G01 X7. 500 Z-19. 300
N728 G01 X12. 566 Z0. 849	N764 G02 X6. 800 Z-20. 000 I0. 000 K-0. 700
N730 G01 X11. 151 Z-0. 566 F100. 000	N766 G01 X6. 800 Z-35. 000
N732 G02 X10. 800 Z-1. 414 I0. 849 K-0. 849	N768 G01 X5. 386 Z-33. 586 F30. 000
N734 G01 X10. 800 Z-16. 000	N788 G02 X7. 300 Z-20. 000 I0. 000 K-0. 200
N736 G03 X8. 000 Z-18. 800 I-2. 800 K-0. 000	N790 G01 X7. 300 Z-35. 000
N738 G01 X7. 500 Z-18. 800	N792 G01 X5. 886 Z-33. 586 F30. 000
N740 G02 X6. 300 Z-20. 000 I0. 000 K-1. 200	N794 G01 X-0. 114 Z-33. 586
N742 G01 X6. 300 Z-35. 000	N796 G00 X2. 852 Z9. 191
N744 G01 X4. 886 Z-33. 586 F30. 000	N798 M09
N746 G01 X-0. 114 Z-33. 586	N800 M30
N748 G00 X-0. 114 Z2. 495	%
N750 G01 X12. 919 Z2. 495 F30. 000	

⑧ 代码修改。根据所使用的数控系统具体格式，可做适当的修改和调整，以满足实际机床加工。

⑨ 代码传输。所生成的程序可以通过串行口 RS232，直接传输给数控机床的 MCU，进行数控加工。

本 章 小 结

一、数控自动编程简介

1. 数控自动编程特点

2. 常见编程软件

二、CAXA 数控车的用法

1. CAXA 数控车基本使用方法

（1）CAXA 数控车的用户界面及操作方法。

（2）基本编程功能。CAXA 数控车的 CAD 功能；CAXA 数控车的 CAM 功能。

2. CAXA 数控车编程实例

（1）手柄编程加工。

（2）盘类编程加工。

习 题 八

一、填空题

1. CAXA 数控车"后置参数设置"包括＿＿＿、＿＿＿、＿＿＿、＿＿＿、＿＿＿和＿＿＿。

2. CAXA 数控车为用户提供＿＿＿、＿＿＿和＿＿＿3 种拾取方式。

3. CAXA 数控车切槽时，要确定的被加工轮廓是加工结束后的＿＿＿轮廓，被加工轮廓不能＿＿＿和＿＿＿。

4. CAXA 数控车的螺纹加工分为＿＿＿和＿＿＿两种方式。

5. CAXA 数控车的钻孔功能提供了＿＿＿、＿＿＿、＿＿＿、＿＿＿、＿＿＿、＿＿＿、＿＿＿和＿＿＿多种钻孔方式。

6. CAXA 数控车进行图形建模时可使用＿＿＿和＿＿＿功能。

7. CAXA 数控车切槽加工参数包括＿＿＿、＿＿＿和＿＿＿。

二、选择题

1. CAXA 数控车进行点捕捉时，系统默认为（　　　　）。

A. 控制点　　　　　　B. 屏幕点　　　　　　C. 缺省点　　　　　　D. 象限点

2. CAXA 数控车的 X 轴为机床的（　　　　）。

A. X 轴　　　　　　B. Y 轴　　　　　　C. Z 轴　　　　　　D. 不指定

3. CAXA 数控车的钻孔位置只能是工件的（　　　　）。

A. 旋转中心　　　　B. 端面　　　　　　C. 任意　　　　　　D. 平行于 Z 轴位置

4. CAXA 数控车的圆弧相切方式与（　　　）的位置相关。

A. 鼠标右键　　　　B. 鼠标左键　　　　C. 所选切点　　　　D. 光标位置

三、简答题

1. CAXA 数控车能实现哪些加工？

2. CAXA 数控车系统中的轮廓粗车对加工轮廓与毛坯轮廓有哪些要求？

3. CAXA 数控车的刀具库管理中的置当前刀的作用是什么？

四、编程题

用 CAXA 数控车完成 8-74 所示零件的加工程序。

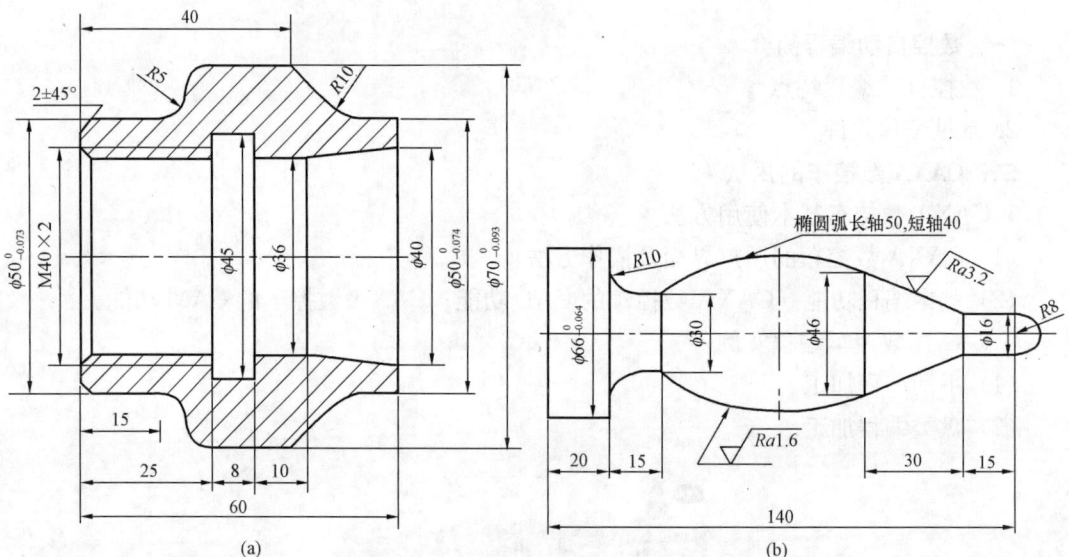

图 8-74　编程题图
(a) 管接头；(b) 手柄

第9章 CAXA 数控铣自动编程

本章要点

本章主要以 CAXA 数控铣为例简单介绍自动编程的方法及过程，了解数控自动编程的步骤，重点讲述 CAXA 数控铣的粗、精加工方法，同时简要介绍 CAXA 编程助手的主要功能及综合实例。

9.1 CAXA 数控铣自动编程

9.1.1 CAXA 数控铣的用户界面

启动 CAXA 制造工程师之后，将显示如图 9-1 所示的操作界面。操作界面主要分为菜单栏、工具栏、绘图区、操作提示栏、特征/加工树栏和立即菜单栏等区域。

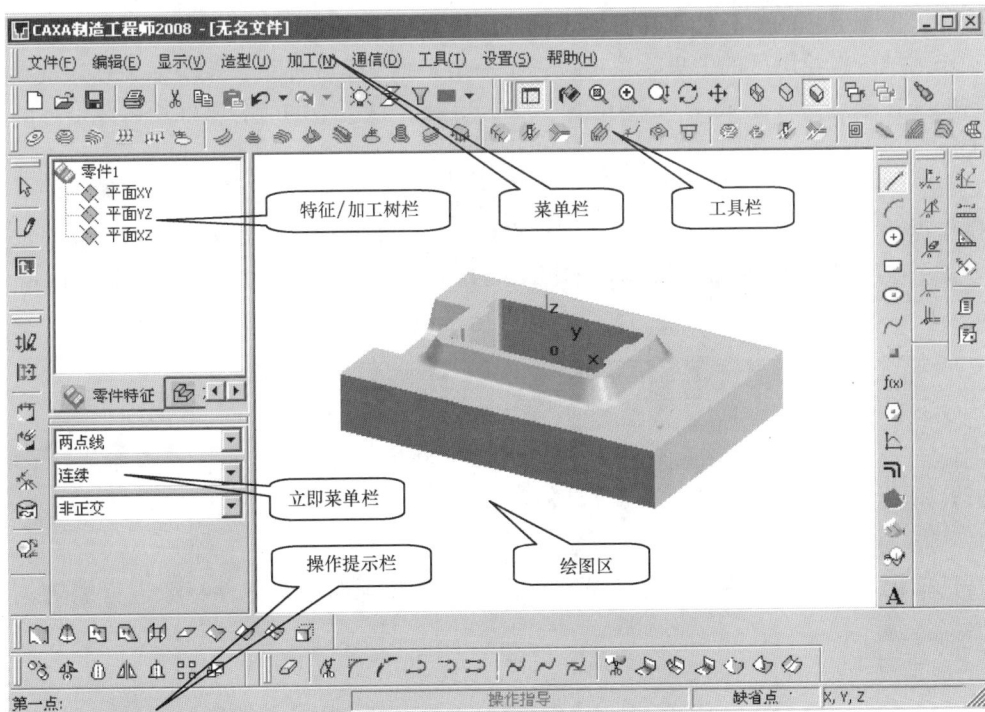

图 9-1 CAXA 制造工程师操作界面

1. 菜单栏

菜单栏位于软件操作界面最上方，提供了软件中的所有执行功能，如图 9-2 所示。单击任意一个菜单项，都会弹出一个下拉子菜单。当单击子菜单中的命令时，会弹出一个立即菜单，执行当前命令。某些立即菜单还会有对话框，根据对话框的选项要求，操作者可以做出互动性的选择。

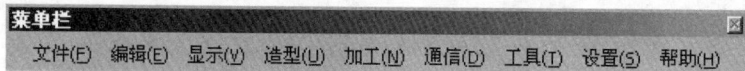

图 9-2　菜单栏

2. 工具栏

工具栏位于菜单栏下面，它以图标按钮方式表示，单击后可以启动相应的菜单命令功能。将鼠标指针停留在工具栏的按钮上，将会出现该按钮工具的功能提示。另外，用户可以根据需要自定义工具栏。

操作界面上的工具栏包括标准、显示变换、状态控制、曲线生成、几何变换、线面编辑、曲面生成、特征生成、加工、坐标系、三维尺寸、查询和轨迹显示等工具栏，如图 9-3 所示。

图 9-3　工具栏

3. 绘图区

绘图区位于屏幕的中心位置并占据大部分面积，用来建模和修改几何模型并产生刀具轨迹的工作区域。在绘图区的中央，系统设置了一个三维直角坐标系，该坐标系称为世界坐标系，它的坐标原点为 (0.000，0.000，0.000)。在操作过程中的所有坐标均以此坐标的原点为基准。

4. 操作提示栏

操作提示栏位于用操作界面的最下端。在执行一个命令时，操作提示栏根据命令特点及属性，提示绘图人员应该如何操作，如图 9-4 所示。它是完成一个命令必须严格遵守的程序。

图 9-4　操作提示栏

9.1.2　树管理栏

1. 零件特征树

特征树记录了零件生成的操作步骤，可以直接在特征树中对零件特征进行编辑，如图 9-5 所示。

2. 加工树

加工管理树记录了所生成刀具轨迹的刀具、几何元素、加工参数等信息，用户可以在加工管理树上编辑上述信息，如图 9-6 所示。

3. 属性树

属性树记录元素属性查询的信息，支持曲线、曲面的最大和最小曲率半径及圆弧半径等，如图 9-7 所示。

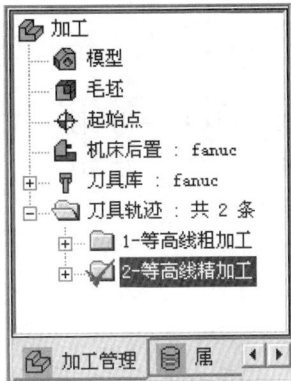

图 9-5　零件特征树　　　　图 9-6　加工管理树　　　　图 9-7　属性树

9.1.3　立即菜单栏

立即菜单描述了该命令执行的各种情况和使用条件。根据当前的作图要求，正确地选择某一选项，即得到正确的响应。

单击工具栏上的某个命令按钮，会在绘图界面左侧弹出相应的立即菜单，如图 9-8 所示。

9.1.4　快捷菜单

光标在不同的位置右击，会弹出不同的快捷菜单，如图 9-9 所示。

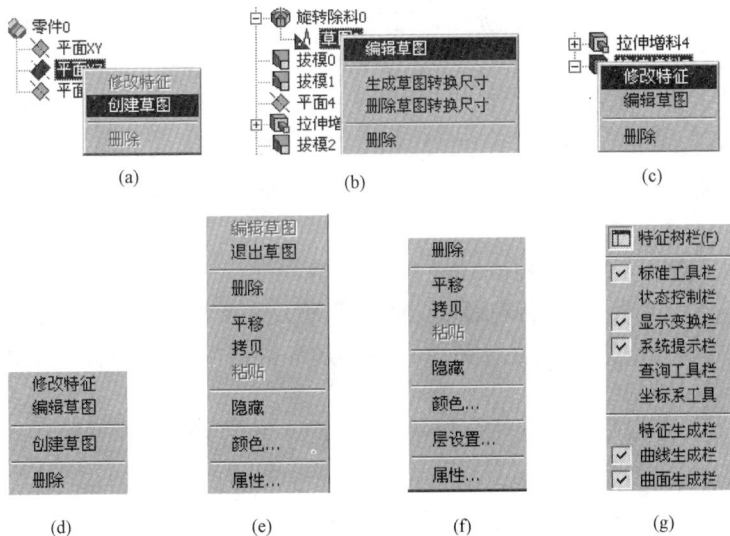

图 9-8　直线立即菜单

图 9-9　快捷菜单
（a）右击基准平面；（b）右击草图标志；（c）右击特征标志；
（d）右击实体表面；（e）右击草图曲线；
（f）右击空间曲线；（g）右击工具栏空白处

9.2　CAXA 制造工程师功能

CAXA 制造工程师是计算机辅助设计与辅助制造（CAD/CAM）工具软件，它提供了线架造型、曲面造型和特征实体造型 3 大类基本造型方法，通过先进便捷的特征实体造型和强大的曲面造型相结合，可创建复杂产品的三维（3D）模型；并可选取需要加工的部分，通过设定加工参数和机床后置处理自动生成数控系统需要的加工代码；通过直观的加工仿真和代码反读来检验加工工艺和代码质量。

CAXA 制造工程师自动生成的 NC 代码，可用数据传输软件通过计算机传送给数控机床的控制系统。如果数控系统支持 DNC 功能，那么数据传输软件还能直接控制数控机床的加工过程，解决了大 NC 代码常因存储空间不足而必须分段的问题，使加工和控制更加容易和便捷。

9.2.1　丰富的建模功能

"CAXA 制造工程师 2008"提供基于实体的特征造型、自由曲面造型及实体曲面混合造型功能，可实现对任意复杂形状零件的造型设计。

1. 特征实体造型

该方式提供拉伸、旋转、导动、放样、打孔、抽壳、过渡、倒角、拔模、加强筋等功能，可将二维草图轮廓快速生成三维参数化实体模型。

2. 自由曲面造型

曲面造型提供多种 NURBS 曲面造型手段，可通过列表数据、数学模型、字体、数据文件及各种测量数据生成样条曲线。

软件提供直纹、扫描、导动、等距、边界、放样、网格等曲面生成功能，可生成复杂的 NURBS 曲面。

软件还提供了曲面线裁剪和面裁剪、曲面延伸、按照平均切矢或选定曲面切矢的曲面缝合功能、多张曲面之间的拼接功能。另外，软件还提供了强大的曲面过渡功能，可以实现两面、三面、系列面等曲面过渡方式，还可以实现等半径或变半径过渡等功能。

3. 曲面实体混合造型

系统支持复杂曲面与实体混合的造型方法，应用于复杂零件设计或模具设计，如图 9-10 所示。系统提供了曲面裁剪实体、曲面加厚成实体、闭合曲面填充生成实体功能。另外，系统还允许将实体的表面生成曲面供用户直接使用。

曲面和实体混合造型方法的完美结合是制造工程师在 CAD 上的一个突出特点。

图 9-10　曲面实体混合造型

9.2.2　高效的数控加工功能

"CAXA 制造工程师"软件将 CAD 模型与 CAM 加工技术无缝集成，可直接对曲面和实体模型进行一致的加工操作，支持高速铣削加工，并生成高效的加工代码。

1. 两轴到 5 轴的数控加工

系统提供了多样化的加工方式供自动编程时灵活选择，以保证合理安排从粗、半精和精加工的加工工艺路线，从而高效率地生成刀具轨迹。

（1）粗加工方式 8 种：平面区域粗加工（2D）、区域式粗加工、等高线粗加工、扫描线、摆线、插铣和导动线（2.5 轴）粗加工。

（2）精加工方式 9 种：平面轮廓、轮廓导动、曲面轮廓、曲面区域、曲面参数线、轮廓线、投影线、等高线、导动线、扫描线、限制线、浅平面、三维偏置和深腔侧壁精加工。

（3）补加工：等高线补加工、笔式清根和区域补加工。

（4）槽加工：曲线式铣槽、扫描式铣槽。

（5）4 轴加工：4 轴是 CAXA-ME 2008 新增功能，包括 4 轴曲线、4 轴平切面加工。

（6）5 轴加工：5 轴加工是 CAXA-ME 2008 新增功能，包括 5 轴等参数线、5 轴侧铣、5 轴曲线、5 轴曲面区域、5 轴 GO1 钻孔、5 轴定向、5 轴转 4 轴轨迹加工。

（7）叶轮粗加工及叶轮精加工：叶轮加工是 CAXA-ME 2008 新增功能，对叶轮叶片类零件，除以上加工方法外，系统还提供专用的叶轮粗加工及叶轮精加工功能，可以实现对叶轮和叶片的整体加工。针对需要 4 轴和 5 轴联动功能才能加工的零件，可利用刀具侧刃和端刃进行加工。

2. 知识加工

运用知识加工，经验丰富的编程者可以将加工的步骤、刀具、工艺条件进行记录、保存和重用，大幅提高编程效率和编程的自动化程度；数控编程的初学者可以快速学会编程，共享经验丰富编程者的经验和技巧。

3. 宏加工

宏加工是 CAXA-ME 2008 新增功能，可以进行倒圆角加工，可生成加工圆角的轨迹和带有宏指令的加工代码，充分利用宏程序功能，使得倒圆角的加工程序变得异常简单灵活。

4. 加工轨迹仿真、代码验证

提供独具特色的加工仿真、代码验证功能。可直观、精确地对加工过程进行模拟仿真、对代码进行反读校验。

5. 生成加工工序单

自动按加工的先后顺序生成加工工艺单，方便编程者和机床操作者之间的交流，减少加工中错误的产生。

6. 加工工艺控制

提供丰富的工艺控制参数，可方便地控制加工过程，使编程人员的经验得到充分的体现，丰富的刀具轨迹编辑功能可以控制切削方向及轨迹形状的任意细节，大大提高机床的进给速度。

7. 通用后置处理

后置处理器无需生成中间文件就可直接输出 G 代码指令，系统不仅可以提供常见的数控系统后置格式，用户还可以自定义专用数控系统的后置处理格式。

8. 编程助手

编程助手是 CAXA-ME 2008 新增功能，具有方便的代码编辑功能，非常适合手工编程使用，同时支持自动导入代码和手工编写的代码，其中包括宏程序代码的轨迹仿真，能够有效验证代码的正确性；支持多种系统代码的相互后置转换，实现加工程序在不同数控系统上的程序共享；还具有通信传输的功能，通过 RS232C 串口可以实现数控系统与编程软件间的代码互传。

9. 通信

通信可以使 CAXA 制造工程师与机床连接起来，把生成的数控代码传输到机床上，也可以从机床上下载代码到本地硬盘上。

9.2.3　丰富的数据接口

"CAXA 制造工程师 2008"是一个开放式的设计制造软件工具。它提供了丰富的数据接口，可与各种主流的 CAD/CAM 软件进行双向畅通的数据交换。标准数据接口有 IGES、STEP、STL、VRML 等；直接接口有 DXF、DWG、SAT、Parasolid、Pro/E、CATIA 等。

9.3　CAXA 制造工程师的自动编程实例

【例 9-1】完成如图 9-11 所示的鼠标凸模体的数控加工。

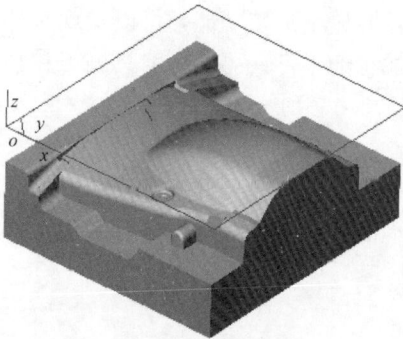

图 9-11　鼠标凸模及加工轮廓

（1）零件图分析。鼠标凸模平坦面较多，陡峭面较少，零件形状较复杂，加工表面粗糙度为 1.6mm，材料为 Q235 钢。

（2）加工方案及加工路线的确定。以毛坯上表面左下角点为原点，建立工件坐标系。加工路线为：粗加工所有表面（D40 r0.8 立铣刀）→半精加工所有表面（R8 球头铣刀）→半精加工凸模体上的平台（D16 r1 圆弧铣刀）→清根补加工（R5 球头铣刀加工椭圆槽和残料清角）→精加工整个工件表面（R5 球头铣刀）→表面上的直角小凹槽和轮廓直角采用电极加工。

（3）确定装夹方案。毛坯六面已经平整，底面预加工了 4 个 M10 工艺螺纹孔。选择用螺钉将凸模体与垫板连在一体，垫板面积大于凸模体底面积，通过压板压紧垫板将凸模体装夹在机床工作台上。选用 3 轴立式铣削加工中心，完成铣削加工。

（4）刀具及切削用量的选择。本例中所有刀具（刀片）都采用硬质合金材料。共选择 4 把刀具，1 号刀为机夹立铣刀，用于粗铣整个表面轮廓；2 号刀为球头铣刀，用于精铣整个表面轮廓；3 号刀为圆角铣刀，用于精铣平台表面；4 号刀为球头铣刀，用于精铣拐角区域和其他所有表面。刀具及切削用量具体参数见表 9-1。

表 9-1　　　　　　　　　　　　　　　数控加工工序卡

（单位名称）	加工工序卡片	产品名称或代号	零件名称		材料	零件图号
			鼠标凸模体		Q235 钢	
工序号	程序编号	夹具名称	夹具编号		使用设备	车间
		通用压板			立式加工中心	
工步号	工步内容	加工部位	刀具号	刀具规格 (mm)	主轴转速 (r/min)	进给速度 (mm/min)	背吃刀量 (mm)	余量
1	粗加工，等高线粗加工方式	整个表面	T01	D40r0.8 立铣刀	2000	900	1.5	0.5
2	半精加工，等高线精加工方式	整个表面	T02	D16r8 球头铣刀	2500	2000	0.5	0.2

续表

工步号	工步内容	加工部位	刀具号	刀具规格（mm）	主轴转速（r/min）	进给速度（mm/min）	背吃刀量（mm）	余量
3	半精加工，等高线精加工方式	平台表面	T03	D16r1圆角铣刀	3000	2500		
4	精加工，区域式补加工方式	拐角区域	T04	D10r5球头铣刀	2500	2000	0.3	
5	精加工，三维偏置精加工方式	整个表面	T04	D10r5球头铣刀	2500	2000		0

注　D 表示刀具直径，r 表示刀角半径。

（5）编程操作。

【步骤 1】双击"加工管理"树中的"机床后置"选项，在弹出的"机床后置"对话框中根据当前机床设置各项参数，如图 9-12 所示。

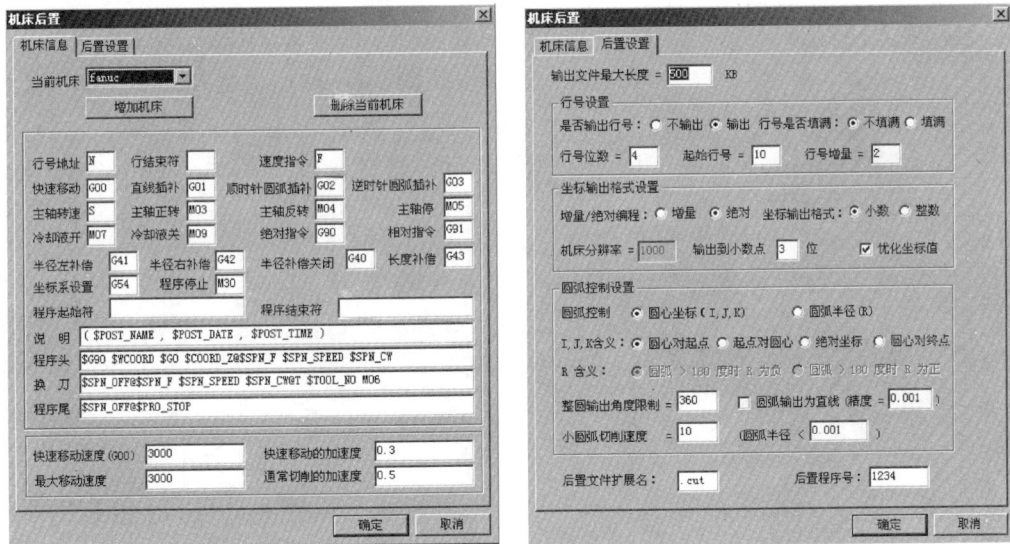

(a)　　　　　　　　　　　　　　　(b)

图 9-12　"机床后置"对话框

(a)"机床信息"选项卡；(b)"后置设置"选项卡

1）修改程序头。添加换刀、长度补偿并打开冷却液，修改后的程序头为

$ G0 $ G91G28 Z100. @T $ TOOL _ NO M06@ $ G17 G21 $ DCMP _ OFF $ LCMP _ OFF $ WCOORD G80 $ G90@ $ G00 $ LCMP _ LENH $ COMP _ NO $ COORD _ Z@ $ SPN _ F $ SPN _ SPEED $ SPN _ CW@ $ COOL _ ON

2）修改换刀。添加返回换刀点、换刀、长度补偿和冷却液打开，修改后的换刀语句为

$ COOL _ OFF@ $ SPN OFF@ $ G91 G28 Z100. @T $ TOOL _ NO M06@SG0 $ LCMP _ LENH $ COMP _ NO $ COORD _ Z@ $ SPN _ F $ SPN SPEED $ SPN _ CW@ $ COOL _ ON

3）修改程序尾。修改后的程序尾为

$ COOL _ OFF@ $ SPN _ OFF@G91 G28Y0. @ $ PRO _ STOP

4）单击"确定"按钮，完成机床后置设置。

【步骤2】设置刀具库。双击"加工管理"树中的"刀具库"选项，在弹出的"刀具库管理"对话框中进行刀具设置，如图9-13所示。

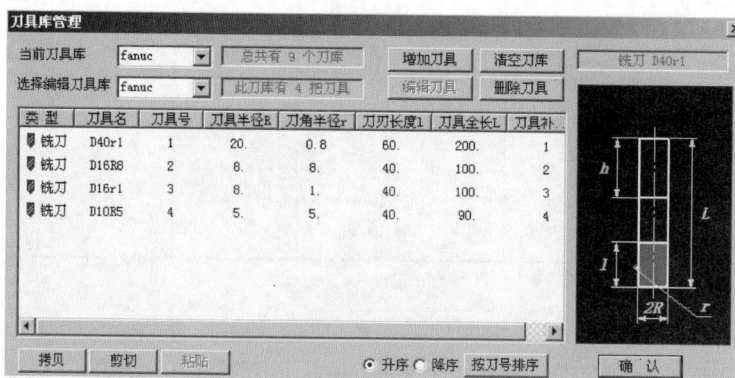

图9-13　"刀具库管理"选项卡

【步骤3】打开图形文件，如图9-14所示，确认工件坐标原点在上表面角点。

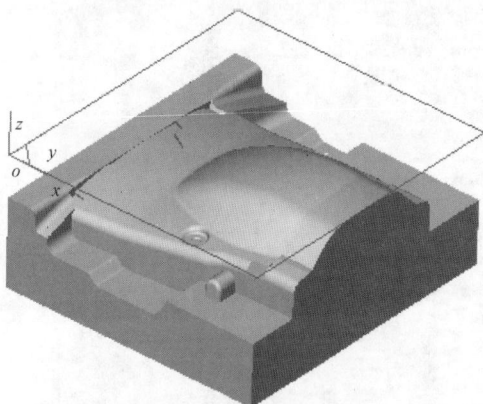

图9-14　鼠标凸模体模型

【步骤4】双击"加工管理"树中的"毛坯"选项，选中"参照模型"选项，单击"参照模型"按钮，将"高度"值由"103.3343"改为"104.3343"（使仿真加工能达到最高面），单击"确定"按钮。

【步骤5】设置起始点。双击"加工管理"树中的"起始点"选项，设置坐标为（0，0，50），单击"确定"按钮。

【步骤6】粗加工。采用"等高线粗加工"方式，选用D40r0.8球头铣刀加工整个表面。

1）单击加工工具栏中的"等高线粗加工"按钮，在弹出的对话框中按表9-2设置各项参数，单击"确定"按钮。

表9-2　　　　　　　　　　　　　　"等高线粗加工"加工参数表

加工参数1	顺铣→层高（1.5）→行距（20）→环切→圆弧→Z优先→删除面积系数（0.1）→删除长度系数（0.1）→加工精度（0.1）→加工余量（0.5）
加工参数2	仅切削
切入切出	沿着形状→距离（D）（5）→距离（粗）（H）（2）→倾斜角度（A）（3）
下刀方式	安全高度（H0）（50）（绝对）→慢速下刀距离（H1）（10）（相对）→退刀距离（H2）（10）（相对）→垂直→距离（H3）（2）（相对）
加工边界	使用有效的Z范围→参照毛坯→边界上
切削用量	主轴转速（2000）→慢速下刀速度（F0）（1600）→切入切出连接速度（F1）（1600）→切削速度（F2）（300）→退刀速度（F3）（2000）
刀具参数	刀具名（D40r0.8）→刀具号（1）→刀具补偿号（1）→刀具半径R（20）→刀角半径r（0.8）→刀柄半径b（20）→刀刃长度l（40）→刀柄长度h（80）→刀具全长L（200）

2）拾取加工对象（按"W"键，选中整个模型）→右击确定→拾取加工边界（拾取封闭的加工边界曲线）→选择链搜索方向（顺时针方向）→右击确定，系统计算结束后即生成等高线粗加工轨迹，如图 9-15 所示。

3）在"加工管理"树中选中刀具轨迹→右击→选择"实体仿真"选项，系统进入仿真环境进行模拟加工，结果如图 9-16 所示。

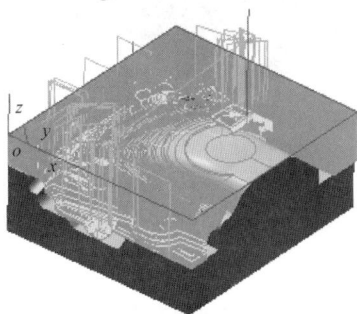

图 9-15　等高粗加工轨迹　　　　　　　图 9-16　实体仿真加工结果

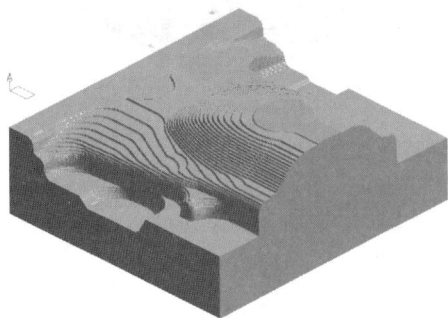

【步骤 7】半精加工。采用等高线精加工方式（不加工平坦部位），选用 $R8$ 球头铣刀加工整个表面。

1）单击加工工具条中的"等高线精加工"按钮，在弹出的对话框中按表 9-3 设置各项参数，单击"确定"按钮。

说明：半精加工的目的主要是使加工后的区域余量均匀并提高加工效率。选择"往复"和"Z 优先"，可以减少抬刀次数，提高加工效率。

表 9-3　　　　　　　　　　　　　　　"等高线精加工"加工参数表

加工参数 1	往复→层高（0.5）→Z 优先→删除面积系数（0.1）→删除长度系数（0.1）→加工精度（0.01）→加工余量（0.2）→起始点（0，0，50）
加工参数 2	不设定任何参数
切入切出	XY 向→不设定
加工边界	使用有效的 Z 范围→参照毛坯→最大（0.940）→最小（-103.393）→边界上
下刀方式	安全高度（H0）（30）（绝对）→慢速下刀距离（H1）（5）（相对）→退刀距离（H2）（5）（相对）→垂直
切削用量	主轴转速（2500）→慢速下刀速度（F0）（2200）→切入切出连接速度（F1）（2100）→切削速度（F2）（300）→退刀速度（F3）（3000）
刀具参数	刀具名（D16r8）→刀具号（2）→刀具补偿号（2）→刀具半径 R（8）→刀角半径 r（8）→刀柄半径 b（8）→刀刃长度 l（40）→刀柄长度 h（40）→刀具全长 L（100）

2）拾取加工对象（按"W"键，选中整个模型）→右击确定→拾取加工边界（矩形线框）→确定链搜索方向，系统计算结束后即生成等高线精加工轨迹，如图 9-17 所示。

3）在"加工管理"树中选中刀具轨迹→右击→选择"轨迹仿真"选项，即可在仿真环境下模拟加工，仿真如图 9-18 所示。

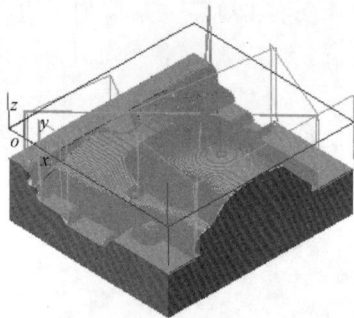

图 9-17 等高线精加工刀具轨迹

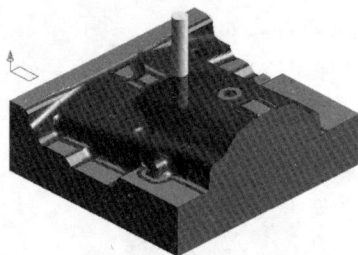

图 9-18 等高线精加工仿真加工结果

【步骤 8】半精加工。采用"等高线精加工"方式（只加工平坦部位），选用 D16r1 圆角刀加工表面平台。

1）单击加工工具条中的"等高线精加工"按钮 ，在弹出的对话框中按表 9-4 设置各项参数，单击"确定"按钮。

表 9-4   "等高线精加工"加工参数表

加工参数 1	顺铣→层高（0.5）→Z 优先→删除面积系数（0.1）→删除长度系数（0.1）→加工精度（0.01）→加工余量（0.2）→起始点（0, 0, 50）
加工参数 2	仅加工平坦部位→行距（5）→角度（0）→往复→平坦部角度指定→最小倾角（1）
切入切出	XY 向→不设定
加工边界	使用有效的 Z 范围→参照毛坯→最大（0.940）→最小（-103.393）→边界上
下刀方式	安全高度（H0）（30）（绝对）→慢速下刀距离（H1）（5）（相对）→退刀距离（H2）（5）（相对）→垂直
切削用量	主轴转速（3000）→慢速下刀速度（F0）（2700）→切入切出连接速度（F1）（2600）→切削速度（F2）300）→退刀速度（F3）（3000）
刀具参数	刀具名（D16r1）→刀具号（3）→刀具补偿号（3）→刀具半径 R（8）→刀角半径 r（1）→刀柄半径 b（8）→刀刃长度 l（40）→刀柄长度 h（60）→刀具全长 L（100）

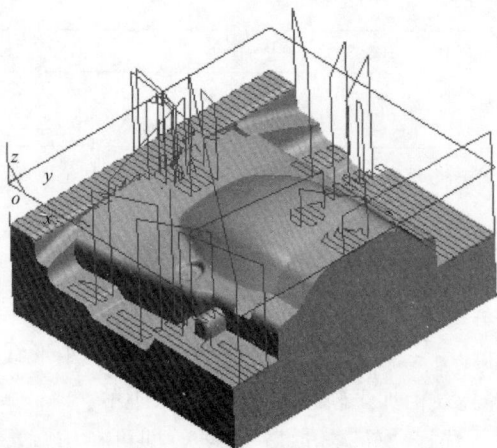

图 9-19 生成平坦部位半精加工轨迹

2）拾取加工对象→右击确定→拾取加工边界→确定链搜索方向→系统计算结束后即生成平坦部位半精加工轨迹，如图 9-19 所示。

3）在"加工管理"树中选中刀具轨迹→右击→选择"轨迹仿真"选项，即可在仿真环境下模拟加工。

【步骤 9】精加工一。采用"区域式补加工"方式（只加工平坦部位），选用 D10r5 圆角刀清除 D16r8 球头铣刀加工的残留材料。

1）单击加工工具条中的"区域式补加工"按钮 ，在弹出的对话框中按表 9-5 设置各项参数，单击"确定"按钮。

表 9-5	"区域式补加工"加工参数表
加工参数	顺铣→由外到里→行距（0.3）→浅模型→行距（0.3）→前刀具半径（16）→偏移量（0.3）→倾斜角→面面夹角（170）→凹棱形状分界角（60）→近似系数（1）→删除长度系数（1）→加工精度（0.01）→加工余量（0.02）
切入切出	不设定
下刀方式	安全高度（H0）（30）（绝对）→慢速下刀距离（H1）（5）（相对）→退刀距离（H2）（5）（相对）→垂直
加工边界	使用有效的 Z 范围→参照毛坯→最大（0.940）→最小（-103.393）→边界上
切削用量	主轴转速（3000）→慢速下刀速度（F0）（200）→切入切出连接速度（F1）（100）→切削速度（F2）（120）→退刀速度（F3）（1000）
刀具参数	刀具名（D10）→刀具号（1）→刀具补偿号（1）→刀具半径 R（5）→刀角半径 r（5）→刀柄半径 b（6）→刀刃长度 l（30）→刀柄长度 h（20）→刀具全长 L（60）

2）拾取加工对象，右击确认，拾取加工边界（直接右击确认），系统生成区域式补加工加工轨迹，如图 9-20 所示。

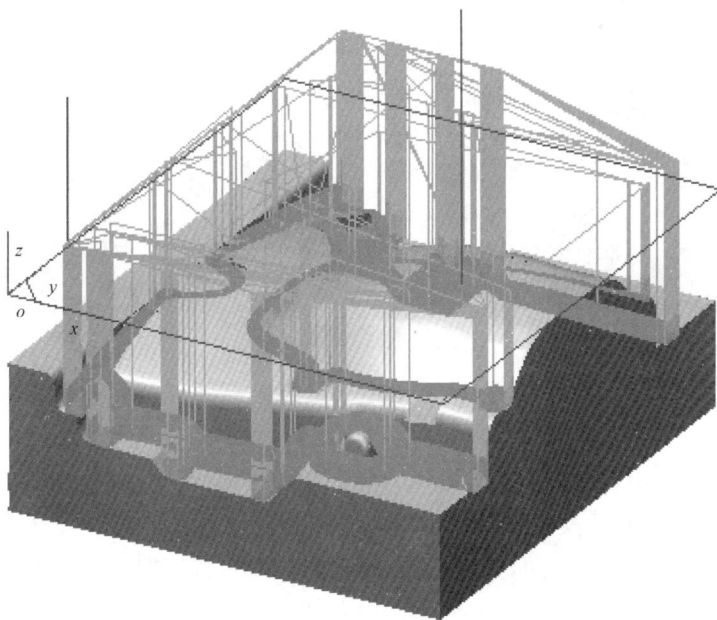

图 9-20　区域式补加工轨迹

注意：当前加工策略使用的刀具半径必须小于前加工策略所使用的刀具半径，否则不能生成轨迹；可指定多个加工边界，如果加工边界在 XY 向相交或相连时，不能生成正确的轨迹。

【步骤 10】精加工二。用"三维偏置精加工"方式，选用 D10r5 球头铣刀加工整个表面。

1）单击"三维偏置精加工"按钮 ，在弹出的对话框中按表 9-6 设置各项参数，单击"确定"按钮。

表 9-6	"区域式补加工"加工参数表
加工参数	顺铣→边界内侧→行距（0.5）→投影→最小抬刀高度（20）→加工精度（0.01）→加工余量（0）→起始点（0，0，50）
切入切出	不添加 3D 圆弧
加工边界	使用有效的 Z 范围→参照毛坯→最大（0.940）→最小（-103.393）→边界上
下刀方式	安全高度（H0）（30）（绝对）→慢速下刀距离（H1）（5）（相对）→退刀距离（H2）（5）（相对）
切削用量	主轴转速（2500）→慢速下刀速度（F0）（2200）→切入切出连接速度（F1）（2100）→切削速度（F2）（200）→退刀速度（F3）（3000）
刀具参数	刀具名（D10r5）→刀具号（4）→刀具补偿号（4）→刀具半径 R（5）→刀角半径 r（5）→刀柄半径 b（5）→刀刃长度 l（30）→刀柄长度 h（50）→刀具全长 L（100）

2）拾取加工对象（按"W"键，选择整个模型）→右击→拾取加工边界→确定链搜索方向→右击确定，系统计算结束后即即生成"三维偏置精加工"轨迹，如图 9-21 所示。

【步骤 11】在"加工管理"树中选中全部刀具轨迹→右击→选择"实体仿真"选项，进入仿真环境。仿真加工结果如图 9-22 所示。

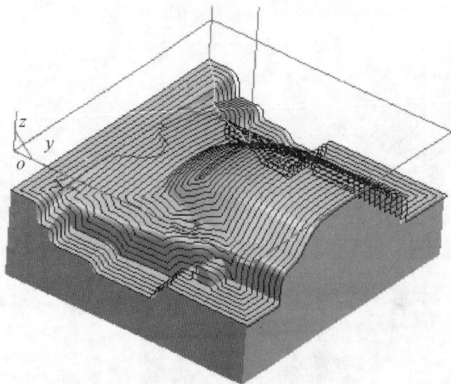

图 9-21　三维偏置精加工轨迹

图 9-22　实体仿真加工结果

【步骤 12】生成 G 代码。单击主菜单中的"应用"→"后置处理"→"生成 G 代码"命令，在弹出的"选择后置文件"对话框中选择存取后置文件（*.cut）的地址，键入文件名（O2010），单击"确定"按钮，依次拾取图 9-15、图 9-17、图 9-19～图 9-21 所生成的加工轨迹，右击，弹出"记事本"文件，显示生成的鼠标凸模加工程序。

【步骤 13】代码修改。根据所使用的数控系统具体格式，可做适当的修改和调整，以满足实际机床加工。

【步骤 14】代码传输。所生成的程序可以通过串行口 RS232 直接传输给数控机床的MCU，进行数控加工。

【例 9-2】叶轮数控加工实例。

（1）粗加工。

1）打开加工模型文件。单击"打开"按钮，选择"叶轮.mxe"文件，如图 9-23 所示。

2）单击菜单栏中的"加工"→"多轴加工"→"叶轮粗加工"命令，弹出"叶轮粗加工"对话框，如图 9-24 所示，单击"叶轮粗加工"选项卡，填写加工参数，单击"确定"按钮。

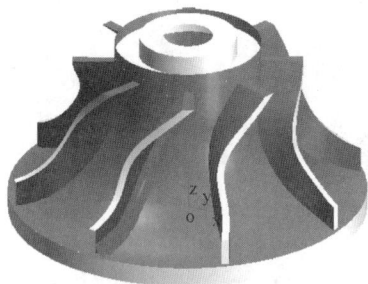

图 9-23　叶片零件模型图

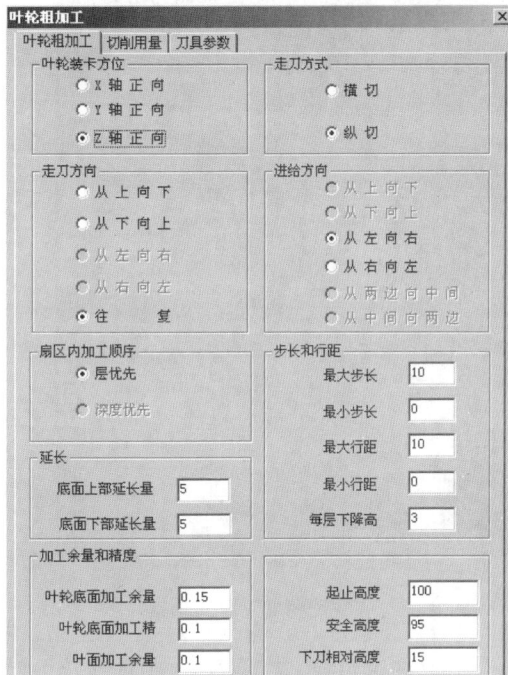

图 9-24　"叶轮粗加工"对话框

3）选择加工曲面。在图 9-25 中依次拾取叶轮底面（旋转面）→拾取同一叶片槽左叶片→拾取同一叶片槽右叶片→生成轨迹，如图 9-26 所示。

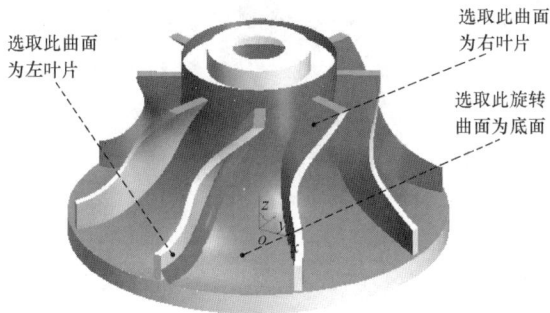

图 9-25　选择加工曲面

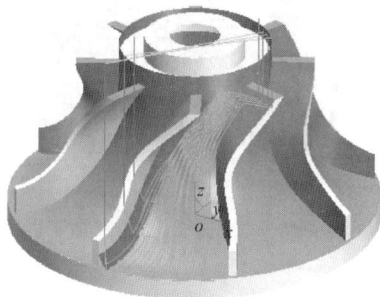

图 9-26　生成粗加工轨迹

4）隐藏轨迹。单击菜单栏中的"编辑"→"隐藏"命令，拾取轨迹，右击结束隐藏操作。

（2）精加工。

1）单击菜单栏中的"加工"→"多轴加工"→"叶轮精加工"命令，弹出"叶轮精加工"对话框，单击"叶轮精加工"选项卡，填写加工参数，如图 9-27 所示。

说明：分度角指相邻叶片之间的夹角，计算方法：360/8＝45（度）。

2）单击"叶片加工参数"选项卡，填写加工参数，如图 9-28 所示，"切削用量"采用默认缺省设置，"刀具参数"选择 φ10 球头圆柱铣刀，单击"确定"按钮。

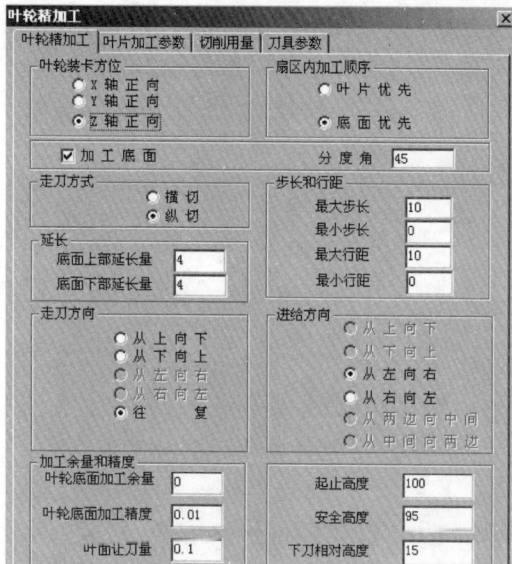

图 9-27 "叶轮精加工"对话框

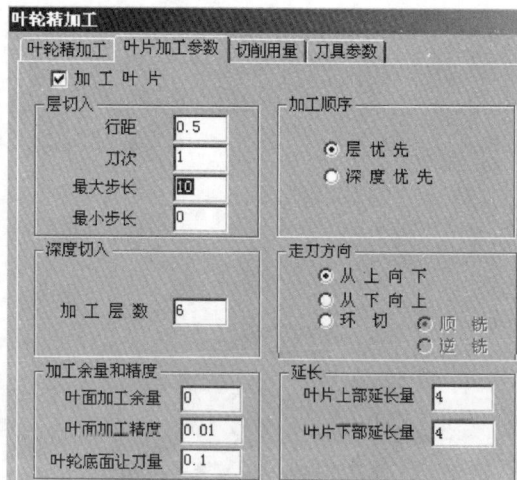

图 9-28 "叶片加工参数"选项卡

3）拾取加工对象。在图 9-29 中依次拾取叶轮底面（旋转面）→拾取同一叶片左侧面→拾取同一叶片右侧面→生成叶片精加工轨迹，如图 9-30 所示。

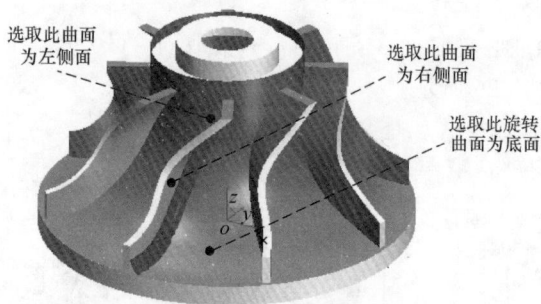

图 9-29 选择加工曲面

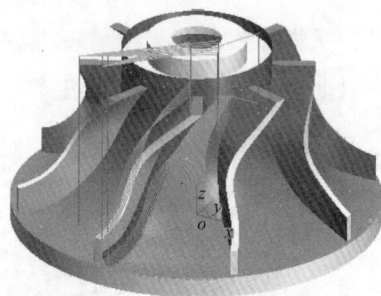

图 9-30 生成精加工轨迹

（3）复制粗、精加工轨迹。

1）显示粗加工轨迹。单击"可见"按钮，拾取粗加工轨迹，右击，显示轨迹。

2）绘制旋转轴。单击"直线"按钮，设置"两点线，单个，非正交，点方式"→输入第一点（原点）→输入第二点→按 Enter 键，键入坐标（0，0，120），按 Enter 键，完成直线绘制。

3）复制轨迹。单击"空间旋转"按钮，弹出立即菜单，修改参数后，如图 9-31 所示，依次拾取旋转轴起点（原点）→拾取旋转轴终点（直线的上端点）→拾取图素（粗、精加工轨迹）→右击结束，完成旋转复制，如图 9-32 所示。

图 9-31　旋转立即菜单　　　　图 9-32　全部刀具轨迹

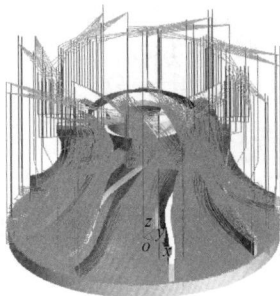

9.4　CAXA 编程助手

"CAXA 编程助手"是 CAXA 制造工程师 2008 版软件的新增功能模块，其主要功能可简要归纳为手工编程、加工仿真、代码转换和机床通信，"CAXA 编程助手"用户界面如图 9-33 所示。

"手工编程"功能是用户可以在图 9-33 所示界面的代码编辑栏中进行手工编程，同时能直观、适时地看到所编制代码的轨迹，检查程序很方便。

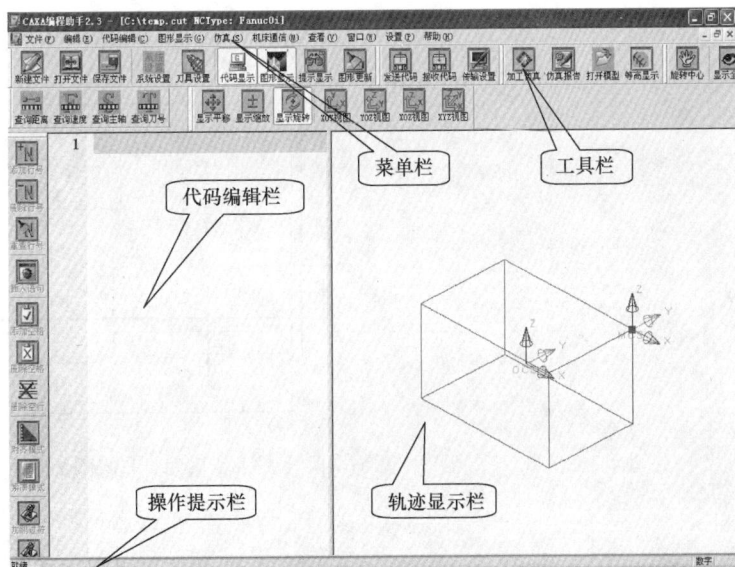

图 9-33　"CAXA 编程助手"用户界面

"代码转换"功能将一种格式代码转换成用户需要的几种特定格式的代码，以实现加工程序在不同数控系统上的程序共享，在没有 CAM 软件和工件模型和毛坯信息的前提下，仅通过程序代码实现多种系统的特定代码的相互后置转换，通过该功能可以将 FANUC 的 ISO 程序转换为海德汉的 ＊.H 的专用程序，或者转换为 Fagor、SIEMENS、HASS、广州数控、华中数控等多种数控系统的专用程序，当然也可将海德汉或 SIEMENS 等系统的专用程序转换为 ISO 标准格式。

"加工仿真"功能用于模拟刀具沿轨迹走刀，实现对代码的切削动态图像的显示过程，刀路轨迹将在图形显示窗口中显示出来，支持自动换刀，支持在仿真过程中旋转、缩放、平移等鼠标操作，支持在仿真过程中画出刀饼图，即刀具在二维切削过程中刀具底部走过的痕迹。

"机床通信"功能通过串口线缆，用编程助手完成计算机与数控设备之间的程序或参数传输。

9.5 CAXA 编程助手应用实例

【例 9-3】带刀具半径补偿（G41/G42）编程实例。

如图 9-34 所示，设 O 点为加工坐标原点。立铣刀首先在 O 点对刀，加工路径为：从 O 点开始，快速抬刀至安全高度 $Z=200$mm 处，在安全高度上，刀具快速移到 1 点，再沿 Z 方向下刀，使刀尖移至 $Z=-10$mm 处，再经 $2'\rightarrow3'\rightarrow4'\rightarrow5'\rightarrow6'\rightarrow7'\rightarrow8'\rightarrow2''\rightarrow9$，刀具上升至安全高度 $Z=200$mm 处，加工过程结束。

对于数控加工中的轮廓加工，手工编程时利用 G41/G42 偏置，可以降低编程难度。如图 9-34 所示的轮廓，其加工用的手工编制程序如下（以 FANUC 系统为例）：

```
%
N01 G90 G00 G54 G17 X0 Y0 Z200;
N02 G00 X-30 Y-40;
N03 G43 Z-10 H01;
N04 S500 M03;
N05 G01 G41 X-30 Y-30 D02 F200;
N06 Y30;
N07 G02 X30 Y30 R30;
N08 G01 Y20;
N09 G03 X50 Y0 R20;
N10 G01 X70;
N11 Y-30;
N12 X-30;
N13 G01 G40 X-40;
N14 G00 G49 Z200 M05;
N9 M30;
%
```

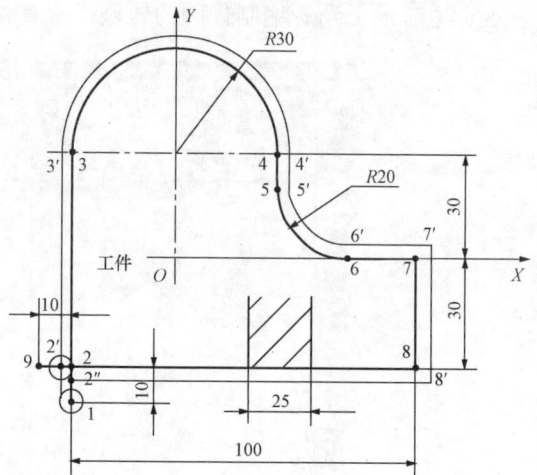

图 9-34 轮廓加工图形

将编好的程序输入到"编程助手"功能的左侧代码编辑栏中，输入代码的时，在右边的轨迹显示栏中可以看到实时生成的刀具轨迹，如图 9-35 所示。

当改变刀具偏置时，相应的轨迹图形将发生变化，若偏置设置不合理，则马上可以通过轨迹图形的变化看出结果，检查程序非常方便。

【例 9-4】代码与机床单机通信实例。

"CAXA 编程助手"支持单机 RS232 通信，可以直接在软件内完成"发送代码"、"接收代码"及"传输设置"功能，为操作工在计算机手工编程结束后直接将代码送到机床提供了快捷传输手段。现以 FANUC 0i 通信为例，用编程助手的机床通信功能实现快捷传输。

（1）在传输前，做一条 FANUC 传输线（或购买一条 FANUC 标准传输线），将计算机串口和机床串口连接起来。

（2）FANUC 标准通信参数设置。单击菜单栏中的"机床通信"→"传输设置"命令，弹出"参数设置"功能对话框，在"发送设置"和"接收设置"对话框中设置参数，如图 9-36 和图 9-37 所示。

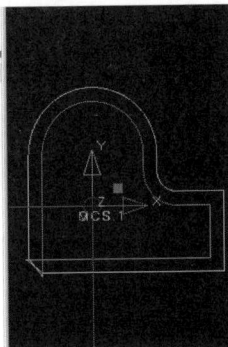

图 9-35 轮廓加工的程序及轨迹

（3）传输通信。先在"CAXA 编程助手"中发送代码，然后在机床端接收代码。如果希望机床端先接收，在 CAXA 编程助手后发送，需要在发送参数中将"发送前等待 XON 信号"功能选项取消勾选。

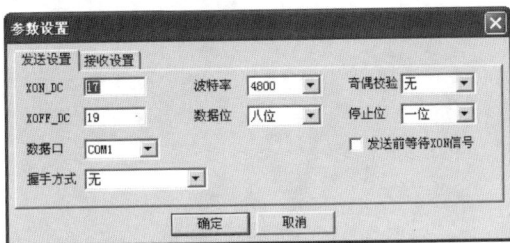

图 9-36 FANUC 标准通信参数设置——发送设置

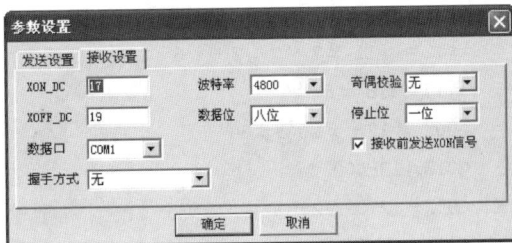

图 9-37 FANUC 标准通信参数设置——接收设置

【例 9-5】外圆锥面（圆台）等高加工实例。

如图 9-38 所示，假设待加工的工件为实心圆锥体，中心即为 G54 原点，顶面 $Z0$，以等高方式逐层向下加工，每层均在＋X 处采用 1/4 圆弧切入进刀和 1/4 圆弧切出退刀，以顺铣方式单向走整圆。

下面是一段外圆锥面加工程序，将程序输入到编程助手代码编辑栏中，读入后的程序及轨迹图如图 9-39 所示。

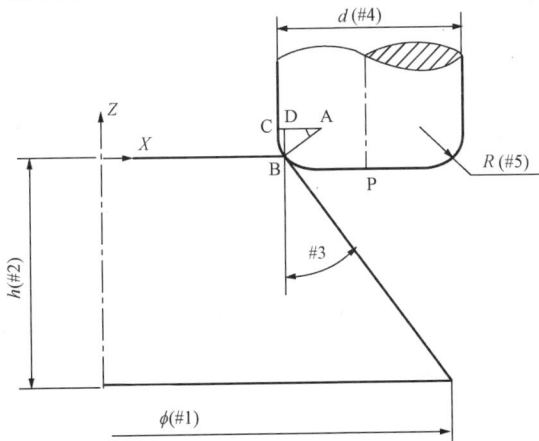

图 9-38 外圆锥面（圆台）等高加工示意图

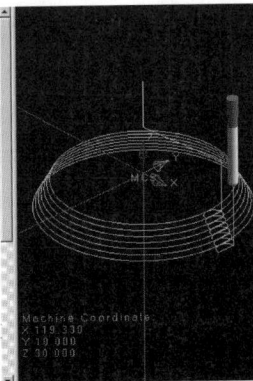

图 9-39 外圆锥面（圆台）等高加工的程序及轨迹

```
%
♯1 = 200
♯2 = 30
♯3 = 30
♯4 = 20
♯5 = 5
♯6 = 0
♯16 = 5
♯20 = 10
S1000M03
G54G90G00X0Y0Z50.
♯11 = ♯1/2-♯2 * TAN[♯3]
♯7 = ♯5 * [1-COS[♯3]]
♯8 = ♯5 * SIN[♯3]
WHILE[♯6LE♯2]DO1
♯12 = ♯11-♯7 + ♯4/2 + ♯6 * TAN[♯3]
♯13 = ♯8-♯5-♯6
G00X[♯12 + ♯20]Y♯20
G01Z♯13F400
G03X♯12Y0R♯20
G02I-♯12F1000
G03X[♯12 + ♯20]Y-♯20R♯20
G00Y♯20
♯6 = ♯6 + ♯16
END1
G00Z30.
M30
%
```

本 章 小 结

一、CAXA 数控铣自动编程
1. CAXA 数控铣自动编程基本操作界面基本介绍
2. CAXA 制造工程师功能介绍
二、CAXA 制造工程师的自动编程实例
CAXA 制造工程师自动编程的具体应用。

习 题 九

一、简答题
1. 曲面造型提供哪几种 NURBS 曲面造型手段？

2.“CAXA 制造工程师”高效的数控加工功能表现在哪几方面?

二、编程题

1. 绘制如图 9-40 所示的电吹风模具工作面，倒圆角半径 $R4$，并对电吹风图形进行工艺分析，设定切削用量、走刀方式，生成加工程序。条件如下：材料为 Q235 调质钢；刀具为硬质合金。

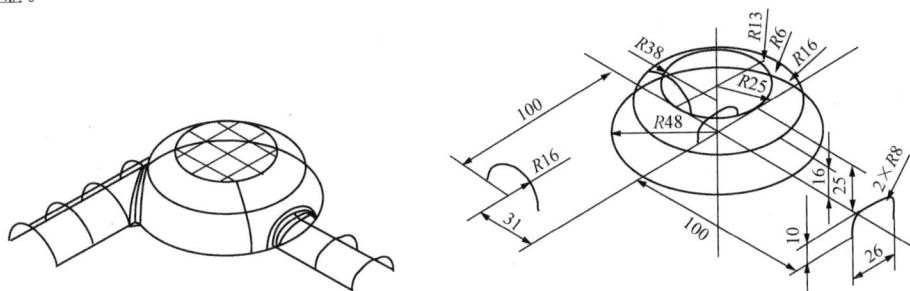

图 9-40　电吹风模型

2. 根据图 9-41～图 9-44 中的零件三维图形，生成零件加工用的刀具路径和程序。技术要求：材料为铸铝合金；刀具为高速钢；走刀方式根据零件图形确定。

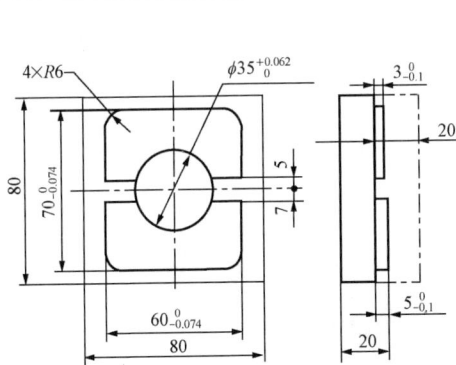

图 9-41　零件三维图形一　　　　　　　　图 9-42　零件三维图形二

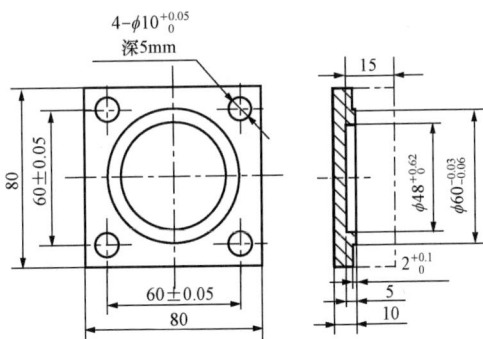

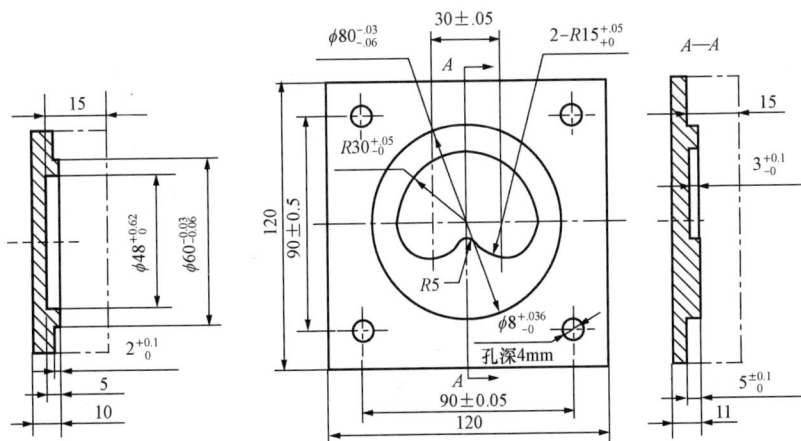

图 9-43　零件三维图形三

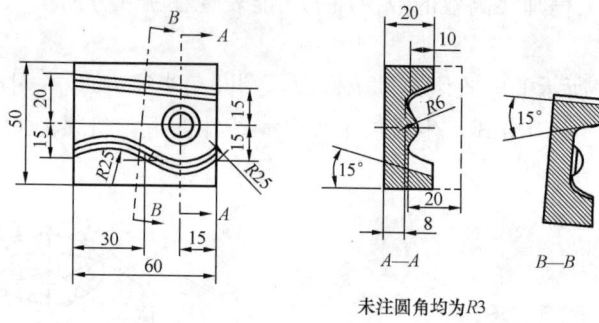

图 9-44　零件三维图形四

参 考 文 献

［1］　胡玉辉. 数控机床编程技术［M］. 成都：西南交通大学出版社，2006.

［2］　余英良. 数控工艺与编程技术［M］. 北京：化学工业出版社，2007.

［3］　王世刚. 数字控制及其质量保证技术［M］. 哈尔滨：哈尔滨地图出版社，2004.

［4］　温希忠. 数控车床的编程与操作［M］. 济南：山东科学技术出版社，2006.

［5］　向华. 华中数控系统操作、编程及故障诊断与维修［M］. 北京：机械工业出版社，2007.

［6］　宛剑业. CAXA 数控车实用教程［M］. 北京：化学工业出版社，2005.

［7］　苏本杰. 数控加工中心技能实训教程［M］. 北京：国防工业出版社，2006.

［8］　杨伟群. 数控工艺员培训教程［M］. 北京：清华大学出版社，2002.

［9］　王世刚，王雪峰. 工程训练与创新实践［M］. 北京：机械工业出版社，2013.

［10］　徐衡. FANUC 数控铣床和加工中心培训教程［M］. 北京：化学工业出版社，2008.

［11］　孙竹. 数控机床编程与操作［M］. 北京：机械工业出版社，1996.

［12］　桂旺生. 数控铣工技能实训教程［M］. 北京：国防工业出版社，2006.

［13］　吴红梅. 数控车工技能实训教程［M］. 北京：国防工业出版社，2006.